高等学校公共基础课系列教材

经济数学——微积分

主编　朱玉芳　蒋银山

副主编　黄　诚　李美华　杨德牛

西安电子科技大学出版社

内 容 简 介

本书根据高等院校经管类本科专业“微积分”课程的教学大纲编写而成. 本书共8章，内容包括函数、极限与连续，导数与微分，中值定理与导数的应用，不定积分，定积分，多元函数微积分，无穷级数，微分方程等.

本书注重突出微积分的基本思想，适当降低理论难度；在内容选择上，注重数学在经济学中的应用，从科学技术和经济学的实际例子出发，引入微积分的基本概念、理论和方法，将微积分和经济学的有关内容有机结合，以解决更多的经济应用问题，让学生更多地见识应用数学知识、数学方法解决经济管理类问题的实例，增加其应用意识和能力.

本书可作为普通高等院校(特别是以应用型人才为培养目标的本科院校)经管类专业“微积分”课程的教材，也可作为高职高专院校学生以及其他读者的自学用书或参考书.

图书在版编目(CIP)数据

经济数学：微积分/朱玉芳，蒋银山主编. —西安：西安电子科技大学出版社，2021.7
(2022.9 重印)
ISBN 978 - 7 - 5606 - 6041 - 7

Ⅰ. ①经…　Ⅱ. ①朱…　②蒋…　Ⅲ. ①经济数学　②微积分　Ⅳ. ①F224.0　②O172

中国版本图书馆 CIP 数据核字(2021)第 079376 号

策　　划　刘玉芳
责任编辑　曹　攀　刘玉芳
出版发行　西安电子科技大学出版社(西安市太白南路2号)
电　　话　(029)88202421　88201467　　邮　　编　710071
网　　址　www.xduph.com　　电子邮箱　xdupfxb001@163.com
经　　销　新华书店
印刷单位　咸阳华盛印务有限责任公司
版　　次　2021年7月第1版　2022年9月第3次印刷
开　　本　787毫米×1092毫米　1/16　印张 20.5
字　　数　487千字
印　　数　2001～5000册
定　　价　48.00元
ISBN 978 - 7 - 5606 - 6041 - 7/F
XDUP 6343001 - 3

前　言

为了更好地适应高等教育应用型人才的培养需求，我们依据经管类本科专业“微积分”课程的教学大纲以及学生的实际情况，参考了众多的国内外同类教材，并结合自己多年的教学实践经验，编写了本书.

本书共8章，内容包括函数、极限与连续，导数与微分，中值定理与导数的应用，不定积分，定积分，多元函数微积分，无穷级数，微分方程等. 本书在讲解方法上淡化了极限的分析定义，用直观的几何图形给予说明，并从简处理了一些公式的推导和一些定理的证明；在例题和习题的选配上由易到难，满足各层次学生的需求，并提供习题参考答案；从科学技术和经济学的实际例子出发，引入微积分的基本概念、理论和方法，将微积分和经济学的有关内容有机结合，以解决更多的经济应用问题，让学生更多地见识应用数学知识、数学方法解决经济管理类问题的实例，增强其应用意识和能力.

本书注重基础性、科学性、实用性；内容精炼、循序渐进、通俗易懂、例题丰富；深广度恰当，便于教和学. 在习题的处理上，本书每小节后提供(A)、(B)两套习题，习题(A)有多种题型，主要供学生练习使用，习题(B)是测试题，题型为单项选择题，用于考查学生对每小节基础知识的掌握情况.

朱玉芳、蒋银山担任本书主编，黄诚、李美华、杨德牛担任副主编. 由于编者水平有限，书中的不妥之处恳请广大读者批评指正，以期不断完善.

编　者

2021年4月

目　录

第 1 章　函数、极限与连续

函数是经济数学的主要研究对象，极限概念是微积分的理论基础，极限方法是微积分的基本分析方法，因此，掌握、运用好极限方法是学好微积分的关键. 连续是函数的一个重要性质. 本章将介绍函数、极限与连续的基本知识和有关的基本方法，为今后的学习打下必要的基础.

1.1 函　　数

在现实世界中，一切事物都在一定空间中运动着. 17 世纪初，数学首先从对运动的研究中引出了函数这个基本概念，在那以后的 200 多年里，这个概念在几乎所有的科学研究工作中占据了中心位置.

本节将介绍函数的概念及其特性.

一、集合、区间、邻域

1. 集合

研究事物时，常要按事物的某些性质进行归类，由此产生了集合的概念. 一个**集合**是指具有某种共同性质的事物的全体. 集合中的每一个单一的事物称为集合的**元素**. 集合常用大写字母如 A，B，C，D，M，N 等表示，集合的元素常用小写字母如 a，b，c，d，x，y 等表示. 给定集合 M，若 a 是集合 M 的元素，则记为 $a\in M$，读作 a 属于 M；若 a 不是集合 M 的元素，则记为 $a\notin M$，读作 a 不属于 M. 由有限个元素组成的集合称为**有限集**，由无限个元素组成的集合称为**无限集**.

集合一般有两种表示方法. 一种是**列举法**，就是把集合中的元素一一列举出来. 例如，由全体自然数组成的集合可以表示成$\{0, 1, 2, 3, 4, \cdots\}$；另一种方法是**描述法**，就是在花括号内写出集合的一个代表元素和它的性质. 例如，若 M 是具有某种特征的元素 x 的全体所组成的集合，则可记为 $M=\{x\,|\,x$ 具有某种特征$\}$.

若集合 A 的元素都是集合 B 的元素，则称 A 是 B 的**子集**，记作 $A\subset B$ 或 $B\supset A$，读作 A 包含于 B 或 B 包含 A. 例如，自然数集合是整数集合的子集.

若 $A\subset B$，且 $B\supset A$，则称集合 A 与 B **相等**，记为 $A=B$.

例如，设 $A=\{1, 2\}$，$B=\{x\,|\,x^2-3x+2=0\}$，则 $A=B$.

不含任何元素的集合称为**空集**，记作$\varnothing$. 例如$\{x\,|\,x\in\mathbf{R},\ x^2+1=0\}=\varnothing$. 规定空集为任何集合的子集.

下面介绍有关集合的计算.

由所有属于集合 A 或者属于集合 B 的元素组成的集合称为集合 A 与 B 的并集，记作

$$A\cup B=\{x\,|\,x\in A \text{ 或 } x\in B\}.$$

由所有既属于集合 A 又属于集合 B 的元素组成的集合称为集合 A 与 B 的交集，记作

$$A\cap B=\{x\,|\,x\in A \text{ 且 } x\in B\}.$$

由所有属于集合 A 而不属于集合 B 的元素组成的集合称为集合 A 与 B 的差集，记作

$$A\backslash B=\{x\,|\,x\in A \text{ 且 } x\notin B\}.$$

有时，我们研究某个问题限定在一个大的集合 I 中，所研究的其他集合 A 就是 I 的子集. 此时，我们称集合 I 为全集，称 $I\backslash A$ 为 A 的余集或补集，记作 A^{C}.

以后用到的集合主要是数集，即元素都是数的集合. 如果没有特别声明，以后提到的数都是实数.

2. 区间

区间是用得较多的一类实数集，分为有限区间和无限区间两类.

设 a 和 b 都是实数，且 $a<b$，则数集 $\{x\,|\,a<x<b\}$ 称为开区间，记作 (a,b)，即

$$(a,b)=\{x\,|\,a<x<b\}.$$

类似地，闭区间和半开区间的定义和记号如下：

闭区间：

$$[a,b]=\{x\,|\,a\leqslant x\leqslant b\}.$$

半开区间：

$$[a,b)=\{x\,|\,a\leqslant x<b\},$$
$$(a,b]=\{x\,|\,a<x\leqslant b\}.$$

以上这些区间都称为**有限区间**，数 $b-a$ 称为这些区间的长度.

此外，还有无限区间. 引入记号 $+\infty$（读作**正无穷大**）及 $-\infty$（读作**负无穷大**），则可类似地表示无限区间. 例如，

$$[a,+\infty)=\{x\,|\,x\geqslant a\},(a,+\infty)=\{x\,|\,x>a\},$$
$$(-\infty,b]=\{x\,|\,x\leqslant b\},(-\infty,b)=\{x\,|\,x<b\}.$$

特别地，全体实数的集合 $\mathbf{R}$ 也可表示为无限区间 $(-\infty,+\infty)$.

3. 邻域

设 a 与 δ 是两个实数，且 $\delta>0$，则数集 $\{x\,|\,|x-a|<\delta\}$ 称为点 a 的 δ **邻域**，记作 $U(a,\delta)$，即

$$U(a,\delta)=\{x\,|\,|x-a|<\delta\},$$

且 a 称为邻域的中心，δ 称为**邻域的半径**.

可以看出，$U(a,\delta)$ 也就是开区间 $(a-\delta,a+\delta)$，这个开区间以点 a 为中心，而长度为 2δ（见图 1-1-1）.

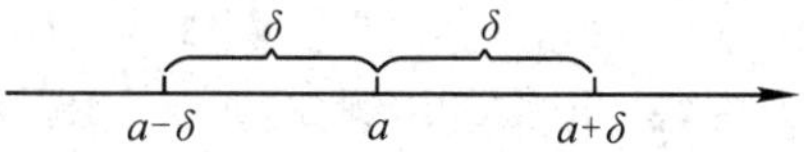

图 1-1-1

若把邻域 $U(a,\delta)$ 的中心去掉，则所得到的邻域称为点 a 的去心 δ 邻域，记作

$\mathring{U}(a, \delta)$，即

$$\mathring{U}(a, \delta)=\{x \mid 0<|x-a|<\delta\},$$

这里 $0<|x-a|$ 就表示 $x \neq a$.

二、函数及其特性

1. 函数的概念

函数是描述变量间相互依赖关系的一种数学模型.

例如，在自由落体运动中，设物体下落的时间为 t，落下的距离为 s，假定开始下落的时刻为 $t=0$，则变量 s 与 t 之间的相依关系由数学模型

$$s=\frac{1}{2} g t^{2}$$

给定，其中 g 是重力加速度.

定义 1.1.1 设 x 和 y 是两个变量，D 是一个给定的非空数集，如果对于每个数 $x \in D$，变量 y 按照一定法则 f 总有唯一确定的数值和它对应，则称 y 是 x 的**函数**，记作

$$y=f(x).$$

其中 x 称为**自变量**，y 称为**因变量**，数集 D 称为这个函数的**定义域**，也记为 D_f.

若对于 $x_0 \in D$，按照对应法则 f，总有确定的值 y_0（记为 $f(x_0)$）与之对应，则称 $f(x_0)$ 为函数在点 x_0 处的**函数值**，因变量与自变量的这种相依关系通常称为**函数关系**.

当自变量 x 取遍 D 的所有数值时，对应的函数值 $f(x)$ 的全体组成的集合称为函数 f 的**值域**，记为 R_f 或 $f(D)$，即 $R_f=f(D)=\{y \mid y=f(x)\}$，$x \in D$.

通常，函数的表示法有表格法、图像法、公式法（解析法）.

在实际问题中，有时会遇到函数在定义域的不同范围内用不同的解析式表示的情况.

例如，某运输公司规定货物的吨公里运价为：在 a 公里以内，每公里 k 元；超过 a 公里，超过部分每公里为 $\frac{4}{5} k$ 元. 求运价 m 和里程 s 之间的函数关系.

运价 m 和里程 s 之间的函数关系为

$$m=\begin{cases} k s, & 0<s \leqslant a, \\ k a+\frac{4}{5} k(s-a), & s>a. \end{cases}$$

这里运价 m 和里程 s 的函数关系是用分段函数表示的，定义域为 $(0,+\infty)$.

这种在定义域内不同的区间上用不同的解析式表示的函数，称为**分段函数**.

例 1.1.1 求下列函数的定义域：

(1) 绝对值函数 $y=|x|=\begin{cases} x, & x \geqslant 0, \\ -x, & x<0; \end{cases}$

(2) 函数 $y=\frac{1}{1-x^{2}}+\sqrt{x+2}$.

解 (1) 因为 $[0,+\infty) \cup(-\infty, 0)=(-\infty,+\infty)$，所以定义域 $D=(-\infty,+\infty)$.

(2) 因为 $\begin{cases} 1-x^{2} \neq 0, \\ x+2 \geqslant 0 \end{cases} \Rightarrow \begin{cases} x \neq \pm 1, \\ x \geqslant-2, \end{cases}$ 所以定义域 $D=[-2,-1) \cup(-1,1) \cup(1,+\infty)$.

例 1.1.2 判断下列函数是否相同，并说明理由.

(1) $y=1$ 与 $y=\sin^2 x+\cos^2 x$；

(2) $y=2x+1$ 与 $x=2y+1$.

解 (1) 虽然这两个函数的表现形式不同，但它们的定义域$(-\infty,+\infty)$与对应法则均相同，所以这两个函数相同.

(2) 虽然它们的自变量与因变量所用的字母不同，但其定义域$(-\infty,+\infty)$和对应法则均相同，所以这两个函数相同.

例 1.1.3 已知 $f(x+1)=x^2-x+1$，求 $f(x)$.

解 令 $x+1=t$，则 $x=t-1$，从而

$$f(t)=(t-1)^2-(t-1)+1=t^2-3t+3,$$

所以

$$f(x)=x^2-3x+3.$$

2. 函数的特性

1) 函数的奇偶性

设函数 $y=f(x)$的定义域 D 关于原点对称，如果对于任意 $x\in D$，恒有 $f(-x)=f(x)$，则称 $f(x)$为**偶函数**；如果对于任意 $x\in D$，恒有 $f(-x)=-f(x)$，则称 $f(x)$为**奇函数**. 在平面直角坐标系中，偶函数的图形关于 y 轴对称(见图 1-1-2)，奇函数的图形关于原点对称(见图 1-1-3).

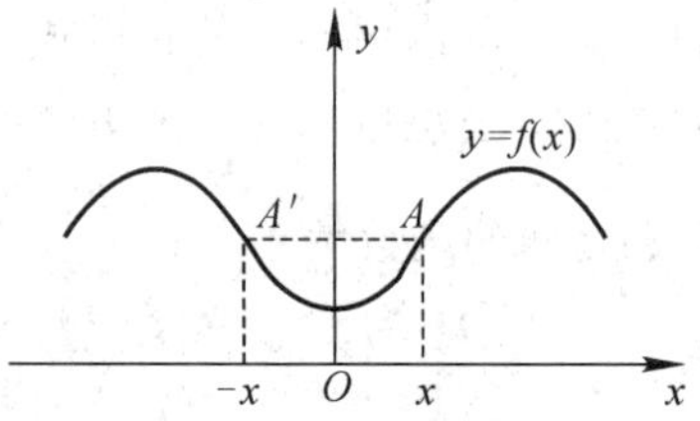

图 1-1-2

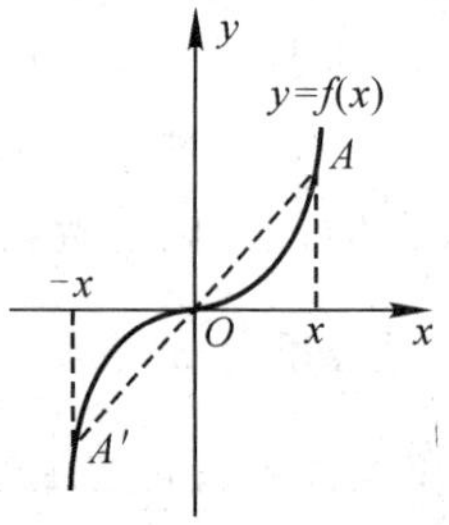

图 1-1-3

例如，$y=x^3$ 在$(-\infty,+\infty)$上是奇函数，$y=\cos x$ 在$(-\infty,+\infty)$上是偶函数，而 $y=x^4+\sin 2x$ 在$(-\infty,+\infty)$上是非奇非偶函数.

2) 函数的单调性

设函数 $y=f(x)$的定义域为 D，区间 $I\subset D$，如果对于区间 I 内的任意两点 x_1，x_2，当 $x_1<x_2$ 时都有 $f(x_1)<f(x_2)$，则称函数 $y=f(x)$在 I 上**单调增加**(见图 1-1-4)；当 $x_1<x_2$ 时都有 $f(x_1)>f(x_2)$，则称函数 $y=f(x)$在 I 上**单调减少**(见图 1-1-5). 单调增加和单调减少的函数统称为**单调函数**. 例如，$y=e^x$ 是$(-\infty,+\infty)$上的单调增加函数，$y=\dfrac{1}{x}$是$(0,+\infty)$上的单调减少函数，而 $y=x^2$ 在$(-\infty,0]$上单调减少，在$[0,+\infty)$上单调增加.

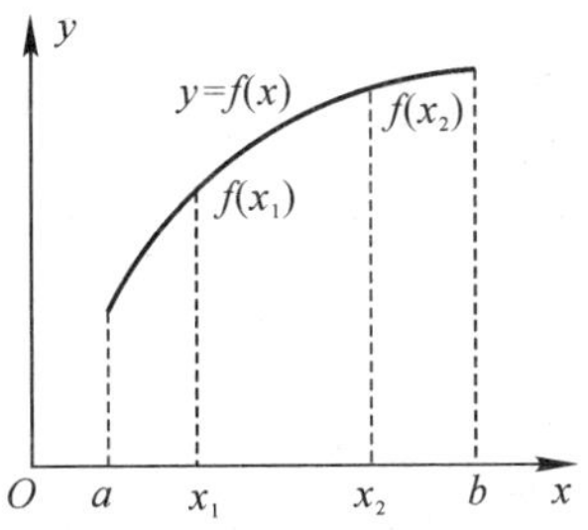

图 1-1-4

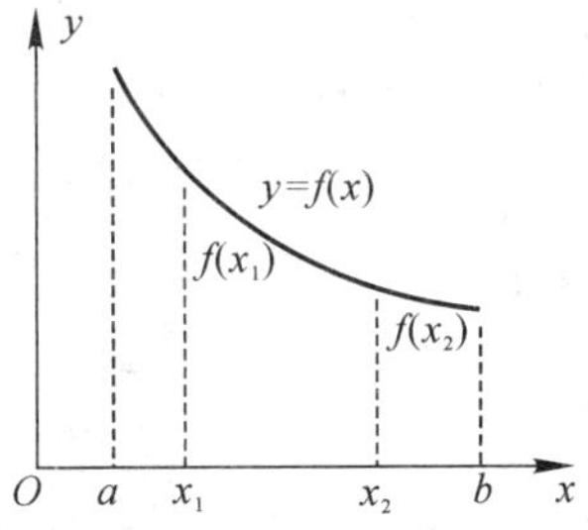

图 1-1-5

3）函数的周期性

设函数 $y=f(x)$的定义域为 D，若存在一个常数 $T\neq 0$，使得对于任意 $x\in D$，必有 $x\pm T\in D$，并且使 $f(x\pm T)=f(x)$，则称 $f(x)$为周期函数，其中 T 称为函数 $f(x)$的周期. 周期函数的周期通常是指它的最小正周期.

例如，$y=\sin x$，$y=\cos x$ 都是以 2π 为周期的周期函数. 周期函数的图形可以由它在一个周期$[a, a+T]$内的图形沿 x 轴向左、右两个方向平移后得到(见图 1-1-6).

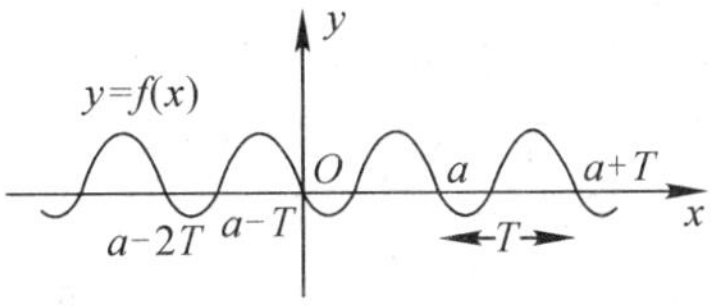

图 1-1-6

4）函数的有界性

设函数 $y=f(x)$的定义域为 D，区间 $I\subset D$，如果存在一个正数 M，使得对于任一 $x\in I$，都有$|f(x)|\leqslant M$，则称函数 $f(x)$在 I 上有界，也称 $f(x)$是 I 上的有界函数. 否则称 $f(x)$在 I 上无界，也称 $f(x)$是 I 上的无界函数.

例如，函数 $y=\arctan x$，对任意 $x\in(-\infty,+\infty)$时，都有不等式$|\arctan x|<\frac{\pi}{2}$成立，所以 $y=\arctan x$ 是$(-\infty,+\infty)$上的有界函数.

应该看到，函数的有界性与 x 取值的区间 I 有关. 例如，函数 $y=\frac{1}{x}$在区间$(0,1)$上是无界的，但在区间$[1,+\infty)$上是有界的.

例 1.1.4　判断函数 $f(x)=x\sin\frac{1}{x}$的奇偶性.

解　因为 $f(x)$的定义域为$(-\infty, 0)\cup(0,+\infty)$，它关于原点对称，又

$$f(-x)=(-x)\sin\left(-\frac{1}{x}\right)=x\sin\frac{1}{x}=f(x),$$

所以 $f(x)=x\sin\frac{1}{x}$是偶函数.

例 1.1.5　判断函数 $f(x)=\sin x+e^{x}-e^{-x}$ 的奇偶性.

解　因为函数的定义域为$(-\infty,+\infty)$，又

$$f(-x)=\sin(-x)+\mathrm{e}^{-x}-\mathrm{e}^{x}=-(\sin x+\mathrm{e}^{x}-\mathrm{e}^{-x})=-f(x),$$

所以$f(x)=\sin x+\mathrm{e}^{x}-\mathrm{e}^{-x}$是奇函数.

三、初等函数

1. 反函数

函数关系的实质就是从定量分析的角度来描述运动过程中变量之间的相互依赖关系，但在研究过程中，哪个量作为自变量，哪个量作为因变量(函数)是由具体问题来决定的.

定义 1.1.2　设函数$y=f(x)$的定义域为D，值域为W. 如果对于W中的任一数值$y\in W$，通过关系式$y=f(x)$，都有唯一确定的$x\in D$与之对应，则称这样确定的函数$x=\varphi(y)$为函数$y=f(x)$的反函数，原来的函数$y=f(x)$称为直接函数，记为$x=\varphi(y)$(或$x=f^{-1}(y)$)，$y\in W$.

由于一个函数与自变量及因变量用什么字母表示无关，为了研究方便，对于反函数$x=\varphi(y)$，习惯上仍用x作为自变量，y作为因变量，这样$y=f(x)$的反函数通常写为$y=\varphi(x)$(或$y=f^{-1}(x)$).

由反函数的定义知，反函数$y=\varphi(x)$的定义域就是直接函数$y=f(x)$的值域，而反函数的值域就是直接函数的定义域. $y=f(x)$与$y=\varphi(x)$互为反函数.

函数$y=f(x)$的图形与其反函数$y=f^{-1}(x)$的图形是关于直线$y=x$对称的(见图1-1-7). 这是由于互为反函数的两个函数的因变量与自变量互换了. 若(a, b)是$y=f(x)$图形上的一点，则(b, a)就是$y=f^{-1}(x)$图形上的点，而xOy平面上点(a, b)与点(b, a)关于直线$y=x$对称.

定理 1.1.1　在同一个平面直角坐标系中，函数$y=f(x)$与它的反函数$y=f^{-1}(x)$的图像关于直线$y=x$对称.

例 1.1.6　求函数$y=2^x$的反函数，并在同一直角坐标系中画出直接函数和反函数的图像.

解　由$y=2^x$解得$x=\mathrm{lb}y$，如果把y改为x，x改为y，即得所求反函数为

$$y=\mathrm{lb}x,\ x\in(0,+\infty).$$

它们的图像如图1-1-8所示.

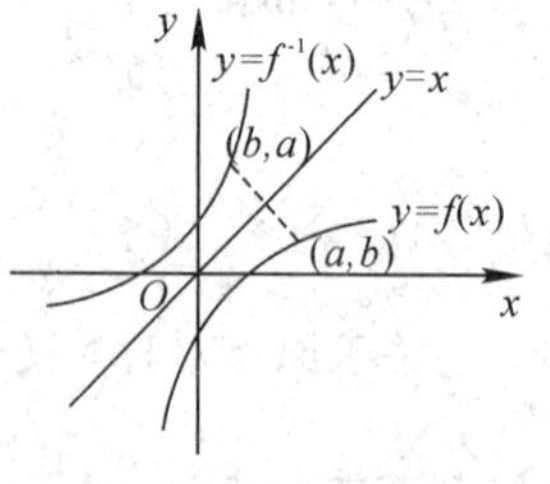

图 1-1-7

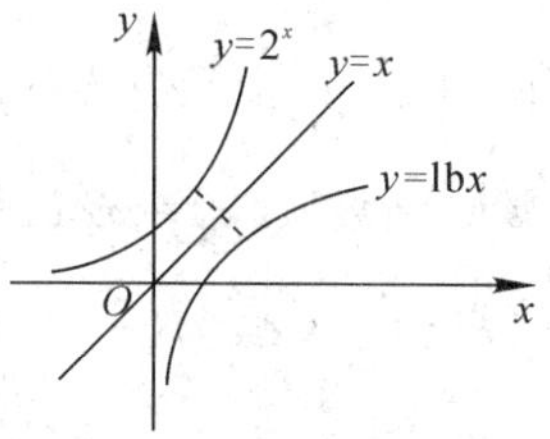

图 1-1-8

求反函数的一般步骤为：由方程$y=f(x)$解出$x=f^{-1}(y)$，再将x与y对换，即得所求的反函数为$y=f^{-1}(x)$.

不是所有的函数都有反函数．例如，函数 $y=x^2$ 在 $(-\infty,+\infty)$ 内对任意给定的 $y\in[0,+\infty)$，有两个 $x=\pm\sqrt{y}$ 与之对应，所以它没有反函数．

定理 1.1.2(反函数存在定理)　若函数在某个区间上是单调函数，则它的反函数存在，且也是单调函数．

同样，正弦函数 $y=\sin x$，$D=(-\infty,+\infty)$，$W=[-1,1]$，在 D 上不是一一对应的，通常为了保证一一对应，我们就把它限制在区间 $\left[-\frac{\pi}{2},\frac{\pi}{2}\right]$ 上，即 $y=\sin x$，$D=\left[-\frac{\pi}{2},\frac{\pi}{2}\right]$，$W=[-1,1]$，可知它是单调递增的，所以存在反函数，其反函数称为反正弦函数，记作 $y=\arcsin x$，定义域为 $[-1,1]$，值域为 $\left[-\frac{\pi}{2},\frac{\pi}{2}\right]$，并且在定义域上单调递增．我们把在这样的单调区间上所建立起来的反三角函数称为反三角函数的主值(见图 1-1-9)．类似地，有：$y=\cos x$，$D=[0,\pi]$，$W=[-1,1]$，其反函数为 $y=\arccos x$，定义域为 $[-1,1]$，值域为 $[0,\pi]$(见图 1-1-10)；$y=\tan x$，$D=\left(-\frac{\pi}{2},\frac{\pi}{2}\right)$，$W=(-\infty,+\infty)$，其反函数为 $y=\arctan x$，定义域为 $(-\infty,+\infty)$，值域为 $\left(-\frac{\pi}{2},\frac{\pi}{2}\right)$(见图 1-1-11)；$y=\cot x$，$D=(0,\pi)$，$W=(-\infty,+\infty)$，其反函数为 $y=\text{arccot}\, x$，定义域为 $(-\infty,+\infty)$，值域为 $(0,\pi)$(见图 1-1-12)．

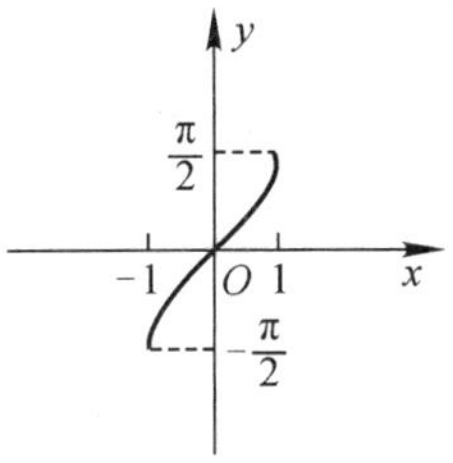

图 1-1-9

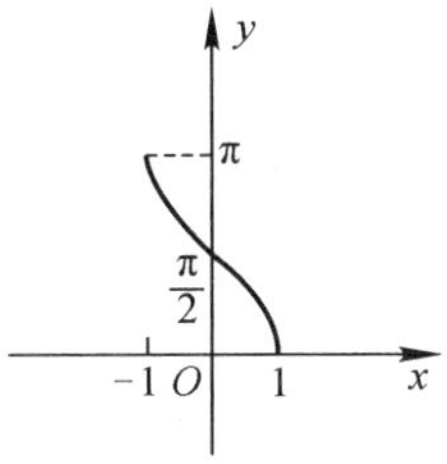

图 1-1-10

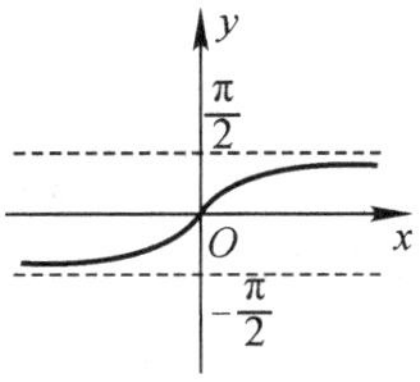

图 1-1-11

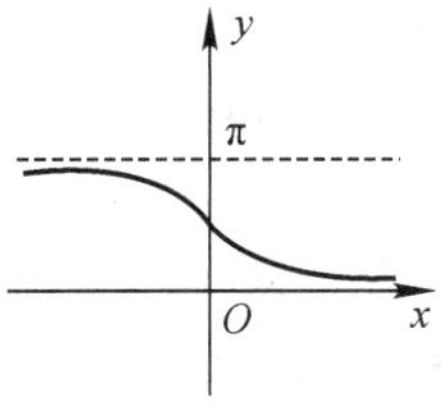

图 1-1-12

例 1.1.7　求函数 $y=\sin 2x$，$x\in\left[-\frac{\pi}{4},\frac{\pi}{4}\right]$ 的反函数．

解　由 $y=\sin 2x$，$x\in\left[-\frac{\pi}{4},\frac{\pi}{4}\right]$ 得

$$2x=\arcsin y,\ y\in[-1,1],$$

进而得 $x=\frac{1}{2}\arcsin y$，$y\in[-1,1]$，即所求的反函数为

$$y=\frac{1}{2}\arcsin x,\ x\in[-1,1].$$

2. 基本初等函数

常数函数、幂函数、指数函数、对数函数、三角函数和反三角函数统称为**基本初等函数**．基本初等函数的图形及其性质**见附录 3**．

3. 复合函数

定义 1.1.3　设函数 $y=f(u)$的定义域为 D_f，而函数 $u=\varphi(x)$的值域为 R_f，若 $D_f\cap R_f\neq\varnothing$，则称函数 $y=f[\varphi(x)]$为 x 的复合函数，其中 x 称为**自变量**，y 称为**因变量**，u 称为**中间变量**.

注：(1) 不是任何两个函数都可以复合成一个复合函数.

例如，$y=\arcsin u$ 和 $u=2+x^2$，前者的定义域为$[-1, 1]$，而后者的值域为 $u=2+x^2\geqslant 2$，故这两个函数不能复合成复合函数.

(2) 在复合函数中也可以出现一个以上的中间变量.

例如，函数 $y=\arccos u$，$u=\sqrt{v}$，$v=x^2-3$ 可以构成复合函数 $y=\arccos\sqrt{x^2-3}$，这里 u 和 v 都是中间变量.

由基本初等函数与常数经过四则运算后所成的函数称为简单函数，而一个复合函数可以分解为若干个简单函数，由此也可以找到中间变量.

例 1.1.8　将下列函数分解成由几个简单的函数复合而成的复合函数.

(1) $y=\sqrt{1+\ln^2 x}$；　(2) $y=\mathrm{e}^{\arctan\left(\frac{x}{2}\right)^2}$.

解　(1) $y=\sqrt{1+\ln^2 x}$是由 $y=\sqrt{u}$，$u=1+v^2$，$v=\ln x$ 三个函数复合而成的，其中 $y=\sqrt{u}$和 $v=\ln x$ 都是基本初等函数，$u=1+v^2$ 是简单函数.

(2) $y=\mathrm{e}^{\arctan\left(\frac{x}{2}\right)^2}$ 是由 $y=\mathrm{e}^u$，$u=\arctan v$，$v=w^2$，$w=\dfrac{x}{2}$四个函数复合而成的，其中 $y=\mathrm{e}^u$，$u=\arctan v$，$v=w^2$ 都是基本初等函数，$w=\dfrac{x}{2}$是简单函数.

4. 初等函数

由常数和基本初等函数经过有限次四则运算和有限次的函数复合所构成，并可用一个式子表示的函数，称为**初等函数**.

初等函数的基本特征：在函数有定义的区间内初等函数的图像是不间断的. 例如，$y=x^2+\sqrt{\ln\sin^2 x}$，$y=x^2\mathrm{e}^{\sqrt{x^2+1}}+5$ 等都是初等函数；而分段函数 $f(x)=\begin{cases}x+3, & x\geqslant 0,\\ x^2, & x<0\end{cases}$不是初等函数，因为它在定义域内不能用一个解析式表示.

★ 习题 1-1

(A)

1. 下列各组函数是否相同？

(1) $y=x$ 与 $y=\sqrt{x^2}$；　(2) $y=\sin x$ 与 $y=\sqrt{1-\cos^2 x}$；

(3) $y=\sqrt[3]{x^4-x^3}$与 $y=x^3\sqrt{x-1}$；　(4) $y=\dfrac{x}{x}$与 $y=1$.

2. 求下列函数的定义域：

(1) $y=\tan(x+1)$；　(2) $y=\dfrac{1}{\sqrt{4-x^2}}\ln(x+1)$；

(3) $y=\arcsin(x-3)$；　(4) $f(x)=\dfrac{\lg(3-x)}{\sin x}+\sqrt{5+4x-x^2}$.

3. 求下列函数的函数值：

(1) 设 $y=\arcsin(\lg x)$，求 $f\left(\dfrac{1}{10}\right)$，$f(1)$，$f(10)$；

(2) 设 $f(x)=\begin{cases}2x+3, & x\leqslant 0,\\ 2^x, & x>0,\end{cases}$ 求 $f(-2)$，$f(0)$，$f[f(-1)]$.

4. 下列函数中哪些是奇函数，哪些是偶函数，哪些是非奇非偶函数？

(1) $y=x^4-2x^2-3$；　(2) $y=x(x-1)$；

(3) $y=\ln(x+\sqrt{x^2+1})$；　(4) $f(x)=\dfrac{e^x-1}{e^x+1}\ln\dfrac{1-x}{1+x}(-1<x<1)$.

5. 下列函数是由哪些简单函数复合而成的？

(1) $y=\sin^2(2x+1)$；　(2) $y=e^{\sin^2(1-x)}$；

(3) $y=\cos^2\ln(2+\sqrt{1+x^2})$；　(4) $y=\sqrt{\ln\sin^2 x}$.

6. 求下列函数的反函数：

(1) $y=e^x+2$；　(2) $y=-\sqrt{x+1}$；

(3) $y=\dfrac{1-x}{1+x}$；　(4) $y=\dfrac{1-\sqrt{1+4x}}{1+\sqrt{1+4x}}$.

7. 已知 $f\left(x+\dfrac{1}{x}\right)=x^2+\dfrac{1}{x^2}$，求 $f(x)$.

8. 已知 $f(x)=\begin{cases}1, & |x|\leqslant 1,\\ 0, & |x|>1,\end{cases}$ 求 $f[f(x)]$.

9. 已知 $f(x)=\dfrac{x}{1-x}$，求 $f[f(x)]$和 $f\{f[f(x)]\}$.

10. 设下列函数的定义域关于原点对称，证明：

(1) 两个偶函数的和是偶函数，两个奇函数的和是奇函数；

(2) 两个偶函数的乘积是偶函数，两个奇函数的乘积是奇函数，偶函数与奇函数的乘积是奇函数.

(B)

1. 设 $f(x)$的定义域是[0, 3]，则函数 $f(2x+1)$的定义域是(　　).

A. $[0, 5]$　B. $[1, 11]$　C. $\left[-\dfrac{1}{2}, 1\right]$　D. $[0, 11]$

2. $f(x)=4+3\cdot\sin x$ 的值域是(　　).

A. $[0, 4]$　B. $[1, 4]$　C. $[4, 7]$　D. $[1, 7]$

3. 设函数 $f(x)=\begin{cases}3, & 0\leqslant x\leqslant 1,\\ 5, & 1<x\leqslant 3,\end{cases}$ 则函数 $g(x)=f(2x)+f(x-2)$(　　).

A. 在$(-\infty,+\infty)$上有意义　B. 在[0, 3]上无意义

C. 在[0, 6]上有意义　D. 在[0, 3]上有意义

4. 下列函数中，满足关系式 $f(x+y)=f(x)\cdot f(y)$ 的函数 $f(x)$ 是(　　).

A. x^n　　B. e^x　　C. $\ln n$　　D. $\sin x$

5. 设 $f\left(\frac{x}{y}\right)=f(x)-f(y)$，则 $f(x)=$(　　).

A. x^2　　B. $\cos x$　　C. e^x　　D. $\ln x$

6. $y=(1+x^2)\sin x$ 的图形关于(　　).

A. y 轴对称　　B. $y=x$ 直线对称　　C. 原点对称　　D. x 轴对称

7. 下列函数中，(　　)是偶函数.

A. $\ln\frac{1-x}{1+x}$　　B. $\frac{\tan x}{x}$　　C. $x+x^2$　　D. $x+1$

8. 下列各对函数中，表示同一函数的是(　　).

A. $\ln x^3$ 和 $3\ln x$　　B. x 和 $\sqrt{x^2}$　　C. $x-1$ 和 $\frac{x^2-1}{x+1}$　　D. $\ln x^4$ 和 $4\ln x$

9. 函数 $y=x\cdot\ln(x+\sqrt{1+x^2})+\frac{e^x}{\sin x}$ 是(　　).

A. 初等函数　　B. 分段函数　　C. 复合函数　　D. 基本初等函数

10. 下列各组函数中，不能构成复合函数的是(　　).

A. $y=f(u)=\sin u$，$u=g(x)=\sqrt{x}$　　B. $y=f(u)=u^2$，$u=g(x)=\sin x$

C. $y=f(u)=\sin u$，$u=g(x)=e^x$　　D. $y=f(u)=\arccos u$，$u=g(x)=-2-x^2$

1.2 极限的概念

极限思想是由于求某些实际问题的精确解答而产生的. 例如，我国古代数学家刘徽(约公元 3 世纪)利用圆内接正多边形来推算圆面积的方法——割圆术，就是极限思想在几何学上的应用. 又如，春秋战国时期的哲学家庄子(约公元前 4 世纪)在《庄子·天下篇》中对"截丈问题"有一段名言："一尺之棰，日取其半，万世不竭"，其中也隐含了深刻的极限思想.

极限是研究变量的变化趋势的基本工具，经济数学中许多基本概念，例如连续、导数、定积分、无穷级数等都是建立在极限的基础上. 极限方法又是研究函数的一种最基本的方法. 本节将给出数列极限和函数极限的定义.

一、数列的极限

我们考察当 n 无限增大时(记为 $n\to\infty$，符号"→"读作"趋向于")，一般项 x_n 的变化趋势.

观察下面两个数列：

(1) $\frac{1}{2}, \frac{1}{4}, \frac{1}{8}, \frac{1}{16}, \cdots, \frac{1}{2^n}, \cdots$；

(2) $2, \frac{1}{2}, \frac{4}{3}, \frac{3}{4}, \cdots, \frac{n+(-1)^{n-1}}{n}, \cdots$.

为清楚起见，将上述两个数列的各项用数轴上的对应点 x_1，x_2，…表示，如图 1-2-1

(a)、(b)所示.

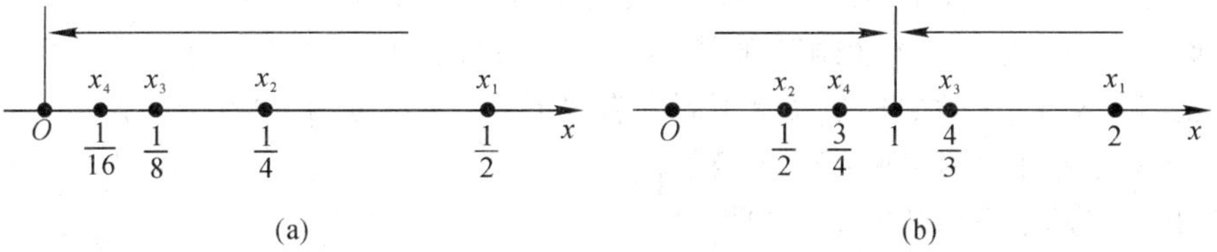

图 1-2-1

从图 1-2-1 可知，当 n 无限增大时，数列$\left\{\frac{1}{2^n}\right\}$在数轴上的对应点从原点的右侧无限接近于 0；数列$\left\{\frac{n+(-1)^{n-1}}{n}\right\}$在数轴上的对应点从 $x=1$ 的两侧无限接近于 1.

一般地，可以给出下面的定义：

定义 1.2.1　对于数列$\{x_n\}$，如果当 n 无限增大时，一般项 x_n 的值无限接近于一个确定的常数 A，则称 A 为数列$\{x_n\}$当 n 趋向于无穷大时的极限，记为

$$\lim_{n\to\infty}x_n=A \quad 或 \quad x_n\to A(n\to\infty).$$

此时，也称数列$\{x_n\}$收敛于 A，而称$\{x_n\}$为**收敛数列**. 如果数列的极限不存在，则称它为**发散数列**，有时简记成

$$\lim_{n\to\infty}x_n=\infty(|x_n|无限增大的情形)或\lim_{n\to\infty}x_n 不存在.$$

例如，数列$\left\{\frac{1}{2^n}\right\}$是收敛的，而$\left\{\frac{1+(-1)^n}{2}\right\}$是发散的.

例 1.2.1　观察下列各数列是否收敛，若收敛，试指出其收敛于何值.

(1) $\{2^n\}$；　(2) $\left\{\frac{1}{n}\right\}$；　(3) $\{(-1)^{n+1}\}$；　(4) $\left\{\frac{n-1}{n}\right\}$.

解　(1) 数列$\{2^n\}$即为 2，4，8，…，2^n，…，易见，当 n 无限增大时，2^n 也无限增大，故该数列是发散的；

(2) 数列$\left\{\frac{1}{n}\right\}$即为 1，$\frac{1}{2}$，$\frac{1}{3}$，…，$\frac{1}{n}$，…，易见，当 n 无限增大时，$\frac{1}{n}$无限接近于 0，故该数列收敛于 0；

(3) 数列$\{(-1)^{n+1}\}$即为 1，-1，1，-1，…，$(-1)^{n+1}$，…，易见，当 n 无限增大时，$(-1)^{n+1}$ 无休止地反复取 1，-1 两个数，而不会无限接近于任何一个确定的常数，故该数列是发散的；

(4) 数列$\left\{\frac{n-1}{n}\right\}$即为 0，$\frac{1}{2}$，$\frac{2}{3}$，$\frac{3}{4}$，…，$\frac{n-1}{n}$，…，易见，当 n 无限增大时，$\frac{n-1}{n}$无限接近于 1，故该数列收敛于 1.

二、函数的极限

数列可看作自变量为正整数 n 的函数：$x_n=f(n)$，数列$\{x_n\}$的极限为 A，即：当自变量 n 取正整数且无限增大($n\to\infty$)时，对应的函数值 $f(n)$无限接近数 A. 若将数列极限概

念中自变量 n 和函数值 $f(n)$ 的特殊性撇开，可以由此引出函数极限的一般概念：在自变量 x 的某个变化过程中，如果对应的函数值 $f(x)$ 无限接近于某个确定的数 A，则称 A 为 x 在该变化过程中函数 $f(x)$ 的极限. 显然，极限 A 与自变量 x 的变化过程紧密相关，自变量的变化过程不同，函数的极限就有不同的表现形式. 下面分两种情况来讨论：

(1) 自变量趋于无穷大时函数的极限；

(2) 自变量趋于有限值时函数的极限.

1. $x\to\infty$ 时函数 $f(x)$ 的极限

先看一个例子：当 $|x|$ 无限增大(或称 x 趋向于无穷大，记为 $x\to\infty$)时，考察函数 $f(x)=\dfrac{2x+3}{x}$ 的变化趋势. 我们可以看出当 $x\to\infty$ 时，对应的函数值 $f(x)=\dfrac{2x+3}{x}=2+\dfrac{3}{x}$ 无限接近于常数 2，则称常数 2 为函数 $f(x)=\dfrac{2x+3}{x}$ 当 $x\to\infty$ 时的极限.

对一般函数 $y=f(x)$ 而言，自变量无限增大时，函数值无限接近一个常数的情形与数列极限类似，有所不同的是，自变量的变化可以是连续的.

定义 1.2.2　设函数 $f(x)$ 当 $|x|>X$ (X 为某一正数)时有定义，如果当 $|x|$ 无限增大时，函数 $f(x)$ 的值无限接近于一个确定的常数 A，则称 A 为函数 $f(x)$ 当 $x\to\infty$ 时的极限，记为

$$\lim_{x\to\infty}f(x)=A \text{ 或 } f(x)\to A(x\to\infty).$$

例 1.2.2　观察下列各函数的极限.

(1) 当 $x\to\infty$ 时 $f(x)=\dfrac{1}{x}$ 的极限；

(2) 当 $x\to\infty$ 时 $f(x)=c$ 的极限；

(3) 当 $x\to\infty$ 时 $f(x)=\dfrac{\sin x}{x}$ 的极限.

解　(1) 由图 1-2-2 观察可知 $\lim\limits_{x\to\infty}\dfrac{1}{x}=0$.

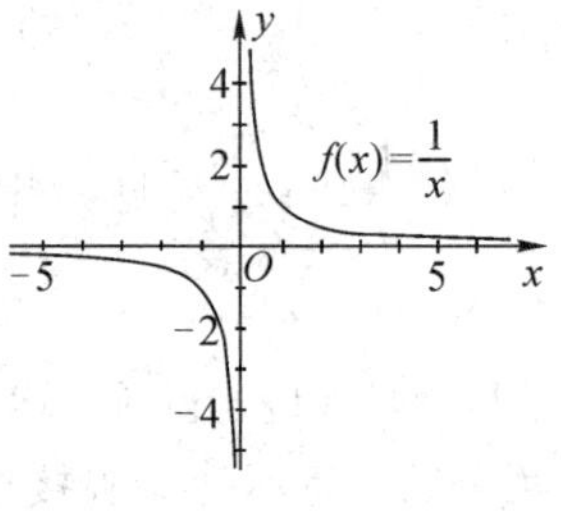

图 1-2-2

(2) 由图 1-2-3 观察可知 $\lim\limits_{x\to\infty}c=c$.

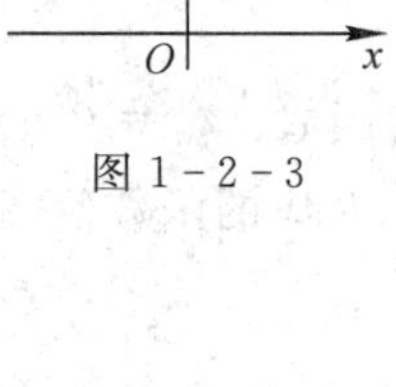

图 1-2-3

(3) 由图 1-2-4 观察可知$\lim\limits_{x\to\infty}\dfrac{\sin x}{x}=0$.

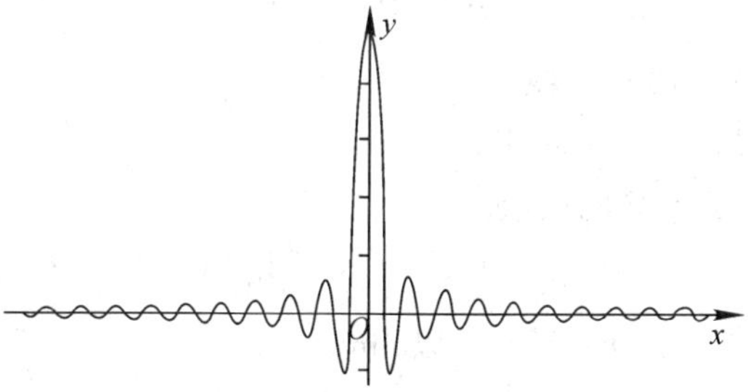

图 1-2-4

类似地，可以给出当 $x\to+\infty$和 $x\to-\infty$时，函数 $f(x)$以 A 为极限的定义. 这只要将定义 1.2.2 中的$|x|>X$ 分别改为$x>X$ 与$x<-X$ 即可.

极限 $\lim\limits_{x\to+\infty}f(x)=A$ 与 $\lim\limits_{x\to-\infty}f(x)=A$ 称为**单侧极限**.

定理 1.2.1　$\lim\limits_{x\to\infty}f(x)=A$ 的充分必要条件是 $\lim\limits_{x\to+\infty}f(x)=\lim\limits_{x\to-\infty}f(x)=A$.

例 1.2.3　设 $f(x)=\arctan x$，求$\lim\limits_{x\to\infty}f(x)$.

解　$f(x)$的图像如图 1-1-11 所示. 因为

$$\lim_{x\to-\infty}f(x)=\lim_{x\to-\infty}\arctan x=-\frac{\pi}{2},\ \lim_{x\to+\infty}f(x)=\lim_{x\to+\infty}\arctan x=\frac{\pi}{2},$$

从而 $\lim\limits_{x\to+\infty}f(x)\neq\lim\limits_{x\to-\infty}f(x)$，所以由定理 1.2.1 知$\lim\limits_{x\to\infty}f(x)$不存在.

2. $x\to x_0$ 时函数 $f(x)$的极限

现在讨论当 $x\to x_0$ 时函数 $f(x)$的极限问题.

考察当 $x\to1$ 时，函数 $f(x)=\dfrac{2x^2-2}{x-1}$的变化趋势.

我们注意到当 $x\neq1$ 时，函数 $f(x)=\dfrac{2x^2-2}{x-1}=2(x+1)$，所以当 $x\to1$ 时，$f(x)$的值无限接近于常数 4(见图 1-2-5). 称常数 4 为函数 $f(x)=\dfrac{2x^2-2}{x-1}$当 $x\to1$ 时的极限.

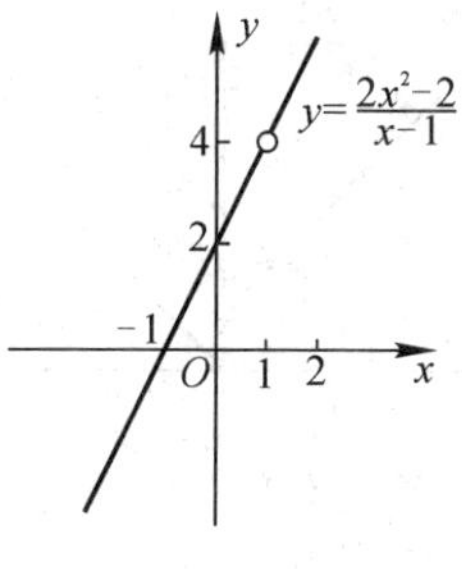

图 1-2-5

下面我们给出当 $x\to x_0$ 时函数 $f(x)$极限的定义.

定义 1.2.3　设函数 $f(x)$在点 x_0 的某一去心邻域内有定义. 如果当 x 无限接近 x_0

时，函数 $f(x)$ 的值无限接近于一个确定的常数 A，则称 A 为函数 $f(x)$ 当 $x\to x_0$ 时的极限，记为

$$\lim_{x\to x_0} f(x)=A \text{ 或 } f(x)\to A(x\to x_0).$$

例 1.2.4 观察下列各函数的极限.

(1) 当 $x\to x_0$ 时 $f(x)=x$ 的极限；

(2) 当 $x\to x_0$ 时 $f(x)=c$ 的极限.

解 (1) 因为当 $x\to x_0$ 时，$f(x)=x\to x_0$，所以 $\lim\limits_{x\to x_0} x=x_0$；

(2) 因为当 $x\to x_0$ 时，$f(x)=c$，所以 $\lim\limits_{x\to x_0} c=c$.

3. 左极限与右极限

在定义 1.2.3 中，$x\to x_0$ 是指从 x 的两侧趋向于 x_0，但是有时需要考虑 x 仅从 x_0 的一侧趋向于 x_0 时函数的变化趋势.

如果当 x 从 x_0 的左侧趋于 x_0（记作 $x\to x_0^-$）时，对应的函数值 $f(x)$ 无限接近于一个常数 A，则称 A 为函数 $f(x)$ 当 $x\to x_0$ 时的左极限，记为

$$\lim_{x\to x_0^-} f(x)=A \text{ 或 } f(x_0^-)=A.$$

如果当 x 从 x_0 的右侧趋于 x_0（记作 $x\to x_0^+$）时，对应的函数值 $f(x)$ 无限接近于一个常数 A，则称 A 为函数 $f(x)$ 当 $x\to x_0$ 时的右极限，记为

$$\lim_{x\to x_0^+} f(x)=A \text{ 或 } f(x_0^+)=A.$$

定理 1.2.2 $\lim\limits_{x\to x_0} f(x)=A$ 的充分必要条件是 $\lim\limits_{x\to x_0^-} f(x)=\lim\limits_{x\to x_0^+} f(x)=A$.

例 1.2.5 设 $f(x)=\begin{cases} x, & x\geqslant 0, \\ -x+1, & x<0, \end{cases}$ 求 $\lim\limits_{x\to 0} f(x)$.

解 $x=0$ 是函数的分段点（见图 1-2-6）. 因为

$$\lim_{x\to 0^-} f(x)=\lim_{x\to 0^-}(-x+1)=1,$$

$$\lim_{x\to 0^+} f(x)=\lim_{x\to 0^+} x=0,$$

即有 $\lim\limits_{x\to 0^-} f(x)\neq\lim\limits_{x\to 0^+} f(x)$，所以 $\lim\limits_{x\to 0} f(x)$ 不存在.

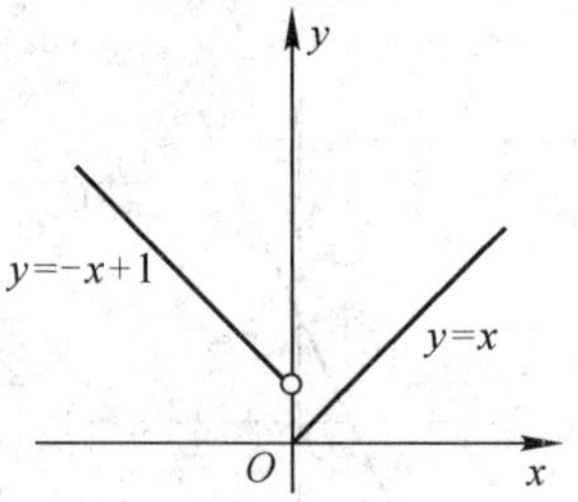

图 1-2-6

例 1.2.6 设 $f(x)=\dfrac{1-2^{\frac{1}{x}}}{1+2^{\frac{1}{x}}}$，求 $\lim\limits_{x\to 0} f(x)$.

解 $f(x)$ 在 $x=0$ 处没有定义，而

$$\lim_{x\to0^+}f(x)=\lim_{x\to0^+}\frac{2^{-\frac{1}{x}}-1}{2^{-\frac{1}{x}}+1}=-1,\ \lim_{x\to0^-}f(x)=\lim_{x\to0^-}\frac{1-2^{\frac{1}{x}}}{1+2^{\frac{1}{x}}}=1,$$

即有 $\lim\limits_{x\to0^-}f(x)\neq\lim\limits_{x\to0^+}f(x)$，故 $\lim\limits_{x\to0}f(x)$ 不存在.

4. 极限的性质

定理 1.2.3(唯一性)　若 $\lim\limits_{x\to x_0}f(x)$ 存在，则其极限是唯一的.

定理 1.2.4(有界性)　若 $\lim\limits_{x\to x_0}f(x)=A$，则存在 x_0 的某一去心邻域，当 x 在该邻域内时，$f(x)$ 有界.

定理 1.2.5(保号性)　若 $\lim\limits_{x\to x_0}f(x)=A$，且 $A>0$(或 $A<0$)，则存在 x_0 的某一去心邻域，当 x 在该邻域内时，有 $f(x)>0$(或 $f(x)<0$).

推论 1.2.1　若 $\lim\limits_{x\to x_0}f(x)=A$，且在 x_0 的某一去心邻域内 $f(x)\geqslant0$(或 $f(x)\leqslant0$)，则 $A\geqslant0$(或 $A\leqslant0$).

三、无穷小与无穷大

1. 无穷小

对于无穷小的认识问题，可以远溯到古希腊，那时，阿基米德就曾用无限小量方法得出了许多重要的数学结果，但他认为无限小量方法存在着不合理的地方. 直到 1821 年，柯西在他的《分析教程》中才对无限小量(即这里所说的无穷小)这一概念给出了明确的回答. 而有关无穷小的理论就是在柯西的理论基础上发展起来的.

定义 1.2.4　如果当 $x\to x_0$(或 $x\to\infty$)时，函数 $f(x)$ 的极限为零，则称函数 $f(x)$ 为当 $x\to x_0$(或 $x\to\infty$)时的无穷小，记为

$$\lim_{\substack{x\to x_0\\(x\to\infty)}}f(x)=0.$$

例如，$\lim\limits_{x\to0}\sin x=0$，所以函数 $\sin x$ 是当 $x\to0$ 时的无穷小.

又如，$\lim\limits_{x\to\infty}\dfrac{1}{x}=0$，所以函数 $\dfrac{1}{x}$ 是当 $x\to\infty$ 时的无穷小.

无穷小具有以下性质：

性质 1.2.1　有限个无穷小的代数和仍为无穷小.

性质 1.2.2　有界函数与无穷小的乘积是一个无穷小.

例如，由于 $\lim\limits_{x\to\infty}\dfrac{1}{x}=0$，且 $|\sin x|\leqslant1$($\sin x$ 为有界函数)，根据性质 1.2.2，有

$$\lim_{x\to\infty}\frac{\sin x}{x}=0.$$

由性质 1.2.2 可以推出以下结论：

推论 1.2.2　常数与无穷小的乘积为无穷小.

推论 1.2.3　有限个无穷小的乘积为无穷小.

定理 1.2.6　$\lim\limits_{\substack{x\to x_0\\(x\to\infty)}}f(x)=A$ 的充分必要条件是 $f(x)=A+\alpha(x)$，其中 $\alpha(x)$ 为当 $x\to x_0$

(或 $x\to\infty$)时的无穷小.

例如，前面已经讲过 $\lim\limits_{x\to\infty}\dfrac{2x+3}{x}=2$，可以看到 $\dfrac{2x+3}{x}=2+\dfrac{3}{x}$，其中 $\alpha(x)=\dfrac{3}{x}$ 为当 $x\to\infty$ 时的无穷小.

又如，$f(x)=\dfrac{3x^2-3}{x-1}=6+\dfrac{3(x-1)^2}{x-1}$，且 $\lim\limits_{x\to1}\dfrac{3(x-1)^2}{x-1}=0$. 根据定理 1.2.6，有

$$\lim_{x\to1}f(x)=\lim_{x\to1}\frac{3x^2-3}{x-1}=6.$$

注：无穷小是变量，不能与很小的数相混淆，零是可以作为无穷小的唯一常数.

2. 无穷大

定义 1.2.5　如果当 $x\to x_0$(或 $x\to\infty$)时，函数 $|f(x)|$ 无限地增大，则称函数 $f(x)$ 为当 $x\to x_0$(或 $x\to\infty$)时的无穷大，记为

$$\lim_{\substack{x\to x_0\\(x\to\infty)}}f(x)=\infty.$$

特殊情形：

$$\lim_{\substack{x\to x_0\\(x\to\infty)}}f(x)=+\infty,\quad \lim_{\substack{x\to x_0\\(x\to\infty)}}f(x)=-\infty.$$

例如，如图 1-2-7 所示，函数 $f(x)=\dfrac{1}{x-1}$，因为当 $x\to1$ 时，$\left|\dfrac{1}{x-1}\right|$ 无限地增大，所以

$$\lim_{x\to1}\frac{1}{x-1}=\infty,\quad \lim_{x\to1^-}\frac{1}{x-1}=-\infty,\quad \lim_{x\to1^+}\frac{1}{x-1}=+\infty.$$

又如，$\lim\limits_{x\to+\infty}e^x=+\infty$，$\lim\limits_{x\to0^+}\ln x=-\infty$，即 e^x 为当 $x\to+\infty$ 时的无穷大，$\ln x$ 为当 $x\to0^+$ 时的无穷大.

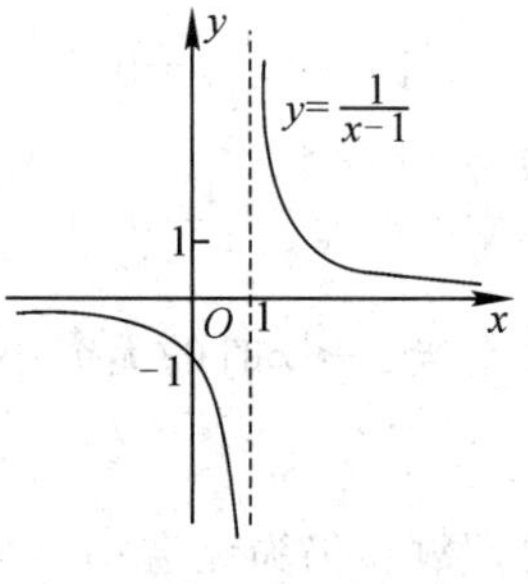

图 1-2-7

注：(1) 无穷大是变量，不能与很大的数相混淆；

(2) 切勿将 $\lim\limits_{\substack{x\to x_0\\(x\to\infty)}}f(x)=\infty$ 认为极限存在；

(3) 无穷大是一种特殊的无界变量，反之不然；

(4) 无穷小的一些运算性质，对无穷大不一定成立.

例如，当 $x\to\infty$ 时，x 为无穷大，$x+1$ 也为无穷大，但是这两个函数的差 $f(x)=x+1-x=1$ 就不为无穷大. 再如，当 $x\to\infty$ 时，x 为无穷大，函数 $\cos x$ 是有界函数，但函数 $f(x)=x\cos x$ 不为无穷大. 这是因为，当取 $x=2n\pi+\dfrac{\pi}{2}$(n 为整数)且 $n\to\infty$ 时，$x\to\infty$，

而 $f\left(2n\pi+\frac{\pi}{2}\right)=\left(2n\pi+\frac{\pi}{2}\right)\cos\left(2n\pi+\frac{\pi}{2}\right)=0$，即不为无穷大.

3. 无穷小与无穷大的关系

在同一变化过程中，无穷小与无穷大之间有如下关系：

定理 1.2.7　如果 $\lim\limits_{\substack{x\to x_0\\(x\to\infty)}} f(x)=\infty$，则 $\lim\limits_{\substack{x\to x_0\\(x\to\infty)}} \frac{1}{f(x)}=0$；如果 $\lim\limits_{\substack{x\to x_0\\(x\to\infty)}} f(x)=0$，且 $f(x)\neq 0$，则 $\lim\limits_{\substack{x\to x_0\\(x\to\infty)}} \frac{1}{f(x)}=\infty$.

定理 1.2.7 表明，无穷小与无穷大类似于倒数关系，例如，因为 $\lim\limits_{x\to 1}(\sqrt{x}-1)=0$，所以 $\lim\limits_{x\to 1}\frac{1}{\sqrt{x}-1}=\infty$.

例 1.2.7　求 $\lim\limits_{x\to\infty}\frac{x^4}{x^3+5}$.

解　因为

$$\lim_{x\to\infty}\frac{x^3+5}{x^4}=\lim_{x\to\infty}\left(\frac{1}{x}+\frac{5}{x^4}\right)=0,$$

所以根据无穷小与无穷大的关系，有

$$\lim_{x\to\infty}\frac{x^4}{x^3+5}=\infty.$$

★ 习题 1－2

(A)

1. 设 $f(x)=\begin{cases}x^2+1, & x<0,\\ x, & x\geqslant 0.\end{cases}$

(1) 作出 $f(x)$ 的图像；

(2) 求 $\lim\limits_{x\to 0^+} f(x)$ 与 $\lim\limits_{x\to 0^-} f(x)$；

(3) 判断 $\lim\limits_{x\to 0} f(x)$ 是否存在.

2. 求 $f(x)=\frac{x}{x}$，$g(x)=\frac{|x|}{x}$ 当 $x\to 0$ 时的左、右极限，并说明它们在 $x\to 0$ 时的极限是否存在.

3. 判断 $\lim\limits_{x\to 0} e^{\frac{1}{x}}$ 是否存在，若将极限过程改为 $x\to\infty$ 呢？

4. 下列函数在什么情况下为无穷小？在什么情况下为无穷大？

(1) $\frac{x+2}{x-1}$；　(2) $\lg x$；　(3) $\frac{x+2}{x^2}$.

5. 求下列函数的极限：

(1) $\lim\limits_{x\to 0} x^2\sin\frac{1}{x}$；　(2) $\lim\limits_{x\to\infty}\frac{\arctan x}{x}$；　(3) $\lim\limits_{x\to\infty}\frac{\cos n^2}{n}$.

(B)

1. 数列 1, 1.5, 1, 1.5, 1, …(　　).

A. 收敛于 1　　B. 收敛于 1.5　　C. 收敛于 1.25　　D. 发散

2. 下列数列中，发散的是(　　).

A. $\left\{1+\frac{1}{n}\right\}$　　B. $\left\{(-1)^n\left(1+\frac{1}{n}\right)\right\}$

C. $\left\{1+\frac{(-1)^n}{n}\right\}$　　D. $\left\{\frac{1+(-1)^n}{n}\right\}$

3. 下列数列中，收敛的是(　　).

A. $\{(-1)^n \cdot 3\}$　　B. $\{n\}$　　C. $\left\{2+(-1)^n \frac{1}{n}\right\}$　　D. $\left\{(-1)^n \cdot \frac{n-1}{n}\right\}$

4. 下列数列中，当 $n\to\infty$ 时没有极限的是(　　).

A. $\left\{\frac{1}{3^n}\right\}$　　B. $\left\{2+\frac{1}{n^2}\right\}$　　C. $\left\{(-1)^n \frac{1}{n}\right\}$　　D. $\{(-1)^n n\}$

5. 设 $\lim\limits_{n\to\infty} u_n = a$，则当 $n\to\infty$ 时，u_n 与 a 的差是(　　).

A. 无穷小　　B. 任意小的正数　　C. 常量　　D. 给定的正数

6. 若 $\lim\limits_{x\to x_0^-} f(x) = \lim\limits_{x\to x_0^+} f(x) = A$，则下列说法正确的是(　　).

A. $f(x_0)=A$　　B. $\lim\limits_{x\to x_0} f(x)=A$

C. $f(x)$ 在 x_0 处有定义　　D. $f(x)$ 在 x_0 处连续

7. 设 $f(x)=\frac{|x-1|}{x-1}$，则 $\lim\limits_{x\to 1} f(x)$ 是(　　).

A. 1　　B. -1　　C. 不存在　　D. 0

8. 当 $x\to 2$ 时，下列变量中不是无穷小的是(　　).

A. x^2-4　　B. $x(x-5)+6$　　C. x^2-3x+2　　D. $4x^2-2x+11$

9. 下列关于无穷小的说法正确的是(　　).

A. 无穷小之积仍为无穷小

B. 无穷小就是很小的数

C. 有界函数与无穷小之积仍为无穷小

D. 无穷小之和仍然是无穷小

10. 下列关于无穷大的说法正确的是(　　).

A. 在同一变化过程中，无穷大的倒数是无穷小

B. 无穷大是很大的数

C. 在同一变化过程中，无穷小的倒数是无穷大

D. 两个无穷大的和仍为无穷大

1.3　极限的运算法则

前面我们根据自变量的变化趋势，观察和分析了函数的变化趋势，求出了一些简单函

数的极限. 如果要求结构较为复杂函数的极限，就要使用一些规则.

一、极限的四则运算法则

定理 1.3.1　设 $\lim\limits_{x \to x_0} f(x)=A$，$\lim\limits_{x \to x_0} g(x)=B$，则

(1) $\lim\limits_{x \to x_0}[f(x) \pm g(x)]=\lim\limits_{x \to x_0} f(x) \pm \lim\limits_{x \to x_0} g(x)=A \pm B$；

(2) $\lim\limits_{x \to x_0} f(x) \cdot g(x)=\lim\limits_{x \to x_0} f(x) \cdot \lim\limits_{x \to x_0} g(x)=AB$，特别有，

$\lim\limits_{x \to x_0} Cf(x)=C\lim\limits_{x \to x_0} f(x)=CA$，$\lim\limits_{x \to x_0}[f(x)]^n=[\lim\limits_{x \to x_0} f(x)]^n=A^n$；

(3) $\lim\limits_{x \to x_0}\dfrac{f(x)}{g(x)}=\dfrac{\lim\limits_{x \to x_0} f(x)}{\lim\limits_{x \to x_0} g(x)}=\dfrac{A}{B}(B \neq 0)$.

例 1.3.1　求 $\lim\limits_{x \to 2}(x^2-3x+5)$.

解　$\lim\limits_{x \to 2}(x^2-3x+5)=\lim\limits_{x \to 2}x^2-\lim\limits_{x \to 2}3x+\lim\limits_{x \to 2}5=(\lim\limits_{x \to 2}x)^2-3\lim\limits_{x \to 2}x+\lim\limits_{x \to 2}5$

$$=2^2-3\times2+5=3.$$

注：设 $f(x)=a_0x^n+a_1x^{n-1}+\cdots+a_n$，则有

$\lim\limits_{x \to x_0} f(x)=a_0(\lim\limits_{x \to x_0}x)^n+a_1(\lim\limits_{x \to x_0}x)^{n-1}+\cdots+a_n=a_0x_0^n+a_1x_0^{n-1}+\cdots+a_n=f(x_0)$.

例 1.3.2　求 $\lim\limits_{x \to 3}\dfrac{2x^2-9}{5x^2-7x-2}$.

解　$\lim\limits_{x \to 3}\dfrac{2x^2-9}{5x^2-7x-2}=\dfrac{\lim\limits_{x \to 3}(2x^2-9)}{\lim\limits_{x \to 3}(5x^2-7x-2)}=\dfrac{2\times3^2-9}{5\times3^2-7\times3-2}=\dfrac{9}{22}$.

注：设 $f(x)=\dfrac{P(x)}{Q(x)}$，且 $Q(x_0)\neq0$，则有

$$\lim_{x \to x_0} f(x)=\frac{\lim\limits_{x \to x_0}P(x)}{\lim\limits_{x \to x_0}Q(x)}=\frac{P(x_0)}{Q(x_0)}=f(x_0).$$

当 $Q(x_0)=0$ 时，商的法则不能应用.

例 1.3.3　求 $\lim\limits_{x \to 1}\dfrac{4x-1}{x^2+2x-3}$.

解　因为 $\lim\limits_{x \to 1}(x^2+2x-3)=0$，商的法则不能用. 又 $\lim\limits_{x \to 1}(4x-1)=3\neq0$，故

$$\lim_{x \to 1}\frac{x^2+2x-3}{4x-1}=\frac{0}{3}=0.$$

由无穷小与无穷大的关系，得

$$\lim_{x \to 1}\frac{4x-1}{x^2+2x-3}=\infty.$$

例 1.3.4　求 $\lim\limits_{x \to 1}\dfrac{x^2-1}{x^2+2x-3}$.

解　当 $x \to 1$ 时，分子和分母的极限都是零 $\left(\dfrac{0}{0}\text{型}\right)$. 先约去不为零的无穷小因子 $x-1$ 后再求极限.

$$\lim_{x\to1}\frac{x^2-1}{x^2+2x-3}=\lim_{x\to1}\frac{(x+1)(x-1)}{(x+3)(x-1)}=\lim_{x\to1}\frac{x+1}{x+3}=\frac{1}{2}\text{（消去零因子法）.}$$

例 1.3.5 求$\lim\limits_{x\to\infty}\dfrac{2x^3+3x^2+5}{7x^3+4x^2-1}$.

解 当 $x\to\infty$时，分子和分母的极限都是无穷大$\left(\dfrac{\infty}{\infty}型\right)$. 在分子、分母中，分别除以 x 的最高次幂 x^3，分出无穷小，再求极限.

$$\lim_{x\to\infty}\frac{2x^3+3x^2+5}{7x^3+4x^2-1}=\lim_{x\to\infty}\frac{2+\dfrac{3}{x}+\dfrac{5}{x^3}}{7+\dfrac{4}{x}-\dfrac{1}{x^3}}=\frac{2}{7}\text{（无穷小因子分出法）.}$$

注： 当 $a_0\neq0$，$b_0\neq0$，m 和 n 为非负整数时，有

$$\lim_{x\to\infty}\frac{a_0x^m+a_1x^{m-1}+\cdots+a_m}{b_0x^n+b_1x^{n-1}+\cdots+b_n}=\begin{cases}\dfrac{a_0}{b_0}, & n=m,\\ 0, & n>m,\\ \infty, & n<m.\end{cases}$$

无穷小因子分出法：以分母中自变量的最高次幂除分子和分母，以分出无穷小，然后再求极限.

例 1.3.6 求$\lim\limits_{x\to\infty}\dfrac{\sqrt[3]{8x^3+6x^2+5x+1}}{3x-2}$.

解 当 $x\to\infty$时，分子和分母均趋于$\infty\left(\dfrac{\infty}{\infty}型\right)$. 此类极限也不能直接用极限运算法则，可把分子、分母同除以分母中自变量的最高次幂，再用极限运算法则.

$$\lim_{x\to\infty}\frac{\sqrt[3]{8x^3+6x^2+5x+1}}{3x-2}=\lim_{x\to\infty}\frac{\sqrt[3]{8+\dfrac{6}{x}+\dfrac{5}{x^2}+\dfrac{1}{x^3}}}{3-\dfrac{2}{x}}=\frac{2}{3}.$$

例 1.3.7 求$\lim\limits_{n\to\infty}\left(\dfrac{1}{n^2}+\dfrac{2}{n^2}+\cdots+\dfrac{n}{n^2}\right)$.

解 本题考虑无穷多个无穷小之和. 先变形再求极限.

$$\lim_{n\to\infty}\left(\frac{1}{n^2}+\frac{2}{n^2}+\cdots+\frac{n}{n^2}\right)=\lim_{n\to\infty}\frac{1+2+\cdots+n}{n^2}=\lim_{n\to\infty}\frac{\dfrac{1}{2}n(n+1)}{n^2}=\frac{1}{2}.$$

例 1.3.8 求$\lim\limits_{x\to1}\left(\dfrac{1}{1-x}-\dfrac{3}{1-x^3}\right)$.

解 当 $x\to1$ 时，上式的两项均为无穷大（$\infty-\infty$型），所以不能用差的极限运算法则，但是可以先通分，再求极限.

$$\begin{aligned}\lim_{x\to1}\left(\frac{1}{1-x}-\frac{3}{1-x^3}\right)&=\lim_{x\to1}\frac{1+x+x^2-3}{1-x^3}\\&=\lim_{x\to1}\frac{(x-1)(x+2)}{(1-x)(1+x+x^2)}=\lim_{x\to1}\frac{-(x+2)}{1+x+x^2}=-1.\end{aligned}$$

例 1.3.9　已知 $\lim\limits_{x\to+\infty}(5x-\sqrt{ax^2-bx+c})=2$，求 a，b 的值.

解　当 $x\to+\infty$时，上式的两项均为无穷大($\infty-\infty$型)，所以不能用差的极限运算法则，但是可以先有理化，再求极限.

$$\lim_{x\to+\infty}(5x-\sqrt{ax^2-bx+c})=\lim_{x\to+\infty}\frac{(5x-\sqrt{ax^2-bx+c})(5x+\sqrt{ax^2-bx+c})}{5x+\sqrt{ax^2-bx+c}}$$

$$=\lim_{x\to+\infty}\frac{(25-a)x^2+bx-c}{5x+\sqrt{ax^2-bx+c}}=\lim_{x\to+\infty}\frac{(25-a)x+b-\dfrac{c}{x}}{5+\sqrt{a-\dfrac{b}{x}+\dfrac{c}{x^2}}}=2,$$

故$\begin{cases}25-a=0,\\ \dfrac{b}{5+\sqrt{a}}=2,\end{cases}$解得 $a=25$，$b=20$.

二、复合函数的极限运算法则

定理 1.3.2(复合函数的极限运算法则)　设函数 $y=f[g(x)]$由函数 $y=f(u)$与函数 $u=g(x)$复合而成，$f[g(x)]$在点 x_0 的某去心邻域内有定义，若

$$\lim_{x\to x_0}g(x)=u_0,\ \lim_{u\to u_0}f(u)=A,$$

且存在 $\delta_0>0$，当 $x\in\mathring{U}(x_0,\delta_0)$时，有 $g(x)\neq u_0$，则

$$\lim_{x\to x_0}f[g(x)]=\lim_{u\to u_0}f(u)=A.$$

例 1.3.10　求$\lim\limits_{x\to1}\ln\left[\dfrac{x^2-1}{2(x-1)}\right]$.

解　方法一　令 $u=\dfrac{x^2-1}{2(x-1)}$，则当 $x\to1$ 时，$u=\dfrac{x^2-1}{2(x-1)}=\dfrac{x+1}{2}\to1$，故

$$\lim_{x\to1}\ln\left[\frac{x^2-1}{2(x-1)}\right]=\lim_{u\to1}\ln u=0.$$

方法二　$\lim\limits_{x\to1}\ln\left[\dfrac{x^2-1}{2(x-1)}\right]=\ln\left[\lim\limits_{x\to1}\dfrac{x^2-1}{2(x-1)}\right]=\ln\left(\lim\limits_{x\to1}\dfrac{x+1}{2}\right)=\ln1=0.$

★ 习题 1－3

(A)

1. 下列运算正确吗？为什么？

(1) $\lim\limits_{x\to0}\sin x\cos\dfrac{1}{x}=\lim\limits_{x\to0}\sin x\ \lim\limits_{x\to0}\cos\dfrac{1}{x}=0\ \lim\limits_{x\to0}\cos\dfrac{1}{x}=0$；

(2) $\lim\limits_{x\to2}\dfrac{x^2}{2-x}=\dfrac{\lim\limits_{x\to2}x^2}{\lim\limits_{x\to2}(2-x)}=\infty$.

2. 求下列极限：

(1) $\lim\limits_{n\to\infty}\dfrac{(2x-3)^{20}(3x+2)^{30}}{(5x+1)^{50}}$；　　(2) $\lim\limits_{n\to\infty}\dfrac{2^{n+1}+3^{n+1}}{2^n+3^n}$；

(3) $\lim\limits_{h\to 0}\dfrac{(x+h)^3-x^3}{h}$；

(4) $\lim\limits_{x\to 1}\left(\dfrac{2}{x^2-1}-\dfrac{1}{x-1}\right)$；

(5) $\lim\limits_{x\to 0^-}\dfrac{|x|}{x}\cdot\dfrac{1}{x+1}$；

(6) $\lim\limits_{x\to\infty}\left(\dfrac{x^3}{2x^2-1}-\dfrac{x^2}{2x+1}\right)$；

(7) $\lim\limits_{n\to\infty}\dfrac{1+\dfrac{1}{2}+\dfrac{1}{4}+\cdots+\dfrac{1}{2^n}}{1+\dfrac{1}{3}+\dfrac{1}{9}+\cdots+\dfrac{1}{3^n}}$；

(8) $\lim\limits_{n\to\infty}\left(\dfrac{1+2+3+\cdots+n}{n+2}-\dfrac{n}{2}\right)$；

(9) $\lim\limits_{x\to 0}e^{x\sin\frac{1}{x}}$；

(10) $\lim\limits_{x\to 8}\dfrac{\sqrt{1+x}-3}{2-\sqrt[3]{x}}$；

(11) $\lim\limits_{n\to\infty}\dfrac{(n+1)(n+2)(n+3)}{3n^3}$；

(12) $\lim\limits_{x\to\infty}\dfrac{(x^2+x)\arctan x}{x^3-x+3}$；

(13) $\lim\limits_{n\to\infty}(\sqrt{n^2+1}-\sqrt{n^2-5n})$；

(14) $\lim\limits_{x\to\infty}\dfrac{2x^2-x-1}{x^2-1}$；

(15) $\lim\limits_{x\to -2}\dfrac{x^3+8}{x+2}$；

(16) $\lim\limits_{x\to 1}\dfrac{x^m-1}{x^n-1}$（$m$、$n$ 为正整数）；

(17) $\lim\limits_{x\to\infty}\dfrac{\sqrt{x}\cdot\sin x}{2x+1}$；

(18) $\lim\limits_{x\to 0}\dfrac{\sqrt{1+x}-1}{x}$；

(19) $\lim\limits_{x\to 16}\dfrac{\sqrt[4]{x}-2}{\sqrt{x}-4}$；

(20) $\lim\limits_{x\to\infty}\dfrac{3x+2x^2+1}{5+6x-x^2}$；

(21) $\lim\limits_{x\to 0}\left[\dfrac{1}{x(a+x)}-\dfrac{1}{ax}\right](a\neq 0)$；

(22) $\lim\limits_{x\to +\infty}x(\sqrt{1+x^2}-x)$.

(B)

1. 已知函数 $f(x)=|x-2|$，则 $\lim\limits_{x\to 0}f(x)=$（　　）.

A. -2　　B. 0　　C. 2　　D. 不存在

2. $\lim\limits_{x\to 2}\dfrac{x^2-4}{x-2}=$（　　）.

A. $\dfrac{1}{4}$　　B. 4　　C. ∞　　D. 0

3. $\lim\limits_{x\to 1}\dfrac{x^2-1}{\sqrt{3-x}-\sqrt{1+x}}=$（　　）.

A. $-2\sqrt{2}$　　B. -2　　C. $-\sqrt{2}$　　D. 4

4. $\lim\limits_{x\to\infty}\dfrac{(x+1)(2x-1)(x-1)}{x^3+3}=$（　　）.

A. 2　　B. ∞　　C. 0　　D. 1

5. $\lim\limits_{n\to\infty}\dfrac{\sqrt{n^3+3}+\sqrt[3]{n+1}}{\sqrt{n^4-1}+\sqrt{n^2+2}}=$（　　）.

A. ∞　　B. $\dfrac{3}{4}$　　C. 0　　D. 1

6. $\lim\limits_{x\to\infty}\dfrac{x^3-2x^2-x}{100x^2+1}=($　　$)$.

A. $\dfrac{1}{100}$　　B. $\dfrac{3}{2}$　　C. 0　　D. ∞

7. 函数 $y=f(x)$ 在点 $x=x_0$ 处左、右极限存在且相等是它在该点有极限的(　　).

A. 充分条件　　B. 充分必要条件　　C. 无关条件　　D. 必要条件

8. 若 $f(x)$ 在点 x_0 处的极限存在，则(　　).

A. $f(x_0)$ 必存在且等于极限值

B. $f(x_0)$ 存在但不一定等于极限值

C. $f(x_0)$ 在 x_0 处的函数值可以不存在

D. 如果 $f(x_0)$ 存在，则必等于极限值

9. 若 $\lim\limits_{x\to x_0}[f(x)+g(x)]$ 存在，则下列结论成立的是(　　).

A. $\lim\limits_{x\to x_0}f(x)$ 必存在　　B. $\lim\limits_{x\to x_0}f(x)$，$\lim\limits_{x\to x_0}g(x)$ 均不一定存在

C. $\lim\limits_{x\to x_0}g(x)$ 必存在　　D. $\lim\limits_{x\to x_0}f(x)$，$\lim\limits_{x\to x_0}g(x)$ 均必存在

10. 下列结论正确的是(　　).

A. $\lim\limits_{x\to\infty}\sin x=\infty$　　B. $\lim\limits_{x\to\infty}\cos x=\infty$　　C. $\lim\limits_{x\to\infty}\sin x$ 不存在　　D. $\lim\limits_{x\to 0^-}e^{\frac{1}{x}}=\infty$

1.4　极限存在准则及两个重要极限

一、夹逼准则

准则 1.4.1(夹逼准则)　如果函数 $f(x)$，$g(x)$，$h(x)$ 满足下列条件：

(1) 当 $0<|x-x_0|<\delta$(或 $|x|>M$)时，有 $g(x)<f(x)<h(x)$；

(2) $\lim\limits_{\substack{x\to x_0\\(x\to\infty)}}g(x)=A$，$\lim\limits_{\substack{x\to x_0\\(x\to\infty)}}h(x)=A$，

那么极限 $\lim\limits_{\substack{x\to x_0\\(x\to\infty)}}f(x)$ 存在且等于 A.

注： 上述准则对函数的特殊形式数列也成立.

例 1.4.1　求 $\lim\limits_{n\to\infty}\left(\dfrac{1}{\sqrt{n^2+1}}+\dfrac{1}{\sqrt{n^2+2}}+\cdots+\dfrac{1}{\sqrt{n^2+n}}\right)$.

解　因为

$$\frac{n}{\sqrt{n^2+n}}<\frac{1}{\sqrt{n^2+1}}+\frac{1}{\sqrt{n^2+2}}+\cdots+\frac{1}{\sqrt{n^2+n}}<\frac{n}{\sqrt{n^2+1}},$$

又

$$\lim_{n\to\infty}\frac{n}{\sqrt{n^2+n}}=\lim_{n\to\infty}\frac{1}{\sqrt{1+\dfrac{1}{n}}}=1,\ \lim_{n\to\infty}\frac{n}{\sqrt{n^2+1}}=\lim_{n\to\infty}\frac{1}{\sqrt{1+\dfrac{1}{n^2}}}=1,$$

故由夹逼准则得

$$\lim_{n\to\infty}\left(\frac{1}{\sqrt{n^2+1}}+\frac{1}{\sqrt{n^2+2}}+\cdots+\frac{1}{\sqrt{n^2+n}}\right)=1.$$

例 1.4.2 求$\lim\limits_{x\to 0}\cos x$.

解 因为

$$0<1-\cos x=2\sin^2\frac{x}{2}<2\cdot\left(\frac{x}{2}\right)^2=\frac{x^2}{2},$$

故由夹逼准则得

$$\lim_{x\to 0}(1-\cos x)=0,$$

即

$$\lim_{x\to 0}\cos x=1.$$

二、第一个重要极限

我们利用夹逼准则讨论第一个重要极限：$\lim\limits_{x\to 0}\frac{\sin x}{x}=1$.

由于$\frac{\sin x}{x}$是偶函数，故只需讨论 $x\to 0^+$ 的情况.

作单位圆(见图 1-4-1)，设$\angle AOB=x$，假定 $0<x<\frac{\pi}{2}$，点 A 处的切线与OB 的延长线相交于D，因 $BC\perp OA$，故

$$\sin x=CB,\ x=\overset{\frown}{AB},\ \tan x=AD,$$

显然有

$$S_{\triangle AOB}<S_{扇形AOB}<S_{\triangle AOD},$$

$$\frac{1}{2}\sin x<\frac{1}{2}x<\frac{1}{2}\tan x,$$

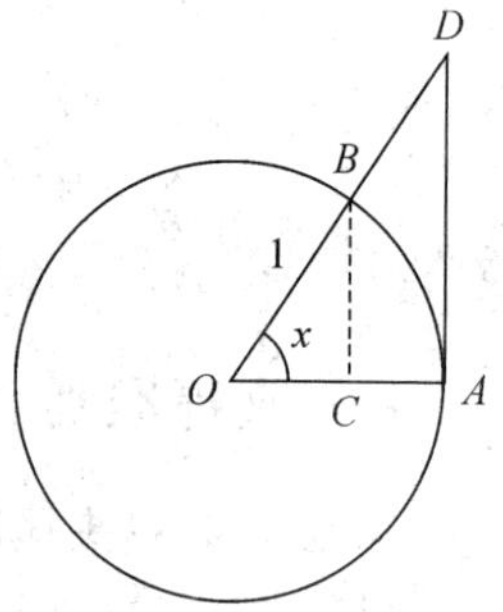

图 1-4-1

即

$$\sin x<x<\tan x,$$

整理得

$$\cos x<\frac{\sin x}{x}<1.$$

由$\lim\limits_{x\to 0}\cos x=1$，$\lim\limits_{x\to 0}1=1$ 及夹逼准则得

$$\lim_{x\to 0}\frac{\sin x}{x}=1.$$

注：推广的结果为$\lim\frac{\sin\alpha}{\alpha}=1$($\alpha$ 为无穷小).

例 1.4.3 求$\lim\limits_{x\to 0}\frac{\tan x}{x}$.

解 $\lim\limits_{x\to 0}\frac{\tan x}{x}=\lim\limits_{x\to 0}\frac{\sin x}{x}\cdot\frac{1}{\cos x}=\lim\limits_{x\to 0}\frac{\sin x}{x}\cdot\lim\limits_{x\to 0}\frac{1}{\cos x}=1.$

例 1.4.4 求$\lim\limits_{x\to 0}\frac{\tan 3x}{\sin 5x}$.

解　$\lim\limits_{x\to 0}\dfrac{\tan 3x}{\sin 5x}=\lim\limits_{x\to 0}\dfrac{\sin 3x}{\sin 5x}\cdot\dfrac{1}{\cos 3x}=\lim\limits_{x\to 0}\dfrac{\dfrac{\sin 3x}{3x}}{\dfrac{\sin 5x}{5x}}\cdot\dfrac{3}{5}\dfrac{1}{\cos 3x}=\dfrac{1}{1}\times\dfrac{3}{5}\times 1=\dfrac{3}{5}.$

例 1.4.5　求$\lim\limits_{x\to 0}\dfrac{1-\cos x}{x^2}$.

解　$\lim\limits_{x\to 0}\dfrac{1-\cos x}{x^2}=\lim\limits_{x\to 0}\dfrac{2\sin^2\dfrac{x}{2}}{x^2}=\dfrac{1}{2}\lim\limits_{x\to 0}\dfrac{\sin^2\dfrac{x}{2}}{\left(\dfrac{x}{2}\right)^2}=\dfrac{1}{2}\lim\limits_{x\to 0}\left(\dfrac{\sin\dfrac{x}{2}}{\dfrac{x}{2}}\right)^2=\dfrac{1}{2}\times 1^2=\dfrac{1}{2}.$

例 1.4.6　判断下列运算过程是否正确：

$$\lim_{x\to\pi}\frac{\tan x}{\sin x}=\lim_{x\to\pi}\frac{\tan x}{x}\cdot\frac{x}{\sin x}=\lim_{x\to\pi}\frac{\tan x}{x}\cdot\lim_{x\to\pi}\frac{x}{\sin x}=1.$$

解　这种运算是错误的．当 $x\to 0$ 时，$\dfrac{\tan x}{x}\to 1$，$\dfrac{x}{\sin x}\to 1$，本题 $x\to\pi$，所以不能应用上述方法进行计算．正确的作法如下：

令 $x-\pi=t$，则 $x=\pi+t$；当 $x\to\pi$ 时，$t\to 0$，于是

$$\lim_{x\to\pi}\frac{\tan x}{\sin x}=\lim_{t\to 0}\frac{\tan(\pi+t)}{\sin(\pi+t)}=\lim_{t\to 0}\frac{\tan t}{-\sin t}=\lim_{t\to 0}\frac{\tan t}{t}\cdot\frac{t}{-\sin t}=-1.$$

例 1.4.7　求$\lim\limits_{x\to 0}\dfrac{x-\sin 2x}{x+\sin 2x}$.

解　$\lim\limits_{x\to 0}\dfrac{x-\sin 2x}{x+\sin 2x}=\lim\limits_{x\to 0}\dfrac{1-\dfrac{\sin 2x}{x}}{1+\dfrac{\sin 2x}{x}}=\lim\limits_{x\to 0}\dfrac{1-2\dfrac{\sin 2x}{2x}}{1+2\dfrac{\sin 2x}{2x}}=\dfrac{1-2}{1+2}=-\dfrac{1}{3}.$

三、单调有界收敛准则

如果数列$\{x_n\}$满足条件

$$x_1\leqslant x_2\leqslant\cdots\leqslant x_n\leqslant x_{n+1}\leqslant\cdots,$$

则称数列$\{x_n\}$是单调增加的；

如果数列$\{x_n\}$满足条件

$$x_1\geqslant x_2\geqslant\cdots\geqslant x_n\geqslant x_{n+1}\geqslant\cdots,$$

则称数列$\{x_n\}$是单调减少的．

单调增加或单调减少的数列简称为单调数列．

在讨论数列极限的性质时曾指出，收敛数列必有界，但有界数列未必收敛．有界是数列收敛的必要条件，但如果是单调有界呢？这就得到了单调有界收敛准则．

准则 1.4.2　单调有界数列必有极限．

例 1.4.8　设有数列 $x_1=\sqrt{3}$，$x_2=\sqrt{3+x_1}$，…，$x_n=\sqrt{3+x_{n-1}}$，证明数列$\{x_n\}$的极限存在，并求$\lim\limits_{n\to\infty}x_n$．

证明　显然 $x_{n+1}>x_n$，所以$\{x_n\}$是单调增加的．下面利用数学归纳法证明$\{x_n\}$有界．因为 $x_1=\sqrt{3}<3$，假定 $x_k<3$，则 $x_{k+1}=\sqrt{3+x_k}<\sqrt{3+3}<3$，所以$\{x_n\}$是有界的，

从而$\lim\limits_{n\to\infty}x_n$存在. 设$\lim\limits_{n\to\infty}x_n=A$. 由递推关系$x_{n+1}=\sqrt{3+x_n}$得$x_{n+1}^2=3+x_n$，等式两边取极限，得

$$\lim_{n\to\infty}x_{n+1}^2=\lim_{n\to\infty}(3+x_n),$$

即$A^2=3+A$，解得

$$A=\frac{1+\sqrt{13}}{2}\text{或}A=\frac{1-\sqrt{13}}{2}\text{（舍去）},$$

所以

$$\lim_{n\to\infty}x_n=\frac{1+\sqrt{13}}{2}.$$

四、第二个重要极限

我们利用单调有界收敛准则来讨论第二个重要极限：$\lim\limits_{x\to\infty}\left(1+\dfrac{1}{x}\right)^x=\mathrm{e}$.

设$x_n=\left(1+\dfrac{1}{n}\right)^n$，下面先证明数列$\{x_n\}$是单调增加且有界的.

$$\begin{aligned}x_n&=\left(1+\frac{1}{n}\right)^n\\&=1+\frac{n}{1!}\cdot\frac{1}{n}+\frac{n(n-1)}{2!}\cdot\frac{1}{n^2}+\frac{n(n-1)(n-2)}{3!}\cdot\frac{1}{n^3}+\cdots+\frac{n(n-1)\cdots(n-n+1)}{n!}\cdot\frac{1}{n^n}\\&=1+1+\frac{1}{2!}\left(1-\frac{1}{n}\right)+\frac{1}{3!}\left(1-\frac{1}{n}\right)\left(1-\frac{2}{n}\right)+\cdots+\frac{1}{n!}\left(1-\frac{1}{n}\right)\left(1-\frac{2}{n}\right)\cdots\left(1-\frac{n-1}{n}\right),\end{aligned}$$

类似地，

$$\begin{aligned}x_{n+1}=1+1+\frac{1}{2!}\left(1-\frac{1}{n+1}\right)+\frac{1}{3!}\left(1-\frac{1}{n+1}\right)\left(1-\frac{2}{n+1}\right)+\cdots+\frac{1}{n!}\left(1-\frac{1}{n+1}\right)\left(1-\frac{2}{n+1}\right)\\\cdots\left(1-\frac{n-1}{n+1}\right)+\frac{1}{(n+1)!}\left(1-\frac{1}{n+1}\right)\left(1-\frac{2}{n+1}\right)\cdots\left(1-\frac{n-1}{n+1}\right)\left(1-\frac{n}{n+1}\right),\end{aligned}$$

比较x_n与x_{n+1}，则有$x_n\leqslant x_{n+1}$，即知$\{x_n\}$单调增加.

又由

$$x_n=1+1+\frac{1}{2!}\left(1-\frac{1}{n}\right)+\frac{1}{3!}\left(1-\frac{1}{n}\right)\left(1-\frac{2}{n}\right)+\cdots+\frac{1}{n!}\left(1-\frac{1}{n}\right)\left(1-\frac{2}{n}\right)\cdots\left(1-\frac{n-1}{n}\right)$$

得

$$x_n\leqslant1+1+\frac{1}{2!}+\frac{1}{3!}+\cdots+\frac{1}{n!}<1+1+\frac{1}{2}+\frac{1}{2^2}+\cdots+\frac{1}{2^{n-1}}=1+\frac{1-\frac{1}{2^n}}{1-\frac{1}{2}}=3-\frac{1}{2^{n-1}}<3,$$

即$\{x_n\}$有界，因此由单调有界准则知$\lim\limits_{x\to\infty}\left(1+\dfrac{1}{x}\right)^x$存在.

列出$\left(1+\dfrac{1}{x}\right)^x$的数值表(见表1-4-1)，观察其变化趋势.

表 1-4-1

x	1	2	3	4	5	10	100	1 000	…
$\left(1+\frac{1}{x}\right)^x$	2	2.25	2.37	2.44	2.48	2.59	2.705	2.718	…

可见，当 $x\to\infty$时，函数$\left(1+\frac{1}{x}\right)^x$的值无限接近于常数 e，于是根据极限的定义，有

$$\lim_{x\to\infty}\left(1+\frac{1}{x}\right)^x=\mathrm{e}.$$

注：无理数 e 是数学中的一个重要常数，其值为

$$\mathrm{e}=2.718\ 281\ 828\ 459\ 045\cdots$$

例 1.4.9　求$\lim\limits_{n\to\infty}\left(1+\frac{1}{n}\right)^{n+3}$.

解　$\lim\limits_{n\to\infty}\left(1+\frac{1}{n}\right)^{n+3}=\lim\limits_{n\to\infty}\left[\left(1+\frac{1}{n}\right)^n\cdot\left(1+\frac{1}{n}\right)^3\right]=\lim\limits_{n\to\infty}\left(1+\frac{1}{n}\right)^n\cdot\lim\limits_{n\to\infty}\left(1+\frac{1}{n}\right)^3=\mathrm{e}\cdot1=\mathrm{e}.$

例 1.4.10　求$\lim\limits_{x\to0}(1-2x)^{\frac{1}{x}}$.

解　$\lim\limits_{x\to0}(1-2x)^{\frac{1}{x}}=\lim\limits_{x\to0}\{[1+(-2x)]^{-\frac{1}{2x}}\}^{-2}=\mathrm{e}^{-2}.$

例 1.4.11　求$\lim\limits_{x\to\infty}\left(1+\frac{k}{x}\right)^x$.

解　$\lim\limits_{x\to\infty}\left(1+\frac{k}{x}\right)^x=\lim\limits_{x\to\infty}\left[\left(1+\frac{k}{x}\right)^{\frac{x}{k}}\right]^k=\left[\lim\limits_{x\to\infty}\left(1+\frac{k}{x}\right)^{\frac{x}{k}}\right]^k=\mathrm{e}^k.$

例 1.4.12　求$\lim\limits_{x\to\infty}\left(\frac{3+x}{2+x}\right)^{2x}$.

解　$\lim\limits_{x\to\infty}\left(\frac{3+x}{2+x}\right)^{2x}=\lim\limits_{x\to\infty}\left(1+\frac{1}{x+2}\right)^{(x+2)\cdot\frac{2x}{x+2}}=\lim\limits_{x\to\infty}\left(1+\frac{1}{x+2}\right)^{(x+2)\cdot\lim\limits_{x\to\infty}\frac{2x}{x+2}}=\mathrm{e}^2.$

例 1.4.13　求$\lim\limits_{x\to1}x^{\frac{1}{x-1}}$.

解　$\lim\limits_{x\to1}x^{\frac{1}{x-1}}=\lim\limits_{x\to1}[1+(x-1)]^{\frac{1}{x-1}}=\mathrm{e}.$

★ 习题 1-4

(A)

1. 求下列函数的极限：

(1) $\lim\limits_{n\to\infty}\frac{n}{2}R^2\sin\frac{2\pi}{n}$；　　(2) $\lim\limits_{x\to\pi}\frac{\sin x}{\pi-x}$；

(3) $\lim\limits_{x\to0}\frac{\tan 5x}{\sin 3x}$；　　(4) $\lim\limits_{x\to0^+}\frac{x}{\sqrt{1-\cos x}}$；

(5) $\lim\limits_{x\to0}\frac{1-\cos 4x}{x\sin x}$；　　(6) $\lim\limits_{x\to1}\frac{\sin^2(x-1)}{x^2-1}$；

(7) $\lim\limits_{x\to 0}\left(\dfrac{1}{x}\sin x+x\sin\dfrac{1}{x}\right)$；

(8) $\lim\limits_{x\to\infty}\left(\dfrac{1}{x}\sin x+x\sin\dfrac{1}{x}\right)$；

(9) $\lim\limits_{x\to 0}\dfrac{x}{\sin(\sin x)}$；

(10) $\lim\limits_{x\to 0}\dfrac{\arctan x}{x}$.

2. 求下列函数的极限：

(1) $\lim\limits_{x\to\infty}\left(\dfrac{x}{1+x}\right)^{x+2}$；

(2) $\lim\limits_{x\to\infty}\left(\dfrac{2x-1}{2x+1}\right)^{x}$；

(3) $\lim\limits_{x\to 0}(1+\tan x)^{\cot x}$；

(4) $\lim\limits_{x\to\frac{\pi}{2}}(1+\cos x)^{3\sec x}$；

(5) $\lim\limits_{x\to 0}(1-x)^{\frac{2}{x}}$；

(6) $\lim\limits_{x\to\infty}\left(\dfrac{3x-4}{3x+2}\right)^{\frac{x+1}{2}}$；

(7) $\lim\limits_{x\to 0}(1+x\mathrm{e}^{x})^{\frac{1}{x}}$；

(8) $\lim\limits_{x\to\infty}\left(\dfrac{x^2}{x^2-1}\right)^{x}$；

(9) $\lim\limits_{x\to\infty}\left(1+\dfrac{2}{x+1}\right)^{x}$；

(10) $\lim\limits_{x\to\infty}\left(1+\dfrac{3}{2x}\right)^{5x}$.

3. 已知$\lim\limits_{x\to\infty}\left(\dfrac{x+a}{x-a}\right)^{x}=4$，求常数 a.

4. 利用极限夹逼准则证明：

$$\lim_{n\to\infty}n\left(\frac{1}{n^2+\pi}+\frac{1}{n^2+2\pi}+\cdots+\frac{1}{n^2+n\pi}\right)=1.$$

5. 设有数列 $x_1=\sqrt{2}$，$x_2=\sqrt{2+x_1}$，…，$x_n=\sqrt{2+x_{n-1}}$，证明数列$\{x_n\}$的极限存在，并求$\lim\limits_{n\to\infty}x_n$.

(B)

1. $\lim\limits_{x\to 0}\dfrac{1}{x\cot 2x}=($　　$)$.

A. 0　　B. ∞　　C. 3　　D. 2

2. $\lim\limits_{x\to\infty}x\sin\dfrac{1}{x}=($　　$)$.

A. 不存在　　B. 0　　C. 1　　D. ∞

3. $\lim\limits_{x\to 0}\dfrac{\tan\left(-\dfrac{x}{2}\right)}{\sin\dfrac{x}{3}}=($　　$)$.

A. $\dfrac{2}{3}$　　B. $\dfrac{3}{2}$　　C. $-\dfrac{2}{3}$　　D. $-\dfrac{3}{2}$

4. $\lim\limits_{x\to 0}\dfrac{1-\cos x}{x^2}=($　　$)$.

A. 0　　B. $\dfrac{1}{4}$　　C. $\dfrac{1}{2}$　　D. ∞

5. $\lim\limits_{n\to\infty}2^n\sin\dfrac{x}{2^n}=($　　$)$.

A. 0　　B. 1　　C. x　　D. ∞

6. $\lim\limits_{n\to\infty}\left(1+\dfrac{1}{2n}\right)^{n}=($　　$)$.

A. $e^{\frac{1}{2}}$　　B. $\dfrac{1}{2}e$　　C. e　　D. $e^{-\frac{1}{2}}$

7. $\lim\limits_{x\to 0}(1+3x)^{\frac{2}{x}}=($　　$)$.

A. e^2　　B. e^6　　C. e^3　　D. e^{-6}

8. $\lim\limits_{x\to\infty}\left(1-\dfrac{1}{x}\right)^{2x}=($　　$)$.

A. e^2　　B. e^{-2}　　C. e　　D. e^{-1}

9. $\lim\limits_{x\to 0}\dfrac{\ln(1+ax)}{x}=($　　$)$.

A. a　　B. $\ln a$　　C. e^a　　D. 1

10. $\lim\limits_{x\to 1}\dfrac{\sin(x^2-1)}{x-1}=($　　$)$.

A. 0　　B. 1　　C. 2　　D. 3

1.5　无穷小的比较

一、无穷小比较的概念

由无穷小的性质知，两个无穷小的和、差、积仍是无穷小，但是两个无穷小的商会出现不同的情况，例如，当 $x\to 0$ 时，函数 x^2，$2x$，$\sin x$ 等都是无穷小，而

(1) $\lim\limits_{x\to 0}\dfrac{x^2}{2x}=\lim\limits_{x\to 0}\dfrac{x}{2}=0$；　　(2) $\lim\limits_{x\to 0}\dfrac{2x}{x^2}=\lim\limits_{x\to 0}\dfrac{2}{x}=\infty$；

(3) $\lim\limits_{x\to 0}\dfrac{\sin x}{x}=1$；　　(4) $\lim\limits_{x\to 0}\dfrac{2x}{x}=2$.

上面的(1)例极限是零，说明分子趋于零的“速度”比分母快；(2)例极限是无穷大，说明分子趋于零的“速度”比分母慢；(3)和(4)两例，极限分别是不等于零的有限数，说明分子和分母趋于零的“速度”相仿. 由此产生了无穷小比较的概念.

本节仅讨论 $x\to x_0$ 的情形，自变量的其他变化过程(如 $x\to\infty$，$n\to\infty$等)也有相同的定义.

定义 1.5.1　设 $\lim\limits_{x\to x_0}\alpha=0$，$\lim\limits_{x\to x_0}\beta=0$.

(1) 如果 $\lim\limits_{x\to x_0}\dfrac{\beta}{\alpha}=0$，则称 β 是比 α 高阶的无穷小，记作 $\beta=o(\alpha)$；

(2) 如果 $\lim\limits_{x\to x_0}\dfrac{\beta}{\alpha}=\infty$，则称 β 是比 α 低阶的无穷小；

(3) 如果 $\lim\limits_{x\to x_0}\dfrac{\beta}{\alpha}=C\neq 0$，则称 β 与 α 是同阶无穷小.

特别地，如果$\lim\limits_{x\to x_0}\dfrac{\beta}{\alpha}=1$，则称$\beta$与$\alpha$是等价无穷小，记作$\alpha\sim\beta$.

例 1.5.1　当$x\to1$时，将下列各量与无穷小$x-1$进行比较.

(1) x^3-3x+2；(2) $\lg x$；(3) $(x-1)\sin\dfrac{1}{x-1}$.

解　(1) 因为$\lim\limits_{x\to1}(x^3-3x+2)=0$，所以当$x\to1$时，$x^3-3x+2$是无穷小，又因为

$$\lim_{x\to1}\frac{x^3-3x+2}{x-1}=\lim_{x\to1}\frac{(x-1)^2(x+2)}{x-1}=0,$$

所以x^3-3x+2是比$x-1$高阶的无穷小.

(2) 因为$\lim\limits_{x\to1}\lg x=0$，所以当$x\to1$时，$\lg x$是无穷小，又因为

$$\lim_{x\to1}\frac{\lg x}{x-1}=\lim_{x\to1}\frac{\ln[1+(x-1)]}{(x-1)\cdot\ln10}=\frac{1}{\ln10},$$

所以$\lg x$与$x-1$是同阶无穷小.

(3) 由$\lim\limits_{x\to1}(x-1)\sin\dfrac{1}{x-1}=0$知，当$x\to1$时，$(x-1)\sin\dfrac{1}{x-1}$是无穷小，但是

$$\lim_{x\to1}\frac{(x-1)\cdot\sin\dfrac{1}{x-1}}{x-1}=\lim_{x\to1}\sin\frac{1}{x-1}\text{不存在},$$

所以$(x-1)\sin\dfrac{1}{x-1}$与$x-1$不能比较.

例 1.5.2　证明：当$x\to0$时，$e^x-1\sim x$.

证明　令$y=e^x-1$，则$x=\ln(1+y)$，且当$x\to0$时，$y\to0$，因此

$$\lim_{x\to0}\frac{e^x-1}{x}=\lim_{y\to0}\frac{y}{\ln(1+y)}=\lim_{y\to0}\frac{1}{\ln(1+y)^{\frac{1}{y}}}=1,$$

即有等价关系$e^x-1\sim x\ (x\to0)$.

上述证明同时也证明了等价关系：$\ln(1+x)\sim x\ (x\to0)$.

例 1.5.3　证明：$\arcsin x\sim x$.

证明　令$\arcsin x=y$，则$x=\sin y$，且当$x\to0$时，$y\to0$，因此

$$\lim_{x\to0}\frac{\arcsin x}{x}=\lim_{y\to0}\frac{y}{\sin y}=1,$$

即有等价关系$\arcsin x\sim x$.

二、等价无穷小

定理 1.5.1(等价无穷小代换定理)　如果当$x\to x_0$时，$\alpha\sim\alpha'$，$\beta\sim\beta'$，且$\lim\limits_{x\to x_0}\dfrac{\beta'}{\alpha'}$存在，则

$$\lim_{x\to x_0}\frac{\beta}{\alpha}=\lim_{x\to x_0}\frac{\beta'}{\alpha'}.$$

证明　因为当$x\to x_0$时，$\alpha\sim\alpha'$，$\beta\sim\beta'$，所以

$$\lim_{x\to x_0}\frac{\beta}{\beta'}=1,\ \lim_{x\to x_0}\frac{\alpha}{\alpha'}=1,$$

因此

$$\lim_{x\to x_0}\frac{\beta}{\alpha}=\lim_{x\to x_0}\left(\frac{\beta}{\beta'}\cdot\frac{\beta'}{\alpha'}\cdot\frac{\alpha'}{\alpha}\right)=\lim_{x\to x_0}\frac{\beta}{\beta'}\cdot\lim_{x\to x_0}\frac{\beta'}{\alpha'}\cdot\lim_{x\to x_0}\frac{\alpha'}{\alpha}=\lim_{x\to x_0}\frac{\beta'}{\alpha'}.$$

等价无穷小代换定理表明：求两个无穷小商的极限时，分子、分母可分别用它们的等价无穷小代换.

常用等价无穷小：当 $x\to 0$ 时，有

$\sin x\sim x$，$\tan x\sim x$，$\arcsin x\sim x$，$\arctan x\sim x$，$e^x-1\sim x$，$\ln(1+x)\sim x$，

$1-\cos x\sim\frac{1}{2}x^2$，$a^x-1\sim x\ln a\,(a>0)$，$(1+x)^\alpha-1\sim\alpha x$（$\alpha\neq 0$ 且为常数）.

例 1.5.4　求 $\lim\limits_{x\to 0}\dfrac{\tan 2x}{\sin 5x}$.

解　当 $x\to 0$ 时，$\tan 2x\sim 2x$，$\sin 5x\sim 5x$，故

$$\lim_{x\to 0}\frac{\tan 2x}{\sin 5x}=\lim_{x\to 0}\frac{2x}{5x}=\frac{2}{5}.$$

例 1.5.5　求 $\lim\limits_{x\to 0}\dfrac{\ln(1+2x)}{\arcsin 3x}$.

解　当 $x\to 0$ 时，$\ln(1+2x)\sim 2x$，$\arcsin 3x\sim 3x$，故

$$\lim_{x\to 0}\frac{\ln(1+2x)}{\arcsin 3x}=\frac{2x}{3x}=\frac{2}{3}.$$

例 1.5.6　求 $\lim\limits_{x\to 0}\dfrac{(1+x^2)^{\frac{1}{3}}-1}{\cos x-1}$.

解　当 $x\to 0$ 时，$(1+x^2)^{\frac{1}{3}}-1\sim\frac{1}{3}x^2$，$\cos x-1\sim-\frac{1}{2}x^2$，故

$$\lim_{x\to 0}\frac{(1+x^2)^{\frac{1}{3}}-1}{\cos x-1}=\lim_{x\to 0}\frac{\frac{1}{3}x^2}{-\frac{1}{2}x^2}=-\frac{2}{3}.$$

例 1.5.7　求 $\lim\limits_{x\to 0}\dfrac{\sqrt{1+\tan x}-\sqrt{1-\tan x}}{\sqrt{1+2x}-1}$.

解　当 $x\to 0$ 时，$\sqrt{1+2x}-1\sim x$，$\tan x\sim x$，故

$$\begin{aligned}\lim_{x\to 0}\frac{\sqrt{1+\tan x}-\sqrt{1-\tan x}}{\sqrt{1+2x}-1}&=\lim_{x\to 0}\frac{2\tan x}{x(\sqrt{1+\tan x}+\sqrt{1-\tan x})}\\&=\lim_{x\to 0}\frac{2x}{x(\sqrt{1+\tan x}+\sqrt{1-\tan x})}=1.\end{aligned}$$

例 1.5.8　下面的做法是否正确？为什么？

当 $x\to 0$ 时，$\tan x\sim x$，$\sin x\sim x$，故

$$\lim_{x\to 0}\frac{\tan x-\sin x}{\sin^3 2x}=\lim_{x\to 0}\frac{x-x}{(2x)^3}=0.$$

解　不正确. 因为这种做法实际上是在分子中用 $x-x=0$ 代换了 $\tan x-\sin x$，而

$$\lim_{x\to 0}\frac{x-x}{\tan x-\sin x}=\lim_{x\to 0}0=0,$$

所以当 $x\to 0$ 时，$x-x=0$ 是比 $\tan x-\sin x$ 高阶的无穷小，因此不能在极限运算中作代换.

正解如下：当 $x\to 0$ 时，$\sin 2x\sim 2x$，$\tan x-\sin x=\tan x(1-\cos x)\sim\frac{1}{2}x^3$，故

$$\lim_{x\to 0}\frac{\tan x-\sin x}{\sin^3 2x}=\lim_{x\to 0}\frac{\frac{1}{2}x^3}{(2x)^3}=\frac{1}{16}.$$

例 1.5.8 说明，只有当分子或分母为函数的连乘积时，各个乘积因子才可以分别用它们的等价无穷小代换. 而对于和或差中的函数，一般不能分别用等价无穷小代换. 在应用等价无穷小代换定理时，应特别注意这个问题.

★ 习题 1－5

(A)

1. 比较下列各对无穷小的阶：

(1) 当 $x\to 0$ 时，$\tan^2 x$ 和 x；　　(2) 当 $x\to 0$ 时，$\sin\sqrt{x}$ 和 x；

(3) 当 $x\to 1$ 时，$\frac{x-1}{x}$ 和 x^2-1；　　(4) 当 $x\to 4$ 时，$\frac{1}{4}(x-4)$ 和 $\sqrt{x}-2$.

2. 当 $x\to 0$ 时，下列各无穷小与 x 的几次幂是同阶无穷小？

(1) $x+\sin x^2$；　(2) $\sqrt{1+x^2}-1$；　(3) $1-x-\cos x$；　(4) $\cos x-\cos 2x$.

3. 利用等价无穷小的性质求下列极限：

(1) $\lim\limits_{x\to 0}\frac{\arctan 3x}{\sin 2x}$；　　(2) $\lim\limits_{x\to 0}\frac{\tan x\sin x^3}{1-\cos x^2}$；

(3) $\lim\limits_{x\to 2}\frac{\sin(x^2-4)}{x-2}$；　　(4) $\lim\limits_{x\to 0}\frac{e^{2x}-1}{x}$；

(5) $\lim\limits_{x\to 0}\frac{\sqrt{1+x^2}-1}{x\arcsin x}$；　　(6) $\lim\limits_{x\to 0}\frac{\tan x-\sin x}{x^2\sin x}$.

(B)

1. 当 $x\to\infty$ 时，下列函数中为无穷小的是(　　).

A. $x\cdot\sin\frac{1}{x}$　　B. 10^{-10}　　C. $\sin\frac{1}{x}$　　D. $\ln x$

2. 当 $x\to\infty$ 时，下列函数中不是无穷小的是(　　).

A. $\frac{2x+5}{x^2-1}$　　B. $x\cdot\sin\frac{1}{x}$　　C. $e^{-x^2}\sin x$　　D. $\frac{1}{x}\cdot\sin\frac{1}{x}$

3. 当 $x\to 0$ 时，与 x^2+4x^4 是等价无穷小的是(　　).

A. x^3　　B. x^2+1　　C. $3x^2+x$　　D. $\sin^2 x$

4. 当 $x\to 0$ 时，下列函数中与 x 是等价无穷小的是(　　).

A. $\frac{\sin x}{x}$　　B. $1-\cos x$　　C. $x^{\frac{1}{2}}+\tan x$　　D. $\frac{\sin x\cdot\tan x}{x}$

5. 下列变量中，当 $x\to 0$ 时，与 $e^{2x}-1$ 是等价无穷小的是(　　).

A. x　　B. $2x$　　C. $4x$　　D. x^2

6. 当 $x\to 0$ 时，下列函数中与 x 相比是高阶无穷小的是(　　).

A. $\tan^2 x$　　B. $x+x^2$　　C. $\ln(1+x)$　　D. $\arcsin x$

7. 当 $x\to\infty$ 时，$(x+5)\sin\dfrac{1}{x+5}$ 是一个(　　).

A. 无穷小　　B. 无穷大　　C. 常量　　D. 有界变量

8. 当 $x\to 0$ 时，与 $\sqrt{1+x}-\sqrt{1-x}$ 等价的无穷小是(　　).

A. x　　B. $2x$　　C. x^2　　D. $2x^2$

9. 设 α 和 β 分别是同一变化过程中的无穷小与无穷大，则 $\alpha+\beta$ 是同一变化过程的(　　).

A. 无穷小　　B. 无穷大　　C. 常量　　D. 有界变量

10. 当 $x\to x_0$ 时，α 和 β 都是无穷小，下列变量中，当 $x\to x_0$ 时，可能不是无穷小的是(　　).

A. $\alpha+\beta$　　B. $\alpha-\beta$　　C. $\alpha\cdot\beta$　　D. $\dfrac{\alpha}{\beta}$

1.6　函数的连续性

连续函数不仅是微积分的研究对象，而且微积分中的主要概念、定理、公式法则等，往往都要求函数具有连续性.

本节将以极限为基础，介绍连续函数的概念、连续函数的运算及连续函数的一些性质.

一、函数连续性的概念

设函数 $y=f(x)$ 在点 x_0 的某个邻域内有定义，当自变量从 x_0 变到 x 时，相应的函数值从 $f(x_0)$ 变到 $f(x)$，则称 $x-x_0$ 为自变量 x 在点 x_0 处的**增量(改变量)**，记作 $\Delta x=x-x_0$(它可正可负)，称 $f(x)-f(x_0)$ 为函数 $y=f(x)$ 在点 x_0 处对应的**增量(改变量)**，记作 Δy，即

$$\Delta y=f(x)-f(x_0)\ \text{或}\ \Delta y=f(x_0+\Delta x)-f(x_0).$$

在几何上，函数的改变量表示当自变量从 x_0 变到 $x_0+\Delta x$ 时，曲线上相应点的纵坐标的改变量(见图 1-6-1).

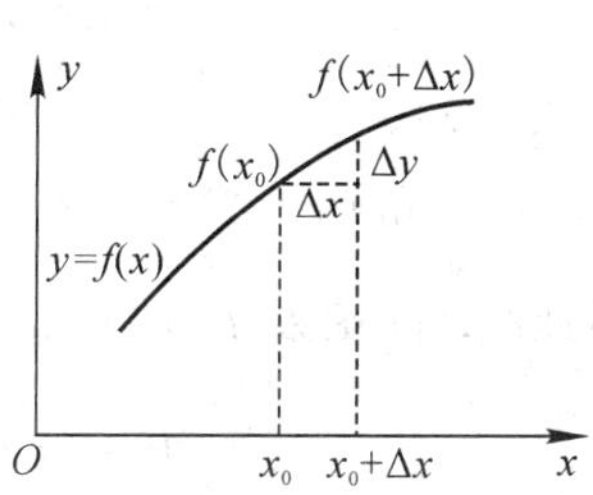

图 1-6-1

定义 1.6.1 设函数 $f(x)$ 在点 x_0 的某个邻域内有定义，如果

$$\lim_{\Delta x\to 0}\Delta y=\lim_{\Delta x\to 0}[f(x_0+\Delta x)-f(x_0)]=0,$$

则称函数 $y=f(x)$ 在点 x_0 处连续，x_0 称为函数 $f(x)$ 的连续点.

定义 1.6.1 中，设 $x_0+\Delta x=x$，当 $\Delta x\to 0$ 时，有 $x\to x_0$，而

$$\Delta y=f(x_0+\Delta x)-f(x_0)=f(x)-f(x_0),$$

因此

$$\lim_{\Delta x\to 0}\Delta y=\lim_{\Delta x\to 0}[f(x)-f(x_0)]=0,$$

即

$$\lim_{x\to x_0}f(x)=f(x_0).$$

所以函数 $y=f(x)$ 在点 x_0 处连续的定义又可以叙述如下：

设函数 $f(x)$ 在点 x_0 的某个邻域内有定义，如果

$$\lim_{x\to x_0}f(x)=f(x_0),$$

则称函数 $y=f(x)$ 在点 x_0 处连续.

例 1.6.1 试证函数 $f(x)=\begin{cases}x\sin\dfrac{1}{x}, & x\neq 0,\\ 0, & x=0\end{cases}$ 在点 $x=0$ 处连续.

证明 因为 $\lim\limits_{x\to 0}x\sin\dfrac{1}{x}=0$，且 $f(0)=0$，故有

$$\lim_{x\to 0}f(x)=f(0),$$

由定义 1.6.1 知，函数 $f(x)$ 在点 $x=0$ 处连续.

有时需要考虑函数在某点 x_0 一侧的连续性，由此引入左、右连续的概念.

如果函数 $f(x)$ 在点 x_0 的左(右)极限存在，且等于函数值 $f(x_0)$，即

$$f(x_0^-)=\lim_{x\to x_0^-}f(x)=f(x_0)\quad\left(f(x_0^+)=\lim_{x\to x_0^+}f(x)=f(x_0)\right),$$

则称函数 $f(x)$ 在点 x_0 处左(右)连续.

定理 1.6.1 函数 $f(x)$ 在点 x_0 处连续的充要条件是 $f(x)$ 在点 x_0 处左、右连续，即

$$f(x_0^-)=f(x_0^+)=f(x_0).$$

例 1.6.2 讨论 $f(x)=\begin{cases}x+2, & x\geqslant 0,\\ x-2, & x<0\end{cases}$ 在点 $x=0$ 处的连续性.

解 因为

$$\lim_{x\to 0^+}f(x)=\lim_{x\to 0^+}(x+2)=2=f(0),$$

所以函数 $f(x)$ 在点 $x=0$ 处右连续. 又因为

$$\lim_{x\to 0^-}f(x)=\lim_{x\to 0^-}(x-2)=-2\neq f(0),$$

所以函数 $f(x)$ 在点 $x=0$ 处左不连续. 故函数 $f(x)$ 在点 $x=0$ 处不连续.

例 1.6.3 已知函数 $f(x)=\begin{cases}x^2+1, & x<0,\\ 2x-b, & x\geqslant 0\end{cases}$ 在点 $x=0$ 处连续，求 b 的值.

解 $\lim\limits_{x\to 0^-}f(x)=\lim\limits_{x\to 0^-}(x^2+1)=1$，$\lim\limits_{x\to 0^+}f(x)=\lim\limits_{x\to 0^+}(2x-b)=-b$.

因为 $f(x)$ 在点 $x=0$ 处连续，所以 $\lim\limits_{x\to0^-}f(x)=\lim\limits_{x\to0^+}f(x)$，即 $b=-1$.

如果函数 $f(x)$ 在开区间 (a,b) 内每一点都连续，则称函数 $f(x)$ 在开区间 (a,b) 内连续；如果 $f(x)$ 在开区间 (a,b) 内连续，且在 $x=a$ 处右连续，在 $x=b$ 处左连续，则称函数 $f(x)$ 在闭区间 $[a,b]$ 上连续.

连续函数的图形是一条连续而不间断的曲线.

基本初等函数在其定义域内是连续的.

例 1.6.4　证明：函数 $y=\sin x$ 在区间 $(-\infty,+\infty)$ 内连续.

证明　任取 $x\in(-\infty,+\infty)$，$\Delta y=\sin(x+\Delta x)-\sin x=2\sin\dfrac{\Delta x}{2}\cdot\cos\left(x+\dfrac{\Delta x}{2}\right)$.

因为 $\left|\cos\left(x+\dfrac{\Delta x}{2}\right)\right|\leqslant1$ 且当 $\Delta x\to0$ 时，有 $\sin\dfrac{\Delta x}{2}\to0$，所以由无穷小与有界函数乘积仍为无穷小这一性质知，当 $\Delta x\to0$ 时，$\Delta y\to0$，即函数 $y=\sin x$ 对任意 $x\in(-\infty,+\infty)$ 都是连续的.

二、函数的间断点

如果函数 $f(x)$ 在点 x_0 处不连续，就称函数 $f(x)$ 在点 x_0 处间断，$x=x_0$ 称为函数 $y=f(x)$ 的间断点或不连续点.

由函数 $f(x)$ 在点 x_0 处连续的定义可知，$f(x)$ 在点 x_0 处连续必须同时满足以下三个条件：

(1) 函数 $f(x)$ 在点 x_0 处有定义；

(2) $\lim\limits_{x\to x_0}f(x)$ 存在；

(3) $\lim\limits_{x\to x_0}f(x)=f(x_0)$.

如果函数 $f(x)$ 不满足以上三个条件中的任何一个，那么点 $x=x_0$ 就是函数 $f(x)$ 的一个间断点.

函数的间断点可分为以下几种类型：

(1) 如果 $f(x)$ 在点 x_0 处的左、右极限 $f(x_0^-)$ 及 $f(x_0^+)$ 都存在，则称 $x=x_0$ 为 $f(x)$ 的**第一类间断点**.

① 如果 $f(x_0^-)=f(x_0^+)$（$\lim\limits_{x\to x_0}f(x)$ 存在），则称 $x=x_0$ 为函数 $f(x)$ 的**可去间断点**. 这时可能出现的情况为：函数在点 $x=x_0$ 处无定义，或有定义但不等于该点处的函数值，即 $\lim\limits_{x\to x_0}f(x)\neq f(x_0)$，故可通过补充或修改该点的函数值使函数在该点处连续；

② 如果 $f(x_0^-)\neq f(x_0^+)$，则称 $x=x_0$ 为函数 $f(x)$ 的**跳跃间断点**.

(2) 如果 $f(x)$ 在点 x_0 处的左、右极限 $f(x_0^-)$ 及 $f(x_0^+)$ 中至少有一个不存在，则称 $x=x_0$ 为函数 $f(x)$ 的**第二类间断点**.

① 如果 $\lim\limits_{x\to x_0}f(x)=\infty$，则称 $x=x_0$ 为函数 $f(x)$ 的**无穷间断点**；

② 如果在 $x\to x_0$ 的过程中，$f(x)$ 无限振荡，极限不存在，则称 $x=x_0$ 为函数 $f(x)$ 的**振荡间断点**.

例 1.6.5　讨论下列函数在指定点的连续性，若是间断点，指出其类型.

(1) $f(x)=\begin{cases}2\sqrt{x}, & 0\leqslant x<1,\\ 1, & x=1,\\ 1+x, & x>1;\end{cases}$　　(2) $f(x)=\begin{cases}x+1, & x<0,\\ 0, & x=0,\\ x-1, & x>0;\end{cases}$

(3) $f(x)=\dfrac{1}{x-1}$, $x=0$;　　(4) $f(x)=\sin\dfrac{1}{x}$, $x=0$.

解　(1) 因为

$f(1)=1$,

$f(1^-)=\lim\limits_{x\to1^-}f(x)=2$,

$f(1^+)=\lim\limits_{x\to1^+}f(x)=2$,

$\lim\limits_{x\to1}f(x)=2\neq f(1)$,

所以 $x=1$ 为函数 $f(x)$的可去间断点(见图 1-6-2).

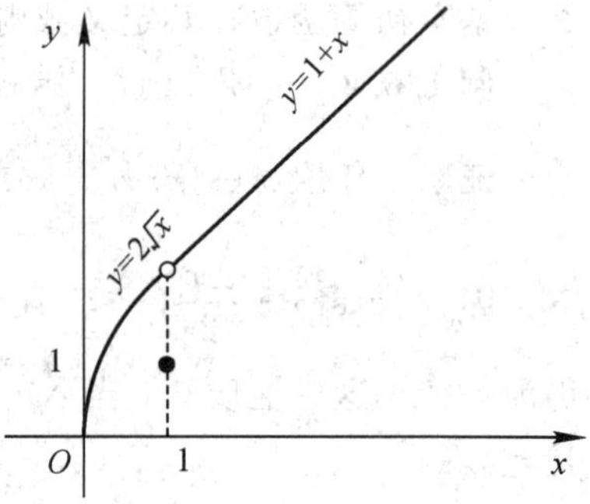

图 1-6-2

若修改定义为 $f(1)=2$，则

$$f(x)=\begin{cases}2\sqrt{x}, & 0\leqslant x<1,\\ 1+x, & x\geqslant1,\end{cases}$$

故 $f(x)$在点 $x=1$ 处连续.

(2) 因为

$f(0^-)=\lim\limits_{x\to0^-}f(x)=\lim\limits_{x\to0^-}(x+1)=1$,

$f(0^+)=\lim\limits_{x\to0^+}f(x)=\lim\limits_{x\to0^+}(x-1)=-1$,

所以 $f(0^-)$和 $f(0^+)$都存在，但 $f(0^-)\neq f(0^+)$，所以 $x=0$ 为 $f(x)$的跳跃间断点(见图 1-6-3).

(3) 因为$\lim\limits_{x\to1}f(x)=\lim\limits_{x\to1}\dfrac{1}{x-1}=\infty$,

所以 $f(1^-)$和 $f(1^+)$都不存在，所以 $x=1$ 为函数 $f(x)$的第二类间断点，且为无穷间断点(见图 1-6-4).

(4) 因为 $f(x)=\sin\dfrac{1}{x}$在 $x=0$ 处没有定义，当 $x\to0$ 时，$\sin\dfrac{1}{x}$在$[-1,1]$变动无限多次，所以$\lim\limits_{x\to0}\sin\dfrac{1}{x}$不存在，所以 $x=0$ 为函数 $f(x)$的第二类间断点，且为振荡间断点(见图 1-6-5).

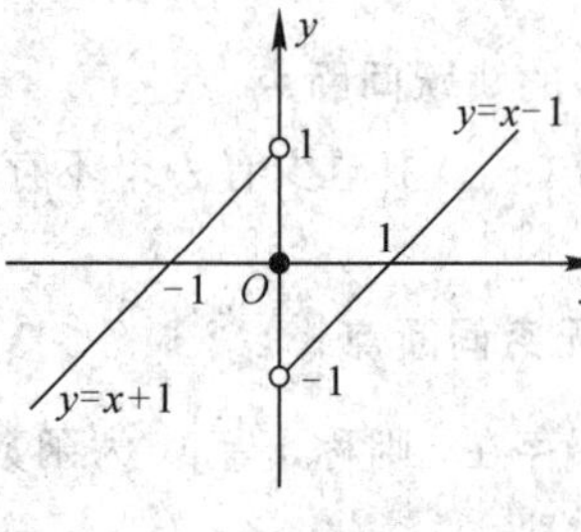

图 1-6-3

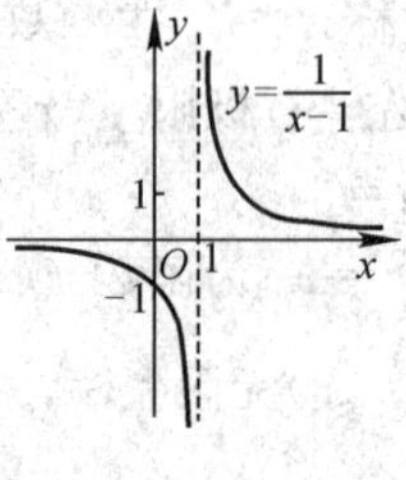

图 1-6-4

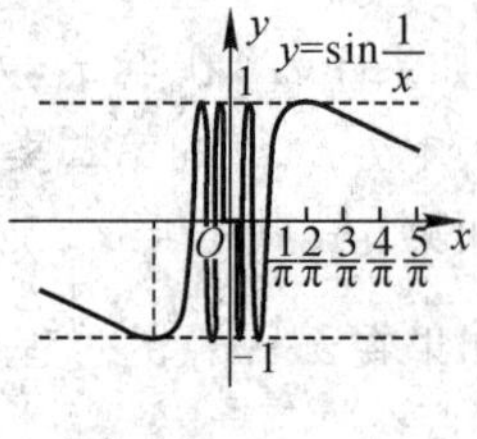

图 1-6-5

三、初等函数的连续性

定理 1.6.2(连续函数的和、差、积、商的连续性)　设函数 $f(x)$，$g(x)$均在点 x_0 处连续，则 $f(x)\pm g(x)$，$f(x)\cdot g(x)$，$\frac{f(x)}{g(x)}(g(x_0)\neq 0)$都在点 x_0 处连续.

例如，因为 $\tan x=\frac{\sin x}{\cos x}$，$\cot x=\frac{\cos x}{\sin x}$，而 $\sin x$ 和 $\cos x$ 都在区间$(-\infty,+\infty)$内连续，所以由定理 1.6.2 知，$\tan x$ 和 $\cot x$ 在它们的定义域内是连续的.

定理 1.6.3(反函数的连续性)　若函数 $y=f(x)$在区间 I_x 上单调增加(或单调减少)且连续，则它的反函数也在对应的区间

$$I_y=\{y\,|\,y=f(x),\ x\in I_x\}$$

上单调增加(或单调减少)且连续.

例如，由于 $y=\sin x$ 在闭区间$\left[-\frac{\pi}{2},\frac{\pi}{2}\right]$上单调增加且连续，因此它的反函数 $y=\arcsin x$ 在闭区间$[-1,1]$上也是单调增加且连续的.

定理 1.6.4(复合函数的连续性)　设函数 $u=\varphi(x)$在点 x_0 处连续，函数 $y=f(u)$在点 $u_0=\varphi(x_0)$处连续，则复合函数 $y=f[\varphi(x)]$在点 x_0 处连续.

$$\lim_{x\to x_0}f[\varphi(x)]=\lim_{u\to u_0}f(u)=f(u_0).$$

定理 1.6.4 的结论又可写成：

$$\lim_{x\to x_0}f[\varphi(x)]=f[\lim_{x\to x_0}\varphi(x)],$$

这表示极限符号与复合函数的符号 f 可以交换次序.

例如，求$\lim\limits_{x\to 0}\ln(1+x)^{\frac{1}{x}}$，$y=\ln(1+x)^{\frac{1}{x}}$可看作 $y=\ln u$ 与 $u=(1+x)^{\frac{1}{x}}$复合而成.

因为$\lim\limits_{x\to 0}(1+x)^{\frac{1}{x}}=\mathrm{e}$，而 $y=\ln u$ 在点 $u=\mathrm{e}$ 处连续，所以

$$\lim_{x\to 0}\ln(1+x)^{\frac{1}{x}}=\ln\lim_{x\to 0}(1+x)^{\frac{1}{x}}=\ln \mathrm{e}=1.$$

定理 1.6.5　一切初等函数在其定义区间内是连续的.

注：定义区间是指包含在定义域内的区间. 初等函数仅在其定义区间内连续，在其定义域内不一定连续. 例如，函数 $y=\sqrt{x^2(x-1)^3}$ 的定义域为$\{0\}\cup[1,+\infty)$，函数在点 $x=0$ 的邻域内没有定义，因而函数在点 $x=0$ 处不连续，但函数 y 在定义区间$[1,+\infty)$上连续.

例 1.6.6　求$\lim\limits_{x\to 2}\frac{\mathrm{e}^x}{2x+1}$.

解　因为 $f(x)=\frac{\mathrm{e}^x}{2x+1}$是初等函数，且 $x_0=2$ 是其定义区间内的点，所以 $f(x)=\frac{\mathrm{e}^x}{2x+1}$在点 $x_0=2$ 处连续，于是

$$\lim_{x\to 2}\frac{\mathrm{e}^x}{2x+1}=\frac{\mathrm{e}^2}{2\times 2+1}=\frac{\mathrm{e}^2}{5}.$$

四、闭区间上连续函数的性质

下面介绍闭区间上连续函数的一些重要性质，并给出几何说明.

定理 1.6.6(有界性与最大值和最小值定理) 在闭区间上的连续函数在该区间上有界且一定能取得它的最大值和最小值.

设函数 $f(x)$在闭区间$[a, b]$上连续，那么存在常数 $M>0$ 使得对于任何 $x\in[a, b]$，满足$|f(x)|\leqslant M$，且在$[a, b]$上至少存在两点 x_1，x_2，使得对于任何 $x\in[a, b]$，都有

$$f(x_1)\leqslant f(x)\leqslant f(x_2).$$

这里 $f(x_2)$和 $f(x_1)$分别称为函数 $f(x)$在闭区间$[a, b]$上的最大值和最小值(见图 1-6-6).

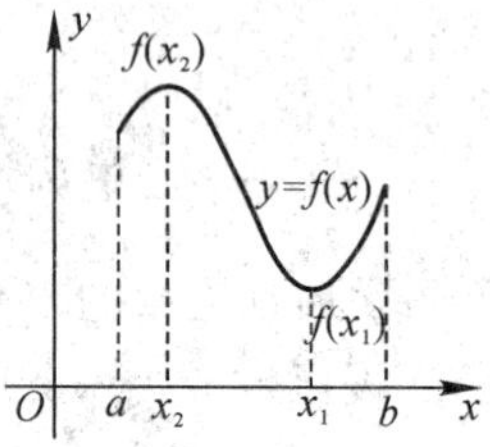

图 1-6-6

注: (1) 对于开区间内的连续函数或在闭区间上有间断点的函数，定理 1.6.6 的结论不一定成立. 例如，函数 $y=x^2$ 在开区间(0, 1)内连续，但在(0, 1)内不存在最大值和最小值. 又如，函数

$$f(x)=\begin{cases}x+1, & -1\leqslant x<0,\\ 0, & x=0,\\ x-1, & 0<x\leqslant 1\end{cases}$$

在闭区间$[-1, 1]$上有间断点 $x=0$，且不存在最大值和最小值(见图 1-6-7).

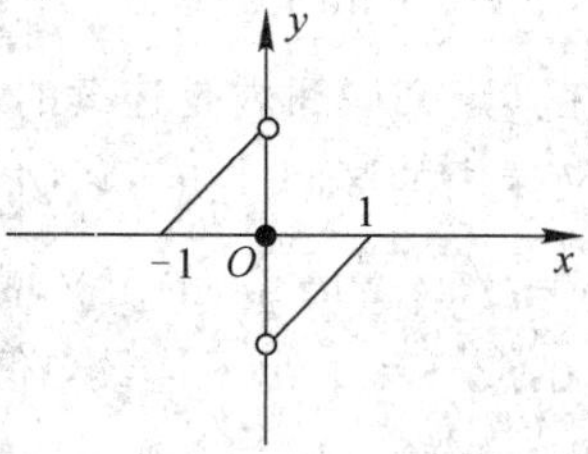

图 1-6-7

(2) 定理 1.6.6 中达到最大值和最小值的点也可能是区间$[a, b]$的端点. 例如，函数 $y=2x+1$ 在$[-1, 2]$上连续，其最大值为 $f(2)=5$，最小值为 $f(-1)=-1$，均在区间$[-1, 2]$的端点上取得.

定理 1.6.7(零点定理) 若函数 $f(x)$在闭区间$[a, b]$上连续，且 $f(a)$与 $f(b)$异号(即 $f(a)\cdot f(b)<0$)，则至少存在一点 $\xi\in(a, b)$，使得 $f(\xi)=0$.

定理 1.6.7 的几何意义是：在闭区间$[a, b]$上连续的曲线 $y=f(x)$的两个端点在 x 轴

的两侧时，曲线 $y=f(x)$ 与 x 轴至少有一个交点(见图 1-6-8).

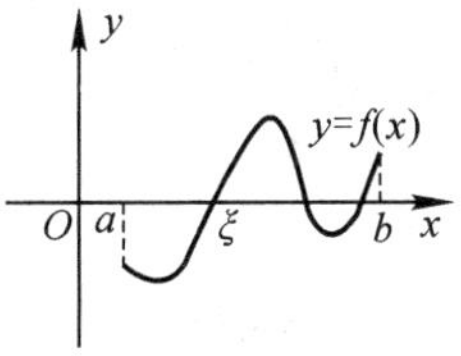

图 1-6-8

定理 1.6.8(介值定理)　设函数 $f(x)$ 在闭区间 $[a, b]$ 上连续，且在该区间端点取得不同的函数值 $f(a)=A$ 及 $f(b)=B$，那么对于 A 与 B 之间的任何数 C，则至少存在一点 $\xi\in(a, b)$，使得 $f(\xi)=C$(见图 1-6-9).

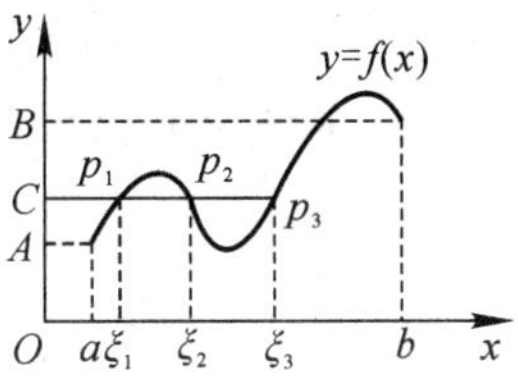

图 1-6-9

推论 1.6.1　闭区间 $[a, b]$ 上的连续函数 $f(x)$ 必取得介于最大值 M 与最小值 m 之间的任何值.

例 1.6.7　证明：方程 $x^3-4x^2+1=0$ 在区间 $(0, 1)$ 内至少有一个根.

证明　令 $f(x)=x^3-4x^2+1$，则 $f(x)$ 在 $[0, 1]$ 上连续．又 $f(0)=1>0$，$f(1)=-2<0$，由零点定理知，$\exists\xi\in(0, 1)$，使得 $f(\xi)=0$，即 $\xi^3-4\xi^2+1=0$.

所以方程 $x^3-4x^2+1=0$ 在 $(0, 1)$ 内至少有一个实根 ξ.

例 1.6.8　设函数 $f(x)$ 在区间 $[a, b]$ 上连续，且 $f(a)<a$，$f(b)>b$. 证明：存在 $\xi\in(a, b)$，使得 $f(\xi)=\xi$.

证明　令 $F(x)=f(x)-x$，则 $F(x)$ 在 $[a, b]$ 上连续，而

$$F(a)=f(a)-a<0,\ F(b)=f(b)-b>0,$$

故由零点定理知，$\exists\xi\in(a, b)$，使得 $F(\xi)=f(\xi)-\xi=0$，即

$$f(\xi)=\xi.$$

★ 习题 1-6

(A)

1. 求下列函数的间断点，并判断其类型：

(1) $y=\dfrac{x^2-1}{x^2-3x+2}$；　　(2) $y=\dfrac{1-\cos x}{x^2}$；

(3) $y=e^{-\frac{1}{x}}$；　　(4) $f(x)=\begin{cases}\dfrac{\sin x}{|x|}, & x\neq 0,\\ 0, & x=0.\end{cases}$

2. 在下列函数中，当 a 取什么值时函数 $f(x)$ 在其定义域内连续？

(1) $f(x)=\begin{cases}\dfrac{x^2-16}{x-4}, & x\neq 4,\\ a, & x=4;\end{cases}$　　(2) $f(x)=\begin{cases}e^x, & x<0,\\ x+a, & x\geqslant 0.\end{cases}$

3. 已知函数

$$y=f(x)=\begin{cases}1-x, & x<0,\\ 2x^2+1, & 0\leqslant x<1,\\ 3+(x-1)^3, & x\geqslant 1,\end{cases}$$

证明：$f(x)$ 在其定义域内是连续的.

4. 定义 $f(0)$ 的值，使 $f(x)=\dfrac{\sqrt{1+x}-1}{\sqrt[3]{1+x}-1}$ 在点 $x=0$ 处连续.

5. 设 $f(x)=\begin{cases}x^\alpha\cdot\sin\dfrac{1}{x}, & x>0,\\ e^x+\beta, & x\leqslant 0,\end{cases}$ 根据 α 和 β 的不同情况，讨论 $f(x)$ 在点 $x=0$ 处的连续性.

6. 证明：方程 $x-2\sin x=1$ 至少有一个小于 3 的正根.

7. 设函数 $f(x)$ 在 $[0, 2a]$ 上连续，且 $f(0)=f(2a)$，证明：在 $(0, a)$ 上至少存在一点 ξ，使得 $f(\xi)=f(\xi+a)$.

(B)

1. 函数 $y=f(x)$ 在点 x_0 处连续，则 $f(x)$ 在该点(　　).

A. 无极限　　B. 一定有极限　　C. $\lim\limits_{x\to x_0}f(x)\neq f(x_0)$　　D. 不一定有定义

2. 设 $f(x)=\begin{cases}\dfrac{\ln(1+x)}{x}, & x\neq 0,\\ k, & x=0\end{cases}$ 连续，则 $k=$(　　).

A. 0　　B. e　　C. -1　　D. 1

3. 设函数 $f(x)=\begin{cases}\dfrac{e^x}{x^2-1}, & x\neq 0,\\ 0, & x=0,\end{cases}$ 则下列说法中正确的是(　　).

A. $f(x)$ 有 1 个间断点　　B. $f(x)$ 有 2 个间断点

C. $f(x)$ 有 3 个间断点　　D. $f(x)$ 无间断点

4. 函数 $f(x)=\dfrac{x-4}{x^2-3x-4}$ 的间断点个数是(　　).

A. 0　　B. 2　　C. 3　　D. 1

5. 函数 $f(x)=\begin{cases}x^2+1, & x<0,\\ 0, & x=0,\\ x, & x>0\end{cases}$ 的连续区间为(　　).

A. $(-\infty,+\infty)$　　B. $(-\infty, 0)\cup[0,+\infty)$

C. $(-\infty, 0]\cup(0,+\infty)$　　D. $(-\infty, 0)\cup(0,+\infty)$

6. $f(x)$在闭区间$[a, b]$上连续是指(　　).

A. 在$(a-\Delta, b+\Delta)$内连续，$\Delta>0$

B. 在(a, b)内连续，且$\lim\limits_{x\to a-0} f(x)=f(a)$，$\lim\limits_{x\to b+0} f(x)=f(b)$

C. 在(a, b)内连续

D. 在(a, b)内连续，且$\lim\limits_{x\to a+0} f(x)=f(a)$，$\lim\limits_{x\to b-0} f(x)=f(b)$

7. 函数$f(x)$在$[a, b]$上有最大(小)值是$f(x)$在$[a, b]$上连续的(　　).

A. 充分必要条件　B. 充分条件　C. 无关条件　D. 必要条件

8. 函数$f(x)$在点x_0处有定义是$f(x)$在点x_0处连续的(　　).

A. 必要条件　B. 充分条件　C. 无关条件　D. 充要条件

9. 函数$f(x)$在点x_0处连续是$f(x)$在点x_0处有极限的(　　).

A. 必要条件　B. 充分条件　C. 无关条件　D. 充要条件

10. 函数$f(x)$在点x_0处左连续且右连续是$f(x)$在点x_0处连续的(　　).

A. 必要条件　B. 充分条件　C. 无关条件　D. 充要条件

1.7　常用经济函数

用数学方法解决实际问题时，首先要构建该问题的数学模型，即找出该问题的函数关系. 本节将介绍几种常用的经济函数.

一、单利与复利

利息是指借款者向贷款者支付的报酬，它是根据本金的数额按一定比例计算出来的. 利息分为存款利息、贷款利息、债券利息、贴现利息等几种主要形式.

1. 单利计算公式

设初始本金为p(元)，银行年利率为r，则

第一年末的本利和为

$$s_1=p+rp=p(1+r),$$

第二年末的本利和为

$$s_2=p(1+r)+rp=p(1+2r),$$

$$\vdots$$

第n年末的本利和为

$$s_n=p(1+nr).$$

2. 复利计算公式

设初始本金为p(元)，银行年利率为r，则

第一年末的本利和为

$$s_1=p+rp=p(1+r),$$

第二年末的本利和为

$$s_2=p(1+r)+rp(1+r)=p(1+r)^2,$$

$$\vdots$$

第 n 年末的本利和为

$$s_n = p(1+r)^n.$$

二、多次付息

1. 单利付息情形

因每次支付的利息都不计入本金，故若一年分 n 次付息，则年末的本利和为

$$s = p\left(1+n\frac{r}{n}\right) = p(1+r),$$

即年末的本利和与支付利息的次数无关.

2. 复利付息情形

因每次支付的利息都记入本金，故年末的本利和与支付利息的次数是有关系的.

设初始本金为 p(元)，银行年利率为 r，若一年分 m 次付息，则一年末的本利和为

$$s = p\left(1+\frac{r}{m}\right)^m.$$

易见，本利和是随付息次数 m 的增大而增加的.

而第 n 年末的本利和为

$$s_n = p\left(1+\frac{r}{m}\right)^{mn}.$$

例 1.7.1 现有初始本金 100 元，若银行年储蓄利率为 7%，问：

(1) 按单利计算，3 年末的本利和为多少？

(2) 按复利计算，3 年末的本利和为多少？

(3) 按复利计算，需多少年能使本利和超过初始本金的一倍？

解 (1) 已知 $p=100$，$r=0.07$，由单利计算公式得

$$s_3 = p(1+3r) = 100\times(1+3\times 0.07) = 121(\text{元}),$$

即 3 年末的本利和为 121 元.

(2) 由复利计算公式得

$$s_3 = p(1+r)^3 = 100\times(1+0.07)^3 \approx 122.5(\text{元}).$$

(3) 若 n 年后的本利和超过初始本金的一倍，即要

$$s_n = p(1+r)^n > 2p \Rightarrow 1.07^n > 2 \Rightarrow n\ln 1.07 > \ln 2 \Rightarrow n > \frac{\ln 2}{\ln 1.07} \approx 10.2,$$

即需 11 年本利和可超过初始本金的一倍.

3. 连续复利付息情形

连续复利公式为

$$s = \lim_{m\to\infty} p\left(1+\frac{r}{m}\right)^{mn} = p\mathrm{e}^{rn}.$$

例 1.7.2 一投资者欲用 1 000 元投资 5 年，设年利率为 6%，试分别按单利、复利、每年按 4 次复利和连续复利付息方式计算，到第 5 年末，该投资者应得的本利和 s.

解 按单利计算：

$$s = 1\,000 + 1\,000\times 0.06\times 5 = 1\,300(\text{元}).$$

按复利计算：

$$s=1\,000\times(1+0.06)^5\approx1\,000\times1.338\,23=1\,338.23(\text{元}).$$

按每年计算复利 4 次计算：

$$s=1\,000\times\left(1+\frac{0.06}{4}\right)^{4\times5}=1\,000\times1.015^{20}\approx1\,000\times1.346\,86=1\,346.86(\text{元}).$$

按连续复利计算：

$$s=1\,000\cdot e^{0.06\cdot5}=1\,000\cdot e^{0.3}\approx1\,349.86(\text{元}).$$

注：连续复利的计算公式在其他许多问题中也常有应用，如细胞分裂、树木增长等问题.

三、需求函数与供给函数

1. 需求函数

需求函数是指在某一特定时期内，市场上某种商品的各种可能的购买量和决定这些购买量的诸因素之间的数量关系.

假定其他因素(如消费者的货币收入、偏好和相关商品的价格等)不变，则决定某种商品需求量的因素就是这种商品的**价格**. 此时，需求函数表示的就是商品需求量和价格这两个经济量之间的数量关系：

$$q=f(p),$$

其中，q 表示需求量，p 表示价格. 需求函数的反函数 $p=f^{-1}(q)$称为**价格函数**，习惯上将价格函数也统称为需求函数.

2. 供给函数

供给函数是指在某一特定时期内，市场上某种商品的各种可能的供给量和决定这些供给量的诸因素之间的数量关系.

3. 市场均衡

对一种商品而言，如果需求量等于供给量，则这种商品就达到了市场均衡. 以线性需求函数和线性供给函数为例，令

$$q_d=q_s,$$

$$ap+b=cp+d,$$

$$p=\frac{d-b}{a-c}\equiv p_0,$$

这个价格 p_0 称为该商品的**市场均衡价格**(见图 1－7－1).

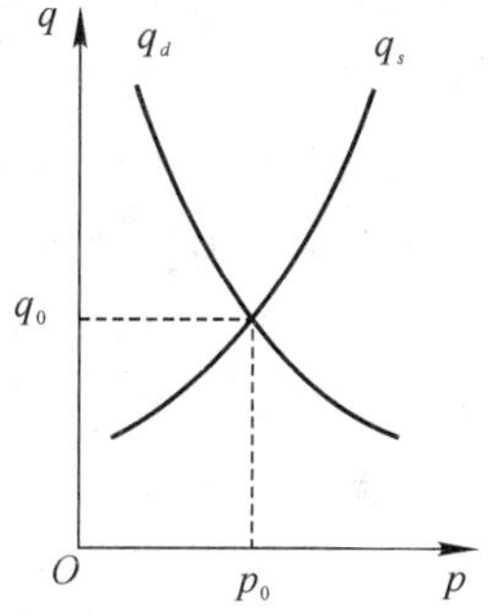

图 1－7－1

市场均衡价格就是需求函数和供给函数两条线的交点的横坐标. 当市场价格高于均衡价格时，将出现**供过于求**的现象，而当市场价格低于均衡价格时，将出现**供不应求**的现象. 当市场均衡时，有

$$q_d=q_s=q_0,$$

称 q_0 为市场**均衡数量**.

根据市场的不同情况，需求函数与供给函数还有二次函数、多项式函数与指数函数

等. 但其基本规律是相同的，都可找到相应的**市场均衡点**(p_0, q_0).

例 1.7.3 某种商品的供给函数和需求函数分别为

$$q_d = 25p - 10, \quad q_s = 200 - 5p,$$

求该商品的市场均衡价格和市场均衡数量.

解 由均衡条件 $q_d = q_s$ 得

$$200 - 5p = 25p - 10 \Rightarrow 30p = 210.$$

由此得 $p_0 = 7$，$q_0 = 25p_0 - 10 = 165$.

四、成本函数、收入函数、利润函数

1. 成本函数

产品成本是以货币形式表现的企业生产和销售产品的全部费用支出. **成本函数**表示费用总额与产量(或销售量)之间的依赖关系. 产品成本可分为**固定成本**和**变动成本**两部分. 所谓固定成本，是指在一定时期内不随产量变化的那部分成本；所谓变动成本，是指随产量变化而变化的那部分成本. 一般地，以货币计值的(总)成本 C 是产量 x 的函数，即

$$C = C(x) \quad (x \geqslant 0),$$

称其为成本函数. 当产量 $x = 0$ 时，对应的成本函数值 $C(0)$ 就是产品的固定成本值.

设 $C(x)$ 为成本函数，称 $\overline{C} = \dfrac{C(x)}{x}\ (x > 0)$ 为**单位成本函数**或**平均成本函数**.

成本函数是单调增加函数，其图形称为**成本曲线**.

例 1.7.4 某工厂生产某产品，每日最多生产 200 单位. 它的日固定成本为 150 元，生产一个单位产品的可变成本为 16 元. 求该厂日总成本函数及平均成本函数.

解 由 $C(x) = C_{固} + C_{变}$ 得总成本

$$C(x) = 150 + 16x, \quad x \in [0, 200].$$

平均成本为

$$\overline{C}(x) = \frac{C(x)}{x} = 16 + \frac{150}{x}.$$

例 1.7.5 某服装有限公司每年的固定成本为 10 000 元. 要生产某个式样的服装 x 件，除固定成本外，每套(件)服装要花费 40 元，即生产 x 套这种服装的变动成本为 $40x$ 元.

(1) 求一年生产 x 套服装的总成本函数；

(2) 画出变动成本、固定成本和总成本的函数图形；

(3) 生产 100 套服装的总成本是多少? 400 套呢? 生产 400 套服装比生产 100 套服装多支出多少成本?

解 (1) 由 $C(x) = C_{固} + C_{变}$ 得总成本

$$C(x) = 40x + 10\,000, \quad x \in [0, +\infty).$$

(2) 变动成本函数和固定成本函数如图 1-7-2(a)所示，总成本函数如图 1-7-2(b)所示. 从实际情况来看，这些函数的定义域是非负整数 0，1，2，3 等，因为服装的套数既不能取分数，也不能取负数，通常的做法是把这些图形的定义域描述成好像是由非负实数组成的整个集合.

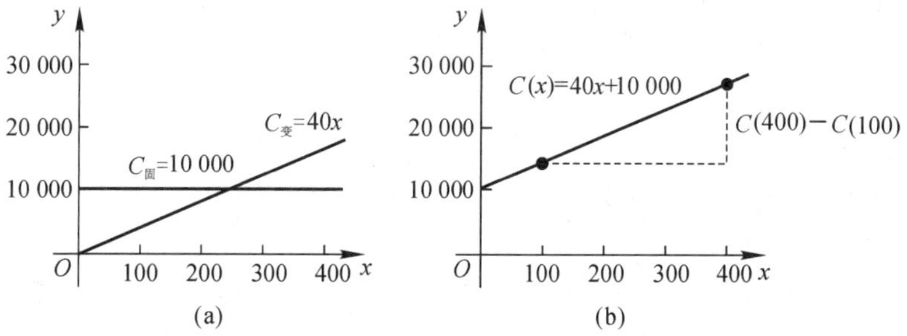

图 1-7-2

(3) 生产 100 套服装的总成本是

$$C(100)=40\times100+10\ 000=14\ 000(\text{元}).$$

生产 400 套服装的总成本是

$$C(400)=40\times400+10\ 000=26\ 000(\text{元}).$$

生产 400 套服装比生产 100 套服装多支出的成本是

$$C(400)-C(100)=26\ 000-14\ 000=12\ 000(\text{元}).$$

2. 收入函数

销售某种产品的收入 R，等于产品的单位价格 P 乘以销售量 x，即 $R=P\cdot x$，称其为**收入函数**.

3. 利润函数

销售利润 L 等于收入 R 减去成本 C，即 $L=R-C$，称其为**利润函数**.

当 $L=R-C>0$ 时，生产者盈利；

当 $L=R-C<0$ 时，生产者亏损；

当 $L=R-C=0$ 时，生产者盈亏平衡，使 $L(x)=0$ 的点 x_0 称为**盈亏平衡点**(又称为**保本点**).

例 1.7.6　参看例 1.7.5 某有限公司决定，销售 x 套服装所获得的总收入按每套 100 元计算，即收入函数 $R(x)=100x$.

(1) 用同一坐标系画出 $R(x)$、$C(x)$和利润函数 $L(x)$的图形；

(2) 求盈亏平衡点.

解　(1) $R(x)=100x$ 和 $C(x)=40x+10\ 000$ 的图形如图 1-7-3 所示.

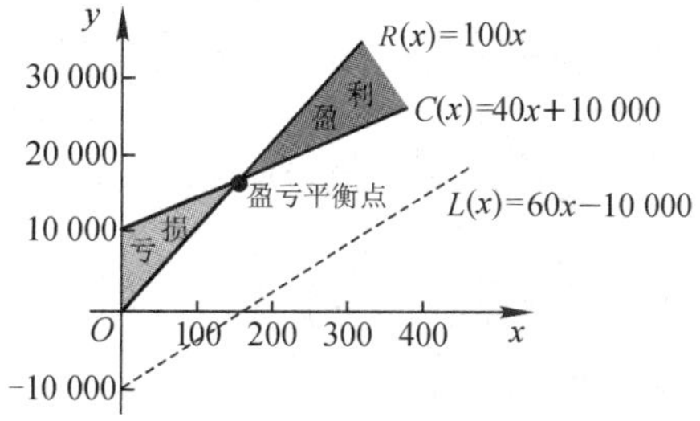

图 1-7-3

当 $R(x)$ 在 $C(x)$ 下方时，将出现亏损；

当 $R(x)$ 在 $C(x)$ 上方时，将有盈利.

利润函数为

$$
\begin{aligned}
L(x)&=R(x)-C(x)\\
&=100x-(40x+10\ 000)\\
&=60x-10\ 000.
\end{aligned}
$$

$L(x)$ 的图形用虚线表示. x 轴下方的虚线表示亏损，x 轴上方的虚线表示盈利.

(2) 为求盈亏平衡点，需解方程 $R(x)=C(x)$，即

$$100x=40x+10\ 000,$$

解得

$$x=166\frac{2}{3}.$$

所以盈亏平衡点约为 167.

预测盈亏平衡点通常要进行充分考虑，因为公司为了获利最大，必须有效经营.

例 1.7.7 某工厂生产某产品年产量为 x 台，每台售价 500 元，当年产量超过 800 台时，超过部分只能按 9 折出售，这样可多售出 200 台. 如果再多生产，本年就销售不出去了. 试写出本年的收益(入)函数.

解 因为产量超过 800 台时售价要按 9 折出售，又超过 1 000 台(即 800 台+200 台)时，多余部分销售不出去，从而超出部分无收益. 因此，要把产量分三阶段来考虑. 依题意，有

$$
R(x)=\begin{cases}500x, & 0\leqslant x\leqslant 800,\\ 500\times 800+0.9\times 500(x-800), & 800<x\leqslant 1\ 000,\\ 500\times 800+0.9\times 500\times 200, & x>1\ 000\end{cases}
$$

$$
=\begin{cases}500x, & 0\leqslant x\leqslant 800,\\ 400\ 000+450(x-800), & 800<x\leqslant 1\ 000,\\ 490\ 000, & x>1\ 000.\end{cases}
$$

例 1.7.8 某电器厂生产一种新产品，在定价时不单是根据生产成本而定，还要请各销售单位来出价，即他们愿意以什么价格来购买. 根据调查得出需求函数为 $x=-900P+45\ 000$. 该厂生产该产品的固定成本是 270 000 元，而单位产品的变动成本为 10 元. 为获得最大利润，出厂价格应为多少？

解 以 x 表示产量，C 表示成本，P 为价格，则有

$$C(P)=270\ 000+10(-900P+45\ 000)=-9\ 000P+720\ 000,$$

收入函数为

$$R(P)=P\cdot(-900P+45\ 000)=-900P^2+45\ 000P,$$

利润函数为

$$L(P)=R(P)-C(P)=-900(P^2-60P+800)=-900(P-30)^2+90\ 000.$$

由于利润是一个二次函数，容易求得，当价格 $P=30$ 元时，利润 $L=90\ 000$ 元为最大利润. 在此价格下，可望销售量为

$$x=-900\times 30+45\ 000=18\ 000(\text{单位}).$$

例 1.7.9　已知该商品的成本函数与收入函数分别是

$$C(x)=12+3x+x^2,$$

$$R(x)=11x,$$

试求该商品的盈亏平衡点，并说明盈亏情况.

解　由 $L(x)=0$ 和已知条件得

$$L(x)=R(x)-C(x)=11x-(12+3x+x^2)=8x-12-x^2=(x-2)(6-x)=0,$$

从而得到两个盈亏平衡点分别为 $x_1=2$，$x_2=6$. 由利润函数

$$L(x)=R(x)-C(x)=11x-(12+3x+x^2)=8x-12-x^2=(x-2)(6-x)$$

知，当 $x<2$ 时亏损，当 $2<x<6$ 时盈利，而当 $x>6$ 时又转为亏损.

★ 习题 1-7

(A)

1. 某产品成本 C 为年产量 Q 的函数，$C=C(Q)=a+b\sqrt{Q}$，其中 a，b 为待定系数. 已知固定成本为 4 万元，且当年产量 $Q=900$ 吨时，成本 $C=31$ 万元，试求产品成本 C 与年产量 Q 的函数关系.

2. 设生产与销售某产品的总收入 R 是产量 x 的二次函数，经统计知，当产量 $x=0$，3，5 时，总收入 $R=0$，33，75，试确定总收入 R 与产量 x 的函数关系.

3. 某民营企业的固定成本为 12 000 元，每单位产品的可变成本为 10 元，产品的售价为每单位 30 元，求：

(1) 总成本函数；

(2) 总收益函数；

(3) 总利润函数.

4. 某工厂生产的某种产品，固定成本为 400 万元，多生产一个单位产品成本增加 10 万元，设产品产销平衡，且产品的需求函数为 $x=1\,000-5p$(x 为产量，p 为价格)，求：

(1) 利润函数 $L(x)$；

(2) 平均利润函数 $\overline{L}(x)$.

5. 手表的价格和市场供需关系如下：

(1) 设手表的价格为 70 元，销售量为 10 000 只，若手表每只提高 3 元，需求量就减少 3 000 只，求需求函数 Q_d；

(2) 设手表价格为 70 元，手表厂可提供 10 000 只手表，当价格每只增加 3 元时，手表厂可多提供 300 只，求供应函数 Q_s；

(3) 求市场均衡价格和市场均衡数量.

(B)

1. 设某商品的需求函数与供给函数分别为 $Q_d=\dfrac{5\,600}{P}$ 和 $Q_s=P-10$，则均衡价格和均衡数量为(　　).

A. $P_0=80, Q_0=70$　　　　B. $P_0=70, Q_0=80$

C. $P_0=50, Q_0=90$　　D. $P_0=90, Q_0=50$

2. 某厂生产的手掌游戏机每台可卖 110 元，固定成本为 7 500 元，可变成本为每台 60 元，要使厂家保本，可卖手掌游戏机的台数为(　　).

A. 100　　B. 150　　C. 250　　D. 300

3. 设初始本金为 p 元，银行年利率为 r. 按复利计算，则第 n 年末的本利和为 $s_n=$(　　).

A. $p\left(1+\frac{r}{n}\right)^n$　　B. $p(1+nr)$　　C. $p(1+r)$　　D. $p(1+r)^n$

4. 设商品的成本函数为 $C(q)=7+2q+q^2$，收入函数为 $R(q)=7+2q+q^2$，若盈利，则销售量 q 的范围为(　　).

A. $q>1$　　B. $q<7$　　C. $1<q<7$　　D. $q>7$ 或 $q<1$

5. 设商品的成本函数为 $C(q)=7+2q+q^2$，收入函数为 $R(q)=7+2q+q^2$，若亏损，销售量 q 的范围为(　　).

A. $q>1$　　B. $q<7$　　C. $1<q<7$　　D. $q>7$ 或 $q<1$

章节测试一

一、填空题：

1. 若 $\lim\limits_{x\to 1}\frac{x^2+2x+k}{x-1}=4$，则 $k=$________.

2. 若函数 $f(x)=\begin{cases}\frac{2\sin x}{x}, & x<0,\\ \ln(b+5x^2), & x\geqslant 0\end{cases}$ 在点 $x=0$ 处连续，则 $b=$________.

3. 函数 $f(x)=\frac{x^2-x}{|x|(x^2-1)}$，点 $x=-1$ 是________间断点；点 $x=0$ 是________间断点.

4. $\lim\limits_{x\to+\infty}\left(1-\frac{1}{x}\right)^{\sqrt{x}}=$________.

5. 若 $\lim\limits_{x\to 0}\frac{1-\cos 2x}{x^k}=a\neq 0$，则 $k=$________，$a=$________.

二、求下列极限：

(1) $\lim\limits_{x\to+\infty}(\sqrt{(x+1)(x+2)}-x)$；　　(2) $\lim\limits_{x\to 64}\frac{\sqrt{x}-8}{\sqrt[3]{x}-4}$；

(3) $\lim\limits_{x\to\infty}\frac{3x+\sin x}{2x-\sin x}$；　　(4) $\lim\limits_{n\to\infty}\left[\frac{1+3+\cdots+(2n-1)}{n+1}-\frac{2n+1}{2}\right]$；

(5) $\lim\limits_{n\to\infty}\frac{1+p+p^2+\cdots+p^n}{1+q+q^2+\cdots+q^n}(|p|<1,\ |q|<1)$；

(6) $\lim\limits_{x\to 0}(2\csc 2x-\cot x)$；

(7) $\lim\limits_{x\to 4}\frac{2-\sqrt{x}}{3-\sqrt{2x+1}}$；　　(8) $\lim\limits_{x\to 0}\frac{1-\cos x}{(e^x-1)\ln(1+x)}$；

(9) $\lim\limits_{x\to\infty}\left(\dfrac{x+a}{x-a}\right)^x$；　　(10) $\lim\limits_{x\to 0}\dfrac{\sqrt{1+\tan x}-\sqrt{1-\tan x}}{\sqrt{1+2x}-1}$.

三、设 $f(x)=\begin{cases}\dfrac{\cos x}{x+2}, & x\geqslant 0,\\ \dfrac{\sqrt{a}-\sqrt{a-x}}{x}, & x<0(a>0).\end{cases}$

(1) 当 a 为何值时，$x=0$ 是 $f(x)$的连续点？

(2) 当 a 为何值时，$x=0$ 是 $f(x)$的间断点？是什么类型的间断点？

(3) 当 $a=2$ 时，求 $f(x)$的连续区间.

四、证明：方程 $2^x=x^2$ 在$(-1, 1)$内必有实根.

五、假定你打算在银行存入一笔资金，你需要这笔投资 10 年后价值为 12 000 元. 如果银行以年利率 9%，每年支付复利 4 次的方式付息，你应该投资多少元？如果复利是连续的，应投资多少元？

第 2 章　导数与微分

微分学是微积分的重要组成部分，它的基本概念是导数与微分.

在本章中我们主要讨论导数和微分的概念以及它们的计算方法，在此基础上介绍微分学的几个中值定理，它们是导数应用的理论基础，并应用导数来研究函数以及曲线的某些性态，从而解决一些实际问题和一些经济问题.

2.1 导数概念

从 15 世纪初文艺复兴时期起，欧洲的工业、农业、航海事业与商贾贸易得到大规模的发展，形成了一个新的经济时代. 而 16 世纪的欧洲，正处在资本主义萌芽时期，生产力得到了很大的发展. 生产实践的发展对自然科学提出了新的课题，迫切要求力学、天文学等基础科学的发展，而这些学科都是深刻依赖于数学的，因而也推动了数学的发展. 在各类学科对数学提出的种种要求中，下列三类问题导致了微分学的产生：

(1) 求变速运动的瞬时速度；

(2) 求曲线上一点处的切线；

(3) 求最大值和最小值.

这三类实际问题的现实原型在数学上都可归结为函数相对于自变量变化而变化的快慢程度，即所谓函数的变化率问题. 牛顿从第一个问题出发，莱布尼茨从第二个问题出发，分别给出了导数的概念.

一、引例

1. 变速直线运动的瞬时速度

设一质点作变速直线运动，位置函数为 $s=s(t)$，现在求质点在某时刻 t_0 的瞬时速度(见图 2-1-1).

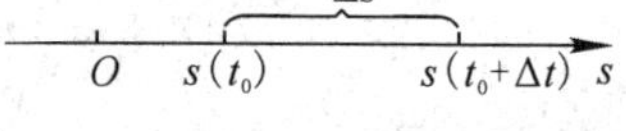

图 2-1-1

我们考虑从 t_0 到 $t_0+\Delta t$ 这一时间间隔，在这一时间间隔内质点经过的路程为

$$\Delta s=s(t_0+\Delta t)-s(t_0).$$

于是比值$\dfrac{\Delta s}{\Delta t}$就是质点在 t_0 到 $t_0+\Delta t$ 这段时间内的平均速度，记为 $\bar{v}$，即

$$\bar{v}=\frac{\Delta s}{\Delta t}=\frac{s(t_0+\Delta t)-s(t_0)}{\Delta t}.$$

$\bar{v}$ 可作为质点在时刻 t_0 的瞬时速度的近似值. 显然，$|\Delta t|$ 越小，近似程度越好，我们令 $\Delta t \to 0$，若 $\bar{v}$ 的极限存在，则此极限值就是质点在时刻 t_0 的瞬时速度 $v(t_0)$，即

$$v(t_0)=\lim_{\Delta t\to 0}\bar{v}=\lim_{\Delta t\to 0}\frac{\Delta s}{\Delta t}=\frac{s(t_0+\Delta t)-s(t_0)}{\Delta t}.$$

2. 曲线的切线斜率

设曲线 C 是函数 $y=f(x)$的图形(见图 2-1-2)，$M(x_0, y_0)$是曲线 C 上一个点，在曲线 C 上任取一点 $N(x, y)$，$M\neq N$. 过点 M 及 N 的直线称为曲线 C 的割线，这割线的斜率为

$$\tan\varphi=\frac{y-y_0}{x-x_0}=\frac{f(x)-f(x_0)}{x-x_0}.$$

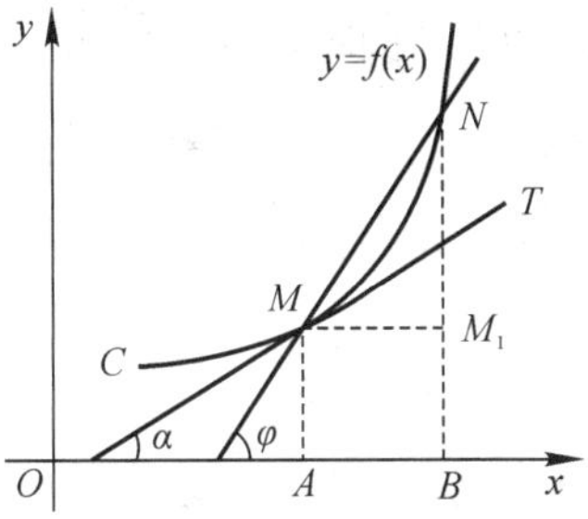

图 2-1-2

令点 N 沿曲线 C 趋向于点 M，这时 $x\to x_0$，如果极限

$$\lim_{x\to x_0}\tan\varphi=\lim_{x\to x_0}\frac{f(x)-f(x_0)}{x-x_0}$$

存在，则这个极限就是切线的斜率，即

$$k=\tan\alpha=\lim_{x\to x_0}\tan\varphi=\lim_{x\to x_0}\frac{f(x)-f(x_0)}{x-x_0},$$

也就是说，切线是割线的极限位置，切线斜率的值实际上就是割线斜率的极限，所以当点 N 沿曲线 C 趋向于 M 时，割线绕点 M 转动而以切线为极限位置.

二、导数的定义

1. 函数在一点的导数与导函数

引例中两个实际问题的意义虽然不同，但是解决问题的方法是相同的，都是求函数的改变量与自变量的改变量之比的极限，这就产生了导数的概念. 下面给出导数的定义.

定义 2.1.1　设函数 $y=f(x)$在点 x_0 的某邻域 $U(x_0, \delta)$内有定义，在点 x_0 处给自变量 x 一个改变量 Δx，且 $x_0+\Delta x\in U(x_0, \delta)$，相应地函数 y 有改变量 $\Delta y=f(x_0+\Delta x)-f(x_0)$，如果极限

$$\lim_{\Delta x\to 0}\frac{\Delta y}{\Delta x}=\lim_{\Delta x\to 0}\frac{f(x_0+\Delta x)-f(x_0)}{\Delta x}$$

存在，则称函数 $y=f(x)$在点 x_0 处可导，并称此极限值为函数 $f(x)$在点 x_0 处的**导数**，或函数在点 x_0 处的**变化率**，记为 $f'(x_0)$，即

$$f'(x_0)=\lim_{\Delta x\to 0}\frac{\Delta y}{\Delta x}=\lim_{\Delta x\to 0}\frac{f(x_0+\Delta x)-f(x_0)}{\Delta x},$$

也可以记作$y'|_{x=x_0}$，$\left.\frac{\mathrm{d}y}{\mathrm{d}x}\right|_{x=x_0}$ 或 $\left.\frac{\mathrm{d}f(x)}{\mathrm{d}x}\right|_{x=x_0}$.

如果极限不存在，则称函数 $y=f(x)$在点 x_0 处**不可导**.

令 $x_0+\Delta x=x$，则当 $\Delta x\to 0$ 时，有 $x\to x_0$，因此 $f(x)$在点 x_0 处的导数 $f'(x_0)$也可表示为

$$f'(x_0)=\lim_{x\to x_0}\frac{f(x)-f(x_0)}{x-x_0}.$$

如果函数 $y=f(x)$在开区间 I 内每一点都可导，则称函数 $y=f(x)$在**开区间 I 内可导**. 这时，对于 I 中的每一个确定的 x 值，都对应着一个确定的函数值 $f'(x)$，于是就确定了一个新的函数，称为函数 $y=f(x)$的**导函数**. 记作

$$f'(x),\ y',\ \frac{\mathrm{d}y}{\mathrm{d}x}\text{或}\frac{\mathrm{d}f(x)}{\mathrm{d}x},$$

即

$$f'(x)=\lim_{\Delta x\to 0}\frac{f(x+\Delta x)-f(x)}{\Delta x}.$$

在不致发生混淆的情况下，导函数也简称**导数**.

显然，函数 $y=f(x)$在点 x_0 处的导数 $f'(x_0)$，就是导函数 $f'(x)$在点 $x=x_0$ 处的函数值，即

$$f'(x_0)=f'(x)\Big|_{x=x_0}.$$

根据导数的定义，引例中两个实际问题叙述为：

(1) 作变速直线运动的质点在时刻 t_0 的瞬时速度，就是位置函数 $s=s(t)$在 t_0 处对时间 t 的导数，即

$$v(t_0)=\left.\frac{\mathrm{d}s}{\mathrm{d}t}\right|_{t=t_0}.$$

(2) 曲线 C 在点 $M(x_0,y_0)$处切线的斜率，就是函数 $y=f(x)$在点 x_0 处对 x 的导数，即

$$k=\left.\frac{\mathrm{d}y}{\mathrm{d}x}\right|_{x=x_0}.$$

例 2.1.1　试按导数定义求下列各极限(假设各极限均存在).

(1) $\lim\limits_{\Delta x\to 0}\frac{f(x_0-2\Delta x)-f(x_0)}{3\Delta x}$；(2) $\lim\limits_{x\to a}\frac{f(2x)-f(2a)}{x-a}$；(3) $\lim\limits_{x\to 0}\frac{f(x)}{x}$，其中 $f(0)=0$.

解　(1) $\lim\limits_{\Delta x\to 0}\frac{f(x_0-2\Delta x)-f(x_0)}{3\Delta x}=-\frac{2}{3}\lim\limits_{\Delta x\to 0}\frac{f(x_0-2\Delta x)-f(x_0)}{-2\Delta x}=-\frac{2}{3}f'(x_0)$.

(2) $\lim\limits_{x\to a}\frac{f(2x)-f(2a)}{x-a}=\lim\limits_{2x\to 2a}\frac{f(2x)-f(2a)}{\frac{1}{2}\cdot(2x-2a)}=2\cdot\lim\limits_{2x\to 2a}\frac{f(2x)-f(2a)}{2x-2a}=2f'(2a)$.

(3) 因为 $f(0)=0$，于是$\lim\limits_{x\to 0}\frac{f(x)}{x}=\lim\limits_{x\to 0}\frac{f(x)-f(0)}{x-0}=f'(0)$.

注: 要灵活应用导数定义的三种形式求函数极限.

2. 左、右导数

若极限 $\lim\limits_{\Delta x\to 0^-}\dfrac{f(x_0+\Delta x)-f(x_0)}{\Delta x}$ 存在，则称此极限值为 $f(x)$ 在点 x_0 处的**左导数**，记为 $f'_-(x_0)$，即

$$f'_-(x_0)=\lim_{\Delta x\to 0^-}\frac{f(x_0+\Delta x)-f(x_0)}{\Delta x}=\lim_{x\to x_0^-}\frac{f(x)-f(x_0)}{x-x_0}.$$

若极限 $\lim\limits_{\Delta x\to 0^+}\dfrac{f(x_0+\Delta x)-f(x_0)}{\Delta x}$ 存在，则称此极限值为 $f(x)$ 在点 x_0 处的**右导数**，记为 $f'_+(x_0)$，即

$$f'_+(x_0)=\lim_{\Delta x\to 0^+}\frac{f(x_0+\Delta x)-f(x_0)}{\Delta x}=\lim_{x\to x_0^+}\frac{f(x)-f(x_0)}{x-x_0}.$$

定理 2.1.1　函数 $y=f(x)$ 在点 x_0 处可导的充要条件是：函数 $y=f(x)$ 在点 x_0 处的左、右导数均存在且相等.

例 2.1.2　求函数 $f(x)=\begin{cases}\sin x, & x<0,\\ x, & x\geqslant 0\end{cases}$ 在 $x=0$ 处的导数.

解　$f'_-(0)=\lim\limits_{x\to 0^-}\dfrac{f(x)-f(0)}{x-0}=\lim\limits_{x\to 0^-}\dfrac{\sin x}{x}=1.$

$f'_+(0)=\lim\limits_{x\to 0^+}\dfrac{f(x)-f(0)}{x-0}=\lim\limits_{x\to 0^+}\dfrac{x}{x}=1.$

由 $f'_-(0)=f'_+(0)=1$，得 $f'(0)=1$.

三、用定义求导数举例

例 2.1.3　求函数 $f(x)=C$（C 为常数）的导数.

解　$f'(x)=\lim\limits_{h\to 0}\dfrac{f(x+h)-f(x)}{h}=\lim\limits_{h\to 0}\dfrac{C-C}{h}=0,$

即

$$(C)'=0.$$

例 2.1.4　求函数 $y=x^n$（n 为正整数）的导数.

解　$(x^n)'=\lim\limits_{h\to 0}\dfrac{(x+h)^n-x^n}{h}=\lim\limits_{h\to 0}\left[nx^{n-1}+\dfrac{n(n-1)}{2!}x^{n-2}h+\cdots+h^{n-1}\right]=nx^{n-1},$

即

$$(x^n)'=nx^{n-1}.$$

一般地，

$$(x^\mu)'=\mu x^{\mu-1}\ (\mu\in\mathbf{R}).$$

例如，$(\sqrt{x})'=\dfrac{1}{2}x^{\frac{1}{2}-1}=\dfrac{1}{2\sqrt{x}}$，$\left(\dfrac{1}{x}\right)'=(x^{-1})'=(-1)x^{-1-1}=-\dfrac{1}{x^2}.$

例 2.1.5　求函数 $f(x)=a^x$（$a>0$，$a\neq 1$）的导数.

解　$(a^x)'=\lim\limits_{h\to 0}\dfrac{a^{x+h}-a^x}{h}=a^x\lim\limits_{h\to 0}\dfrac{a^h-1}{h}=a^x\lim\limits_{h\to 0}\dfrac{\mathrm{e}^{h\ln a}-1}{h}=a^x\lim\limits_{h\to 0}\dfrac{h\ln a}{h}=a^x\ln a,$

即

$$(a^x)'=a^x\ln a.$$

特殊地，当 $x=\mathrm{e}$ 时，

$$(\mathrm{e}^x)'=\mathrm{e}^x.$$

例 2.1.6　求函数 $y=\log_a x(a>0,\ a\neq 1)$的导数.

解　$$y'=\lim_{h\to 0}\frac{\log_a(x+h)-\log_a x}{h}=\lim_{h\to 0}\frac{\log_a\left(1+\frac{h}{x}\right)}{\frac{h}{x}}\cdot\frac{1}{x}$$

$$=\frac{1}{x}\lim_{h\to 0}\log_a\left(1+\frac{h}{x}\right)^{\frac{x}{h}}=\frac{1}{x}\log_a \mathrm{e}=\frac{1}{x\ln a},$$

即

$$(\log_a x)'=\frac{1}{x\ln a}.$$

特殊地，当 $x=\mathrm{e}$ 时，

$$(\ln x)'=\frac{1}{x}.$$

例 2.1.7　设函数 $f(x)=\sin x$，求$(\sin x)'$及$(\sin x)'\big|_{x=\frac{\pi}{4}}$.

解　$$(\sin x)'=\lim_{h\to 0}\frac{\sin(x+h)-\sin x}{h}=\lim_{h\to 0}\cos\left(x+\frac{h}{2}\right)\cdot\frac{\sin\frac{h}{2}}{\frac{h}{2}}=\cos x,$$

$$(\sin x)'\big|_{x=\frac{\pi}{4}}=\frac{\sqrt{2}}{2}.$$

即

$$(\sin x)'=\cos x.$$

同理可得

$$(\cos x)'=-\sin x.$$

四、导数的几何意义

由引例可知，函数 $y=f(x)$在点 x_0 处的导数 $f'(x_0)$表示曲线 $y=f(x)$在点 $M(x_0,\ y_0)$处的切线的斜率(见图 2-1-3)，即

$$f'(x_0)=\tan\alpha.$$

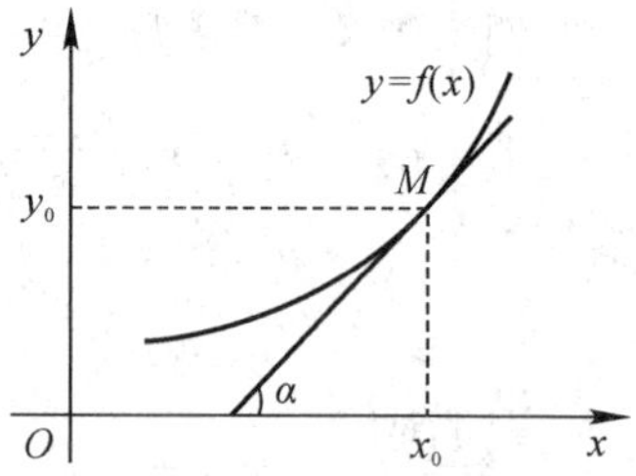

图 2-1-3

因此曲线 $y=f(x)$在点 $M(x_0,\ y_0)$处的切线方程为

$$y-y_0=f'(x_0)(x-x_0).$$

如果 $f'(x_0)=0$，则切线方程为 $y=y_0$，即切线平行于 x 轴；

如果 $f'(x_0)=\infty$，则切线方程为 $x=x_0$，即切线垂直于 x 轴.

过切点 $M(x_0,\ y_0)$且垂直于切线的直线称为曲线 $y=f(x)$在点 $M(x_0,\ y_0)$处的**法线**. 由于法线的斜率与切线的斜率互为负倒数，因此当 $f'(x_0)\neq 0$ 时，可得曲线 $y=f(x)$在点

$M(x_0, y_0)$处的**法线方程**为

$$y-y_0=-\frac{1}{f'(x_0)}(x-x_0)\quad (f'(x_0)\neq 0).$$

例 2.1.8　求曲线 $y=\frac{1}{x}$ 在点$\left(\frac{1}{2}, 2\right)$处的切线的斜率，并写出在该点处的切线方程和法线方程.

解　由导数的几何意义，得切线斜率为

$$k=y'\Big|_{x=\frac{1}{2}}=\left(\frac{1}{x}\right)'\Big|_{x=\frac{1}{2}}=-\frac{1}{x^2}\Big|_{x=\frac{1}{2}}=-4.$$

所求切线方程为 $y-2=-4\left(x-\frac{1}{2}\right)$，即 $4x+y-4=0$.

所求法线方程为 $y-2=\frac{1}{4}\left(x-\frac{1}{2}\right)$，即 $2x-8y+15=0$.

五、函数可导性与连续性的关系

定理 2.1.2　如果函数 $f(x)$在点 x_0 处可导，则函数 $f(x)$在点 x_0 处连续.

证明　已知函数 $f(x)$在点 x_0 处可导，由定义得$\lim\limits_{\Delta x\to 0}\frac{\Delta y}{\Delta x}=f'(x_0)$，因此，

$$\lim_{\Delta x\to 0}\Delta y=\lim_{\Delta x\to 0}\left(\frac{\Delta y}{\Delta x}\cdot\Delta x\right)=\lim_{\Delta x\to 0}\frac{\Delta y}{\Delta x}\cdot\lim_{\Delta x\to 0}\Delta x=f'(x_0)\cdot 0=0.$$

故函数 $f(x)$在点 x_0 处连续.

注：这个定理的逆定理不成立，也就是说一个函数在某一点连续，它却不一定在该点处可导，见下例.

例 2.1.9　讨论函数 $f(x)=|x|$在 $x=0$ 处的连续性与可导性.

解　易证函数 $f(x)=|x|$在点 $x=0$ 处是连续的. 下面主要来讨论 $f(x)=|x|$在点 $x=0$ 处的可导性.

因为 $f'_+(0)=\lim\limits_{h\to 0^+}\frac{f(0+h)-f(0)}{h}=\lim\limits_{h\to 0^+}\frac{h}{h}=1$,

$f'_-(0)=\lim\limits_{h\to 0^-}\frac{f(0+h)-f(0)}{h}=\lim\limits_{h\to 0^-}\frac{-h}{h}=-1$,

即 $f'_+(0)\neq f'_-(0)$.

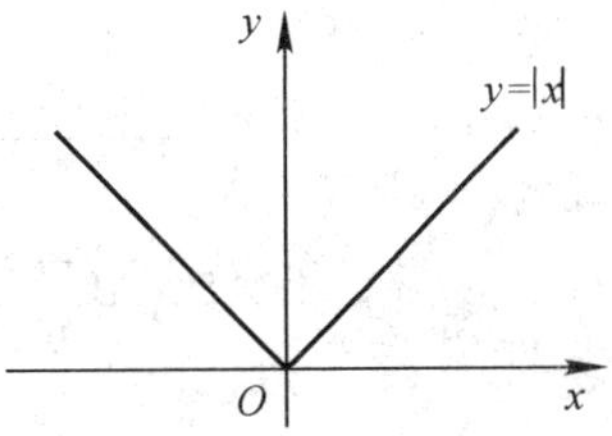

图 2-1-4

所以函数 $f(x)$在点 $x=0$ 处不可导(见图 2-1-4).

注：一般地，若曲线 $y=f(x)$的图形在点 x_0 处出现尖点，则它在该点不可导；不出现尖点的，也有不可导点. 例如，$y=\sqrt[3]{x}$，在点 $x=0$ 处不可导，在点 $x=0$ 处并没有出现尖点. 因此，如果函数在一个区间内可导，则其图像一定不会出现尖点，或者说是一条连续的光滑曲线.

例 2.1.10　设函数 $f(x)=\begin{cases}a, & x<0,\\ x^2+1, & 0\leqslant x<1,\end{cases}$ 问 a 取何值时 $f(x)$为可导函数?

解　只须讨论在 $x=0$ 处 $f(x)$为可导时 a 的取值情况. 在 $x=0$ 处，因为

$$f'_+(0)=\lim_{x\to0^+}\frac{\Delta y}{\Delta x}=\lim_{x\to0^+}\frac{f(0+\Delta x)-f(0)}{\Delta x}=\lim_{x\to0^+}\frac{(\Delta x)^2+1-1}{\Delta x}=0,$$

$$f'_-(0)=\lim_{x\to0^-}\frac{\Delta y}{\Delta x}=\lim_{x\to0^-}\frac{f(0+\Delta x)-f(0)}{\Delta x}=\lim_{x\to0^-}\frac{a-1}{\Delta x},$$

要使 $f(x)$在 $x=0$ 处可导，必须 $\lim\limits_{x\to0^-}\dfrac{a-1}{\Delta x}=0$，则 $a=1$.

所以，当 $a=1$ 时 $f(x)$为可导函数.

例 2.1.11 讨论函数 $f(x)=\begin{cases}x\sin\dfrac{1}{x}, & x\neq0,\\ 0, & x=0\end{cases}$在 $x=0$ 处的连续性与可导性.

解 因为 $\sin\dfrac{1}{x}$是有界函数，所以$\lim\limits_{x\to0}x\sin\dfrac{1}{x}=0$.

由$\lim\limits_{x\to0}f(x)=0=f(0)$知，函数 $f(x)$在 $x=0$ 处连续. 但在 $x=0$ 处

$$f'(0)=\lim_{x\to0}\frac{f(x)-f(0)}{x-0}=\lim_{x\to0}\frac{x\sin\frac{1}{x}-0}{x-0}=\lim_{x\to0}\sin\frac{1}{x}$$

不存在，故 $f(x)$在 $x=0$ 处不可导.

由上面讨论可知，函数在某点连续是函数在该点可导的必要条件，但不是充分条件.

★ 习题 2-1

(A)

1. 设 $f'(x_0)=-2$，求下列各式的值：

(1) $\lim\limits_{\Delta x\to0^+}\dfrac{f(x_0+\Delta x)-f(x_0)}{3\Delta x}$;

(2) $\lim\limits_{\Delta x\to0}\dfrac{f(x_0-\Delta x)-f(x_0)}{3\Delta x}$;

(3) $\lim\limits_{h\to0}\dfrac{f(x_0+h)-f(x_0-h)}{h}$.

2. 如果 $f(x)$在点 a 处可导，求$\lim\limits_{n\to\infty}n\left[f\left(a+\dfrac{1}{n}\right)-f(a)\right]$.

3. 设 $f(0)=0$，$f'(0)=1$ 存在，求$\lim\limits_{x\to0}\dfrac{f(x)}{x}$.

4. 求下列曲线在指定点的切线方程和法线方程：

(1) $y=\sqrt{x}$在点(1, 1)；　(2) $y=\ln x$ 在点(e, 1).

5. 问 a，b 取何值时，才能使函数

$$f(x)=\begin{cases}x^2, & x\leqslant2,\\ ax+b, & x>2\end{cases}$$

在 $x=2$ 处连续且可导？

6. 证明：函数 $f(x)=\begin{cases} x^2\sin\dfrac{1}{x}, & x\neq 0, \\ 0, & x=0, \end{cases}$ 在 $x=0$ 处连续且可导.

(B)

1. 下列命题中，不正确的是（　　）.

A. $y=f(x)$ 在点 x_0 处可导，则在点 x_0 处极限存在

B. $y=f(x)$ 在点 x_0 处可导，则在点 x_0 处连续

C. $y=f(x)$ 在点 x_0 处连续，则在点 x_0 处有定义

D. $y=f(x)$ 在点 x_0 处连续，则在点 x_0 处可导

2. $y=f(x)$ 在点 x_0 处连续是 $y=f(x)$ 在点 x_0 处可导的（　　）.

A. 必要条件　　B. 充分条件　　C. 充分必要条件　　D. 无关条件

3. 设函数 $f(x)=\begin{cases} \sin x, & x<0, \\ x, & x\geqslant 0, \end{cases}$ 则 $f(x)$ 在 $x=0$ 处（　　）.

A. 不连续　　B. 连续，但不可导　　C. 可导　　D. 无定义

4. 设函数 $f(x)=\begin{cases} \ln x, & x\geqslant 1, \\ x-1, & x<1, \end{cases}$ 则 $f'(1)$ 为（　　）.

A. -1　　B. 1　　C. 0　　D. 不存在

5. 设函数 $f(x)=\begin{cases} \dfrac{2x}{4+e^{\frac{1}{x}}}, & x\neq 0, \\ 0, & x=0, \end{cases}$ 则 $f(x)$ 在 $x=0$ 处（　　）.

A. $f'_-(0)$ 不存在　　B. $f'_+(0)$ 不存在　　C. 不可导　　D. $f'(0)=0$

6. 设函数 $f(x)=\begin{cases} g(x), & x\neq 0, \\ 0, & x=0, \end{cases}$ 在点 $x=0$ 处可导，则 $f'(0)=$（　　）.

A. $\lim\limits_{\Delta x\to 0}\dfrac{g(\Delta x)}{\Delta x}$　　B. $\lim\limits_{\Delta x\to 0}\dfrac{g(-\Delta x)}{\Delta x}$　　C. $\lim\limits_{\Delta x\to 0}\dfrac{g(\Delta x)-g(0)}{\Delta x}$　　D. $\lim\limits_{\Delta x\to 0}\dfrac{g(\Delta x)+g(0)}{\Delta x}$

7. 下列函数中，在点 $x=0$ 处可导的是（　　）.

A. $y=|x|$　　B. $y=\sqrt{x}$

C. $f(x)=\begin{cases} x^3\sin\dfrac{1}{x}, & x\neq 0 \\ 0, & x=0 \end{cases}$　　D. $y=\dfrac{1}{x}$

8. 过曲线 $y=e^x$ 上点(0，1)的切线方程为（　　）.

A. $y=x+1$　　B. $y-1=2x$　　C. $y=-x+1$　　D. $y=-(x+1)$

9. 过曲线 $y=f(x)$ 上点 $\left(2,\dfrac{1}{2}\right)$ 的法线方程为 $y-\dfrac{1}{2}=-\dfrac{1}{3}(x-2)$，则 $f'(2)=$（　　）.

A. $-\dfrac{1}{3}$　　B. -3　　C. $\dfrac{1}{3}$　　D. 3

10. 设 $y=f(x)$ 在点 x_0 处可导，且过曲线 $y=f(x)$ 上点 $(x_0, f(x_0))$ 的切线平行于 x

轴，则 $f'(x_0)$一定(　　).

A. 小于0　　B. 为∞　　C. 等于0　　D. 大于0

2.2 函数求导法则

一、导数的四则运算法则

定理 2.2.1 设函数 $u(x)$与 $v(x)$在点 x 处可导，则函数 $u\pm v$，uv，$\frac{u}{v}(v\neq 0)$在点 x 处也可导，并且有

(1) $[u(x)\pm v(x)]'=u'(x)\pm v'(x)$；

(2) $[u(x)\cdot v(x)]'=u'(x)v(x)+u(x)v'(x)$；

(3) $\left[\frac{u(x)}{v(x)}\right]'=\frac{u'(x)v(x)-u(x)v'(x)}{v^2(x)}$.

推广：设 $u(x)$、$v(x)$、$w(x)$都在点 x 处可导，则

$(u+v+w)'=u'+v'+w'$,

$(uvw)'=u'vw+uv'w+uvw'$,

$(Cu)'=Cu'$,

$\left(\frac{C}{v}\right)'=-C\frac{v'}{v^2}$.

例 2.2.1 求 $y=x^3-2x^2+\sin x$ 的导数.

解 $y'=(x^3)'-(2x^2)'+(\sin x)'=3x^2-4x+\cos x$.

例 2.2.2 求 $y=2\sqrt{x}\sin x$ 的导数.

解
$$y'=(2\sqrt{x}\sin x)'=2(\sqrt{x}\sin x)'=2[(\sqrt{x})'\sin x+\sqrt{x}(\sin x)']$$
$$=2\left(\frac{1}{2\sqrt{x}}\sin x+\sqrt{x}\cos x\right)=\frac{1}{\sqrt{x}}\sin x+2\sqrt{x}\cos x.$$

例 2.2.3 求 $y=\tan x$ 的导数.

解
$$y'=(\tan x)'=\left(\frac{\sin x}{\cos x}\right)'=\frac{(\sin x)'\cos x-\sin x(\cos x)'}{\cos^2 x}$$
$$=\frac{\cos^2 x+\sin^2 x}{\cos^2 x}=\frac{1}{\cos^2 x}=\sec^2 x,$$

即
$$(\tan x)'=\sec^2 x.$$

同理可得
$$(\cot x)'=-\csc^2 x.$$

例 2.2.4 求 $y=\sec x$ 的导数.

解
$$y'=(\sec x)'=\left(\frac{1}{\cos x}\right)=\frac{-(\cos x)'}{\cos^2 x}=\frac{\sin x}{\cos^2 x}=\sec x\tan x.$$

即

$$(\sec x)'=\sec x\tan x.$$

同理可得

$$(\csc x)'=-\csc x\cot x.$$

二、反函数的求导法则

定理 2.2.2　如果函数 $x=\varphi(y)$ 在区间 I_y 内单调、可导，且 $\varphi'(y)\neq 0$，则它的反函数 $y=f(x)$ 在对应区间 I_x 内也可导，且

$$f'(x)=\frac{1}{\varphi'(y)} \text{ 或 } \frac{\mathrm{d}y}{\mathrm{d}x}=\frac{1}{\frac{\mathrm{d}x}{\mathrm{d}y}}.$$

定理 2.2.2 也可简单叙述为：**反函数的导数等于直接函数导数的倒数.**

例 2.2.5　求函数 $y=\arcsin x$ 的导数.

解　因为 $x=\sin y$ 在 $I_y=\left(-\frac{\pi}{2},\ \frac{\pi}{2}\right)$ 内单调、可导，且 $(\sin y)'=\cos y>0$，所以在对应区间 $I_x=(-1,\ 1)$ 内有

$$(\arcsin x)'=\frac{1}{(\sin y)'}=\frac{1}{\cos y}=\frac{1}{\sqrt{1-\sin^2 y}}=\frac{1}{\sqrt{1-x^2}}.$$

同理可得 $(\arccos x)'=-\frac{1}{\sqrt{1-x^2}}$，$(\arctan x)'=\frac{1}{1+x^2}$，$(\operatorname{arccot} x)'=-\frac{1}{1+x^2}$.

例 2.2.6　求函数 $y=\log_a x$ 的导数.

解　因为 $x=a^y$ 在 $I_y=(-\infty,+\infty)$ 内单调、可导，且 $(a^y)'=a^y\ln a\neq 0$，所以在对应区间 $I_x=(0,+\infty)$ 内有

$$(\log_a x)'=\frac{1}{(a^y)'}=\frac{1}{a^y\ln a}=\frac{1}{x\ln a}.$$

特别地

$$(\ln x)'=\frac{1}{x}.$$

三、基本初等函数的求导公式

基本初等函数的求导公式如下：

(1) $(C)'=0$；　(2) $(x^\mu)'=\mu x^{\mu-1}$；

(3) $(\sin x)'=\cos x$；　(4) $(\cos x)'=-\sin x$；

(5) $(\tan x)'=\sec^2 x$；　(6) $(\cot x)'=-\csc^2 x$；

(7) $(\sec x)'=\sec x\tan x$；　(8) $(\csc x)'=-\csc x\cot x$；

(9) $(a^x)'=a^x\ln a$；　(10) $(\mathrm{e}^x)'=\mathrm{e}^x$；

(11) $(\log_a x)'=\frac{1}{x\ln a}$；　(12) $(\ln x)'=\frac{1}{x}$；

(13) $(\arcsin x)'=\frac{1}{\sqrt{1-x^2}}$；　(14) $(\arccos x)'=-\frac{1}{\sqrt{1-x^2}}$；

(15) $(\arctan x)'=\frac{1}{1+x^2}$；　(16) $(\operatorname{arccot} x)'=-\frac{1}{1+x^2}$.

四、复合函数的求导法则

一个复杂的函数通常可以看作若干简单函数的复合，所以我们还必须学会求复合函数的导数.

定理 2.2.3 设函数 $u=\varphi(x)$在点 x 处可导，函数 $y=f(u)$在对应点 $u=\varphi(x)$处可导，则复合函数 $y=f[\varphi(x)]$在点 x 处也可导，且有

$$\frac{dy}{dx}=\frac{dy}{du}\cdot\frac{du}{dx} \quad 或 \quad \frac{dy}{dx}=f'(u)\cdot\varphi'(x).$$

即因变量对自变量求导，等于因变量对中间变量求导，乘以中间变量对自变量求导(俗称链式法则).

推广：定理 2.2.3 也可用于多次复合的情形，例如

设 $y=f(u)$，$u=\varphi(v)$，$v=\psi(x)$都可导，则 $y=f\{\varphi[\psi(x)]\}$的导数为

$$\frac{dy}{dx}=\frac{dy}{du}\cdot\frac{du}{dv}\cdot\frac{dv}{dx} \quad 或 \quad \frac{dy}{dx}=f'(u)\cdot\varphi'(v)\cdot\psi'(x).$$

例 2.2.7 求函数 $y=\ln\sin x$ 的导数.

解 设 $y=\ln u$，$u=\sin x$，则

$$\frac{dy}{dx}=\frac{dy}{du}\cdot\frac{du}{dx}=\frac{1}{u}\cdot\cos x=\frac{\cos x}{\sin x}=\cot x.$$

例 2.2.8 求函数 $y=(x^2+1)^{10}$ 的导数.

解 设 $y=u^{10}$，$u=x^2+1$，则

$$\frac{dy}{dx}=\frac{dy}{du}\cdot\frac{du}{dx}=10u^9\cdot 2x=10(x^2+1)^9\cdot 2x=20x(x^2+1)^9.$$

注：复合函数求导既是重点又是难点．在求复合函数 $y=f\{\varphi[\psi(x)]\}$的导数时，要从外层，逐层推进．先求 f 对大括号内的变量 u 的导数($u=\varphi[\psi(x)]$)，再求 φ 对中括号内的变量 v 的导数($v=\psi(x)$)，最后求 ψ 对小括号内的变量 x 的导数．在这里，首先要始终明确所求的导数是哪个函数对哪个变量(不管是自变量还是中间变量)的导数；其次，在逐层求导时，不要遗漏，也不要重复．熟练之后可以不设中间变量的字母，心中记住，一气呵成.

例 2.2.9 求函数 $y=(x+\sin^2 x)^3$ 的导数.

解
$$\begin{aligned} y' &= [(x+\sin^2 x)^3]'=3(x+\sin^2 x)^2(x+\sin^2 x)' \\ &=3(x+\sin^2 x)^2[1+2\sin x\cdot(\sin x)'] \\ &=3(x+\sin^2 x)^2(1+\sin 2x). \end{aligned}$$

例 2.2.10 设 $x>0$，证明幂函数的导数公式

$$(x^\mu)'=\mu x^{\mu-1}(\mu\in R).$$

证明 因为 $x^\mu=(e^{\ln x})^\mu=e^{\mu\ln x}$，所以

$$(x^\mu)'=(e^{\mu\ln x})'=e^{\mu\ln x}(\mu\ln x)'=x^\mu\cdot\mu\cdot\frac{1}{x}=\mu x^{\mu-1}.$$

例 2.2.11 求函数 $y=\ln\dfrac{\sqrt{x^2+1}}{\sqrt[3]{x-2}}(x>2)$的导数.

解 因为 $y=\frac{1}{2}\ln(x^2+1)-\frac{1}{3}\ln(x-2)$，所以

$$y'=\frac{1}{2}\cdot\frac{1}{x^2+1}\cdot(x^2+1)'-\frac{1}{3}\cdot\frac{1}{x-2}\cdot(x-2)'$$
$$=\frac{1}{2}\cdot\frac{1}{x^2+1}\cdot 2x-\frac{1}{3(x-2)}=\frac{x}{x^2+1}-\frac{1}{3(x-2)}.$$

例 2.2.12　求函数 $y=x^{a^a}+a^{x^a}+a^{a^x}(a>0)$的导数.

解　$y'=a^a x^{a^a-1}+a^{x^a}\ln a\cdot(x^a)'+a^{a^x}\cdot\ln a\cdot(a^x)'$

$=a^a x^{a^a-1}+ax^{a-1}a^{x^a}\ln a+a^x a^{a^x}\cdot\ln^2 a.$

例 2.2.13　设 $f(x)=\begin{cases}x, & x<0,\\ \ln(1+x), & x\geqslant 0,\end{cases}$求 $f'(x)$.

解　当 $x<0$ 时，$f'(x)=x'=1$；

当 $x>0$ 时，$f'(x)=[\ln(1+x)]'=\dfrac{1}{1+x}\cdot(1+x)'=\dfrac{1}{1+x}$；

当 $x=0$ 时，$f'_-(0)=\lim\limits_{x\to 0^-}\dfrac{x-0}{x-0}=1$，$f'_+(0)=\lim\limits_{x\to 0^+}\dfrac{\ln(1+x)-0}{x-0}=1$，

即 $f'(0)=1$.

所以 $f'(x)=\begin{cases}1, & x\leqslant 0,\\ \dfrac{1}{1+x}, & x>0.\end{cases}$

例 2.2.14　已知 $f(u)$可导，求函数 $y=f(\sec x)$的导数.

解　$y'=[f(\sec x)]'=f'(\sec x)\cdot(\sec x)'=f'(\sec x)\cdot\sec x\cdot\tan x.$

注：求此类含抽象函数的导数时，应特别注意记号表示的真实含义，此例中，$f'(\sec x)$表示对 $\sec x$ 求导，而$[f(\sec x)]'$表示对 x 求导.

★ 习题 2－2

(A)

1. 求下列函数的导数：

(1) $y=4x^2+3x+1$；　(2) $y=\dfrac{x^2+3x+1}{\sqrt{x}}$；　(3) $y=3\tan x+\arccos x-3^x+\ln 2$；

(4) $y=2e^x\sin x$；　(5) $y=\dfrac{1-\cos x}{1+\sin x}$；　(6) $y=\ln x-\lg x+\mathrm{lb}x$；

(7) $y=\sqrt{x\sqrt{x\sqrt{x}}}$；　(8) $y=\dfrac{x^2}{2^x}$；　(9) $y=(x-1)(x-2)(x-3)$.

2. 求下列函数的导数：

(1) $y=\cos^2 3x$；　(2) $y=\sqrt{x+\sqrt{x}}$；　(3) $y=\ln(x+\sqrt{1+x^2})$；

(4) $y=e^{2x}\cos 3x$；　(5) $y=\ln\ln\ln x$；　(6) $y=\ln(\sec x+\tan x)$；

(7) $y=e^{-3x^2}$；　(8) $y=\ln(\csc x-\cot x)$；　(9) $y=\dfrac{x}{2}\sqrt{a^2-x^2}+\dfrac{a^2}{2}\arcsin\dfrac{x}{a}(a>0)$.

3. 已知 $f(x)$可导，求下列函数的导数$\dfrac{dy}{dx}$：

(1) $y=f(x^3)$；　　(2) $y=f(\sin^2 x)+f(\cos^2 x)$.

4. 设函数 $f(x)=\begin{cases}2x, & 0<x\leqslant 1,\\ x^2+1, & 1<x<2,\end{cases}$ 求 $f'(x)$.

(B)

1. 设函数 $u(x)$ 与 $v(x)$ 在点 x 处可导，则 $\left[\dfrac{u(x)}{v(x)}\right]'=$(　　).

A. $\dfrac{u'(x)v(x)-u(x)v(x)}{v^2(x)}$　　B. $\dfrac{u'(x)}{v'(x)}$

C. $\dfrac{u(x)v'(x)-u'(x)v(x)}{v^2(x)}$　　D. $\dfrac{u'(x)v(x)-u(x)v'(x)}{v^2(x)}$

2. 设函数 $u(x)$ 与 $v(x)$ 在点 x 处可导，则 $[u(x)v(x)]'=$(　　).

A. $u'(x)v'(x)$　　B. $u'(x)v(x)-u(x)v'(x)$

C. $u'(x)v(x)+u(x)v'(x)$　　D. $u(x)v'(x)-u'(x)v(x)$

3. 设 $y=f(\cos x)$，则 $\dfrac{\mathrm{d}y}{\mathrm{d}x}=$(　　).

A. $-\sin xf'(\cos x)$　　B. $-\sin xf'(-\sin x)$

C. $\cos xf'(\cos x)$　　D. $f'(\cos x)$

4. 已知 $y=\arccos x^2$，则 $y'=$(　　).

A. $\dfrac{2x}{\sqrt{1-x^4}}$　　B. $\dfrac{-2x}{\sqrt{1-x^4}}$　　C. $\dfrac{2x}{\sqrt{1-x^2}}$　　D. $\dfrac{-2x}{\sqrt{1-x^2}}$

5. 设 $f(x)=(x-2)(x+1)(x-1)$，则 $f'(1)=$(　　).

A. 2　　B. 0　　C. -2　　D. 1

6. 设 $y=x^x$，则 $y'=$(　　).

A. x^{x-1}　　B. $x^x\ln x$　　C. xx^{x-1}　　D. $x^x(\ln x+1)$

7. 设 $f(x)=\sin\left(3x+\dfrac{\pi}{4}\right)$，则 $f'\left(\dfrac{\pi}{4}\right)=$(　　).

A. -3　　B. 3　　C. 0　　D. -1

8. 设 $f(x)=\mathrm{e}^{x+2}$，则 $f'(x+2)=$(　　).

A. e^{x+2}　　B. e^{x+4}

C. $2\mathrm{e}^{x+2}$　　D. $2\mathrm{e}^{x+4}$

9. 设 $f(x)=\dfrac{\mathrm{e}^x}{1+\mathrm{e}^x}$，则 $[f(0)]'=$(　　).

A. 1　　B. $\dfrac{1}{4}$

C. 0　　D. -1

10. 下列函数中，在点 $x=1$ 处不可导的函数是(　　).

A. $y=|x-1|$　　B. $y=(x-2)^{\frac{1}{5}}$

C. $y=\ln(x+1)$　　D. $y=\mathrm{e}^x$

2.3 高阶导数

一、高阶导数的概念

定义 2.3.1　如果函数 $f(x)$的导数 $f'(x)$在点 x 处可导，即

$$[f'(x)]'=\lim_{\Delta x\to 0}\frac{f'(x+\Delta x)-f'(x)}{\Delta x}$$

存在，则称$(f'(x))'$为函数 $f(x)$在点 x 处的**二阶导数**，记为

$$y'',\ f''(x),\ \frac{\mathrm{d}^2y}{\mathrm{d}x^2}\text{或}\frac{\mathrm{d}^2f}{\mathrm{d}x^2}.$$

类似地，二阶导数的导数称为**三阶导数**，记为

$$y''',\ f'''(x),\ \frac{\mathrm{d}^3y}{\mathrm{d}x^3}\text{或}\frac{\mathrm{d}^3f}{\mathrm{d}x^3}.$$

一般地，$f(x)$的 $n-1$ 阶导数的导数称为 $f(x)$的 n 阶导数，记为

$$y^{(n)},\ f^{(n)}(x),\ \frac{\mathrm{d}^ny}{\mathrm{d}x^n}\text{或}\frac{\mathrm{d}^nf}{\mathrm{d}x^n}.$$

二阶和二阶以上的导数统称为**高阶导数**. 相应地，$f(x)$称为**零阶导数**；$f'(x)$称为**一阶导数**.

物体作变速直线运动，其瞬时速度 $v(t)$就是路程函数 $s=s(t)$对时间 t 的导数，即

$$v(t)=s'(t).$$

根据物理学知识，速度函数 $v(t)$对于时间 t 的变化率就是加速度 $\alpha(t)$，即 $\alpha(t)$是 $v(t)$对于时间 t 的导数，

$$\alpha(t)=v'(t)=[s'(t)]'.$$

于是，加速度 $\alpha(t)$就是路程函数 $s(t)$对时间 t 的导数的导数，称为 $s(t)$对 t 的二阶导数，记为 $s''(t)$. 因此，变速直线运动的加速度就是路程函数 $s(t)$对 t 的二阶导数，即

$$\alpha(t)=s''(t).$$

例 2.3.1　设 $y=\arctan x$，求 $f'''(0)$.

解　$y'=\dfrac{1}{1+x^2}$，$y''=\left(\dfrac{1}{1+x^2}\right)'=\dfrac{-2x}{(1+x^2)^2}$，

$$y'''=\left[\frac{-2x}{(1+x^2)^2}\right]'=\frac{2(3x^2-1)}{(1+x^2)^3},\ f'''(0)=\left.\frac{2(3x^2-1)}{(1+x^2)^3}\right|_{x=0}=-2.$$

二、几个初等函数的 n 阶导数

求函数的高阶导数时，除直接按定义逐阶求出指定的高阶导数外(直接法)，还常常利用已知的高阶导数公式，通过导数的四则运算，变量代换等方法，间接求出指定的高阶导数(**间接法**).

例 2.3.2　求幂函数 $y=x^a\,(a\in\mathbf{R})$的 n 阶导数.

解　$y'=ax^{a-1}$，$y''=(ax^{a-1})'=a(a-1)x^{a-2}$，$y'''=[a(a-1)x^{a-2}]'=a(a-1)(a-2)x^{a-3}$，一般地，可得

$$y^{(n)}=a(a-1)\cdots(a-n+1)x^{a-n}\ (n\geqslant 1),$$

即

$$(x^{a})^{(n)}=a(a-1)\cdots(a-n+1)x^{a-n}\ (n\geqslant 1).$$

若 a 为自然数 n，则 $y^{(n)}=(x^{n})^{(n)}=n!$，$y^{(n+1)}=(n!)'=0$.

注：求 n 阶导数时，求出 1～3 阶或 4 阶后，不要急于合并，分析结果的规律性，写出 n 阶导数(利用数学归纳法).

例 2.3.3　求指数函数 $y=a^{x}(a>0,\ a\neq 1)$的 n 阶导数.

解　$y'=a^{x}\ln a$，$y''=a^{x}\ln^{2}a$，$y'''=a^{x}\ln^{3}a$，

一般地，可得 $y^{(n)}=a^{x}\ln^{n}a$. 即

$$(a^{x})^{(n)}=a^{x}\ln^{n}a.$$

当 $a=\mathrm{e}$ 时，

$$(\mathrm{e}^{x})^{(n)}=\mathrm{e}^{x}.$$

例 2.3.4　求对数函数 $y=\ln(1+x)$的 n 阶导数.

解　$y'=\dfrac{1}{1+x}$，$y''=-\dfrac{1}{(1+x)^{2}}$，$y'''=\dfrac{2!}{(1+x)^{3}}$，$y^{(4)}=-\dfrac{3!}{(1+x)^{4}}$，

一般地，可得

$$y^{(n)}=(-1)^{n-1}\frac{(n-1)!}{(1+x)^{n}}\quad(n\geqslant 1,\ 0!=1).$$

即

$$[\ln(1+x)]^{(n)}=(-1)^{n-1}\frac{(n-1)!}{(1+x)^{n}}\quad(n\geqslant 1,\ 0!=1).$$

例 2.3.5　设 $y=\sin kx$，求 $y^{(n)}$.

解　$y'=k\cos kx=k\sin\left(kx+\dfrac{\pi}{2}\right)$，

$$y''=(y')'=k^{2}\cos\left(kx+\frac{\pi}{2}\right)=k^{2}\sin\left(kx+\frac{\pi}{2}+\frac{\pi}{2}\right)=k^{2}\sin\left(kx+2\cdot\frac{\pi}{2}\right),$$

$$y'''=(y'')'=k^{3}\cos\left(kx+2\cdot\frac{\pi}{2}\right)=k^{3}\sin\left(kx+3\cdot\frac{\pi}{2}\right),$$

一般地，可得

$$y^{(n)}=k^{n}\sin\left(kx+n\cdot\frac{\pi}{2}\right),$$

即

$$(\sin kx)^{(n)}=k^{n}\sin\left(kx+n\cdot\frac{\pi}{2}\right).$$

同理可得

$$(\cos kx)^{(n)}=k^{n}\cos\left(kx+n\cdot\frac{\pi}{2}\right).$$

三、高阶导数的求导法则

如果函数 $u(x)$及 $v(x)$都在点 x 处具有 n 阶导数，那么显然 $u(x)\pm v(x)$也在点 x 具

有 n 阶导数，且

$$(u\pm v)^{(n)}=u^{(n)}\pm v^{(n)},$$
$$(Cu)^{(n)}=Cu^{(n)}.$$

但 $u(x)\cdot v(x)$的 n 阶导数比较复杂，由

$$(uv)'=u'v+uv',$$

得出

$$(uv)''=u''v+2u'v'+uv'',$$
$$(uv)'''=u'''v+3u''v'+3u'v''+uv'''.$$

用数学归纳法可以证明

$$(uv)^{(n)}=u^{(n)}v+nu^{(n-1)}v'+\frac{n(n-1)}{2!}u^{(n-2)}v''+\cdots+\frac{n(n-1)\cdots(n-k+1)}{k!}u^{(n-k)}v^{(k)}+\cdots+uv^{(n)}.$$

上式称为**莱布尼茨公式**.

例 2.3.6　设函数 $y=\frac{1}{x^2-1}$，求 $y^{(100)}$.

解　因为 $y=\frac{1}{x^2-1}=\frac{1}{(x-1)(x+1)}=\frac{1}{2}\left(\frac{1}{x-1}-\frac{1}{x+1}\right)$，

所以 $y^{(100)}=\frac{1}{2}\left[\frac{100!}{(x-1)^{101}}-\frac{100!}{(x+1)^{101}}\right]=\frac{100!}{2}\left[\frac{1}{(x-1)^{101}}-\frac{1}{(x+1)^{101}}\right]$.

例 2.3.7　设 $y=\ln(1+2x-3x^2)$，求 $y^{(n)}$.

解　因为 $y=\ln(1+2x-3x^2)=\ln(1-x)+\ln(1+3x)$，

所以 $y^{(n)}=[\ln(1-x)]^{(n)}+[\ln(1+3x)]^{(n)}$.

于是，利用高阶导数运算法则和已知高阶导数公式，得

$$y^{(n)}=(-1)^{n-1}\cdot(-1)^n\cdot\frac{(n-1)!}{(1-x)^n}+(-1)^{n-1}\cdot 3^n\cdot\frac{(n-1)!}{(1+3x)^n}$$
$$=(n-1)!\left[\frac{(-1)^{n-1}\cdot 3^n}{(1+3x)^n}-\frac{1}{(1-x)^n}\right].$$

例 2.3.8　设 $y=\sin^6 x+\cos^6 x$，求 $y^{(n)}$.

解　因为 $y=(\sin^2 x)^3+(\cos^2 x)^3=(\sin^2 x+\cos^2 x)\cdot(\sin^4 x-\sin^2 x\cos^2 x+\cos^4 x)$

$=(\sin^2 x+\cos^2 x)^2-3\sin^2 x\cos^2 x=1-\frac{3}{4}\sin^2 2x=1-\frac{3}{4}\cdot\frac{1-\cos 4x}{2}=\frac{5}{8}+\frac{3}{8}\cos 4x$，

所以 $y^{(n)}=\frac{3}{8}\cdot 4^n\cdot\cos\left(4x+n\cdot\frac{\pi}{2}\right)$.

★ 习题 2-3

(A)

1. 已知一质点作变速直线运动，其运动规律为 $s=e^t-e^{-t}$，求它的速度和加速度，并求 $s'(0)$，$s''(0)$.

2. 求下列函数的二阶导数：

(1) $y=\ln(1+x^2)$；　　(2) $y=x\ln x$；

(3) $y=(1+x^2)\arctan x$；　　(4) $y=xe^{x^2}$.

3. (1) 已知 $f(x)=\ln(x+\sqrt{1+x^2})$，求 $f''(0)$；

(2) 已知 $f(x)=(3x+1)^{10}$，求 $f'''(0)$.

4. 求下列函数的 n 阶导数：

(1) $y=\sin^2 x$；　　(2) $y=\frac{1}{1+x}$；

(3) $y=e^{ax}$；　　(4) $y=x\ln x$.

(B)

1. $(\cos x)^{(n)}=($　　$)$.

A. $\cos\left(x+\frac{n\pi}{2}\right)$　　B. $\sin\left(x+\frac{\pi}{2}\right)$　　C. $\sin x$　　D. $\cos x$

2. 设 $y=x^n+e^x$，则 $y^{(n+1)}=($　　$)$.

A. $(n+1)!$　　B. $(n+1)!+e^x$　　C. e^x　　D. $n!+e^x$

3. 设 $y=x^n$（n 为正整数），则 $y^{(n)}(1)=($　　$)$.

A. 0　　B. 1　　C. n　　D. $n!$

4. 设 $y=\sin 2x$，则 $y^{(n)}=($　　$)$.

A. $2^n\cos\left(2x+n\cdot\frac{\pi}{2}\right)$　　B. $(-1)^n 2^n\cos\left(2x+n\cdot\frac{\pi}{2}\right)$

C. $2^n\sin\left(2x+n\cdot\frac{\pi}{2}\right)$　　D. $(-1)^n 2^n\sin\left(2x+n\cdot\frac{\pi}{2}\right)$

5. 设 $f(x)=\ln(x+\sqrt{1+x^2})$，则 $f''(0)=($　　$)$.

A. 0　　B. 1　　C. -1　　D. 2

6. 设 $s(t)=e^t-e^{-t}$，则 $s''(0)=($　　$)$.

A. 2　　B. 0　　C. -2　　D. 1

7. 设 $y=\arctan x$，则 $f'''(0)=($　　$)$.

A. 0　　B. 1　　C. -1　　D. -2

8. 设 $y=x\ln x$，则 $y^{(n)}=($　　$)$.

A. $(-1)^{n-1}\frac{(n-1)!}{x^n}$　　B. $(-1)^{n-1}\frac{(n-3)!}{x^{n-2}}$

C. $(-1)^n\frac{(n-2)!}{x^{n-1}}$　　D. $(-1)^n\frac{(n-1)!}{x^n}$

9. 设 $y=e^{ax}$，则 $y^{(n)}=($　　$)$.

A. e^{ax}　　B. e^{nx}　　C. $a^n e^{ax}$　　D. ne^{ax}

10. 设 $y=x^n+a_1x^{n-1}+a_2x^{n-2}+\cdots+a_n$（$a_1, a_2, \cdots, a_n$ 均为常数），则 $y^{(n)}=($　　$)$.

A. 0　　B. a_n　　C. n　　D. $n!$

2.4　隐函数及由参数方程所确定的函数的导数

一、隐函数求导法

由方程 $F(x, y)=0$ 所确定的函数 $y=y(x)$ 为**隐函数**，$y=f(x)$ 形式称为**显函数**.

问题：隐函数不易显化或不能显化如何求导？

利用复合函数求导法则，在方程 $F(x, y)=0$ 两边同时对自变量 x 求导，再解出所求导数 $\frac{\mathrm{d}y}{\mathrm{d}x}$，这就是**隐函数求导法**.

例 2.4.1　求由方程 $y\sin x-\cos(x-y)=0$ 所确定的函数的导数.

解　在题设方程两边同时对自变量 x 求导，得

$$y\cos x+\sin x\cdot\frac{\mathrm{d}y}{\mathrm{d}x}+\sin(x-y)\cdot\left(1-\frac{\mathrm{d}y}{\mathrm{d}x}\right)=0.$$

整理得

$$[\sin(x-y)-\sin x]\frac{\mathrm{d}y}{\mathrm{d}x}=\sin(x-y)+y\cos x.$$

解得

$$\frac{\mathrm{d}y}{\mathrm{d}x}=\frac{\sin(x-y)+y\cos x}{\sin(x-y)-\sin x}.$$

例 2.4.2　求由方程 $xy-\mathrm{e}^x+\mathrm{e}^y=0$ 所确定的隐函数 y 的导数$\frac{\mathrm{d}y}{\mathrm{d}x}$，$\left.\frac{\mathrm{d}y}{\mathrm{d}x}\right|_{x=0}$.

解　在题设方程两边同时对自变量 x 求导，得

$$y+x\frac{\mathrm{d}y}{\mathrm{d}x}-\mathrm{e}^x+\mathrm{e}^y\frac{\mathrm{d}y}{\mathrm{d}x}=0.$$

解得

$$\frac{\mathrm{d}y}{\mathrm{d}x}=\frac{\mathrm{e}^x-y}{x+\mathrm{e}^y}.$$

由原方程知 $x=0$，$y=0$，所以

$$\left.\frac{\mathrm{d}y}{\mathrm{d}x}\right|_{x=0}=\left.\frac{\mathrm{e}^x-y}{x+\mathrm{e}^y}\right|_{\substack{x=0\\y=0}}=1.$$

例 2.4.3　求由方程 $xy+\ln y=1$ 所确定的函数 $y=f(x)$ 在点 $M(1, 1)$ 处的切线方程.

解　在题设方程两边同时对自变量 x 求导，得

$$y+xy'+\frac{1}{y}y'=0.$$

解得

$$y'=-\frac{y^2}{xy+1}.$$

在点 $M(1, 1)$ 处，$y'|_{x=1}=-\frac{1^2}{1\times1+1}=-\frac{1}{2}$.

于是，在点 $M(1, 1)$ 处的切线方程为

$$y-1=-\frac{1}{2}(x-1),$$

即

$$x+2y-3=0.$$

例 2.4.4　设 $x^4-xy+y^4=1$，求 y'' 在点 $(0, 1)$ 处的值.

解　在题设方程两边同时对自变量 x 求导，得

$$4x^3-y-xy'+4y^3y'=0, \tag{2-4-1}$$

代入 $x=0$，$y=1$，得 $y'|_{x=0}=\frac{1}{4}$.

将方程(2-4-1)两边再同时对 x 求导，得

$$12x^2-2y'-xy''+12y^2(y')^2+4y^3y''=0,$$

代入 $x=0$，$y=1$，$y'|_{x=0}=\frac{1}{4}$，得 $y''|_{x=0}=-\frac{1}{16}$.

二、对数求导法

形如 $y=u(x)^{v(x)}$ 的函数称为**幂指函数**. 直接使用前面介绍的求导法则不能求出幂指函数的导数，对于这类函数，可以先在函数两边取对数，然后在等式两边同时对自变量 x 求导，最后解出所求导数. 我们把这种方法称为**对数求导法**.

例 2.4.5　设 $y=x^{\sin x}(x>0)$，求 y'.

解　在题设等式两边同时取对数，得

$$\ln y=\sin x\cdot\ln x,$$

上式两边对 x 求导，得

$$\frac{1}{y}y'=\cos x\cdot\ln x+\sin x\cdot\frac{1}{x},$$

于是

$$y'=y\left(\cos x\cdot\ln x+\sin x\cdot\frac{1}{x}\right)=x^{\sin x}\left(\cos x\cdot\ln x+\frac{\sin x}{x}\right).$$

例 2.4.6　求 $y=x+x^x+x^{x^x}$ 的导数.

解　因为 $y=x+e^{x\ln x}+e^{x^x\ln x}$，

所以

$$\begin{aligned}y'&=1+e^{x\ln x}\cdot(x\ln x)'+e^{x^x\ln x}\cdot(x^x\ln x)'\\&=1+x^x(\ln x+1)+x^{x^x}[(x^x)'\cdot\ln x+x^x\cdot(\ln x)']\\&=1+x^x(\ln x+1)+x^{x^x}[x^x(\ln x+1)\ln x+x^{x-1}].\end{aligned}$$

此外，对数求导法还常用于求多个函数乘积的导数.

例 2.4.7　设 $y=\frac{(x+1)\sqrt[3]{x-1}}{(x+4)^2e^x}$，求 y'.

解　在题设等式两边同时取对数，得

$$\ln y=\ln(x+1)+\frac{1}{3}\ln(x-1)-2\ln(x+4)-x,$$

上式两边对 x 求导，得

$$\frac{y'}{y}=\frac{1}{x+1}+\frac{1}{3(x-1)}-\frac{2}{x+4}-1,$$

于是

$$y'=\frac{(x+1)\sqrt[3]{x-1}}{(x+4)^2\mathrm{e}^x}\left[\frac{1}{x+1}+\frac{1}{3(x-1)}-\frac{2}{x+4}-1\right].$$

三、由参数方程所确定的函数的求导法

若由参数方程

$$\begin{cases}x=\varphi(t),\\ y=\psi(t)\end{cases}\tag{2-4-2}$$

确定 y 与 x 之间的关系函数，则称此函数关系所表示的函数为**参数方程表示的函数**. 下面讨论这种函数的求导方法.

在式(2-4-2)中，如果 $x=\varphi(t)$存在反函数 $t=\varphi^{-1}(x)$，则参数方程所确定的函数 y 可视为由 $y=\psi(t)$，$t=\varphi^{-1}(x)$复合而成的函数，即 $y=\psi[\varphi^{-1}(x)]$. 如果 $x=\varphi(t)$与 $y=\psi(t)$均可导，且 $\psi'(t)\neq0$，于是由复合函数与反函数的求导法则，得

$$\frac{\mathrm{d}y}{\mathrm{d}x}=\frac{\mathrm{d}y}{\mathrm{d}t}\cdot\frac{\mathrm{d}t}{\mathrm{d}x}=\psi'(t)\cdot\frac{1}{\varphi'(t)}=\frac{\psi'(t)}{\varphi'(t)},$$

即

$$\frac{\mathrm{d}y}{\mathrm{d}x}=\frac{\psi'(t)}{\varphi'(t)}\quad 或\quad \frac{\mathrm{d}y}{\mathrm{d}x}=\frac{\frac{\mathrm{d}y}{\mathrm{d}t}}{\frac{\mathrm{d}x}{\mathrm{d}t}}.$$

这就是由参数方程所确定的函数的求导公式.

如果 $x=\varphi(t)$，$y=\psi(t)$具有二阶导数，那么从上式又可得

$$\begin{aligned}\frac{\mathrm{d}^2y}{\mathrm{d}x^2}&=\frac{\mathrm{d}}{\mathrm{d}x}\left(\frac{\mathrm{d}y}{\mathrm{d}x}\right)=\frac{\mathrm{d}}{\mathrm{d}x}\left(\frac{\psi'(t)}{\varphi'(t)}\right)=\frac{\mathrm{d}}{\mathrm{d}t}\left(\frac{\psi'(t)}{\varphi'(t)}\right)\cdot\frac{\mathrm{d}t}{\mathrm{d}x}\\&=\frac{\psi''(t)\varphi'(t)-\psi'(t)\varphi''(t)}{\varphi'^2(t)}\cdot\frac{1}{\varphi'(t)}.\end{aligned}$$

例 2.4.8　求由参数方程 $\begin{cases}x=\arctan t,\\ y=\ln(1+t^2)\end{cases}$ 所确定的函数的一阶导数 $\frac{\mathrm{d}y}{\mathrm{d}x}$ 及二阶导数 $\frac{\mathrm{d}^2y}{\mathrm{d}x^2}$.

解

$$\frac{\mathrm{d}y}{\mathrm{d}x}=\frac{\frac{\mathrm{d}y}{\mathrm{d}t}}{\frac{\mathrm{d}x}{\mathrm{d}t}}=\frac{\frac{2t}{1+t^2}}{\frac{1}{1+t^2}}=2t,$$

$$\frac{\mathrm{d}^2y}{\mathrm{d}x^2}=\frac{\mathrm{d}}{\mathrm{d}x}\left(\frac{\mathrm{d}y}{\mathrm{d}x}\right)=\frac{\mathrm{d}}{\mathrm{d}t}(2t)\frac{1}{\frac{\mathrm{d}x}{\mathrm{d}t}}=\frac{2}{\frac{1}{1+t^2}}=2(1+t^2).$$

例 2.4.9　已知椭圆的参数方程为

$$\begin{cases}x=a\cos t,\\ y=b\sin t,\end{cases}$$

其中 $0\leqslant t\leqslant 2\pi$，求椭圆在 $t=\dfrac{\pi}{4}$处的切线方程.

解 当 $t=\dfrac{\pi}{4}$时，椭圆上的相应点 M_0 的坐标是

$$x_0=a\cos\frac{\pi}{4}=\frac{a}{\sqrt{2}},\ y_0=b\sin\frac{\pi}{4}=\frac{b}{\sqrt{2}},$$

则曲线在 M_0 处的切线斜率为

$$\left.\frac{\mathrm{d}y}{\mathrm{d}x}\right|_{t=\frac{\pi}{4}}=\left.\frac{(b\sin t)'}{(a\cos t)'}\right|_{t=\frac{\pi}{4}}=-\left.\frac{b\cos t}{a\sin t}\right|_{t=\frac{\pi}{4}}=-\frac{b}{a}.$$

故所求切线方程为

$$y-\frac{b}{\sqrt{2}}=-\frac{b}{a}\left(x-\frac{a}{\sqrt{2}}\right),$$

化简为

$$bx+ay-\sqrt{2}ab=0.$$

★ 习题 2-4

(A)

1. 求由下列方程确定的隐函数 y 的导数$\dfrac{\mathrm{d}y}{\mathrm{d}x}$：

(1) $y^2-2xy+3=0$； (2) $y=1-xe^y$；

(3) $e^{x+y}-xy=1$； (4) $\cos(x^2+y)=x$.

2. 用对数求导法求下列函数的导数：

(1) $y=(\tan x)^x(\tan x>0)$； (2) $y=\dfrac{\sqrt{x+2}(3-x)^4}{(x+1)^5}$；

(3) $(\cos y)^x=(\sin x)^y$； (4) $y=\left(\dfrac{1}{x}\right)^x+x^{\frac{1}{x}}$.

3. 求由摆线的参数方程 $\begin{cases}x=a(t-\sin t),\\ y=a(1-\cos t)\end{cases}$ 所确定的函数的一阶导数$\dfrac{\mathrm{d}y}{\mathrm{d}x}$及二阶导数$\dfrac{\mathrm{d}^2y}{\mathrm{d}x^2}$.

4. (1) 已知 $xy+e^y=e$，求 $f''(0)$；

(2) 已知 $x^2+y^2-xy=7$，求 $y'\Big|_{\substack{x=2\\ y=-1}}$，$y''\Big|_{\substack{x=2\\ y=-1}}$.

(B)

1. 设 $y=x^x$，则 $y'=$(　　).

A. x^{x-1}　　B. $x^x\ln x$　　C. xx^{x-1}　　D. $x^x(\ln x+1)$

2. 设$\sqrt{x}+\sqrt{y}=\sqrt{a}$，则$\dfrac{\mathrm{d}y}{\mathrm{d}x}=$(　　).

A. $\sqrt{\dfrac{y}{x}}$　　B. $-\sqrt{\dfrac{y}{x}}$　　C. $\sqrt{\dfrac{x}{y}}$　　D. $-\sqrt{\dfrac{x}{y}}$

3. 设 $y=x+\arctan y$，则 $\dfrac{\mathrm{d}y}{\mathrm{d}x}=$(　　).

A. $1-\dfrac{1}{y^2}$　　B. $1+\dfrac{1}{y^2}$　　C. $1-\dfrac{1}{y}$　　D. $1+\dfrac{1}{y}$

4. 设 $xy-\mathrm{e}^x+\mathrm{e}^y=0$，则 $\left.\dfrac{\mathrm{d}y}{\mathrm{d}x}\right|_{x=0}=$(　　).

A. -1　　B. 0　　C. 1　　D. 2

5. 设 $x^4-xy+y^4=1$，则 y' 在点(0，1)处的值为(　　).

A. 4　　B. $\dfrac{1}{4}$　　C. $\dfrac{1}{2}$　　D. 2

6. 求由参数方程 $\begin{cases}x=\arctan t,\\ y=\ln(1+t^2)\end{cases}$ 所确定的函数的一阶导数 $\dfrac{\mathrm{d}y}{\mathrm{d}x}=$(　　).

A. 1　　B. -1　　C. $-2t$　　D. $2t$

7. 求由参数方程 $\begin{cases}x=\arctan t,\\ y=\ln(1+t^2)\end{cases}$ 所确定的函数的二阶导数 $\dfrac{\mathrm{d}^2y}{\mathrm{d}x^2}=$(　　).

A. 2　　B. -2　　C. $2(1+t^2)$　　D. $-2(1+t^2)$

8. 设 $y=\left(\dfrac{b}{a}\right)^x\left(\dfrac{b}{x}\right)^a\left(\dfrac{x}{a}\right)^b$ $(a>0,\ b>0)$，则 $\dfrac{\mathrm{d}y}{\mathrm{d}x}=$(　　).

A. $\left(\dfrac{b}{a}\right)^x\left(\dfrac{b}{x}\right)^a\left(\dfrac{x}{a}\right)^b\left(\ln\dfrac{b}{a}+\dfrac{b-a}{x}\right)$　　B. $\left(\dfrac{b}{a}\right)^x\left(\dfrac{b}{x}\right)^a\left(\dfrac{x}{a}\right)^b\left(\ln\dfrac{b}{a}-\dfrac{b+a}{x}\right)$

C. $\left(\dfrac{b}{a}\right)^x\left(\dfrac{b}{x}\right)^a\left(\dfrac{x}{a}\right)^b\left(\ln\dfrac{b}{a}+\dfrac{a-b}{x}\right)$　　D. $\left(\dfrac{b}{a}\right)^x\left(\dfrac{b}{x}\right)^a\left(\dfrac{x}{a}\right)^b\left(\ln\dfrac{b}{a}+\dfrac{a+b}{x}\right)$

9. 由方程 $xy+\ln y=1$ 所确定的函数 $y=f(x)$ 在点 $M(1,\ 1)$ 处的切线方程为(　　).

A. $y-1=2(x-1)$　　B. $y-1=-2(x-1)$

C. $y-1=\dfrac{1}{2}(x-1)$　　D. $y-1=-\dfrac{1}{2}(x-1)$

10. 由方程 $xy+\ln y=1$ 所确定的函数 $y=f(x)$ 在点 $M(1,\ 1)$ 处的法线方程为(　　).

A. $y-1=2(x-1)$　　B. $y-1=-2(x-1)$

C. $y-1=\dfrac{1}{2}(x-1)$　　D. $y-1=-\dfrac{1}{2}(x-1)$

2.5 函数的微分

在理论研究和实际应用中，常常会遇到这样的问题：当自变量 x 有微小变化时，求函数 $y=f(x)$ 的微小改变量

$$\Delta y=f(x+\Delta x)-f(x).$$

这个问题初看起来似乎只要做减法运算就可以了，然而，对于较复杂的函数 $f(x)$，差值 $f(x+\Delta x)-f(x)$ 却是一个更复杂的表达式，不易求出其值. 一个想法是：我们设法将 Δy

表示成 Δx 的线性函数，即线性化，从而把复杂问题化为简单问题. 微分就是实现这种线性化的一种数学模型.

一、微分的定义

先看一个例子.

例 2.5.1 设有一块正方形金属薄片，当受冷热影响时，其边长由 x_0 变到 $x_0+\Delta x$（$|\Delta x|$很小），求其面积 A 的改变量的近似值(见图 2-5-1).

解 边长为 x 的正方形薄片的面积 $A=x^2$，当边长从 x_0 变到 $x_0+\Delta x$ 时，面积 A 有相应的改变量

$$\Delta A=(x_0+\Delta x)^2-x_0^2=2x_0\Delta x+(\Delta x)^2.$$

这个 ΔA 由两部分组成：

第一部分 $2x_0\Delta x$ 是 Δx 的线性函数；

第二部分 $(\Delta x)^2$ 是比 Δx 高阶的无穷小（当 $\Delta x\to 0$ 时）.

所以当$|\Delta x|$很小时，可以略去 $(\Delta x)^2$，仅用第一部分 Δx 的线性函数 $2x_0\cdot\Delta x$ 作为 ΔA 的近似值，即

$$\Delta A\approx 2x_0\cdot\Delta x.$$

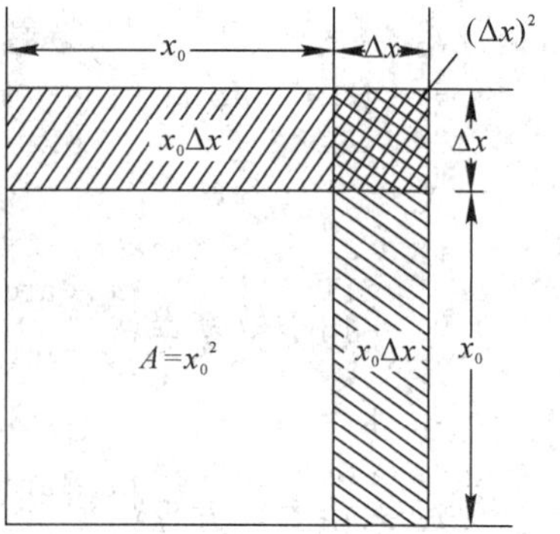

图 2-5-1

由此我们引入微分概念.

定义 2.5.1 设函数 $y=f(x)$在某区间内有定义，x_0 及 $x_0+\Delta x$ 在此区间内，如果函数的增量 $\Delta y=f(x_0+\Delta x)-f(x_0)$可表示为

$$\Delta y=A\cdot\Delta x+o(\Delta x),$$

其中 A 是与 Δx 无关的常数，则称函数 $y=f(x)$在点 x_0 处**可微**，并且称 $A\cdot\Delta x$ 为函数 $y=f(x)$在点 x_0 处相应于自变量改变量 Δx 的**微分**，记作 $\mathrm{d}y$，即

$$\mathrm{d}y=A\cdot\Delta x.$$

函数的微分 $A\cdot\Delta x$ 是 Δx 的线性函数，且与函数的改变量 Δy 相差一个比 Δx 高阶的无穷小，当 $A\neq 0$ 时，它是 Δy 的主要部分，所以也称微分 $\mathrm{d}y$ 是改变量 Δy 的**线性主部**. 当$|\Delta x|$很小时，就可以用微分 $\mathrm{d}y$ 作为改变量 Δy 的近似值.

二、函数可微的条件

下面讨论函数 $f(x)$在点 x_0 处可导与可微的关系：

如果函数 $f(x)$在点 x_0 处可微，则按定义有

$$\Delta y=A\cdot\Delta x+o(\Delta x),$$

上式两端除以 Δx，取 $\Delta x\to 0$ 时的极限，得

$$\lim_{\Delta x\to 0}\frac{\Delta y}{\Delta x}=\lim_{\Delta x\to 0}\left[A+\frac{o(\Delta x)}{\Delta x}\right]=A,$$

即

$$A=f'(x_0).$$

这说明，若函数 $f(x)$在点 x_0 处可微，则 $f(x)$在点 x_0 处也一定可导，且 $f'(x_0)=A$. 反之，如果 $f(x)$在点 x_0 处可导，即

$$\lim_{\Delta x \to 0} \frac{\Delta y}{\Delta x} = f'(x_0)$$

存在，根据极限与无穷小的关系，上式可写成

$$\frac{\Delta y}{\Delta x} = f'(x_0) + \alpha,$$

其中 α 在 $\Delta x \to 0$ 时为无穷小，从而

$$\Delta y = f'(x_0)\Delta x + \alpha \Delta x,$$

这里 $f'(x_0)$是不依赖于 Δx 的常数，$\alpha \Delta x$ 是当 $\Delta x \to 0$ 时比 Δx 高阶的无穷小. 所以按微分的定义，$f(x)$在点 x_0 处是可微的.

由此可见，函数 $f(x)$在点 x_0 处可导与可微是等价的，且函数 $f(x)$在点 x_0 处的微分可写为

$$\mathrm{d}y\big|_{x=x_0} = f'(x_0)\Delta x.$$

因为自变量 x 的微分 $\mathrm{d}x = x'\Delta x = \Delta x$，所以 $f(x)$在点 x_0 处的微分又可记为

$$\mathrm{d}y\big|_{x=x_0} = f'(x_0)\mathrm{d}x.$$

若函数 $f(x)$在某区间内每一点都可微，则称 $f(x)$是该区间内的**可微函数**，函数在区间内任一点 x 处的微分记为

$$\mathrm{d}y = f'(x)\mathrm{d}x.$$

由上式可得 $f'(x) = \frac{\mathrm{d}y}{\mathrm{d}x}$，因此导数$\frac{\mathrm{d}y}{\mathrm{d}x}$可以看作函数的微分 $\mathrm{d}y$ 与自变量的微分 $\mathrm{d}x$ 的商，故导数也称为**微商**.

例 2.5.2　求函数 $y = x^2$ 当 x 由 1 改变到 1.01 的微分.

解　因为 $\mathrm{d}y = y'\mathrm{d}x = 2x\mathrm{d}x$ 由题设条件知

$$x = 1,\ \mathrm{d}x = \Delta x = 1.01 - 1 = 0.01,$$

所以

$$\mathrm{d}y = 2 \times 1 \times 0.01 = 0.02.$$

例 2.5.3　求函数 $y = x^3$ 在 $x = 2$ 处的微分.

解　函数 $y = x^3$ 在 $x = 2$ 处的微分为

$$\mathrm{d}y = y'\mathrm{d}x = (x^3)'\big|_{x=2}\mathrm{d}x = 12\ \mathrm{d}x.$$

三、基本初等函数的微分公式与微分运算法则

根据微分定义，要计算函数 $y = f(x)$的微分，只需求出它的导数 $f'(x)$，然后再乘以 $\mathrm{d}x$ 即可. 根据导数公式和导数运算法则，就能得到相应的微分公式和微分运算法则.

1. 基本初等函数的微分公式

常见基本初等函数的微分公式如下：

(1) $\mathrm{d}(C) = 0$；

(2) $\mathrm{d}(x^\mu) = \mu x^{\mu-1}\mathrm{d}x$；

(3) $\mathrm{d}(\log_a x) = \frac{1}{x\ln a}\mathrm{d}x$；

(4) $\mathrm{d}(\ln x) = \frac{1}{x}\mathrm{d}x$；

(5) $\mathrm{d}(a^x) = a^x \ln a\,\mathrm{d}x$；

(6) $\mathrm{d}(\mathrm{e}^x) = \mathrm{e}^x\mathrm{d}x$；

(7) $\mathrm{d}(\sin x) = \cos x\,\mathrm{d}x$；

(8) $\mathrm{d}(\cos x) = -\sin x\,\mathrm{d}x$；

(9) $d(\tan x)=\sec^2 x dx$；

(10) $d(\cot x)=-\csc^2 x dx$；

(11) $d(\sec x)=\sec x\tan x dx$；

(12) $d(\csc x)=-\csc x\cot x dx$；

(13) $d(\arcsin x)=\dfrac{1}{\sqrt{1-x^2}}dx$；

(14) $d(\arccos x)=-\dfrac{1}{\sqrt{1-x^2}}dx$；

(15) $d(\arctan x)=\dfrac{1}{1+x^2}dx$；

(16) $d(\text{arccot } x)=-\dfrac{1}{1+x^2}dx$.

2. 函数的和、差、积、商的微分法则

函数的和、差、积、商的微分法则如下：

(1) $d[u(x)\pm v(x)]=du(x)\pm dv(x)$；

(2) $d[u(x)v(x)]=v(x)du(x)+u(x)dv(x)$；

(3) $d[Cu(x)]=Cdu(x)$（C 为常数）；

(4) $d\left[\dfrac{u(x)}{v(x)}\right]=\dfrac{v(x)du(x)-u(x)dv(x)}{v^2(x)}(v(x)\neq 0)$.

3. 微分形式不变性

无论 u 是自变量还是复合函数的中间变量，函数 $y=f(u)$ 的微分形式总是可以按微分定义的形式来写，即有

$$dy=f'(u)du.$$

这一性质称为微分形式不变性. 利用这一特性，可以简化微分的有关运算.

例 2.5.4　求函数 $y=x^3e^{2x}$ 的微分.

解　因为

$$y'=(x^3e^{2x})'=3x^2e^{2x}+2x^3e^{2x}=x^2e^{2x}(3+2x),$$

所以

$$dy=y'dx=x^2e^{2x}(3+2x)dx.$$

或利用微分形式不变性得

$$dy=e^{2x}d(x^3)+x^3d(e^{2x})=e^{2x}\cdot 3x^2dx+x^3\cdot 2e^{2x}dx=x^2e^{2x}(3+2x)dx.$$

例 2.5.5　求函数 $y=\dfrac{\sin x}{x}$ 的微分.

解　因为

$$y'=\left(\frac{\sin x}{x}\right)'=\frac{x\cos x-\sin x}{x^2},$$

所以

$$dy=y'dx=\frac{x\cos x-\sin x}{x^2}dx.$$

例 2.5.6　设 $y=\sin(2x+1)$，求 dy.

解　设 $y=\sin u$，$u=2x+1$，则

$$\begin{aligned}dy&=d(\sin u)=\cos u du=\cos(2x+1)d(2x+1)\\&=\cos(2x+1)\cdot 2dx=2\cos(2x+1)dx.\end{aligned}$$

注：与复合函数求导类似，求复合函数的微分也可不写出中间变量，这样更加直接和方便.

例 2.5.7　设 $y=e^{\sin^2 x}$，求 dy.

解　应用微分形式不变性，有

$$dy=e^{\sin^2 x}d\sin^2 x=e^{\sin^2 x}\cdot 2\sin x d\sin x$$
$$=e^{\sin^2 x}\cdot 2\sin x\cos x dx=\sin 2x e^{\sin^2 x}dx.$$

例 2.5.8　求由方程 $e^{xy}=2x+y^3$ 所确定的隐函数 $y=f(x)$的微分 dy.

解　对已知方程两边求微分，得

$d(e^{xy})=d(2x+y^3)$，$e^{xy}d(xy)=d(2x)+d(y^3)$，$e^{xy}(ydx+xdy)=2dx+3y^2dy$，

于是

$$dy=\frac{2-ye^{xy}}{xe^{xy}-3y^2}dx.$$

注： 利用微分形式不变性求隐函数的微分更方便.

四、利用微分进行近似计算

我们知道，当函数 $f(x)$在点 x_0 处的导数 $f'(x_0)\neq 0$ 且$|\Delta x|$很小时，有

$$\Delta y|_{x=x_0}\approx dy|_{x=x_0}=f'(x_0)dx. \tag{2-5-1}$$

式(2-5-1)可用于近似计算 Δy，该式也可表示为

$$\Delta y=f(x_0+\Delta x)-f(x_0)\approx f'(x_0)\Delta x,$$

或

$$f(x_0+\Delta x)\approx f(x_0)+f'(x_0)\Delta x. \tag{2-5-2}$$

若令 $x_0+\Delta x=x$，则有

$$f(x)\approx f(x_0)+f'(x_0)\cdot(x-x_0). \tag{2-5-3}$$

可用来求 $f(x_0+\Delta x)$或 $f(x)$的近似值.

若 $x_0=0$，$\Delta x=x$，则

$$f(x)\approx f(0)+f'(0)\cdot x. \tag{2-5-4}$$

由式(2-5-4)我们可推导出以下几个常用的近似计算公式.

常用函数的近似计算公式(假定$|x|$是较小的数值)：

(1) $\sqrt[n]{1+x}\approx 1+\dfrac{x}{n}$($n$ 为正整数)；　(2) $\sin x\approx x$(x 为弧度)；

(3) $\tan x\approx x$(x 为弧度)；　(4) $e^x\approx 1+x$；

(5) $\ln(1+x)\approx x$.

例 2.5.9　半径 10 厘米的金属圆片加热后，半径伸长了 0.05 厘米，问面积增大了多少?

解　设 $A=\pi r^2$，$r=10$(厘米)，$\Delta r=0.05$(厘米)，

所以 $\Delta A\approx dA=2\pi r\cdot\Delta r=2\pi\times 10\times 0.05=\pi$(厘米^2).

例 2.5.10　计算 $\cos 60°30'$的近似值.

解　设 $f(x)=\cos x$，则 $f'(x)=-\sin x$(x 为弧度)，取 $x_0=\dfrac{\pi}{3}$，$\Delta x=\dfrac{\pi}{360}$，得

$$f\left(\frac{\pi}{3}\right)=\frac{1}{2},\ f'\left(\frac{\pi}{3}\right)=-\frac{\sqrt{3}}{2}.$$

所以 $\cos60°30'=\cos\left(\frac{\pi}{3}+\frac{\pi}{360}\right)\approx\cos\frac{\pi}{3}-\sin\frac{\pi}{3}\cdot\frac{\pi}{360}=\frac{1}{2}-\frac{\sqrt{3}}{2}\cdot\frac{\pi}{360}\approx0.4924$.

例 2.5.11　计算下列各数的近似值：

(1) $\sqrt[3]{998.5}$；　　(2) $e^{-0.03}$.

解　(1) $\sqrt[3]{998.5}=\sqrt[3]{1000-1.5}=\sqrt[3]{1000\left(1-\frac{1.5}{1000}\right)}$

$$=10\sqrt[3]{1-0.0015}\approx10\left(1-\frac{1}{3}\times0.0015\right)=9.995.$$

(2) $e^{-0.03}\approx1-0.03=0.97$.

★ 习题 2－5

(A)

1. 设函数 $y=x^2-1$，当自变量从 1 改变到 1.02 时，求函数的增量与微分.

2. 求下列函数的微分：

(1) $y=\frac{1}{x}+2\sqrt{x}$；　　(2) $y=e^x\sin^2x$；

(3) $y=\ln^2(1-x)$；　　(4) $y=\frac{\ln x}{\sqrt{x}}$.

3. 在下列括号内填入合适的式子，使等式成立：

(1) $d(\quad)=\frac{1}{x}dx$；　　(2) $dx=(\quad)d(1-x)$；

(3) $d(\quad)=\sec^2x\,dx$；　　(4) $d(\quad)=e^{-x}dx$.

4. 利用微分求下列各数的近似值：

(1) $\sin0.01$；　　(2) $\ln1.03$；

(3) $\sqrt[4]{1.02}$；　　(4) $e^{-0.01}$.

(B)

1. 函数 $f(x)$在点 x_0 处可微的充分必要条件是(　　).

A. $f(x)$在点 x_0 处连续　　B. $f(x)$在点 x_0 处可导

C. $f(x)$在点 x_0 处有定义　　D. $f(x)$在点 x_0 处有极限

2. 设函数 $y=f(x)$可微，则当 $\Delta x\to0$ 时，$\Delta y-dy$ 与 Δx 相比是(　　).

A. 与 Δx 是等价无穷小　　B. 与 Δx 是同阶无穷小

C. 比 Δx 是更低阶的无穷小　　D. 比 Δx 是更高阶的无穷小

3. 当$|\Delta x|$很小且 $f'(x_0)=0$ 时，函数在 $x=x_0$ 处改变量 Δy 和微分 dy 的关系是(　　).

A. $\Delta y<dy$　　B. $\Delta y>dy$　　C. $\Delta y=dy$　　D. $\Delta y\approx dy$

4. 将半径为 r 的金属圆片均匀加热，如果圆半径伸长 Δr，则圆面积增加 $\Delta A\approx$(　　).

A. $\pi r^2\Delta r$　　B. $2\pi r\Delta r$　　C. $2\pi\Delta r$　　D. πr^2

5. $e^{0.1}\approx$(　　).

A. 0.1　　B. 1.1　　C. 1.05　　D. 0.05

6. 函数 $f(x)$在点 x_0 处可微，则它在点 x_0 处(　　).

A. 不可导　　B. 无极限　　C. 连续　　D. 不连续

7. 函数 $y=f(x)$在某点 x 处有改变量 $\Delta x=0.2$，对应的函数改变量 Δy 的主部等于 0.8，则 $f'(x)=$(　　).

A. 0.4　　B. 0.16　　C. 4　　D. 1.6

8. 设 $y=2^{\cos x}$，则 $\mathrm{d}y=$(　　).

A. $2^{\cos x}\ln 2$　　B. $-2^{\cos x}\sin x$

C. $-2^{\cos x}(\ln 2)\sin x$　　D. $-2^{\cos x-1}\sin x$

9. 已知 $y=\arccos x^2$，则 $\mathrm{d}y=$(　　).

A. $\dfrac{2x}{\sqrt{1-x^4}}\mathrm{d}x$　　B. $\dfrac{-2x}{\sqrt{1-x^4}}\mathrm{d}x$　　C. $\dfrac{2x}{\sqrt{1-x^2}}\mathrm{d}x$　　D. $\dfrac{-2x}{\sqrt{1-x^2}}\mathrm{d}x$

10. 设 $f(x^2)=\dfrac{1}{1+x}(x\geqslant 0)$，则 $\mathrm{d}f(x)=$(　　).

A. $-\dfrac{1}{(1+x)^2}\mathrm{d}x$　　B. $\dfrac{1}{(1+x)^2}\mathrm{d}x$

C. $-\dfrac{1}{2\sqrt{x}(1+\sqrt{x})^2}\mathrm{d}x$　　D. $\dfrac{1}{2\sqrt{x}(1+\sqrt{x})^2}\mathrm{d}x$

2.6　边际分析与弹性分析

由导数的概念知道，函数在某点处的导数就是函数在该点处的变化率.

在经济分析中，经常会使用变化率的概念来描述一个变量 x 关于另一个变量 y 的变化情况，而变化率又分为平均变化率和瞬时变化率，平均变化率表示变量 x 在某个范围内取值时 y 的变化情况，瞬时变化率表示变量 x 在某一个取值的“边缘上”变化时，y 的变化情况，即当 x 在某一给定值附近发生微小变化时，y 的变化情况，也称为在该点处的边际.

一、边际分析

1. 函数变化率——边际函数

定义 2.6.1　设函数 $y=f(x)$在点 x 处可导，函数值的增量与自变量增量的比值

$$\frac{\Delta y}{\Delta x}=\frac{f(x+\Delta x)-f(x)}{\Delta x}$$

表示 $f(x)$在$(x, x+\Delta x)$或$(x-\Delta x, x)$内的平均变化率(速度). 在点 x 的瞬时变化率为

$$\lim_{\Delta x\to 0}\frac{\Delta y}{\Delta x}=\lim_{\Delta x\to 0}\frac{f(x+\Delta x)-f(x)}{\Delta x}=f'(x).$$

在经济分析中，称导数 $f'(x)$为 $f(x)$的**边际函数**，称 $f'(x)$在点 x_0 处的值 $f'(x_0)$为**边际函数值**. 因为

$$\Delta y\approx \mathrm{d}y=f'(x_0)\Delta x,$$

当 $\Delta x=1$ 时，

$$\Delta y \approx f'(x_0).$$

这说明当 $x=x_0$ 时，x 改变一个单位，y 近似改变 $f'(x_0)$ 个单位. 在应用问题中解释边际函数值的具体意义时我们略去“近似”二字.

例 2.6.1 设函数 $y=x^2$，试求 y 在 $x=5$ 时的边际函数值.

解 因为 $y'=2x$，所以 $y'|_{x=5}=10$.

该值表明：当 $x=5$ 时，x 改变 1 个单位(增加或减少 1 个单位)，y 改变 10 个单位(增加或减少 10 个单位).

2. 边际需求与边际供给

设需求函数 $Q=f(P)$ 在点 P 处可导(其中 Q 为需求量，P 为商品价格)，则其边际函数 $Q'=f'(P)$ 称为边际需求函数，简称边际需求.

例 2.6.2 已知需求函数 $Q=12-\dfrac{P^2}{4}$，求边际需求和 $Q'(8)$.

解 $Q'(P)=-\dfrac{P}{2}$ 即为边际需求，$Q'(8)=-\dfrac{8}{2}=-4$. 它表示，当 $P=8$ 时，价格上涨(下跌)1 个单位，需求将减少(增加)4 个单位.

类似地，若供给函数 $Q=Q(P)$ 可导(其中 Q 为供给量，P 为商品价格)，则其边际函数 $Q'(P)$ 称为边际供给函数，简称边际供给.

3. 边际成本、边际收益和边际利润

1) 成本函数

总成本函数 $C=C(Q)=C_0+C_1(Q)$；

平均成本函数 $\overline{C}=\overline{C}(Q)=\dfrac{C(Q)}{Q}$；

边际成本函数 $C'=C'(Q)$.

$C'(Q_0)$ 称为当产量为 Q_0 时的边际成本，其经济意义为：当产量达到 Q_0 时，如果增减一个单位产品，则成本将相应增减 $C'(Q_0)$ 个单位.

2) 收益函数

总收益函数 $R=R(Q)$；

平均收益函数 $\overline{R}=\overline{R}(Q)$；

边际收益函数 $R'=R'(Q)$.

$R'(Q_0)$ 称为当商品销售量为 Q_0 时的边际收益，其经济意义为：当销售量达到 Q_0 时，如果增减一个单位产品，则收益将相应地增减 $R'(Q_0)$ 个单位.

3) 利润函数

总利润函数 $L=L(Q)=R(Q)-C(Q)$；

平均利润函数 $\overline{L}=\overline{L}(Q)$；

边际利润函数 $L'=L'(Q)=R'(Q)-C'(Q)$.

$L'(Q_0)$ 称为当产量为 Q_0 时的边际利润，其经济意义是：当产量达到 Q_0 时，如果增减一个单位产品，则利润将相应增减 $L'(Q_0)$ 个单位.

例 2.6.3　某产品生产 Q(吨)的总成本 C(元)为产量 Q 的函数，

$$C(Q)=1\ 000+7Q+50\sqrt{Q},\ Q\in[0,\ 1\ 000].$$

求：(1) 当产量为 100 吨时的总成本；

(2) 当产量为 100 吨时的平均成本；

(3) 当产量从 100 吨增加到 225 吨时，总成本的平均变化率；

(4) 当产量为 100 吨时，总成本的变化率(边际成本).

解　(1) 当产量为 100 吨时的总成本为

$$C(100)=1\ 000+7\times100+50\sqrt{100}=2\ 200(\text{元}).$$

(2) 当产量为 100 吨时的平均成本为

$$\overline{C}(100)=\frac{220}{100}=22(\text{元/吨}).$$

(3) 当产量由 100 吨增加到 225 吨时，总成本的平均变化率为

$$\frac{\Delta C}{\Delta Q}=\frac{C(225)-C(100)}{225-100}=\frac{3\ 325-2\ 200}{125}=9(\text{元/吨}).$$

(4) 当产量为 100 吨时，总成本的变化率，即边际成本为

$$\begin{aligned}C'(100)&=(100+7Q+50\sqrt{Q})'\big|_{Q=100}\\&=\left(7+\frac{50}{2\sqrt{Q}}\right)\bigg|_{Q=100}=9.5(\text{元}).\end{aligned}$$

上式中 $C'(100)=9.5$(元)表示当产量为 100 吨时，再多生产 1 吨所增加的成本为 9.5 元.

例 2.6.4　某企业每月生产 Q(吨)产品的总成本 C(千元)是产量 Q 的函数，

$$C(Q)=Q^2-10Q+20.$$

如果每吨产品销售价格 2 万元，求每月生产 10 吨、15 吨、20 吨时的边际利润.

解　每月生产 Q 吨产品的总收入函数为

$$R(Q)=20Q.$$

总利润函数为

$$\begin{aligned}L(Q)&=R(Q)-C(Q)=20Q-(Q^2-10Q+20)\\&=-Q^2+30Q-20,\\L'(Q)&=-2Q+30.\end{aligned}$$

则每月生产 10 吨、15 吨、20 吨的边际利润分别为

$$L'(10)=-2\times10+30=10(\text{千元/吨});$$
$$L'(15)=-2\times15+30=0(\text{千元/吨});$$
$$L'(20)=-2\times20+30=-10(\text{千元/吨}).$$

以上结果表明：

当月产量为 10 吨时，再增产 1 吨，利润将增加 1 万元；

当月产量为 15 吨时，再增产 1 吨，利润则不会增加；

当月产量为 20 吨时，再增产 1 吨，利润反而减少 1 万元.

显然，企业不能完全靠增加产量来提高利润，那么保持怎样的产量才能使企业获得最大利润呢？这个问题在下一章讨论.

在边际分析中所研究的是函数的绝对改变量与绝对变化率，经济学中常需研究一个变量对另一个变量的相对变化情况. 例如，甲种商品单价 10 元，涨价 1 元；一种商品单价 1 000 元，也涨价 1 元. 两种商品的价格的绝对改变量都是 1 元，但相对改变量却相差很多，与各自原价相比，它们涨价的比例分别是 10%和 0.1%，差别很大. 因此，有必要讨论相对改变量与相对变化率.

二、弹性分析

1. 函数相对变化率——弹性函数

定义 2.6.2 设函数 $y=f(x)$ 可导，函数的相对改变量

$$\frac{\Delta y}{y}=\frac{f(x+\Delta x)-f(x)}{f(x)}$$

与自变量的相对改变量 $\frac{\Delta x}{x}$ 之比 $\frac{\frac{\Delta y}{y}}{\frac{\Delta x}{x}}$，称为函数 $f(x)$ 在 x 与 $x+\Delta x$ 两点间的平均相对变化率，或称为两点间的弹性函数.

而极限 $\lim\limits_{\Delta x\to 0}\frac{\frac{\Delta y}{y}}{\frac{\Delta x}{x}}$ 称为函数 $f(x)$ 在点 x 处的相对变化率，或称为 $f(x)$ 点 x 处的弹性函数. 记为

$$\frac{\mathrm{E}}{\mathrm{E}x}f(x)=\frac{\mathrm{E}y}{\mathrm{E}x}=\lim_{\Delta x\to 0}\frac{\frac{\Delta y}{y}}{\frac{\Delta x}{x}}=\lim_{\Delta x\to 0}\frac{\Delta y}{\Delta x}\cdot\frac{x}{y}=y'\frac{x}{y}.$$

称 $\frac{\mathrm{E}}{\mathrm{E}x}f(x)$ 在点 x_0 处的值为**弹性函数值**，简称为**弹性**. 记为

$$\frac{\mathrm{E}}{\mathrm{E}x}f(x_0)\text{ 或 }\left.\frac{\mathrm{E}y}{\mathrm{E}x}\right|_{x=x_0}.$$

注：函数 $f(x)$ 在点 x_0 处的弹性反映在点 x_0 处随 x 的变化 $f(x)$ 变化幅度的大小，即 $f(x)$ 对 x 变化反应的强烈程度或**灵敏度**. 数值上，$\frac{\mathrm{E}}{\mathrm{E}x}f(x_0)$ 表示 $f(x)$ 在点 x_0 处，当 x 产生 1%的改变时，函数 $f(x)$ 近似地改变 $\frac{\mathrm{E}}{\mathrm{E}x}f(x_0)\%$，在应用问题中解释弹性的具体意义时，通常略去“近似”二字.

例 2.6.5 设 $y=2+3x$，求弹性函数 $\frac{\mathrm{E}y}{\mathrm{E}x}$ 和 $\left.\frac{\mathrm{E}y}{\mathrm{E}x}\right|_{x=2}$.

解 因为 $\frac{\mathrm{E}y}{\mathrm{E}x}=y'\frac{x}{y}=\frac{3x}{2+3x}$，

所以 $\left.\frac{\mathrm{E}y}{\mathrm{E}x}\right|_{x=2}=\left.\frac{3x}{2+3x}\right|_{x=2}=\frac{3}{4}=0.75.$

它表示在点 $x=2$ 处，自变量 x 增加 1%时，函数 y 增加 0.75%；反之，若 x 下降 1%，函数 y 减少 0.75%.

2. 需求弹性

在经济学中，把需求量对价格的相对变化率称为需求弹性.

设需求函数 $Q=f(P)$，这里 P 表示产品的价格. 于是，可具体定义该产品在价格 P 时的需求弹性如下：

$$\eta=\eta(P)=\lim_{\Delta P\to 0}\frac{\frac{\Delta Q}{Q}}{\frac{\Delta P}{P}}=\lim_{\Delta P\to 0}\frac{\Delta Q}{\Delta P}\cdot\frac{P}{Q}=P\cdot\frac{f'(P)}{f(P)}.$$

故需求弹性 η 近似地表示价格为 P 时，价格变动 1%，需求量将变化 η%.

注：一般地，需求函数是单调减少函数，需求量随价格的提高而减少（当 $\Delta P>0$ 时，$\Delta Q<0$），故需求弹性一般是负值，它反映产品需求量对价格变动反应的强烈程度（**灵敏度**）.

例 2.6.6　设某种商品的需求量 Q 与价格 P 的关系为

$$Q(P)=1\,600\left(\frac{1}{4}\right)^P.$$

(1) 求需求弹性 $\eta(P)$；

(2) 当商品的价格 $P=10$(元)时，再增加 1%，求该商品需求量变化情况.

解　(1) 需求弹性为

$$\eta(P)=P\frac{Q'(P)}{Q(P)}=P\frac{\left[1\,600\left(\frac{1}{4}\right)^P\right]'}{1\,600\left(\frac{1}{4}\right)^P}=P\cdot\frac{1\,600\left(\frac{1}{4}\right)^P\ln\frac{1}{4}}{1\,600\left(\frac{1}{4}\right)^P}$$

$$=P\cdot\ln\frac{1}{4}=(-2\ln 2)P\approx -1.39P.$$

需求弹性为负，说明商品价格 P 上涨 1%时，商品需求量 Q 将减少 1.39%.

(2) 当商品价格 $P=10$(元)时，$\eta(10)\approx -1.39\times 10=13.9$，这表示价格 $P=10$(元)时，价格上涨 1%，商品的需求量将减少 13.9%；若价格降低 1%，商品的需求量将增加 13.9%.

例 2.6.7　设某商品的需求函数为 $Q=\mathrm{e}^{-\frac{P}{5}}$，求：

(1) 需求弹性函数；

(2) $P=3$，$P=5$，$P=6$ 时的需求弹性.

解　(1) $\eta(P)=f'(P)\dfrac{P}{f(P)}=\left(-\dfrac{1}{5}\right)\mathrm{e}^{-\frac{P}{5}}\cdot\dfrac{P}{\mathrm{e}^{-\frac{P}{5}}}=-\dfrac{P}{5}$；

(2) $\eta(3)=-\dfrac{3}{5}=-0.6$；$\eta(5)=-\dfrac{5}{5}=-1$；$\eta(6)=-\dfrac{6}{5}=-1.2$.

$|\eta(3)|=0.6<1$，说明当 $P=3$ 时，价格上涨 1%，需求只减少 0.6%，需求变动的幅度小于价格变动的幅度；

$|\eta(5)|=1$，说明当 $P=5$ 时，价格上涨 1%，需求也减少 1%，价格与需求变动的幅度相同；

$|\eta(6)|=1.2>1$，说明当 $P=6$ 时，价格上涨 1%，需求减少 1.2%，需求变动的幅度大于价格变动的幅度.

3. 需求弹性与总收益的关系

总收益

$$R=PQ=Pf(P).$$

边际总收益

$$R'=f(P)+Pf'(P)=f(P)\left(1+f'(P)\frac{P}{f(P)}\right)$$
$$=f(P)(1+\eta).$$

(1) 当 $|\eta|<1$ 时，需求变动的幅度小于价格变动的幅度，此时边际收益大于零，R 递增，即价格上涨，总收益增加；价格下降，总收益减少；

(2) 当 $|\eta|>1$ 时，需求变动的幅度大于价格变动的幅度，此时边际收益小于零，R 减少，即价格上涨，总收益减少；价格下降，总收益增加；

(3) 当 $|\eta|=1$ 时，需求变动的幅度等于价格变动的幅度，此时边际收益等于零，提价或降价总收益不变，此时 R 取得最大值.

综上所述，总收益的变化受需求弹性的制约，随商品需求弹性的变化而变化. 那么，收益弹性与需求弹性有什么数量关系呢？下面继续推导收益弹性.

$$\frac{\mathrm{E}R}{\mathrm{E}P}=R'(P)\frac{P}{R(P)}=f(P)(1+\eta)\frac{P}{Pf(P)}=1+\eta.$$

这样，就推导出收益弹性与需求弹性的关系是：在任何价格水平上，收益弹性与需求弹性之差等于 1.

(1) 当 $|\eta|<1$ 时，则 $\frac{\mathrm{E}R}{\mathrm{E}P}>0$，价格上涨(或下跌)1%，收益增加(或减少)$(1+\eta)$%；

(2) 当 $|\eta|>1$ 时，则 $\frac{\mathrm{E}R}{\mathrm{E}P}<0$，价格上涨(或下跌)1%，收益减少(或增加)$|1+\eta|$%；

(3) 当 $|\eta|=1$ 时，则 $\frac{\mathrm{E}R}{\mathrm{E}P}=0$，价格变动 1%，收益不变.

例 2.6.8 设某商品需求函数为 $Q=f(P)=12-\frac{P}{2}$，

(1) 求需求弹性函数；

(2) 求 $P=6$ 时的需求弹性；

(3) $P=6$ 时，若价格上涨 1%，收益是增加还是减少？将变化百分之几？

(4) P 为何值时，总收益最大？最大的总收益是多少？

解 (1) $\eta(P)=f'(P)\cdot\frac{P}{f(P)}$

$$=-\frac{1}{2}\frac{P}{12-\frac{P}{2}}=-\frac{P}{24-P}.$$

(2) $\eta(6)=-\dfrac{6}{24-6}=-\dfrac{1}{3}$.

(3) 收益弹性为$\dfrac{\mathrm{E}R}{\mathrm{E}P}=1+\eta(6)=\dfrac{2}{3}\approx 0.67$.

所以，当 $P=6$ 时，价格上涨 1%，收益约增加 0.67%.

(4) 总收益是

$$R(P)=PQ=12P-\frac{P^2}{2},$$

$$R'(P)=12-P,$$

令 $R'(P)=0$，解得 $P=12$.

又 $R''(P)=-1<0$，所以 $P=12$ 为 $R(P)$的极大值点，也是最大值点. 即当每 $P=12$ 时，总收益最大，最大总收益 $R(12)=72$.

★ 习题 2-6

(A)

1. 设函数 $y=x^2$，试求 y 在 $x=10$ 时的边际函数值和弹性函数值.

2. 产品的成本函数 $C=C(Q)=1\ 100+\dfrac{1}{1\ 200}Q^2$，求生产 900 个单位产品时的总成本、平均成本和边际成本.

3. 设某产品的需求函数为 $P=20-\dfrac{Q}{5}$，其中 P 为价格，Q 为销售量，求销售量为 15 个单位时的总收益、平均收益与边际收益，并求当销售量从 15 个单位增加到 20 个单位时收益的平均变化率.

4. 生产某种产品，每天的收益 R(单位：元)与产量 Q(单位：吨)的函数关系为 $R(Q)=250Q$，而成本函数 $C(Q)=5Q^2$，求当每天生产 20 吨、30 吨时的边际利润，并说明其经济意义.

5. 某商品的需求量 Q 关于价格 P 的函数为 $Q=75-P^2$，

(1) 求 $P=4$ 时的边际需求，并说明其经济意义；

(2) 求 $P=4$ 时的需求弹性，并说明其经济意义；

(3) 当 $P=4$ 时，若价格 P 提高 1%，总收益将变化百分之几？是增加还是减少？

(4) 当 $P=6$ 时，若价格 P 提高 1%，总收益将变化百分之几？是增加还是减少？

(5) P 为何值时，总收益最大？最大的总收益是多少？

(B)

1. 在价格为 100 元时，商品的需求价格弹性为 0.5，则价格下跌到 99 元时，需求量将(　　).

A. 下降 50%　　B. 上升 50%　　C. 下降 0.5%　　D. 上升 0.5%

2. 设收益函数为 $R(Q)=150Q-0.01Q^2$，当产量 $Q=100$ 时，其边际收益是(　　).

A. 149　　B. 148　　C. 150　　D. 147

3. 设产品的成本函数为 $C(Q)$，Q 为产量，则产量为 Q_0 的总成本变化率为(　　).

A. $\dfrac{C(Q)}{Q}$　　B. $\dfrac{dC(Q)}{dQ}$　　C. $\left.\dfrac{C(Q)}{Q}\right|_{Q=Q_0}$　　D. $\left.\dfrac{dC(Q)}{dQ}\right|_{Q=Q_0}$

4. 设需求函数为 $Q=a-bP$，则需求的价格弹性为(　　).

A. $b\dfrac{P}{Q}$　　B. $-b$　　C. $-b\dfrac{P}{Q}$　　D. $-\dfrac{1}{b}\cdot\dfrac{P}{Q}$

5. 设需求函数为 $Q=a-bP$，则收入的价格弹性为(　　).

A. $1-b$　　B. $1-b\cdot\dfrac{P}{Q}$　　C. $1-\dfrac{1}{b}\cdot\dfrac{P}{Q}$　　D. $1+b\dfrac{P}{Q}$

章节测试二

一、填空题：

1. 已知 $f'(2)=2$，则 $\lim\limits_{\Delta x\to 0}\dfrac{f(2-\Delta x)-f(2)}{2\Delta x}=$________.

2. 函数 $y=\arcsin x$ 在 $x=\dfrac{\sqrt{3}}{2}$，$\Delta x=0.01$ 时的微分 $dy=$________.

3. 若 $f(t)=\lim\limits_{x\to\infty}t\left(1+\dfrac{1}{x}\right)^{2tx}$，则 $f'(t)=$________.

4. 设方程 $x=y^y$ 确定 y 是 x 的函数，则 $y'=$________.

5. 曲线 $\begin{cases}x=e^t\sin 2t,\\ y=e^t\cos t\end{cases}$ 在 $t=0$ 处的切线方程为________，法线方程为________.

二、判断题：下列结论是否正确？

(1) $f'(x_0)=[f(x_0)]'$；

(2) $f'(x_0)=f'(x)\Big|_{x=x_0}$；

(3) 设 $y=f(x)$ 在 $x=0$ 处可导，且 $f(0)=0$，则 $f'(0)=0$；

(4) 设 $f(x)$，$g(x)$ 在区间 (a,b) 内可导，且 $f(x)>g(x)$，则 $f'(x)>g'(x)$.

三、解答题：

1. 讨论函数 $f(x)=\begin{cases}x\arctan\dfrac{1}{x}, & x\neq 0,\\ 0, & x=0\end{cases}$ 在 $x=0$ 的连续性和可导性.

2. 求 $y=\begin{cases}\ln x, & x\geqslant 1,\\ x-1, & x<1\end{cases}$ 在任意点 x 处的切线斜率.

3. 问 a，b 为何值时，才能使函数 $f(x)=\begin{cases}x^2, & x\leqslant 2,\\ ax+b, & x>2\end{cases}$ 在 $x=2$ 处连续且可导？

四、求下列函数的导数：

(1) $y=\sqrt{x\sqrt{x\sqrt{x}}}$；　　(2) $y=\ln(x+\sqrt{x^2+1})$；

(3) $y=(\ln x)^x\ (x>1)$；　　(4) $y=\sqrt{x+\sqrt{x+\sqrt{x}}}$；

(5) $y=\left(\frac{a}{b}\right)^x\left(\frac{b}{x}\right)^a\left(\frac{x}{a}\right)^b(a>0,\ b>0,\ x>0)$；

(6) $y=2^{\frac{x}{\ln x}}$；

(7) $y=\frac{1+\cos^2 x}{\cos x^2}$，求 $y'(0)$；

(8) $y=\ln\sqrt{\frac{(1-x)e^x}{\arccos x}}$，求 $y'(0)$.

五、求下列函数的微分：

(1) $x+y=\arctan y$；

(2) $y=\tan(x+y)$；

(3) $y=x\sqrt{a^2-x^2}+a^2\arcsin\frac{x}{a}$；

(4) $y=\ln\tan\sqrt{x}$.

六、某商品的需求量 Q 为价格 P 的函数，$Q=150-2P^2$，

(1) 求当 $P=6$ 时的边际需求，并说明其经济意义；

(2) 求当 $P=6$ 时的需求弹性，并说明其经济意义；

(3) 当 $P=6$ 时，若价格下降 2%，总收益将变化百分之几？是增加还是减少？

第 3 章　中值定理与导数的应用

本章的主要内容是微分中值定理，它不仅是研究函数性质的有力工具，更在后续课程中有着非常重要的作用，可以说，它是微分学的核心．本章以研究导函数性质为主线，围绕微分中值定理及其应用展开讨论．

3.1　中 值 定 理

一、罗尔定理

观察图 3-1-1，设函数 $y=f(x)$在区间$[a, b]$上的图形是一条光滑曲线弧，这条曲线在区间(a, b)内每一点都存在不垂直于 x 轴的切线，且区间$[a, b]$的两个端点的函数值相等，即 $f(a)=f(b)$，则可以发现在曲线弧上的最高点或最低点处，曲线有水平切线，即有 $f'(\xi)=0$．如果用数学语言来描述这种几何现象，就可得到下面的罗尔定理．

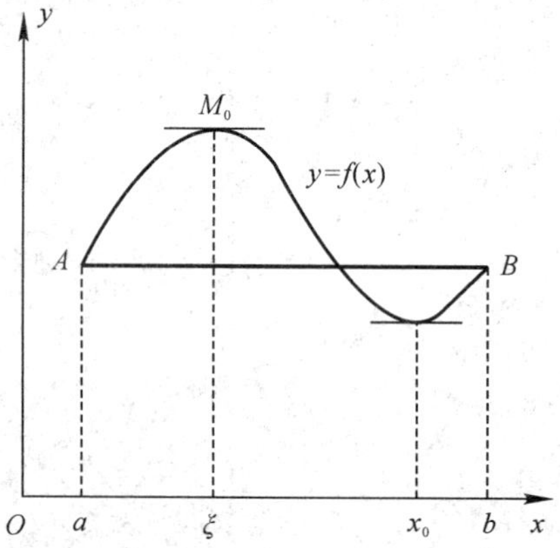

图 3-1-1

罗尔定理　设函数 $f(x)$满足：(1) 在闭区间$[a, b]$上连续；(2) 在开区间(a, b)内可导；(3) $f(a)=f(b)$，则至少存在一点 $\xi\in(a, b)$，使得 $f'(\xi)=0$．

罗尔定理的几何意义是：如果连续曲线 $y=f(x)$在区间的两个端点上的纵坐标相等，且除端点外处处有不垂直于 x 轴的切线，则在此曲线弧上至少有一点，曲线在该点处的切线平行于 x 轴(见图 3-1-1)．

注：罗尔定理的三个条件是十分重要的，如果有一个不满足，定理的结论就可能不成立．

例 3.1.1　对函数 $f(x)=\sin^2 x$ 在区间$[0, \pi]$上验证罗尔定理的正确性．

解　显然 $f(x)$在$[0, \pi]$上连续，在$(0, \pi)$内可导，且 $f(0)=f(\pi)=0$，而在$(0, \pi)$内

存在一点 $\xi=\frac{\pi}{2}$ 使

$$f'\left(\frac{\pi}{2}\right)=(2\sin x\cos x)\big|_{x=\frac{\pi}{2}}=0.$$

例 3.1.2　不求导数，判断函数 $f(x)=(x-1)(x-2)(x-3)$ 的导数有几个零点及这些零点所在的范围.

解　因为 $f(1)=f(2)=f(3)=0$，所以 $f(x)$ 在闭区间 $[1, 2]$，$[2, 3]$ 上满足罗尔定理的三个条件，从而，在 $(1, 2)$ 内至少存在一点 ξ_1，使 $f'(\xi_1)=0$，即 ξ_1 是 $f'(x)$ 的一个零点；又在 $(2, 3)$ 内至少存在一点 ξ_2，使 $f'(\xi_2)=0$，即 ξ_2 是 $f'(x)$ 的一个零点；

又因为 $f'(x)$ 为二次多项式，最多只能有两个零点，故 $f'(x)$ 恰好有两个零点，分别在区间 $(1, 2)$ 和 $(2, 3)$ 内.

例 3.1.3　证明：方程 $x^5-5x+1=0$ 有且仅有一个小于 1 的正实根.

证明　设 $f(x)=x^5-5x+1$，则 $f(x)$ 在 $[0, 1]$ 上连续，且 $f(0)=1>0$，$f(1)=-3<0$.

由零点定理知，存在 $x_0\in(0, 1)$，使 $f(x_0)=0$，即为方程的小于 1 的正实根.

设另有 $x_1\in(0, 1)$，$x_1\neq x_0$，使 $f(x_1)=0$.

因为 $f(x)$ 在 x_0，x_1 之间满足罗尔定理的条件，所以至少存在一点 $\xi\in(x_0, x_1)$，使得

$$f'(\xi)=0.$$

但 $f'(x)=5(x^4-1)<0(x\in(0, 1))$，导致矛盾，故 x_0 为唯一实根.

二、拉格朗日中值定理

罗尔定理中 $f(a)=f(b)$ 这个条件是相当特殊的，它使罗尔定理的应用受到限制. 拉格朗日在罗尔定理的基础上作了进一步的研究，取消了罗尔定理中这个条件的限制，但仍保留了其余两个条件，得到了在微分学中具有重要地位的拉格朗日中值定理.

如果函数 $f(x)$ 不满足罗尔定理中的条件 $f(a)=f(b)$，那么(见图 3-1-2)，当 $f(a)\neq f(b)$ 时，弦 AB 是斜线，此时在连续曲线 $y=f(x)$ 上存在点 $M(\xi, f'(\xi))$，曲线在点 M 处的切线平行于弦 AB，由于曲线在点 M 处切线的斜率为 $f'(\xi)$，弦 AB 的斜率为 $\frac{f(b)-f(a)}{b-a}$，因此

$$f'(\xi)=\frac{f(b)-f(a)}{b-a}.$$

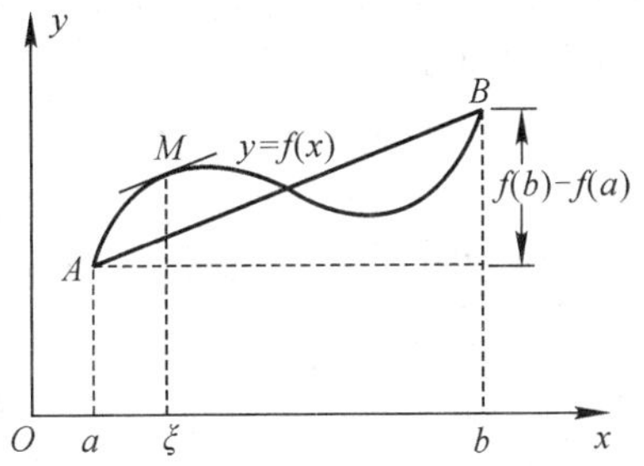

图 3-1-2

我们有下面的定理：

拉格朗日中值定理　设函数 $f(x)$满足条件：(1) 在闭区间$[a, b]$上连续；(2) 在开区间(a, b)内可导，则至少存在一点 $\xi\in(a, b)$，使得

$$f'(\xi)=\frac{f(b)-f(a)}{b-a}. \tag{3-1-1}$$

证明　利用罗尔定理来证明.

如图 3-1-2，记 $k=\dfrac{f(b)-f(a)}{b-a}$，则弦 AB 的方程为 $y=f(a)+k(x-a)$，由于弦 AB 的端点与曲线 $y=f(x)$的端点相重合，因此 $f(x)$与 $f(a)+k(x-a)$之差

$$F(x)=f(x)-[f(a)+k(x-a)]$$

满足 $F(a)=F(b)=0$，根据罗尔定理，至少存在一点 $\xi\in(a, b)$，使得

$$F'(\xi)=f'(\xi)-k=0 \text{ 即 } f'(\xi)=\frac{f(b)-f(a)}{b-a}.$$

公式(3-1-1)对 $a>b$ 也成立，我们把

$$f(b)-f(a)=f'(\xi)(b-a)\quad(\xi\in(a, b)) \tag{3-1-2}$$

称为**拉格朗日中值公式**，它具有下面几种不同的变形：

令 $a=x$，$b=x+\Delta x$，则公式(3-1-2)可改写为

$$\Delta y=f(x+\Delta x)-f(x)=f'(\xi)\Delta x\quad(\xi\in(x, x+\Delta x)).$$

若将 ξ 表示为$\xi=x+\theta\Delta x(0<\theta<1)$，则上式又可写成

$$\Delta y=f'(x+\theta\Delta x)\Delta x(0<\theta<1). \tag{3-1-3}$$

式(3-1-3)精确的表达了函数在一个区间上的增量与函数在该区间内某点处的导数之间的关系，这个公式又称为**有限增量公式**.

拉格朗日中值公式反映了可导函数在$[a, b]$上整体平均变化率与在(a, b)内某点 ξ 处函数的局部变化率的关系. 若从力学角度看，公式表示整体上的平均速度等于某一内点处的瞬时速度. 因此，拉格朗日中值定理是联结局部与整体的纽带.

拉格朗日中值定理在微分学中占有重要地位，有时也称这个定理为微分中值定理. 在某些问题中，当自变量 x 取得有限增量 Δx 而需要函数增量的准确表达式时，拉格朗日中值定理就突显出其重要价值.

显然，如果在拉格朗日中值定理中加上条件 $f(a)=f(b)$，那么就成为罗尔定理，故拉格朗日中值定理是罗尔定理的推广.

我们知道，常数的导数等于零；但反过来，导数为零的函数是否为常数呢？回答是肯定的，现在我们用拉格朗日中值定理来证明其正确性.

推论 3.1.1　如果函数 $f(x)$在区间(a, b)上的导数恒为零，那么 $f(x)$在区间(a, b)上是一个常数.

证明　在区间(a, b)上任取两点 x_1，$x_2(x_1<x_2)$，在区间$[x_1, x_2]$上应用拉格朗日中值定理，由式(3-1-2)得

$$f(x_2)-f(x_1)=f'(\xi)(x_2-x_1)(x_1<\xi<x_2).$$

由假设 $f'(\xi)=0$，得 $f(x_2)=f(x_1)$. 由 x_1，x_2 的任意性知，$f(x)$在(a, b)内为一常数.

推论 3.1.2　若函数 $f(x)$ 及 $g(x)$ 在 (a, b) 内满足条件：$f'(x)=g'(x)$，则在 (a, b) 内，

$$f(x)=g(x)+C\ (C \text{ 为一常数}).$$

令 $F(x)=f(x)-g(x)$，对函数 $F(x)$ 应用推论 3.1.1，便可得推论 3.1.2 的证明（读者自己完成）.

例 3.1.4　验证函数 $f(x)=\arctan x$ 在 $[0, 1]$ 上满足拉格朗日中值定理，并由结论求 ξ 值.

解　$f(x)=\arctan x$ 在 $[0, 1]$ 上连续，在 $(0, 1)$ 内可导，故满足拉格朗日中值定理的条件，则

$$f(1)-f(0)=f'(\xi)(1-0)\quad(0<\xi<1),$$

即

$$\arctan 1-\arctan 0=\left.\frac{1}{1+x^2}\right|_{x=\xi}=\frac{1}{1+\xi^2}.$$

故

$$\frac{1}{1+\xi^2}=\frac{\pi}{4}\Rightarrow\xi=\sqrt{\frac{4-\pi}{\pi}}\ (0<\xi<1).$$

例 3.1.5　设 $f(x)$ 在 $[a, b]$ 上连续，在 (a, b) 内可导，且 $f(a)=f(b)=0$. 证明：存在 $\xi\in(a, b)$，使 $f'(\xi)=f(\xi)$ 成立.

证明　从结论倒推分析知，可引进辅助函数 $\varphi(x)=f(x)e^{-x}$，由于 $\varphi(a)=\varphi(b)=0$，易知 $\varphi(x)$ 在 $[a, b]$ 上满足罗尔定理条件，且

$$\varphi'(x)=f'(x)e^{-x}-f(x)e^{-x},$$

因此，在 (a, b) 内至少存在一点 $\xi\in(a, b)$，使 $\varphi'(\xi)=0$，即

$$f'(\xi)e^{-\xi}-f(\xi)e^{-\xi}=0.$$

因为 $e^{-\xi}\neq 0$，所以 $f'(\xi)=f(\xi)$.

例 3.1.6　证明：$\arcsin x+\arccos x=\dfrac{\pi}{2}\ (-1\leqslant x\leqslant 1)$.

证明　设 $f(x)=\arcsin x+\arccos x$，$x\in[-1, 1]$，$f(-1)=f(1)=\dfrac{\pi}{2}$.

当 $x\in(-1, 1)$ 时，$f'(x)=\dfrac{1}{\sqrt{1-x^2}}+\left(-\dfrac{1}{\sqrt{1-x^2}}\right)=0$，所以 $f(x)\equiv C$，

又因为 $f(0)=\arcsin 0+\arccos 0=0+\dfrac{\pi}{2}=\dfrac{\pi}{2}$，即 $C=\dfrac{\pi}{2}$.

从而当 $x\in[-1, 1]$ 时，$\arcsin x+\arccos x=\dfrac{\pi}{2}$.

例 3.1.7　证明：当 $x>0$ 时，$\dfrac{x}{1+x}<\ln(1+x)<x$.

证明　设 $f(x)=\ln(1+x)$，则 $f(x)$ 在 $[0, x]$ 上满足拉格朗日定理的条件，故

$$f(x)-f(0)=f'(\xi)(x-0)\ (0<\xi<x),$$

所以 $f(0)=0$，$f'(x)=\dfrac{1}{1+x}$，因此上式即为

$$\ln(1+x)=\frac{x}{1+\xi}(0<\xi<x),$$

又由 $0<\xi<x$，有

$$\frac{x}{1+x}<\frac{x}{1+\xi}<x,$$

即

$$\frac{x}{1+x}<\ln(1+x)<x.$$

三、柯西中值定理

作为拉格朗日中值定理的推广，有如下定理：

柯西中值定理 设函数 $f(x)$及 $g(x)$满足条件：(1) 在闭区间$[a, b]$上连续；(2) 在开区间(a, b)内可导，且 $g'(x)\neq 0$，则至少存在一点 $\xi\in(a, b)$，使得

$$\frac{f'(\xi)}{g'(\xi)}=\frac{f(b)-f(a)}{g(b)-g(a)}.$$

柯西中值定理的证法与拉格朗日中值定理的证法类同，这里从略.

在柯西中值定理中，若取 $g(x)=x$，即得拉格朗日中值公式.

总结：进一步分析其几何意义，可以看到它们的联系和区别：罗尔定理(Rolle 定理)：在可微曲线上，如果曲线两端点高度相同，则至少存在水平切线；拉格朗日中值定理(Lagrange 定理)：可微曲线上存在一点，使其切线平行于端点的连线；柯西中值定理(Cauchy 定理)：给定曲线的参数方程为：$x\in f(t)$，$y=g(t)$，$t\in[a, b]$，则可微曲线上存在一点，使其切线平行于端点的连线. 而从代数角度看，三个定理关系如下：

$$\text{Cauchy 定理}\xrightarrow{g(x)=x}\text{Lagrang 定理}\xrightarrow{f(a)=f(b)}\text{Rolle 定理}$$

另外，三个定理中的条件都是充分的而不是必要的，即若条件全部满足，则结论一定成立；若条件不满足，结论不一定不成立. 如对 Rolle 定理，考察函数 $f(x)=|x|$，$x\in[-1, 1]$，不满足可导性条件，可以验证此时定理不成立，即不存在 $x\in(-1, 1)$，使得 $f'(x)=0$.

例 3.1.8 验证柯西中值定理对函数 $f(x)=x^3+1$，$g(x)=x^2$ 在区间$[1, 2]$上的正确性.

解 函数 $f(x)=x^3+1$，$g(x)=x^2$ 在闭区间$[1, 2]$上连续，在开区间$(1, 2)$内可导，且 $g'(x)=2x\neq 0$，于是 $f(x)$，$g(x)$满足柯西中值定理的条件. 由于

$$\frac{f(2)-f(1)}{g(2)-g(1)}=\frac{(2^3+1)-(1^3+1)}{2^2-1}=\frac{7}{3},\ \frac{f'(x)}{g'(x)}=\frac{3}{2}x,$$

令 $\frac{3}{2}x=\frac{7}{3}$，得 $x=\frac{14}{9}$. 取 $\xi=\frac{14}{9}\in(1, 2)$，则等式

$$\frac{f(2)-f(1)}{g(2)-g(1)}=\frac{f'(x)}{g'(x)}$$

成立. 这就验证了柯西中值定理对所给函数在所给区间上的正确性.

例 3.1.9 设函数 $f(x)$在$[0, 1]$上连续，在$(0, 1)$内可导. 试证明至少存在一点 $\xi\in(0, 1)$，使

$$f'(\xi)=2\xi[f(1)-f(0)].$$

证明　作辅助函数 $g(x)=x^2$，则 $f(x)$，$g(x)$在$[0, 1]$上满足柯西中值定理的条件，故在$(0, 1)$内至少存在一点 ξ，使

$$\frac{f(1)-f(0)}{1-0}=\frac{f'(\xi)}{2\xi},$$

即

$$f'(\xi)=2\xi[f(1)-f(0)].$$

★ 习题 3 - 1

(A)

1. 下列函数在给定区间上是否满足罗尔定理的所有条件？如满足，求出满足定理的数值 ξ.

(1) $f(x)=2x^2-x-3$，$x\in[-1, 1.5]$；　　(2) $f(x)=x\sqrt{3-x}$，$x\in[0, 3]$.

2. 不用求出函数 $f(x)=(x-1)(x-2)(x-3)(x-4)$的导数，说明方程 $f'(x)=0$ 有几个实根，并指出它们所在的区间.

3. 一位司机在收费亭处拿到一张罚款单，说他在限速为 65 公里/小时的收费道路上在两小时内走了 160 公里，罚款单列出的违章理由为该司机超速行驶，为什么？

4. 已知函数 $f(x)=x^4$ 在区间$[1, 2]$上满足拉格朗日中值定理的条件，试求满足定理的 ξ.

5. 函数 $f(x)=x^3$ 与 $g(x)=x^2+1$ 在区间$[1, 2]$上是否满足柯西中值定理的所有条件？如满足，请求出满足定理的数值 ξ.

6. 若函数 $f(x)$在(a, b)内具有二阶导函数，且 $f(x_1)=f(x_2)=f(x_3)(a<x_1<x_2<x_3<b)$，证明：在$(x_1, x_3)$内至少有一点 ξ，使得 $f''(\xi)=0$.

7. 证明：等式 $2\arctan x+\arcsin\dfrac{2x}{1+x^2}=\pi(x\geqslant 1)$成立.

8. 证明：方程 $x^5+x-1=0$ 只有一个正根.

9. 设 $f(x)$在$[0, 1]$在上连续，在$(0, 1)$内可导，且 $f(1)=0$，证明：存在 $\xi\in(0, 1)$使

$$f'(\xi)=-\frac{f(\xi)}{\xi}.$$

10. 证明下列不等式：

(1) $|\arctan a-\arctan b|\leqslant|a-b|$；　　(2) 当 $x>1$ 时，$e^x>ex$；

(3) 当 $0<a<b$ 时，$\dfrac{b-a}{b}<\ln\dfrac{b}{a}<\dfrac{b-a}{a}$；

(4) 当 $x>0$ 时，$\ln\left(1+\dfrac{1}{x}\right)>\dfrac{1}{1+x}$.

(B)

1. 在区间$[0, 2]$上，下列函数中不满足罗尔定理条件的是(　　).

A. $f(x)=x^2$　　B. $f(x)=x\sqrt{2-x}$

C. $f(x)=(x-1)^2$　　D. $f(x)=(x-1)^2+2$

2. 在区间[0, 4]上，下列函数中满足罗尔定理条件的是(　　).

A. $f(x)=(x-4)^3$　　B. $f(x)=\ln(x+4)$

C. $f(x)=x^2\sqrt{4-x}$　　D. $f(x)=x\sin x$

3. 函数在 $f(x)=x\sqrt{3-x}$ 在[0, 3]上满足罗尔定理的 $\xi=$(　　).

A. 0　　B. 3　　C. $\frac{3}{2}$　　D. 2

4. 在下列区间中，函数 $f(x)=x^2+\frac{1}{x}$ 满足拉格朗日中值定理条件的区间是(　　).

A. [-1, 2]　　B. [2, 4]　　C. [0, 2]　　D. [-1, 0]

5. 函数 $f(x)=x^2+x$ 在[0, 4]上满足拉格朗日中值定理的条件，定理结论中的 $\xi=$(　　).

A. -1　　B. 3　　C. 2　　D. 0

6. 在下列符号中选用一个不等号，连接表达式 $|\sin x-\sin y|$ 和 $|x-y|$(　　).

A. $\geqslant$　　B. $\leqslant$　　C. $>$　　D. $<$

7. 在区间[1, 4]上，下列各对函数中不满足柯西中值定理的是(　　).

A. $f(x)=x^2+\sin x$, $F(x)=x^3$　　B. $f(x)=e^x$, $F(x)=x^2$

C. $f(x)=x^2$, $F(x)=\ln(x+1)$　　D. $f(x)=\frac{1}{x-3}$, $F(x)=3$

8. 不求导数，判断函数 $f(x)=3(x+1)(x-1)(x+2)(x-3)$ 的导数有(　　)个零点.

A. 1　　B. 3　　C. 2　　D. 0

9. 函数 $f(x)=\sin x$, $F(x)=\cos x$ 在区间 $\left[0, \frac{\pi}{2}\right]$ 上满足柯西中值定理的条件，定理结论中的 $\xi=$(　　).

A. $\frac{\pi}{3}$　　B. $\frac{\pi}{6}$　　C. $\frac{\pi}{4}$　　D. $-\frac{\pi}{4}$

10. 若在区间 (a, b) 内两个函数 $f(x)$、$g(x)$ 的导数处处相等，则这两个函数在 (a, b) 内(　　).

A. 相等　　B. 不相等　　C. 均为常数　　D. 仅相差一个常数

3.2 洛必达法则

本节将用导数作为工具，给出计算未定式极限的一般方法，即洛必达法则.

如果当 $x\to x_0$ 或 $x\to\infty$ 时，两个函数 $f(x)$、$g(x)$ 都趋向于零或趋向于无穷大，这时极限 $\lim\frac{f(x)}{g(x)}$ 可能存在也可能不存在，通常把上述极限叫作**未定式**，并分别用记号 $\frac{0}{0}$ 或 $\frac{\infty}{\infty}$ 表示. 例如，$\lim\limits_{x\to 0}\frac{x-\sin x}{x^3}$，$\lim\limits_{x\to+\infty}\frac{\operatorname{arccot} x}{e^{-x}}$ 都是 $\frac{0}{0}$ 型的未定式；$\lim\limits_{x\to\infty}\frac{\ln(1+x^2)}{x}$，$\lim\limits_{x\to 0^+}\frac{\csc x}{\ln x}$ 都

是$\frac{\infty}{\infty}$型的未定式. 显然，用第 1 章所学的方法很难求出极限值来，下面介绍求这类极限的一种简便而有效的方法——**洛必达**(L'Hospital)**法则**.

一、$\frac{0}{0}$和$\frac{\infty}{\infty}$型未定式的洛必达法则

下面先给出当 $x\to x_0$ 时计算$\frac{0}{0}$型未定式的洛必达法则.

定理 3.2.1　如果函数 $f(x)$和 $g(x)$满足下列条件：

(1) $\lim\limits_{x\to x_0}f(x)=0$，$\lim\limits_{x\to x_0}g(x)=0$；

(2) 在点 x_0 的去心邻域内(点 x_0 本身可以除外)$f'(x)$及 $g'(x)$都存在，且 $g'(x)\neq 0$；

(3) $\lim\limits_{x\to x_0}\dfrac{f'(x)}{g'(x)}=A$(或$\infty$)，

那么$\lim\limits_{x\to x_0}\dfrac{f(x)}{g(x)}=\lim\limits_{x\to x_0}\dfrac{f'(x)}{g'(x)}=A$(或$\infty$).

这个定理说明了当 $x\to x_0$ 时，$\frac{0}{0}$型未定式的极限在符合定理条件时，可以通过对分子、分母分别求导，再求极限来确定.

例 3.2.1　求$\lim\limits_{x\to 0}\dfrac{e^x-e^{-x}}{\sin x}$.

解　这是$\frac{0}{0}$型未定式，由洛必达法则得

$$\lim_{x\to 0}\frac{e^x-e^{-x}}{\sin x}=\lim_{x\to 0}\frac{e^x+e^{-x}}{\cos x}=2.$$

例 3.2.2　求$\lim\limits_{x\to 1}\dfrac{\ln x}{(x-1)^2}$.

解　这是$\frac{0}{0}$型未定式，由洛必达法则得

$$\lim_{x\to 1}\frac{\ln x}{(x-1)^2}=\lim_{x\to 1}\frac{\frac{1}{x}}{2(x-1)}=\lim_{x\to 1}\frac{1}{2x(x-1)}=\infty.$$

如果$\lim\limits_{x\to x_0}\dfrac{f'(x)}{g'(x)}$仍属于$\frac{0}{0}$型，且 $f'(x)$，$g'(x)$仍满足洛必达法则中的条件，那么可以继续使用该法则进行计算，并可依次类推. 但应注意，如果所求的极限已不是未定式，则不能再用洛必达法则，否则会产生错误的结果. 此外在用洛必达法则时，最好能结合求极限的其他方法，如恒等变形、等价无穷小替换、重要极限等，那样效果会更好.

例 3.2.3　求$\lim\limits_{x\to 0}\dfrac{x-\sin x}{x^3}\left(\dfrac{0}{0}\right)$.

解　$\lim\limits_{x\to 0}\dfrac{x-\sin x}{x^3}=\lim\limits_{x\to 0}\dfrac{1-\cos x}{3x^2}=\lim\limits_{x\to 0}\dfrac{\sin x}{6x}=\dfrac{1}{6}$.

例 3.2.4　求 $\lim\limits_{x\to 0}\dfrac{\tan x-x}{x^2\tan x}$.

解　注意到 $\tan x \sim x$，则有

$$\lim_{x\to 0}\frac{\tan x - x}{x^2\tan x}=\lim_{x\to 0}\frac{\tan x - x}{x^3}=\lim_{x\to 0}\frac{\sec^2 x-1}{3x^2}=\lim_{x\to 0}\frac{\tan^2 x}{3x^2}=\frac{1}{3}.$$

例 3.2.5　求 $\lim\limits_{x\to 0}\dfrac{3x-\sin 3x}{(1-\cos x)\ln(1+2x)}$.

解　当 $x\to 0$ 时，$1-\cos x\sim\dfrac{1}{2}x^2$，$\ln(1+2x)\sim 2x$，

故 $\lim\limits_{x\to 0}\dfrac{3x-\sin 3x}{(1-\cos x)\ln(1+2x)}=\lim\limits_{x\to 0}\dfrac{3x-\sin 3x}{x^3}=\lim\limits_{x\to 0}\dfrac{3-3\cos 3x}{3x^2}=\lim\limits_{x\to 0}\dfrac{3\sin 3x}{2x}=\dfrac{9}{2}$.

定理 3.2.1 是关于 $x\to x_0$ 时未定式 $\dfrac{0}{0}$ 的洛必达法则，对于 $x\to\infty$ 时的未定式 $\dfrac{0}{0}$，以及对于 $x\to x_0$ 或 $x\to\infty$ 时的未定式 $\dfrac{\infty}{\infty}$，也有相应的洛必达法则. 例如，对于 $x\to\infty$ 时的未定式 $\dfrac{0}{0}$，有以下定理.

定理 3.2.2　如果函数 $f(x)$ 和 $g(x)$ 满足下列条件：

(1) $\lim\limits_{x\to\infty}f(x)=0$，$\lim\limits_{x\to\infty}g(x)=0$；

(2) 存在 $M>0$，当 $|x|>M$ 时，$f'(x)$ 及 $g'(x)$ 都存在，且 $g'(x)\neq 0$；

(3) $\lim\limits_{x\to\infty}\dfrac{f'(x)}{g'(x)}=A$（或$\infty$），

那么 $\lim\limits_{x\to\infty}\dfrac{f(x)}{g(x)}=\lim\limits_{x\to\infty}\dfrac{f'(x)}{g'(x)}=A$（或$\infty$）.

例 3.2.6　求 $\lim\limits_{x\to+\infty}\dfrac{\frac{\pi}{2}-\arctan x}{\frac{1}{x}}\left(\dfrac{0}{0}\right)$.

解　$$\lim_{x\to+\infty}\frac{\frac{\pi}{2}-\arctan x}{\frac{1}{x}}=\lim_{x\to+\infty}\frac{-\frac{1}{1+x^2}}{-\frac{1}{x^2}}=\lim_{x\to+\infty}\frac{x^2}{1+x^2}=1.$$

例 3.2.7　求 $\lim\limits_{x\to 0^+}\dfrac{\ln\cot x}{\ln x}\left(\dfrac{\infty}{\infty}\right)$.

解　$$\lim_{x\to 0^+}\frac{\ln\cot x}{\ln x}=\lim_{x\to 0^+}\frac{\frac{1}{\cot x}\cdot\left(-\frac{1}{\sin^2 x}\right)}{\frac{1}{x}}=-\lim_{x\to 0^+}\frac{x}{\sin x\cos x}$$

$$=-\lim_{x\to 0^+}\frac{x}{\sin x\cos x}\cdot\lim_{x\to 0^+}\frac{1}{\cos x}=-1.$$

例 3.2.8　求 $\lim\limits_{x\to+\infty}\dfrac{\ln x}{x^n}\left(\dfrac{\infty}{\infty}\right)$.

解　$$\lim_{x\to+\infty}\frac{\ln x}{x^n}=\lim_{x\to+\infty}\frac{\frac{1}{x}}{nx^{n-1}}=\lim_{x\to+\infty}\frac{1}{nx^n}=0.$$

二、其他类型极限求法

除$\frac{0}{0}$型与$\frac{\infty}{\infty}$型的未定式之外，还有 $0\cdot\infty$，$\infty-\infty$，0^0，1^∞，∞^0 等未定式，对这类未定式求极限，通常是利用代数恒等变形转化为$\frac{0}{0}$或$\frac{\infty}{\infty}$型，然后用洛必达法则进行计算.

例 3.2.9 求 $\lim\limits_{x\to 0^+} x\ln x\,(0\cdot\infty)$.

解 $\lim\limits_{x\to 0^+} x\ln x=\lim\limits_{x\to 0^+}\dfrac{\ln x}{\frac{1}{x}}=\lim\limits_{x\to 0^+}\dfrac{\frac{1}{x}}{-\frac{1}{x^2}}=\lim\limits_{x\to 0^+}\dfrac{-x^2}{x}=0.$

例 3.2.10 求$\lim\limits_{x\to 0}\left(\dfrac{1}{\sin x}-\dfrac{1}{x}\right)(\infty-\infty)$.

解 $\lim\limits_{x\to 0}\left(\dfrac{1}{\sin x}-\dfrac{1}{x}\right)=\lim\limits_{x\to 0}\dfrac{x-\sin x}{x\sin x}=\lim\limits_{x\to 0}\dfrac{x-\sin x}{x^2}=\lim\limits_{x\to 0}\dfrac{1-\cos x}{2x}=\lim\limits_{x\to 0}\dfrac{\sin x}{2}=0.$

例 3.2.11 求 $\lim\limits_{x\to\frac{\pi}{4}^+}(\tan x)^{\tan 2x}\,(1^\infty)$.

解 这是 1^∞ 型，因此

$$\begin{aligned}\lim_{x\to\frac{\pi}{4}^+}(\tan x)^{\tan 2x}&=\lim_{x\to\frac{\pi}{4}^+}\mathrm{e}^{\tan 2x\cdot\ln\tan x}\\&=\mathrm{e}^{\lim\limits_{x\to\frac{\pi}{4}^+}\frac{\ln\tan x}{\cot 2x}}=\mathrm{e}^{\lim\limits_{x\to\frac{\pi}{4}^+}\left(-\frac{\sin 2x}{2\sin x\cos x}\right)}=\mathrm{e}^{-1}=\frac{1}{\mathrm{e}}.\end{aligned}$$

洛必达法则不是万能的，有时我们还会碰到某些特殊情形.

例 3.2.12 求$\lim\limits_{x\to 0}\dfrac{x^2\sin\frac{1}{x}}{\sin x}$.

解 所求极限属于$\frac{0}{0}$型未定式，但分子分母分别求导数后，将化为$\lim\limits_{x\to 0}\dfrac{2x\sin\frac{1}{x}-\cos\frac{1}{x}}{\cos x}$，此式振荡无极限，故洛必达法则失效，不能使用. 但原极限是存在的，可用下法求得：

$$\lim_{x\to 0}\frac{x^2\sin\frac{1}{x}}{\sin x}=\lim_{x\to 0}\left(\frac{x}{\sin x}\cdot x\sin\frac{1}{x}\right)=\frac{\lim\limits_{x\to 0}x\sin\frac{1}{x}}{\lim\limits_{x\to 0}\frac{\sin x}{x}}=\frac{0}{1}=0.$$

例 3.2.13 求$\lim\limits_{x\to\infty}\dfrac{x+\sin x}{x}$.

解 所求极限属于$\frac{\infty}{\infty}$型，但因为$\lim\limits_{x\to\infty}\dfrac{x+\sin x}{x}=\lim\limits_{x\to\infty}\dfrac{1+\cos x}{1}$不存在，所以不能用洛必达法则求此极限，事实上

$$\lim_{x\to\infty}\frac{x+\sin x}{x}=\lim_{x\to\infty}\left(1+\frac{1}{x}\sin x\right)=1+0=1.$$

例 3.2.14　求 $\lim\limits_{x\to+\infty}\dfrac{\sqrt{1+x^2}}{x}$.

解　$\lim\limits_{x\to+\infty}\dfrac{\sqrt{1+x^2}}{x}=\lim\limits_{x\to+\infty}\dfrac{\dfrac{2x}{2\sqrt{1+x^2}}}{1}=\lim\limits_{x\to+\infty}\dfrac{x}{\sqrt{1+x^2}}=\lim\limits_{x\to+\infty}\dfrac{1}{\dfrac{2x}{2\sqrt{1+x^2}}}=\lim\limits_{x\to+\infty}\dfrac{\sqrt{1+x^2}}{x}$.

两次运用洛必达法则后，又还原为原来的问题，因此洛必达法则失效. 事实上

$$\lim_{x\to+\infty}\frac{\sqrt{1+x^2}}{x}=\lim_{x\to+\infty}\sqrt{\frac{1}{x^2}+1}=1.$$

★ 习题 3－2

(A)

1. 求下列极限：

(1) $\lim\limits_{x\to0}\dfrac{e^x-e^{-x}-2x}{x-\sin x}$；　(2) $\lim\limits_{x\to a}\dfrac{\sin x-\sin a}{x-a}$；　(3) $\lim\limits_{x\to\frac{\pi}{2}}\dfrac{\ln\sin x}{(\pi-2x)^2}$；

(4) $\lim\limits_{x\to+\infty}\dfrac{\ln\left(1+\dfrac{1}{x}\right)}{\operatorname{arccot} x}$；　(5) $\lim\limits_{x\to0^+}\dfrac{\ln\tan 7x}{\ln\tan 2x}$；　(6) $\lim\limits_{x\to1}\dfrac{x^3-1+\ln x}{e^x-e}$；

(7) $\lim\limits_{x\to0}\dfrac{\tan x-x}{x-\sin x}$；　(8) $\lim\limits_{x\to0}x\cot 2x$；　(9) $\lim\limits_{x\to0}x^2 e^{\frac{1}{x^2}}$；

(10) $\lim\limits_{x\to\infty}x(e^{\frac{1}{x}}-1)$；　(11) $\lim\limits_{x\to0}\left(\dfrac{1}{x}-\dfrac{1}{e^x-1}\right)$；　(12) $\lim\limits_{x\to1}\left(\dfrac{x}{x-1}-\dfrac{1}{\ln x}\right)$；

(13) $\lim\limits_{x\to\infty}\left(1+\dfrac{a}{x}\right)^x$；　(14) $\lim\limits_{x\to0^+}x^{\sin x}$；　(15) $\lim\limits_{x\to0^+}\left(\dfrac{1}{x}\right)^{\tan x}$；

(16) $\lim\limits_{x\to0}\dfrac{e^x+\ln(1-x)-1}{x-\arctan x}$；　(17) $\lim\limits_{x\to0}(1+\sin x)^{\frac{1}{x}}$；　(18) $\lim\limits_{x\to0^+}\left(\ln\dfrac{1}{x}\right)^x$；

(19) $\lim\limits_{x\to+\infty}(x+\sqrt{1+x^2})^{\frac{1}{x}}$；　(20) $\lim\limits_{n\to+\infty}\left(n\tan\dfrac{1}{n}\right)^{n^2}$.

2. 验证极限 $\lim\limits_{x\to0}\dfrac{x^2\sin\dfrac{1}{x}}{\sin x}$ 存在，但不能用洛必达法则求出.

(B)

1. 下列函数极限问题中，不能用洛必达法则进行求解的是(　　).

A. $\lim\limits_{x\to0}\dfrac{\tan 2x}{\sin 3x}$　　B. $\lim\limits_{x\to\infty}\dfrac{x^3-1}{3x^3+2x^2}$　　C. $\lim\limits_{x\to1}\dfrac{x^2\sin x}{(x-1)^2}$　　D. $\lim\limits_{x\to+\infty}\dfrac{\ln x}{e^x}$

2. 下列函数极限问题，能使用洛必达法则进行求解的是(　　).

A. $\lim\limits_{x\to\frac{\pi}{2}}\dfrac{\sin 3x}{\tan 5x}$　　B. $\lim\limits_{x\to0}\dfrac{x^2\sin\dfrac{1}{x}}{\sin x}$　　C. $\lim\limits_{x\to\infty}\dfrac{x-\sin x}{x}$　　D. $\lim\limits_{x\to0}\dfrac{x-\sin x}{x-x\cos x}$

3. $\lim\limits_{x\to 0}x^x=(\quad)$.

A. 0　　B. 1　　C. ∞　　D. 不存在

4. $\lim\limits_{x\to 0}\dfrac{e^x-e^{-x}}{\sin x}=(\quad)$.

A. 0　　B. 1　　C. 2　　D. 3

5. $\lim\limits_{x\to 1}\dfrac{\ln x}{(x-1)^2}=(\quad)$.

A. 0　　B. 1　　C. ∞　　D. 不存在

6. $\lim\limits_{x\to 0}\dfrac{x-\sin x}{x^3}=(\quad)$.

A. $\dfrac{1}{6}$　　B. $\dfrac{1}{2}$　　C. $\dfrac{1}{3}$　　D. 1

7. $\lim\limits_{x\to 0^+}\left(\ln\dfrac{1}{x}\right)^x=(\quad)$.

A. 0　　B. 1　　C. ∞　　D. 不存在

8. $\lim\limits_{x\to\infty}\dfrac{x+\sin x}{x}=(\quad)$.

A. 0　　B. 1　　C. 2　　D. 不存在

9. $\lim\limits_{x\to 0^+}\left(\dfrac{1}{x}\right)^{\tan x}=(\quad)$.

A. e　　B. ∞　　C. e^{-1}　　D. 1

10. $\lim\limits_{x\to 0}(1+\sin x)^{\frac{1}{x}}=(\quad)$.

A. e^{-1}　　B. ∞　　C. e　　D. 1

3.3　函数的单调性与极值、曲线的凹凸性与拐点

我们已经会用初等数学的方法研究一些函数的单调性和某些简单函数的性质，但这些方法使用范围狭窄，并且有些需要借助某些特殊的技巧，因而不具有一般性. 本节将以导数为工具，介绍判断函数单调性、极值及曲线凸凹性、拐点的简便且具有一般性的方法.

一、函数的单调性与极值

1. 函数单调性的判别法

在图 3-3-1 中，作曲线在各点处的切线，不难观察到：

函数 $f(x)$在区间(a, b)上单调增加，它的图形是一条沿 x 轴正向上升的曲线，其上各点处的切线对于 x 轴的倾角 α 均是锐角，故

$$f'(x)=\tan\alpha>0,$$

函数 $g(x)$在区间(a, b)上单调减少，它的图形是一条沿 x 轴正向下降的曲线，其上各点处的切线对于 x 轴的倾角 α 均是钝角，故

$$g'(x)=\tan\alpha<0.$$

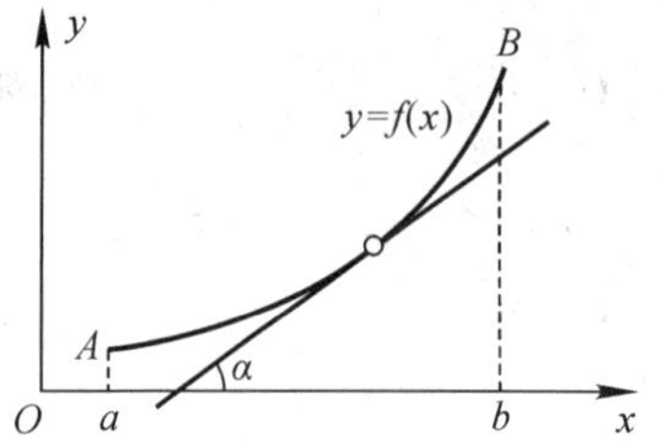

(a)

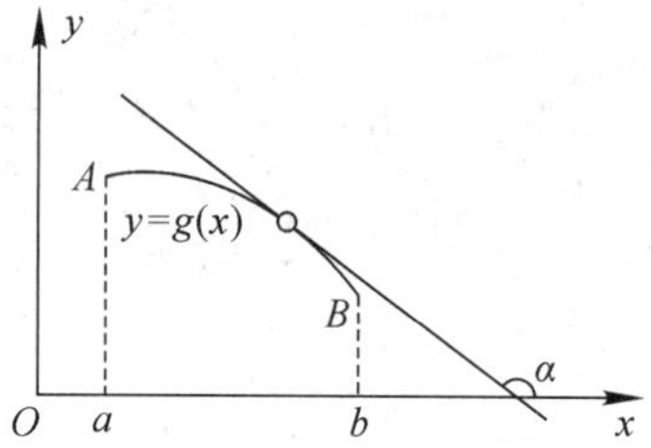

(b)

图 3-3-1

由此可见，可导函数的单调性与导数的正、负符号有着密切的联系，反过来，能否用导数的符号来判定函数的单调性呢？下面我们给出判定可导函数单调性的充分条件.

定理 3.3.1　设函数 $y=f(x)$在$[a,b]$上连续，在(a,b)内可导.

(1) 若在(a,b)内 $f'(x)>0$，则函数 $y=f(x)$在$[a,b]$上单调增加；

(2) 若在(a,b)内 $f'(x)<0$，则函数 $y=f(x)$在$[a,b]$上单调减少.

例 3.3.1　讨论函数 $f(x)=x^3-3x$ 的单调性.

解　函数的定义域为$(-\infty,+\infty)$，$f'(x)=3x^2-3$，

令 $f'(x)=0$ 得 $x_1=-1$，$x_2=1$.

用 $x_1=-1$ 及 $x_2=1$ 将 $f(x)$ 的定义域分成三个区间，在每个区间内确定 $f'(x)$的符号，判定函数的单调性，列表讨论如下：

x	$(-\infty,-1)$	-1	$(-1,1)$	1	$(1,+\infty)$
$f'(x)$	+	0	−	0	+
$f(x)$	↗		↘		↗

所以，函数 $f(x)$在区间$(-\infty,-1]$及$[1,+\infty)$上单调增加(简记为↗)，在区间$[-1,1]$上单调减少(简记为↘).

由于函数 $f(x)$在区间$(-\infty,-1]$，$[-1,1]$，$[1,+\infty)$内保持单调，故称这些区间为 $f(x)$的单调区间.

注：从例 3.3.1 可见，函数 $f(x)=x^3-3x$ 在其定义域上并不具有单调性，但是将定义域适当划分后，在各个部分区间上函数是单调的，导数等于零的点可能是单调区间的分界点.

例 3.3.2　讨论函数 $y=\sqrt[3]{x^2}$ 的单调性.

解　函数的定义域为$(-\infty,+\infty)$，

当 $x\neq 0$ 时，$y'=\dfrac{2}{3\sqrt[3]{x}}$；当 $x=0$ 时，导数不存在.

当$-\infty<x<0$ 时，$y'<0$，所以函数 $y=\sqrt[3]{x^2}$ 在$(-\infty,0]$上单调减少；

当 $0<x<+\infty$时，$y'>0$，所以函数 $y=\sqrt[3]{x^2}$ 在$[0,+\infty)$上单调增加.

由此可以看出，在讨论函数在定义区间上的单调性时，导数不存在的点也可能是单调区间的分界点.

注： 区间内个别点导数为零不影响区间的单调性．例如，$y=x^3$，$y'|_{x=0}=0$，但是 $y=x^3$ 在 $(-\infty,+\infty)$ 上单调增加．

例 3.3.3　证明：当 $x>0$ 时，$\ln(1+x)>x-\frac{1}{2}x^2$．

证明　作辅助函数 $f(x)=\ln(1+x)-x+\frac{1}{2}x^2$，

因为 $f(x)$ 在 $[0,+\infty)$ 上连续，在 $(0,+\infty)$ 内可导，且 $f'(x)=\frac{1}{1+x}-1+x=\frac{x^2}{1+x}$，

当 $x>0$ 时，$f'(x)>0$，又 $f(0)=0$，故当 $x>0$ 时，$f(x)>f(0)=0$，

所以 $\ln(1+x)>x-\frac{1}{2}x^2$．

例 3.3.4　证明：方程 $x^5+x+1=0$ 在区间 $(-1,\ 0)$ 内有且只有一个实根．

证明　令 $f(x)=x^5+x+1$，因为 $f(x)$ 在闭区间 $[-1,\ 0]$ 连续，且 $f(-1)=-1<0$，$f(0)=1>0$，根据零点定理知 $f(x)$ 在 $(-1,\ 0)$ 内至少有一个零点．

另一方面，对于任意实数 x，有 $f'(x)=5x^4+1>0$，
所以 $f(x)$ 在 $(-\infty,+\infty)$ 内单调增加，因此曲线 $y=f(x)$ 与 x 轴至多只有一个交点．

综上可知，方程 $x^5+x+1=0$ 在区间 $(-1,\ 0)$ 内有且只有一个实根．

2. 函数的极值

定义 3.3.1　设函数 $f(x)$ 在点 x_0 的某邻域内有定义，若对该邻域内任意一点 $x(x\neq x_0)$ 恒有

$$f(x)<f(x_0)(\text{或 } f(x)>f(x_0)),$$

则称 $f(x)$ 在点 x_0 处取得**极大值**(或**极小值**)，而点 x_0 称为 $f(x)$ 的极大值点(或**极小值点**)．

极大值与极小值统称为函数的**极值**，极大值点与极小值点统称为函数的**极值点**．

函数的极值概念是局部性的．例如 $f(x)$ 在点 x_0 处取得极大值(或极小值)，那只是就点 x_0 附近的一个局部范围内而言，$f(x_0)$ 是 $f(x)$ 的一个最大值(或最小值)；如果就 $f(x)$ 的整个定义域而言，$f(x_0)$ 不见得是最大值(或最小值)．

由图 3－3－2 可见，$f(x_2)$，$f(x_5)$ 是函数 $f(x)$ 的极大值，$f(x_1)$，$f(x_4)$，$f(x_6)$ 是 $f(x)$ 的极小值，其中极大值 $f(x_2)$ 比极小值 $f(x_6)$ 还小，而在整个定义域 $[a,\ b]$ 上，最小值是 $f(x_1)$，最大值是 $f(b)$．从图 3－3－2 还可以看出，在函数的极值点处，曲线上的切线是水平的，即 $f'(x_1)=f'(x_2)=f'(x_4)=f'(x_5)=f'(x_6)=0$，由此得到下面的定理．

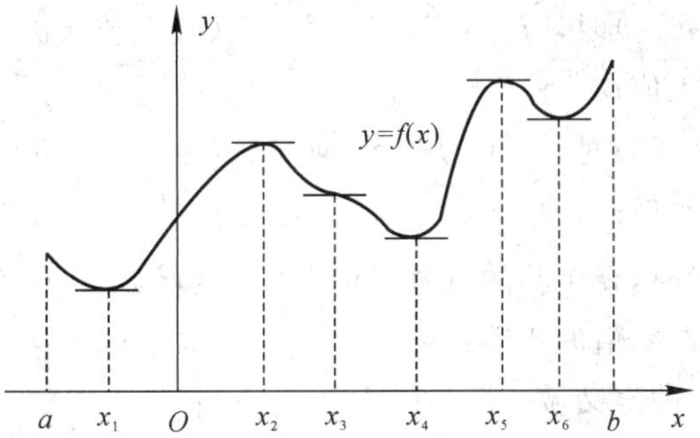

图 3－3－2

定理 3.3.2(必要条件)　如果函数 $f(x)$在点 x_0 处可导，且在点 x_0 处取得极值，则 $f'(x)=0$.

逆定理不一定成立，即对于可导函数 $f(x)$，若 $f'(x)=0$，我们未必能推出点 x_0 是极值点，例如图 3-3-2 中在 $x=x_3$ 处 $f'(x_3)=0$，但 x_3 不是极值点；又如函数 $y=x^3$ 在 $x=0$ 处有 $y'(0)=0$，但 $x=0$ 不是函数 $y=x^3$ 的极值点.

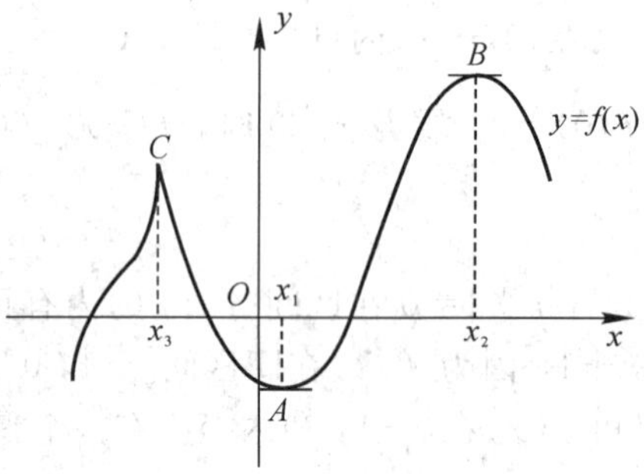

图 3-3-3

另一方面，如果函数 $f(x)$在点 x_0 处不可导，也有可能在点 x_0 处取得极值，如函数 $f(x)=|x|$在 $x=0$ 处有极小值，但在 $x=0$ 处不可导，因此，对于连续函数来说导数不存在的点也可能是函数的极值点.

通常把使得 $f'(x)=0$ 的点 x_0 称为**驻点**，根据定理 3.3.2 可知，可导函数 $f(x)$的极值点必定是它的驻点，但函数的驻点却不一定是极值点.

下面我们介绍如何求函数 $f(x)$在区间上的极值.

由图 3-3-3 可以看到，x_1，x_2 是 $f(x)$的驻点，函数 $f(x)$在点 x_3 处的导数不存在，点 A 是曲线 $y=f(x)$单调减少与单调增加的分界点，则函数 $f(x)$在 $x=x_1$ 处取得极小值；点 B 是曲线 $y=f(x)$单调增加与单调减少的分界点，则函数 $f(x)$在 $x=x_2$ 处取得极大值. 同样函数 $f(x)$在 $x=x_3$ 处取得极大值. 所以，如果函数在点 x_0 的左右两侧具有不同的单调性，则点 x_0 是极值点. 由单调性与导数符号的关系，可得下面的定理.

定理 3.3.3(第一充分条件)　设函数 $f(x)$在点 x_0 处连续，且在点 x_0 的某去心邻域 $\mathring{U}(a, \delta)$内可导.

(1) 若 $x\in(x_0-\delta, x_0)$时，$f'(x)>0$，而 $x\in(x_0, x_0+\delta)$时，$f'(x)<0$，则函数 $f(x)$在点 x_0 处取得极大值；

(2) 若 $x\in(x_0-\delta, x_0)$时，$f'(x)<0$，而 $x\in(x_0, x_0+\delta)$时，$f'(x)>0$，则函数 $f(x)$在点 x_0 处取得极小值；

(3) 若 $x\in\mathring{U}(a, \delta)$时，$f'(x)$的符号保持不变，则函数 $f(x)$在点 x_0 处没有极值.

求函数的单调区间与极值的步骤：

(1) 确定函数 $f(x)$的定义域，并求其导数 $f'(x)$；

(2) 解方程 $f'(x)=0$，求出 $f(x)$的全部驻点与不可导点；

(3) 讨论这些点的两侧 $f'(x)$的符号；

(4) 确定极值点，求出各极值.

例 3.3.5　求函数 $f(x)=2x^3-9x^2+12x-3$ 的单调区间与极值.

解　(1) 函数 $f(x)$ 在 $(-\infty,+\infty)$ 内连续，且

$$f'(x)=6x^2-18x+12=6(x-1)(x-2).$$

(2) 令 $f'(x)=0$ 得驻点 $x_1=1$，$x_2=2$.

(3) 列表讨论如下：

x	$(-\infty, 1)$	1	$(1, 2)$	2	$(2,+\infty)$
$f'(x)$	+	0	−	0	+
$f(x)$	↗	极大值 $f(1)=2$	↘	极小值 $f(2)=1$	↗

(4) 函数 $f(x)$ 在区间 $(-\infty, 1]$ 及 $[2,+\infty)$ 上单调增加，在区间 $[1, 2]$ 上单调减少. 函数 $f(x)$ 在 $x=1$ 处有极大值 $f(1)=2$，在 $x=2$ 处有极小值 $f(2)=1$.

例 3.5.6　求函数 $f(x)=(2x-5)\sqrt[3]{x^2}$ 的单调区间与极值.

解　(1) 函数 $f(x)$ 在 $(-\infty,+\infty)$ 内连续，且

$$f'(x)=(2x^{\frac{5}{3}}-5x^{\frac{2}{3}})'=\frac{10}{3}x^{-\frac{2}{3}}-\frac{10}{3}x^{-\frac{1}{3}}=\frac{10}{3}\left(\frac{1-\sqrt[3]{x}}{\sqrt[3]{x^2}}\right).$$

(2) 令 $f'(x)=0$ 得驻点 $x=1$；当 $x=0$ 时函数不可导.

(3) 列表讨论如下：

x	$(-\infty, 0)$	0	$(0, 1)$	1	$(1,+\infty)$
$f'(x)$	+	不存在	−	0	+
$f(x)$	↗	极大值	↘	极小值	↗

(4) 函数 $f(x)$ 在区间 $(-\infty, 0]$ 及 $[1,+\infty)$ 上单调增加，在区间 $[0, 1]$ 上单调减少.

函数在 $x=0$ 处有极大值 $f(0)=0$，在 $x=1$ 处极小值 $f(1)=-3$.

当函数 $f(x)$ 在驻点处的二阶导数存在且不为零时，有如下判定极值的第二充分条件：

定理 3.3.4(第二充分条件)　设 $f(x)$ 在点 x_0 处具有二阶导数且 $f'(x_0)=0$，$f''(x_0)\neq 0$，那么

(1) 当 $f''(x_0)>0$ 时，函数 $f(x)$ 在点 x_0 处取得极小值；

(2) 当 $f''(x_0)<0$ 时，函数 $f(x)$ 在点 x_0 处取得极大值.

例 3.3.7　求函数 $f(x)=\frac{1}{2}\cos 2x+\sin x\,(0\leqslant x\leqslant\pi)$ 的极值.

解　$f'(x)=-\sin 2x+\cos x=\cos x(1-2\sin x)$，

$f''(x)=-2\cos 2x-\sin x$.

令 $f'(x)=0$ 得驻点 $x_1=\frac{\pi}{6}$，$x_2=\frac{\pi}{2}$，$x_3=\frac{5\pi}{6}$. 因为

$$f''\left(\frac{\pi}{6}\right)=f''\left(\frac{5\pi}{6}\right)=-\frac{3}{2}<0,\ f''\left(\frac{\pi}{2}\right)=1>0,$$

由极值的第二充分条件得，$f\left(\frac{\pi}{6}\right)=\frac{3}{4}$和$f\left(\frac{5\pi}{6}\right)=\frac{3}{4}$是函数的极大值，$f\left(\frac{\pi}{2}\right)=\frac{1}{2}$是函数的极小值.

注： 当$f''(x_0)=0$时，$f(x)$在点x_0处不一定取得极值，则仍用第一充分条件进行判断. 例如，函数$f(x)=x^3$，$f(x)=x^4$，这两个函数在驻点$x=0$处$f''(0)=0$，就不能用第二充分条件来判定驻点$x=0$是否为极值点，还得用一阶导数在驻点左右临近的符号来判定.

二、曲线的凹凸性与拐点

当$x>0$时，函数$y=x^2$和$y=\sqrt{x}$都是单调增加函数，但是它们的图形是两条弯曲方向不同的沿x轴正向上升的曲线. 由此可以看出，要想比较准确地描绘函数的图形，仅仅知道函数的单调性是不够的，还必须讨论曲线的凹凸性(见图 3-3-4).

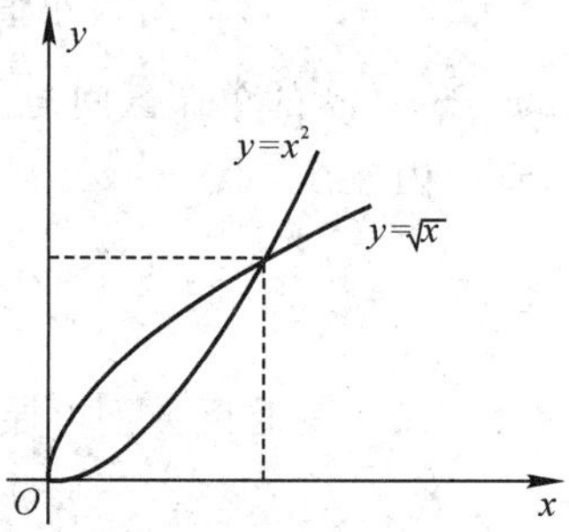

图 3-3-4

1. 曲线的凹凸性

观察函数$y=x^2-2x+2$的图形(见图 3-3-5)，它是一条向上弯曲的曲线，且位于其上每一点处切线的上方. 曲线的切线斜率随x的增加而增加，即$y'=2(x-1)$是单调增加函数.

再观察函数$y=-x^2$的图形(见图 3-3-6)，它是一条向下弯曲的曲线，且位于其上每一点处切线的下方. 曲线的切线斜率随x的增加而减少，即$y'=-2x$是单调减少函数.

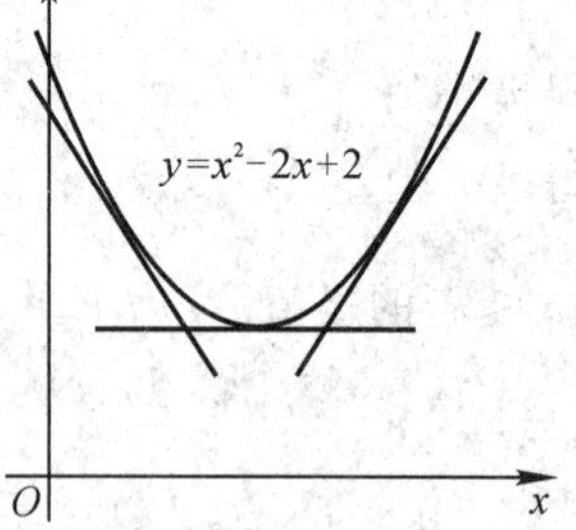

图 3-3-5

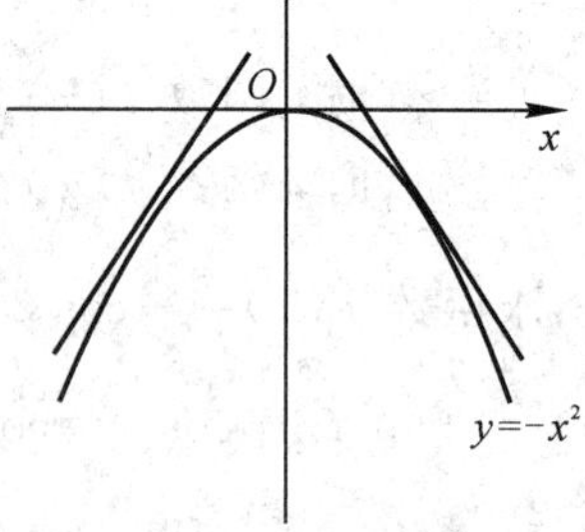

图 3-3-6

综合以上分析，我们给出曲线凹凸的定义：

定义 3.3.2　若曲线弧位于其上每一点处切线的上方，则称此曲线弧是**凹的**(简称

凹弧)；若曲线弧位于其上每一点处切线的下方，则称此曲线弧是**凸的**(简称**凸弧**).

根据定义 3.3.2，我们称曲线 $y=x^2-2x+2$ 是凹的，曲线 $y=-x^2$ 是凸的.

由于函数 $f(x)$的导函数 $f'(x)$一般仍是 x 的函数，根据判别函数单调性的方法，我们可用二阶导数的符号来判别导函数 $f'(x)$的单调性，于是得到下面的曲线凹凸的判别定理：

定理 3.3.5　设函数 $f(x)$在$[a, b]$上连续，在(a, b)内具有一阶和二阶导数，那么

(1) 若在(a, b)内 $f''(x)>0$，则函数 $f(x)$在$[a, b]$上的图形是凹的；

(2) 若在(a, b)内 $f''(x)<0$，则函数 $f(x)$在$[a, b]$上的图形是凸的.

例 3.3.8　判定曲线 $y=x-\ln(1+x)$的凹凸性.

解　因为

$$y'=1-\frac{1}{1+x},\ y''=\frac{1}{(1+x)^2}>0,$$

所以题设函数在其定义域$(-1,+\infty)$内是凹的.

例 3.3.9　判断曲线 $y=x^3$ 的凹凸性.

解　易得 $y'=3x^2$，$y''=6x$.

当 $x<0$ 时，$y''<0$，曲线在$(-\infty, 0]$为凸的；

当 $x>0$ 时，$y''>0$，曲线在$[0,+\infty)$为凹的.

注意到点$(0, 0)$是曲线由凸变凹的分界点.

2. 曲线的拐点

定义 3.3.3　连续曲线上凹弧与凸弧的分界点称为曲线的**拐点**.

判定曲线 $y=f(x)$的凹凸性与拐点的步骤如下：

(1) 写出 $y=f(x)$的定义域，求 $f'(x)$，$f''(x)$；

(2) 求出所有二阶导数 $f''(x)$等于零的点及二阶导数不存在的点；

(3) 用(2)中求得的点，把函数的定义域分成若干部分区间，列表讨论二阶导数在各部分区间上的符号；

(4) 判定曲线在各部分区间的凹凸性，并求出拐点.

例 3.3.10　求曲线 $y=3x^4-4x^3+1$ 的凹凸区间及拐点.

解　易见函数的定义域为$(-\infty,+\infty)$，且

$$y'=12x^3-12x^2,\ y''=36x\left(x-\frac{2}{3}\right).$$

令 $y''=0$，得 $x_1=0$，$x_2=\frac{2}{3}$.

列表讨论如下：

x	$(-\infty, 0)$	0	$\left(0, \frac{2}{3}\right)$	$\frac{2}{3}$	$\left(\frac{2}{3},+\infty\right)$
$f''(x)$	+	0	−	0	+
$f(x)$	凹的	拐点$(0, 1)$	凸的	拐点$\left(\frac{2}{3}, \frac{11}{27}\right)$	凹的

所以曲线的凹区间为$(-\infty, 0]$，$\left[\frac{2}{3},+\infty\right)$，凸区间为$\left[0, \frac{2}{3}\right]$，拐点为$(0, 1)$和$\left(\frac{2}{3}, \frac{11}{27}\right)$.

例 3.3.11　判定曲线 $f(x)=\ln(1+x^2)$的凹凸性与拐点.

解　(1) 函数 $f(x)$在$(-\infty,+\infty)$内连续，且

$$f'(x)=\frac{2x}{1+x^2},\ f''(x)=\frac{2(1-x^2)}{(1+x^2)^2}.$$

(2) 令 $f''(x)=0$，得 $x=\pm 1$，其把$(-\infty,+\infty)$分成三部分区间.

(3) 列表讨论如下：

x	$(-\infty, -1)$	-1	$(-1, 1)$	1	$(1,+\infty)$
$f''(x)$	$-$	0	$+$	0	$-$
$f(x)$	凸的	拐点$(-1, \ln 2)$	凹的	拐点$(1, \ln 2)$	凸的

(4) 曲线的凸区间为$(-\infty, -1]$，$[1,+\infty)$，凹区间为$[-1, 1]$，点$(-1, \ln 2)$，$(1, \ln 2)$为拐点.

★ 习题 3－3

(A)

1. 确定下列函数的单调区间与极值：

(1) $f(x)=\frac{1}{5}x^5-\frac{1}{3}x^3$；　　(2) $f(x)=2x^2-\ln x$.

2. 设函数 $f(x)=ax^3+bx^2+x$ 在 $x_1=1$ 和 $x_2=2$ 时都取得极值，试求出 a，b 的值.

3. 证明下列不等式：

(1) 当 $x>0$ 时，$1+\frac{1}{2}x>\sqrt{1+x}$；　　(2) 当 $0<x<\frac{\pi}{2}$时，$\tan x>x+\frac{1}{3}x^3$.

4. 求下列函数图形的凹凸区间与拐点：

(1) $y=x^4-6x^2+6$；　　(2) $y=e^{x^2}$.

5. 试确定 a，b，c 的值，使三次曲线 $f(x)=ax^3+bx^2+cx$ 有一拐点$(1, 2)$，且在该点处的切线斜率为-1.

(B)

1. 函数 $f(x)=x^2+x$ 在区间$[-1, 1]$上(　　).

A. 单调增加　　B. 单调减少　　C. 不增不减　　D. 有增有减

2. 函数 $y=\sin\left(x+\frac{\pi}{2}\right)+\frac{\pi}{2}$，$x\in(-\pi, \pi)$的极大值点 $x_0=$(　　).

A. $1+\frac{\pi}{2}$　　B. π　　C. $\frac{\pi}{2}$　　D. 0

3. 函数 $f(x)=\frac{1}{2}(e^x-e^{-x})$在其定义域内的极小值(　　).

A. 等于$\frac{1}{2}$　　B. 不存在　　C. 等于 1　　D. 等于 0

4. 函数 $f(x)=ax^2+c$ 在$(0,\infty)$内单调减少，则 a，c 应满足(　　).

A. $a<0$，且 c 是任意实数　　B. $a>0$，且 $c=0$

C. $a>0$，且 $c\neq 0$　　D. $a>0$，且 c 是任意实数

5. 设 $f(x)$一阶可导，且$\lim\limits_{x\to 0}f'(x)=1$，则 $f(0)$(　　).

A. 一定是 $f(x)$的极大值　　B. 一定是 $f(x)$的极小值

C. 一定不是 $f(x)$的极值　　D. 不一定是 $f(x)$的极值

6. 若 $f'(x_0)=0$，$f''(x_0)=0$，则函数 $f(x)$在点 x_0 处(　　).

A. 一定有极大值　　B. 一定有极小值　　C. 不一定有极值　　D. 一定有最大值

7. 下列函数中，图形在(0，2)内凹的是(　　).

A. $f(x)=e^x+e^{-x}$　　B. $f(x)=\sin x$　　C. $f(x)=\ln x$　　D. $f(x)=-x^3$

8. 函数 $f(x)=(x-1)^3-1$ 的拐点是(　　).

A. (2，0)　　B. (1，−1)　　C. (0，−2)　　D. 不存在

9. 曲线 $f(x)=e^{-x^2}+1$(　　).

A. 有一个拐点　　B. 没有拐点　　C. 有三个拐点　　D. 有两个拐点

10. 下列区间中，函数 $f(x)=x^3-\sin x$ 的曲线呈凹状的区间是(　　).

A. $[0,1]$　　B. $[-1,0]$　　C. $\left[-\frac{\pi}{2},\frac{\pi}{2}\right]$　　D. $[-1,-2]$

3.4　函数图形的描绘

一、曲线的渐近线

在解析几何中我们知道双曲线$\frac{x^2}{a^2}-\frac{y^2}{b^2}=1$ 有两条渐近线 $y=\frac{b}{a}x$，$y=-\frac{b}{a}x$. 当$|x|$无限增大时，该曲线与两条直线无限的接近，只要画出两条渐近线，就很容易画出双曲线. 下面我们讨论一般曲线的渐近线，有利于更好地画出一般曲线的图形.

渐近线可按其所处位置分为水平渐近线、铅直渐近线和斜渐近线，下面介绍渐近线的求法.

1. 水平渐近线

若函数 $y=f(x)$的定义域是无限区间，且

$$\lim_{x\to-\infty}f(x)=C，或\lim_{x\to+\infty}f(x)=C，$$

则直线 $y=C$ 为曲线 $y=f(x)$的**水平渐近线**.

例 3.4.1　求曲线 $y=\frac{2x}{1+x^2}$的水平渐近线.

解　因为$\lim\limits_{x\to\infty}\frac{2x}{1+x^2}=0$，

所以 $y=0$ 是所求曲线的水平渐近线.

例 3.4.2　求曲线 $y=\arctan x$ 的水平渐近线.

解　因为 $\lim\limits_{x\to+\infty}\arctan x=\dfrac{\pi}{2}$，$\lim\limits_{x\to-\infty}\arctan x=-\dfrac{\pi}{2}$，

所以 $y=\pm\dfrac{\pi}{2}$ 是曲线 $y=\arctan x$ 的两条水平渐近线.

2. 铅直渐近线

如果函数 $y=f(x)$ 在 x_0 处间断，且

$$\lim_{x\to x_0^-}f(x)=\infty，\text{或}\lim_{x\to x_0^+}f(x)=\infty，$$

则直线 $x=x_0$ 为曲线 $y=f(x)$ 的**铅直渐近线**.

例 3.4.3　求曲线 $y=\ln x$ 的铅直渐近线.

解　因为 $\lim\limits_{x\to0^+}\ln x=-\infty$，

所以 $x=0$ 为所求曲线的铅直渐近线.

例 3.4.4　求曲线 $y=\dfrac{4x-1}{(x-2)^2}$ 的渐近线.

解　因为 $\lim\limits_{x\to\infty}\dfrac{4x-1}{(x-2)^2}=0$，$\lim\limits_{x\to2}\dfrac{4x-1}{(x-2)^2}=\infty$，

所以直线 $y=0$ 和 $x=2$ 分别为所求曲线的水平渐近线和铅直渐近线.

3. 斜渐近线

设函数 $y=f(x)$，如果

$$\lim_{x\to\infty}[f(x)-(ax+b)]=0，$$

则称直线 $y=ax+b$ 为 $y=f(x)$ 的**斜渐近线**，其中

$$a=\lim_{x\to\infty}\frac{f(x)}{x}(a\neq0)，\lim_{x\to\infty}[f(x)-ax]=b.$$

类似地可以定义 $x\to+\infty$ 或 $x\to-\infty$ 时的斜渐近线.

注： 如果 $\lim\limits_{x\to\infty}\dfrac{f(x)}{x}$ 不存在，或虽然它存在但 $\lim\limits_{x\to\infty}[f(x)-ax]$ 不存在，则可以断定 $y=f(x)$ 不存在斜渐近线.

例 3.4.5　求曲线 $f(x)=\dfrac{2(x-2)(x+3)}{x-1}$ 的渐近线.

解　因为 $\lim\limits_{x\to1^+}f(x)=-\infty$，$\lim\limits_{x\to1^-}f(x)=+\infty$，所以 $x=1$ 是曲线的铅直渐近线.

又因为

$$a=\lim_{x\to\infty}\frac{f(x)}{x}=\lim_{x\to\infty}\frac{2(x-2)(x+3)}{x(x-1)}=2,$$

$$b=\lim_{x\to\infty}\left[\frac{2(x-2)(x+3)}{x-1}-2x\right]=\lim_{x\to\infty}\frac{2(x-2)(x+3)-2x(x-1)}{x-1}=4,$$

所以 $y=2x+4$ 是所求曲线的一条斜渐近线.

注： 若有理函数的分子比分母的次数高一次时，该有理函数一定存在斜渐近线.

二、函数图形的描绘

我们知道，借助一阶导数的符号，我们可以确定函数图形的单调区间和极值；借助二阶导数的符号，我们可以确定函数图形的凹凸区间和拐点．当我们知道了函数图形的单调区间、凹凸区间以及极值点和拐点后，就掌握了函数的基本性态．在此基础上，我们再确定函数的奇偶性、周期性，结合曲线的渐近线以及曲线上有利于决定图形变化趋势的关键点和特殊点(如与坐标轴的交点及间断点等)，这样就可以比较快速和准确地作出函数的图形．

函数作图的一般步骤如下：

第一步，确定函数的定义域，研究函数特性，如奇偶性、周期性、有界性等；

第二步，求出一阶导数 $f'(x)$和二阶导数 $f''(x)$在定义域内的全部零点，并求出函数 $f(x)$的间断点以及导数 $f'(x)$和 $f''(x)$不存在的点，用这些点把函数定义域划分成若干个部分区间；

第三步，确定在这些部分区间内一阶导数和二阶导数的符号，并由此确定函数的单调性和凹凸性、极值点和拐点；

第四步，确定函数的水平、铅直渐近线以及其他变化趋势；

第五步，算出 $f'(x)$和 $f''(x)$的零点以及不存在的点所对应的函数值，并在坐标平面上定出相应的点，有时还需适当补充一些辅助作图点(如与坐标轴的交点和曲线的端点等)；然后根据第三、四步中得到的结果，用平滑曲线连接得到的点即可画出函数的图形．

例 3.4.6　作函数 $f(x)=x^4-4x^3+10$ 的图形．

解　(1) 函数的定义域为$(-\infty,+\infty)$；

(2) $f'(x)=4x^3-12x^2=4x^2(x-3)$，$f''(x)=12x^2-24x=12x(x-2)$．

令 $f'(x)=0$，得到 $x=0$ 和 $x=3$．

令 $f''(x)=0$，得到 $x=0$ 和 $x=2$．

(3) 列表确定函数单调区间、凹凸区间及极值和拐点如下：

x	$(-\infty,0)$	0	$(0,2)$	2	$(2,3)$	3	$(3,+\infty)$
$f'(x)$	$-$	0	$-$		$-$	0	$+$
$f''(x)$	$+$	0	$-$	0	$+$		$+$
$f(x)$	↘	拐点 $(0,10)$	↘	拐点 $(2,-6)$	↘	极小值 $f(3)=-17$	↗

(4) 算出 $x=0$，$x=2$，$x=3$ 处的函数值

$$f(0)=10,\ f(2)=-6,\ f(3)=-17.$$

根据以上结论，用平滑曲线连接这些点，就可以描绘所求函数的图形(见图 3-4-1)．

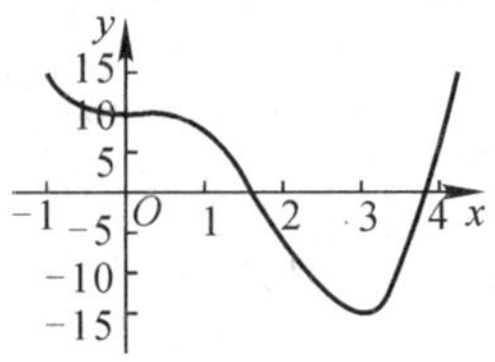

图 3-4-1

例 3.4.7 作函数 $f(x)=\dfrac{12}{3+x^2}$ 的图形.

解 (1) 函数的定义域为$(-\infty,+\infty)$，函数为偶函数，曲线关于 y 轴对称，只需讨论$[0,+\infty)$的情形；

(2) $f'(x)=-\dfrac{24x}{(3+x^2)^2}$，$f''(x)=\dfrac{72(x^2-1)}{(3+x^2)^3}$，

由 $f'(x)=0$，解得驻点 $x=0$；由 $f''(x)=0$，解得 $x=\pm1$；

(3) 列表讨论如下：

x	0	(0, 1)	1	$(1,+\infty)$
$f(x)'$	0	−	−	−
$f(x)''$	−	−	0	+
$f(x)$	极大值 4	↘	拐点(1, 3)	↘

(4) 渐近线. 因为$\lim\limits_{x\to\infty}\dfrac{12}{3+x^2}=0$，所以 $y=0$ 是曲线的水平渐近线；

(5) 取 $x=2$，$x=3$，$x=4$ 等处的值，作出图形(见图 3-4-2).

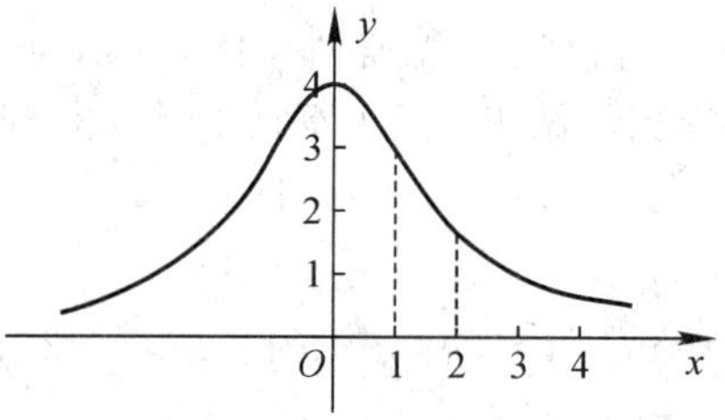

图 3-4-2

★ 习题 3-4

(A)

1. 求下列曲线的渐近线：

(1) $y=e^{-\frac{1}{x}}$；　　(2) $y=\dfrac{e^x}{1+x}$；

(3) $y=x+e^{-x}$；　　(4) $y=\dfrac{x^2}{x+1}$.

2. 作下列函数的图形：

(1) $y=3x-x^3$；　　(2) $y=\dfrac{2x}{1+x^2}$.

(B)

1. 若 $f(x)$在(a, b)内恒有 $f'(x)<0$，$f''(x)<0$，则 $f(x)$在(a, b)内(　　).

A. 一定有拐点　　B. 单调减少且凸的　　C. 单调增加且凹的　　D. 一定有极值

2. 函数 $f(x)=x^3-6x^2-11x-6$ 在区间[2，4]上是(　　).

A. 凸的　　B. 单调增加

C. 既有凸的又有凹的　　D. 凹的

3. 下列曲线有水平渐近线的是(　　).

A. $f(x)=e^x$　　B. $f(x)=x^3$　　C. $f(x)=x^2$　　D. $y=\ln x$

4. 曲线 $f(x)=x-\ln(x+2)$(　　).

A. 有水平渐近线　　B. 有水平和铅直渐近线

C. 有铅直渐近线　　D. 无渐近线

5. 下列曲线有斜渐近线的是(　　).

A. $f(x)=e^{-x}$　　B. $f(x)=\dfrac{1}{x-1}$　　C. $f(x)=\dfrac{x^2}{2x-1}$　　D. $f(x)=\arctan x$

3.5　函数的最大值和最小值及其在经济中的应用

一、函数的最大值和最小值

在实际应用中，常常会遇到求最大值和最小值的问题. 如用料最省、容量最大、花钱最少、效率最高、利润最大等. 此类问题在数学上往往可归结为求某一函数(通常称为**目标函数**)的最大值或最小值问题.

1. 目标函数在闭区间上连续

如果函数 $y=f(x)$在闭区间$[a,b]$上连续，则 $f(x)$在$[a,b]$上必定能取得最大值和最小值. 求函数 $f(x)$在闭区间$[a,b]$上的最大值和最小值的一般步骤如下：

(1) 求出函数 $f(x)$在闭区间$[a,b]$上一切可能极值点的函数值；

(2) 求出函数 $f(x)$在闭区间$[a,b]$的端点函数值；

(3) 将前两步得到的函数值进行比较，其中最大的就是最大值，最小的就是最小值.

例 3.5.1　求函数 $y=2x^3+3x^2-12x+14$ 在$[-3,4]$上的最大值与最小值.

解　$f'(x)=6x^2+6x-12=6(x+2)(x-1)$，

解方程 $f'(x)=0$，得 $x_1=-2$，$x_2=1$.

计算 $f(-3)=23$；$f(-2)=34$；$f(1)=7$；$f(4)=142$.

比较得最大值为 $f(4)=142$，最小值为 $f(1)=7$.

例 3.5.2　铁路线上 AB 段的距离为 100 km，工厂 C 距 A 处为 20 km，AC 垂直于 AB(见图 3-5-1). 今要在 AB 上选定一点 D 向工厂修筑一条公路，已知铁路每千米货运的运费与公路上每千米货运的运费之比为 3∶5，为了使货物从供应站 B 运到工厂 C 的运费最少，问 D 点应选在何处?

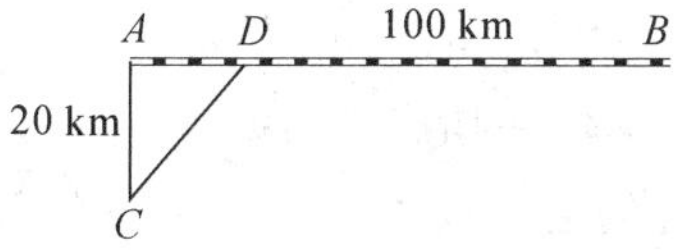

图 3-5-1

解 设 $AD=x$，则 $BD=100-x$，$CD=\sqrt{20^2+x^2}$.

设铁路每公里运费为 $3k$，则公路每公里运费为 $5k$，记目标函数(总运费)y 的函数关系式：

$$y=5k\cdot CD+3k\cdot BD,$$

即

$$y=5k\cdot\sqrt{400+x^2}+3k(100-x)\quad(0\leqslant x\leqslant 100).$$

问题归结为：x 取何值时目标函数 y 最小.

求导得 $y'=k\left(\dfrac{5x}{\sqrt{400+x^2}}-3\right)$，令 $y'=0$ 得 $x=15(\text{km})$.

由于 $y(0)=400k$，$y(15)=380k$，$y(100)=100\sqrt{26}k$.

从而当 $AD=15(\text{km})$时，总运费最少.

2. 目标函数在开区间内连续

开区间的连续函数不一定有最大、最小值，即使有最大、最小值，也不能用上述方法求出. 若函数满足下列两个条件：

(1) $f(x)$在开区间只有一个可能取得极值的点；

(2) $f(x)$在开区间有且仅有最大(小)值，

那么就可断定这个极值点一定是函数的最大(小)值点.

例 3.5.3 将边长为 a 的一块正方形铁皮，四角各截去一个大小相同的小正方形，然后将其折起做成一个无盖的方盒. 问截掉的小正方形的边长为多大时，所得方盒的容积最大？

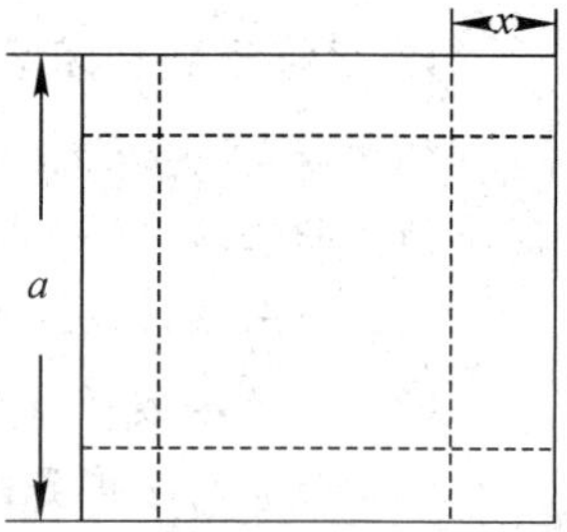

图 3-5-2

解 设小正方形的边长为 x，则盒底的边长为 $a-2x$(见图 3-5-2)，因此方盒的容积为

$$V=x(a-2x)^2,\ x\in\left(0,\ \frac{a}{2}\right).$$

显然，在开区间$\left(0,\ \dfrac{a}{2}\right)$内体积有最大值而没有最小值. 令

$$V'=(a-2x)(a-6x)=0,$$

得 $x=\dfrac{a}{6}$，$x=\dfrac{a}{2}$(舍去). 从而当 $x=\dfrac{a}{6}$时，盒子体积最大.

二、经济应用问题举例

1. 最低成本问题

例 3.5.4 设某厂每批生产某种产品 x 个单位的总成本函数为 $C(x)=mx^3-nx^2+px$(常数 $m>0$，$n>0$，$p>0$).

(1) 问每批生产多少单位时，使平均成本最小？

(2) 求最小平均成本和相应的边际成本.

解 (1) 平均成本 $\overline{C}(x)=\dfrac{C(x)}{x}=mx^2-nx+p$，

$$\overline{C}'(x)=2mx-n,$$

令 $\overline{C}'(x)=0$，得 $x=\frac{n}{2m}$. 而 $\overline{C}''(x)=2m>0$，

所以每批生产$\frac{n}{2m}$个单位时，平均成本最小.

(2) $\overline{C}\left(\frac{n}{2m}\right)=m\left(\frac{n}{2m}\right)^2-n\left(\frac{n}{2m}\right)+p=\frac{4mp-n^2}{4m}$，又

$$C'(x)=3mx^2-2nx+p,$$

$$C'\left(\frac{n}{2m}\right)=3m\left(\frac{n}{2m}\right)^2-2m\left(\frac{n}{2m}\right)+p=\frac{4mp-n^2}{4m},$$

所以最小平均成本等于其相应的边际成本.

2. 最大利润问题

例 3.5.5　生产某产品的固定成本 60 000 元，变动成本为每件 20 元，价格函数 $p=60-\frac{Q}{1\ 000}$（Q 为销售量），假设供销平衡，问产量为多少时，利润最大？最大利润是多少？

解　产品的总成本函数 $C(Q)=60\ 000+20Q$，

收益函数 $R(Q)=pQ=\left(60-\frac{Q}{1\ 000}\right)Q=60Q-\frac{Q^2}{1\ 000}$，

则利润函数 $L(Q)=R(Q)-C(Q)$

$$=-\frac{Q^2}{1\ 000}+40Q-60\ 000,$$

$$L'(Q)=-\frac{1}{500}Q+40.$$

令 $L'(Q)=0$ 得 $Q=20\ 000$，又 $L''(Q)=-\frac{1}{500}<0$，

故 $Q=20\ 000$ 时利润最大，最大利润 $L(Q)=340\ 000$ 元.
所以生产 20 000 个产品时利润最大，最大利润为 340 000 元.

3. 最低费用问题

例 3.5.6　某工厂计划全年需要某种原料 100 万吨，并且其消耗是均匀的. 已知该原料分期分批均匀进货，每次进货手续费为 1 000 元，而每吨原料全年库存费为 0.05 元，试求总费用最省的经济批量和相应的订货次数.

解　设每次订货批量为 x（万吨），则订货批数为$\frac{100}{x}$，总费用为 y 元，则进货手续费为 $1\ 000\times\frac{100}{x}$，库存费为$\frac{x}{2}\times0.05\times10\ 000$. 因此，

$$y=1\ 000\times\frac{100}{x}+\frac{x}{2}\times0.05\times10\ 000,$$

$$y'=-\frac{100\ 000}{x^2}+250.$$

令 $y'=0$，解得 $x=20$，又 $y''=\frac{200\ 000}{x^3}>0$，所以 $x=20$ 时总费用最小.

即经济批量为 20 万吨，相应的订购次数为$\frac{100}{20}=5$次时，费用最省.

4. 最大税收问题

例 3.5.7　某种商品的平均成本$\overline{C}(x)=2$，价格函数为$P(x)=20-4x$（x为商品数量），国家向企业每件商品征税为t.

(1) 生产商品多少时，利润最大？

(2) 在企业取得最大利润条件下，t为何值时才能使总税收最大？

解　(1) 总成本$C(x)=x\overline{C}(x)=2x$，

总收益$R(x)=xP(x)=20x-4x^2$，

总税收$T(x)=tx$，

总利润$L(x)=R(x)-C(x)-T(x)=(18-t)x-4x^2$.

令$L'(x)=18-t-8x=0$，得$x=\frac{18-t}{8}$. 又$L''(x)=-8<0$，

所以$L\left(\frac{18-t}{8}\right)=\frac{(18-t)^2}{16}$为最大利润.

(2) 取得最大利润的税收为$T=tx=\frac{t(18-t)}{8}=\frac{18t-t^2}{8}(x>0)$.

令$T'=\frac{9-t}{4}=0$得，$T=9$. 又$T''=-\frac{1}{4}<0$，所以当$T=9$时，总税收取得最大值，

$$T(9)=\frac{9\times(18-9)}{8}=\frac{81}{8}.$$

此时的总利润为

$$L=\frac{(18-9)^2}{16}=\frac{81}{16}.$$

★ 习题 3-5

(A)

1. 求下列函数在指定区间上的最大值与最小值：

(1) $y=x+\sqrt{x}$，$x\in[0,4]$；　　(2) $y=x^3-5x^2+3x-6$，$x\in[-3,1]$.

2. 要做一个容积为V的圆柱罐头筒，问底半径r和高h各等于多少时，才能使罐头筒表面积最小？

3. 欲用围墙围成面积为 216 平方米的一块矩形土地，并在正中用一堵墙将其隔成两块. 问这块土地的长和宽选取多大的尺寸，才能使所用建筑材料最省？

4. 某企业每月生产Q吨产品的成本为$C(Q)=\frac{1}{100}Q^2+30Q+900$(元)，求当产量为多少时，该产品的平均成本最小，并求最小平均成本.

5. 设某产品销售Q个单位的收入为$R(Q)=400Q-Q^2-900$，求使平均收入最高的Q值，并求最高平均收入.

6. 某工厂生产的某种产品，固定成本为 400(万元)，多生产一个单位产品，成本增加 10(万元)，设产品产销平衡且产品的需求函数为 $Q=1\,000-50P$(Q 为产量，P 为价格). 问该厂生产多少单位产品时，所获利润最大？最大利润是多少？

7. 设某产品的年计划产量为 5 000 件，分批生产，均匀销售，每批产品的生产准备费用为 400 元，每件产品的销售价格为 200 元，年保管费用为 2%. 问生产批量为多少，分几批生产时，全年的总费用最小？并求最小总费用.

8. 某企业生产商品 x 件的总收益为 $R(x)=100x-x^2$，总成本函数为 $C(x)=x^2+50x+200$，问政府对每件商品征收货物税为多少时，在企业获得最大利润的情况下总税额最大？

(B)

1. 函数 $y=\sin x-x$ 在区间$[0,\pi]$上的最大值是(　　).

A. $\frac{\sqrt{2}}{2}$　　B. 0　　C. $-\pi$　　D. π

2. 函数 $f(x)=x^2+1$ 在区间$(-1,1)$上的最小值是(　　).

A. 0　　B. 1　　C. 2　　D. 不存在

3. 若 $f(x_0)$是连续函数 $f(x)$在区间$[a,b]$上的最小值，则(　　).

A. $f(x_0)$一定是 $f(x)$的极小值　　B. $f'(x_0)=0$

C. $f(x_0)$一定是区间端点的函数值　　D. x_0 或是极值点，或是区间端点

4. 若 $f'(x_0)=0$，$f''(x_0)=0$，则函数 $f(x)$在点 x_0 处(　　).

A. 一定有极值　　B. 一定有最小值

C. 不一定有极值　　D. 一定有最大值

5. 函数 $f(x)=\frac{1}{2}(e^x-e^{-x})$在$[0,1]$内的最小值(　　).

A. 等于$\frac{1}{2}(e-e^{-1})$　　B. 不存在

C. 等于 1　　D. 等于 0

章节测试三

一、填空题：

1. 曲线 $y=\frac{x^3}{x^3-1}$的水平渐近线是________，铅直渐近线是________.

2. 若点(1，3)为曲线 $f(x)=ax^3+bx^2$ 的拐点，则 $a=$________，$b=$________.

3. 设函数 $f(x)$在$[0,a]$上二次可导，且 $xf''(x)-f'(x)>0$，则$\frac{f'(x)}{x}$在区间$(0,a)$内是单调________.

4. 已知 $x=\frac{\pi}{3}$是 $f(x)=a\sin x+\frac{1}{3}\sin 3x$ 的极值点，则 $a=$________.

5. 曲线 $y=e^{-x^2}$ 的凸区间是________.

二、求下列极限：

(1) $\lim\limits_{x\to 0}\dfrac{\cos x-e^{-\frac{x^3}{3}}}{x^2}$；　　(2) $\lim\limits_{x\to 0}\dfrac{1+\sin^2 x-\cos x}{\tan^2 x}$；

(3) $\lim\limits_{x\to +\infty}\left(\dfrac{2}{\pi}\arctan x\right)^x$；　　(4) $\lim\limits_{x\to 0^+}x^{\frac{1}{\ln(e^x-1)}}$.

三、试确定 a，b，c 的值，使曲线 $y=ax^3+bx^2+cx$ 上的拐点为(1，2)，并且该点处的切线斜率为-1.

四、已知函数 $y=\dfrac{x^3}{(x-1)^2}$，求：

(1) 函数的单调区间与极值；

(2) 函数的凹凸区间与拐点.

五、证明下列不等式：

(1) 当 $x>0$ 时，$\dfrac{x}{1+x^2}<\arctan x<x$；

(2) 当 $x>0$ 时，$\ln(1+x)>\dfrac{\arctan x}{1+x}$.

六、制造一个容积为 32π 立方米的有盖圆柱形桶，已知桶的侧面每平方米的造价是上底面和下底面的一半，问该圆柱形桶的半径、高各为多少时，才能使总造价最低？

第 4 章　不定积分

数学发展的动力主要来源于社会发展的环境力量. 17 世纪，微积分的创立首先是为了解决当时数学面临的四类核心问题中的第四类问题，即求曲线的长度、曲线围成的面积、曲面围成的体积、物体的重心和引力等. 此类问题的研究具有久远的历史，例如，古希腊人曾用穷竭法求出了某些图形的面积和体积，我国南北朝时期的祖冲之、祖暅也曾推导出某些图形的面积和体积，而在欧洲，对此类问题的研究兴起于 17 世纪，先是穷竭法被逐渐修改，后来由于微积分的创立彻底改变了解决这一大类问题的方法.

由求运动速度、曲线的切线和极值等问题产生了导数和微分，构成了微积分学的微分学部分；同时由已知速度求路程、已知切线求曲线以及上述求面积与体积等问题，产生了不定积分和定积分，构成了微积分学的积分学部分.

4.1　不定积分的概念与性质

一、原函数与不定积分的概念

从微分学知道：若已知曲线方程 $y=f(x)$，则可求出该曲线在任意一点 x 处的切线的斜率 $k=f'(x)$.

例如，曲线 $y=x^2$ 在点 x 处的切线的斜率为 $2x$. 现在要解决其逆问题：已知曲线上任意一点 x 处切线的斜率，要求该曲线的方程，为此，我们引入原函数的概念.

定义 4.1.1　设 $f(x)$在某一区间内有定义，如果存在可导函数 $F(x)$，使得在该区间上有

$$F'(x)=f(x) \text{或} \mathrm{d}F(x)=f(x)\mathrm{d}x,$$

则称 $F(x)$是 $f(x)$在该区间内的一个原函数.

关于原函数，我们有如下几点说明：

(1) 如果函数 $f(x)$在某区间内连续，那么它的原函数一定存在；

(2) 如果函数 $f(x)$有一个原函数 $F(x)$，由于$[F(x)+C]'=F'(x)=f(x)$，因此 $F(x)+C$ 也是 $f(x)$的原函数(C 是任意常数)，故 $f(x)$有无穷多个原函数；

(3) 如果 $F(x)$与 $G(x)$都是 $f(x)$的原函数，即 $G'(x)=F'(x)=f(x)$，则由拉格朗日中值定理的推论 3.1.2 可知，$F(x)$与 $G(x)$至多相差一个常数，即 $G(x)=F(x)+C$.

定义 4.1.2　函数 $f(x)$的全体原函数 $F(x)+C$ 称为 $f(x)$的不定积分，记为 $\int f(x)\mathrm{d}x$，即

$$\int f(x)\mathrm{d}x=F(x)+C,$$

其中，记号 $\int$ 称为积分号，$f(x)$称为被积函数，x 称为积分变量，$f(x)\mathrm{d}x$ 称为被积表达

式，C 称为积分常数.

由定义 4.1.2 知，求函数 $f(x)$的不定积分，就是求 $f(x)$的全体原函数. 在 $\int f(x)\mathrm{d}x$ 中，积分号 $\int$ 表示对函数 $f(x)$实行求原函数的运算，故求不定积分的运算实质上就是求导(或求微分)运算的逆运算，只需先求出它的一个原函数，再加上任意常数 C 即可. 例如，x^2 是 $2x$ 的一个原函数，故 $\int 2x\,\mathrm{d}x = x^2 + C$.

例 4.1.1 问 $\frac{\mathrm{d}}{\mathrm{d}x}\left(\int f(x)\mathrm{d}x\right)$ 与 $\int f'(x)\mathrm{d}x$ 是否相等？

解 不相等.

设 $F'(x)=f(x)$，则

$$\frac{\mathrm{d}}{\mathrm{d}x}\left(\int f(x)\mathrm{d}x\right)=\frac{\mathrm{d}}{\mathrm{d}x}(F(x)+C)=F'(x)+0=f(x).$$

而由不定积分定义知

$$\int f'(x)\mathrm{d}x = f(x)+C,$$

所以

$$\frac{\mathrm{d}}{\mathrm{d}x}\left(\int f(x)\mathrm{d}x\right)\neq\int f'(x)\mathrm{d}x.$$

例 4.1.2 求下列不定积分：

(1) $\int x^3\mathrm{d}x$；　(2) $\int \frac{1}{x^2}\mathrm{d}x$；　(3) $\int \frac{1}{1+x^2}\mathrm{d}x$.

解 (1) 因为$\left(\frac{x^4}{4}\right)'=x^3$，所以$\frac{x^4}{4}$是 x^3 的一个原函数，从而$\int x^3\mathrm{d}x=\frac{x^4}{4}+C$($C$ 为任意常数).

(2) 因为$\left(-\frac{1}{x}\right)'=\frac{1}{x^2}$，所以$-\frac{1}{x}$是$\frac{1}{x^2}$的一个原函数，从而$\int\frac{1}{x^2}\mathrm{d}x=-\frac{1}{x}+C$($C$ 为任意常数).

(3) 因为$(\arctan x)'=\frac{1}{1+x^2}$，所以 $\arctan x$ 是$\frac{1}{1+x^2}$的一个原函数，从而$\int\frac{1}{1+x^2}\mathrm{d}x=\arctan x+C$($C$ 为任意常数).

例 4.1.3 求不定积分 $\int\frac{1}{x}\mathrm{d}x$.

解 当 $x>0$ 时，$(\ln x)'=\frac{1}{x}$，从而

$$\int\frac{1}{x}\mathrm{d}x=\ln x+C;$$

当 $x<0$ 时，$[\ln(-x)]'=\frac{1}{x}$，从而

$$\int\frac{1}{x}\mathrm{d}x=\ln(-x)+C.$$

因此

$$\int \frac{1}{x}\mathrm{d}x = \ln|x| + C.$$

二、基本积分公式

因为求不定积分是求导数的逆运算，所以可由基本初等函数的导数公式得到相应的基本积分公式. 把这些基本的积分公式列成一个表，通常称为基本积分公式表.

(1) $\int k\,\mathrm{d}x = kx + C$（$k$ 是常数）；

(2) $\int x^{\alpha}\,\mathrm{d}x = \frac{1}{\alpha+1}x^{\alpha+1} + C$（$\alpha \neq -1$，$x > 0$）；

(3) $\int \frac{1}{x}\mathrm{d}x = \ln|x| + C$（$x \neq 0$）；

(4) $\int a^{x}\,\mathrm{d}x = \frac{1}{\ln a}a^{x} + C$（$a > 0$，$a \neq 1$）；

(5) $\int \mathrm{e}^{x}\,\mathrm{d}x = \mathrm{e}^{x} + C$；

(6) $\int \cos x\,\mathrm{d}x = \sin x + C$；

(7) $\int \sin x\,\mathrm{d}x = -\cos x + C$；

(8) $\int \sec^{2}x\,\mathrm{d}x = \tan x + C$；

(9) $\int \csc^{2}x\,\mathrm{d}x = -\cot x + C$；

(10) $\int \sec x\tan x\,\mathrm{d}x = \sec x + C$；

(11) $\int \csc x\cot x\,\mathrm{d}x = -\csc x + C$；

(12) $\int \frac{1}{\sqrt{1-x^{2}}}\mathrm{d}x = \arcsin x + C$；

(13) $\int \frac{1}{1+x^{2}}\mathrm{d}x = \arctan x + C$.

上述所列基本积分公式可以通过直接求导来验证，即对等式右端的函数求导后所得到的函数等于等式左端的被积函数.

利用基本积分公式和不定积分的性质可求出一些函数的不定积分.

例 4.1.4 求不定积分 $\int \frac{1}{x\sqrt[3]{x}}\mathrm{d}x$.

解 $\int \frac{1}{x\sqrt[3]{x}}\mathrm{d}x = \int x^{-\frac{4}{3}}\,\mathrm{d}x = \frac{1}{-\frac{4}{3}+1}x^{-\frac{4}{3}+1} + C = -3x^{-\frac{1}{3}} + C.$

例 4.1.5 求不定积分 $\int 2^{x}\mathrm{e}^{x}\,\mathrm{d}x$.

解 $\int 2^x e^x dx = \int (2e)^x dx = \frac{(2e)^x}{\ln(2e)} + C = \frac{2^x e^x}{1+\ln 2} + C.$

例 4.1.6 求经过点(1，3)，且切线的斜率为 x^2 的曲线方程.

解 设所求曲线方程为 $y=f(x)$，由题意知

$$f'(x)=x^2,$$

从而

$$f(x)=\int x^2 dx=\frac{1}{3}x^3+C.$$

又因为曲线经过点(1，3)，将 $x=1$，$y=3$ 代入上式，得

$$C=\frac{8}{3}.$$

因此，所求曲线方程为

$$y=\frac{1}{3}x^3+\frac{8}{3}.$$

三、不定积分的性质

根据不定积分的定义，可以推得不定积分具有如下性质：

性质 4.1.1 如果将函数先求积分再求导，则结果等于被积函数，即

$$\frac{d}{dx}\left[\int f(x)dx\right]=f(x).$$

与此等价的结果是

$$d\left[\int f(x)dx\right]=f(x)dx.$$

性质 4.1.2 如果将函数先求导(或微分)再求积分，则结果等于原来的函数再加上一个任意常数，即

$$\int f'(x)dx=f(x)+C \text{ 或} \int df(x)=f(x)+C.$$

从上面两个性质可以看出，如果不计相差一个常数的情况，则求导数和求不定积分互为逆运算.

性质 4.1.3 被积函数中不为零的常数因子可以提到积分号外，即

$$\int kf(x)dx=k\int f(x)dx \ (k \text{ 是常数}，k\neq 0).$$

性质 4.1.4 两个函数的代数和的不定积分，等于各函数不定积分的代数和，即

$$\int [f(x)\pm g(x)]dx=\int f(x)dx\pm\int g(x)dx.$$

性质 4.1.4 可以推广到有限个函数的代数和的情形.

例 4.1.7 求不定积分 $\int \frac{1+x+x^2}{x(1+x^2)}dx$.

解 $\int \frac{1+x+x^2}{x(1+x^2)}dx=\int \frac{x+(1+x^2)}{x(1+x^2)}dx=\int\left(\frac{1}{1+x^2}+\frac{1}{x}\right)dx$

$$=\int \frac{1}{1+x^2}dx+\int \frac{1}{x}dx=\arctan x+\ln|x|+C.$$

例 4.1.8　求不定积分$\int\left(\frac{x}{2}+\frac{2}{x}\right)\mathrm{d}x$.

解　$$\int\left(\frac{x}{2}+\frac{2}{x}\right)\mathrm{d}x=\int\frac{x}{2}\mathrm{d}x+\int\frac{2}{x}\mathrm{d}x$$
$$=\frac{1}{2}\int x\,\mathrm{d}x+2\int\frac{1}{x}\mathrm{d}x=\frac{x^2}{4}+2\ln|x|+C.$$

例 4.1.9　求不定积分$\int\frac{x^4}{1+x^2}\mathrm{d}x$.

解　$$\int\frac{x^4}{1+x^2}\mathrm{d}x=\int\frac{x^4-1+1}{1+x^2}\mathrm{d}x=\int\frac{(x^2+1)(x^2-1)+1}{1+x^2}\mathrm{d}x=\int\left(x^2-1+\frac{1}{1+x^2}\right)\mathrm{d}x$$
$$=\int x^2\mathrm{d}x-\int 1\mathrm{d}x+\int\frac{1}{1+x^2}\mathrm{d}x=\frac{x^3}{3}-x+\arctan x+C.$$

例 4.1.10　求不定积分$\int\frac{1}{\sin^2 x\cos^2 x}\mathrm{d}x$.

解　$$\int\frac{1}{\sin^2 x\cos^2 x}\mathrm{d}x=\int\frac{\sin^2 x+\cos^2 x}{\sin^2 x\cos^2 x}\mathrm{d}x$$
$$=\int\frac{1}{\cos^2 x}\mathrm{d}x+\int\frac{1}{\sin^2 x}\mathrm{d}x$$
$$=\tan x-\cot x+C.$$

例 4.1.11　求不定积分$\int\tan^2 x\,\mathrm{d}x$.

解　$$\int\tan^2 x\,\mathrm{d}x=\int(\sec^2 x-1)\mathrm{d}x=\int\sec^2 x\,\mathrm{d}x-\int 1\mathrm{d}x=\tan x-x+C.$$

例 4.1.12　求不定积分$\int\sin^2\frac{x}{2}\mathrm{d}x$.

解　$$\int\sin^2\frac{x}{2}\mathrm{d}x=\int\frac{1}{2}(1-\cos x)\mathrm{d}x=\frac{1}{2}\left(\int\mathrm{d}x-\int\cos x\,\mathrm{d}x\right)=\frac{1}{2}(x-\sin x)+C.$$

★ 习题 4－1

(A)

1. 填空题：

(1) 若 $f(x)$ 的一个原函数为 $x^3-\mathrm{e}^x$，则$\int f(x)\mathrm{d}x=$________.

(2) 若$\int f(x)\mathrm{d}x=\mathrm{e}^x+\sin x+C$，则 $f(x)=$________.

(3) 若 $f(x)$ 的一个原函数为 $\sin x$，则$\int f'(x)\mathrm{d}x=$________.

(4) 若 $f(x)$ 的一个原函数为 $\sin x$，则$\left[\int f(x)\mathrm{d}x\right]'=$________.

(5) $\frac{\mathrm{d}}{\mathrm{d}x}\left(\int\sin x\,\mathrm{d}x\right)=$________.

2. 设曲线经过点(0, 3)，且曲线上任一点(x, y)处的切线斜率为e^x，试求该曲线方程.

3. 求下列函数的不定积分：

(1) $\int\left(\frac{2}{x}+\frac{x}{3}\right)\mathrm{d}x$；

(2) $\int\frac{(x-\sqrt{x})(1+\sqrt{x})}{\sqrt{x}}\mathrm{d}x$；

(3) $\int\frac{\sqrt{1+x^2}}{\sqrt{1-x^4}}\mathrm{d}x$；

(4) $\int\frac{1+2x^2}{x^2(1+x^2)}\mathrm{d}x$；

(5) $\int\frac{1+\cos^2 x}{1+\cos 2x}\mathrm{d}x$；

(6) $\int\frac{\cos 2x}{\sin^2 x\cos^2 x}\mathrm{d}x$；

(7) $\int\frac{1}{1+\cos 2x}\mathrm{d}x$；

(8) $\int\left(\sqrt{\frac{1+x}{1-x}}+\sqrt{\frac{1-x}{1+x}}\right)\mathrm{d}x$；

(9) $\int\left(1-\frac{1}{x^2}\right)\sqrt{x\sqrt{x}}\,\mathrm{d}x$；

(10) $\int\frac{2\cdot 3^x-5\cdot 2^x}{3^x}\mathrm{d}x$.

(B)

1. 函数 $\cos\frac{\pi}{2}x$ 的一个原函数为(　　).

A. $-\frac{\pi}{2}\sin\frac{\pi}{2}x$　　B. $-\frac{2}{\pi}\sin\frac{\pi}{2}x$　　C. $\frac{\pi}{2}\sin\frac{\pi}{2}x$　　D. $\frac{2}{\pi}\sin\frac{\pi}{2}x$

2. 函数 $x^2+\frac{1}{x}$的一个原函数为(　　).

A. $\frac{1}{3}x^3+\ln|x|$　　B. $2x^3+x$　　C. $2x-\frac{1}{x^2}$　　D. $2x^3-\frac{1}{x^2}$

3. 下列函数中，原函数为$\log_a kx(k\neq 0)$的是(　　).

A. $\frac{\ln a}{kx}$　　B. $\frac{1}{x\ln a}$　　C. $\frac{k}{ax}$　　D. $\frac{1}{kx}$

4. 设 $f(x)=k\tan 2x$ 的一个原函数为$\frac{1}{2}\ln\cos 2x$，则 $k=$(　　).

A. $\frac{1}{2}$　　B. -1　　C. 2　　D. 1

5. 若 $g(x)$是 $f(x)$的一个原函数，则(　　).

A. $\int f'(x)\mathrm{d}x=g(x)+C$　　B. $\int g'(x)\mathrm{d}x=f(x)+C$

C. $\int f(x)\mathrm{d}x=g(x)+C$　　D. $\int g(x)\mathrm{d}x=f(x)+C$

6. $\int(\arcsin x)'\mathrm{d}x=$(　　).

A. $\arcsin x$　　B. $\frac{1}{\sqrt{1-x^2}}+C$　　C. $\frac{1}{\sqrt{1-x^2}}$　　D. $\arcsin x+C$

7. 设 $f(x)$ 的一个原函数是 x^3，则$\int f'(x)\mathrm{d}x=$(　　).

A. x^3+C　　B. $3x^2+C$　　C. x^3　　D. $3x^2$

8. 设 $f(x)$ 可积，则$\int\mathrm{d}f(x)=$(　　).

A. $f'(x)+C$　　B. $f'(x)\mathrm{d}x$　　C. $f'(x)$　　D. $f(x)+C$

9. 在可积函数 $f(x)$ 的积分曲线族中，任意两条曲线在横坐标相同的点上的切线(　　).

A. 与 x 轴平行　　B. 相互平行　　C. 与 y 轴平行　　D. 相互垂直

10. 设 $f(x)=x^x$，则 $\left[\int f(x)\mathrm{d}x\right]'=$(　　).

A. x^x+C　　B. $(\ln x+1)x^x$　　C. x^x　　D. $(\ln x+1)x^x+C$

4.2　第一类换元积分法

能用直接积分法计算的不定积分是十分有限的. 本节介绍的换元积分法，是将复合函数的求导法则反过来用于不定积分，即通过适当的变量代换(换元)，把某些不定积分化为基本积分公式表中所列的形式，再计算出所求的不定积分.

一、第一类换元积分法(凑微分法)

我们知道 $(\sin 2x)'=2\cos 2x$，所以 $\sin 2x$ 是 $2\cos 2x$ 的一个原函数，故

$$\int 2\cos 2x\,\mathrm{d}x=\sin 2x+C.$$

一般地，如果所求的不定积分，其被积函数能写成 $f[\varphi(x)]\varphi'(x)$ 的形式，则有下述定理：

定理 4.2.1(第一类换元积分法)　设 $\int f(u)\mathrm{d}u=F(u)+C$，$u=\varphi(x)$ 具有连续的导数，则

$$\int f[\varphi(x)]\varphi'(x)\mathrm{d}x=\int f(u)\mathrm{d}u=F(u)+C=F[\varphi(x)]+C.$$

定理 4.2.1 表明，如果把基本积分公式中的自变量 x 换成中间变量 u(设 $u=\varphi(x)$，且有连续导数)，公式仍然成立.

例如，由 $\int \cos x\,\mathrm{d}x=\sin x+C$ 可以推出 $\int \cos 2x\,\mathrm{d}(2x)=\sin 2x+C$，$\int \cos(\ln x)\mathrm{d}(\ln x)=\sin(\ln x)+C$ 等.

应用还原积分法的思路：如果不定积分 $\int g(x)\mathrm{d}x$ 不能应用基本积分公式表和性质求出结果，但可设法把 $g(x)$ 改写成 $f[\varphi(x)]\varphi'(x)$ 的形式，那么可用这个公式计算 $\int g(x)\mathrm{d}x$. 整个过程形式上可写成如下的一串表达式：

$$\int g(x)\mathrm{d}x\xlongequal{\text{恒等变形}}\int f[\varphi(x)]\varphi'(x)\mathrm{d}x\xlongequal{\text{凑微分}}\int f[\varphi(x)]\mathrm{d}\varphi(x)$$

$$\xlongequal{\text{代换 }u=\varphi(x)}\int f(u)\mathrm{d}u=F(u)+C\xlongequal{\text{还原 }u=\varphi(x)}F[\varphi(x)]+C.$$

这一过程中关键一步在于将 $g(x)\mathrm{d}x$“凑成”$f[\varphi(x)]\mathrm{d}\varphi(x)$，因而这种方法亦称为凑微分法. 方法熟练后，可不必设 u.

例 4.2.1 求不定积分$\int(2x+1)^{10}\mathrm{d}x$.

解 $\int(2x+1)^{10}\mathrm{d}x=\frac{1}{2}\int(2x+1)^{10}(2x+1)'\mathrm{d}x=\frac{1}{2}\int(2x+1)^{10}\mathrm{d}(2x+1)$

$$\xlongequal[\text{换元}]{2x+1=u}\frac{1}{2}\int u^{10}\mathrm{d}u=\frac{1}{2}\cdot\frac{u^{11}}{11}+C\xlongequal[\text{回代}]{u=2x+1}\frac{1}{22}(2x+1)^{11}+C.$$

例 4.2.2 求不定积分$\int\frac{1}{3+2x}\mathrm{d}x$.

解 $\int\frac{1}{3+2x}\mathrm{d}x=\frac{1}{2}\int\frac{1}{3+2x}\cdot(3+2x)'\mathrm{d}x$

$$=\frac{1}{2}\int\frac{1}{3+2x}\mathrm{d}(3+2x)\xlongequal{3+2x=u}\frac{1}{2}\int\frac{1}{u}\mathrm{d}u$$

$$=\frac{1}{2}\ln|u|+C\xlongequal{u=3+2x}\frac{1}{2}\ln|3+2x|+C.$$

注:一般情形为

$$\int f(ax+b)\mathrm{d}x=\frac{1}{a}\int f(ax+b)\mathrm{d}(ax+b).$$

例 4.2.3 求不定积分$\int x\mathrm{e}^{x^2}\mathrm{d}x$.

解 $\int x\mathrm{e}^{x^2}\mathrm{d}x=\frac{1}{2}\int\mathrm{e}^{x^2}(x^2)'\mathrm{d}x=\frac{1}{2}\int\mathrm{e}^{x^2}\mathrm{d}(x^2)$

$$\xlongequal{x^2=u}\frac{1}{2}\int\mathrm{e}^u\mathrm{d}u=\frac{1}{2}\mathrm{e}^u+C\xlongequal{u=x^2}\frac{1}{2}\mathrm{e}^{x^2}+C.$$

注:一般情形为

$$\int xf(x^2)\mathrm{d}x=\frac{1}{2}\int f(x^2)\mathrm{d}x^2,$$

$$\int x^{\mu-1}f(x^\mu)\mathrm{d}x=\frac{1}{\mu}\int f(x^\mu)\mathrm{d}x^\mu.$$

例 4.2.4 求不定积分$\int x\sqrt{1-x^2}\mathrm{d}x$.

解 $\int x\sqrt{1-x^2}\mathrm{d}x=\int(1-x^2)^{\frac{1}{2}}\left[-\frac{1}{2}(1-x^2)\right]'\mathrm{d}x$

$$=-\frac{1}{2}\int(1-x^2)^{\frac{1}{2}}\mathrm{d}(1-x^2)=-\frac{1}{3}(1-x^2)^{\frac{3}{2}}+C.$$

注:对变量代换比较熟练后,可省去书写中间变量的换元和回代过程.

例 4.2.5 求不定积分$\int\frac{1}{x(1+2\ln x)}\mathrm{d}x$.

解 $\int\frac{1}{x(1+2\ln x)}\mathrm{d}x=\int\frac{1}{1+2\ln x}\mathrm{d}(\ln x)$

$$=\frac{1}{2}\int\frac{1}{1+2\ln x}\mathrm{d}(1+2\ln x)=\frac{1}{2}\ln|1+2\ln x|+C.$$

注：一般情形为

$$\int f(\ln x)\frac{1}{x}\mathrm{d}x=\int f(\ln x)\mathrm{d}(\ln x).$$

例 4.2.6　求不定积分$\int\frac{\mathrm{e}^{3\sqrt{x}}}{\sqrt{x}}\mathrm{d}x$.

解　$\int\frac{\mathrm{e}^{3\sqrt{x}}}{\sqrt{x}}\mathrm{d}x=2\int\mathrm{e}^{3\sqrt{x}}\mathrm{d}(\sqrt{x})=\frac{2}{3}\int\mathrm{e}^{3\sqrt{x}}\mathrm{d}(3\sqrt{x})=\frac{2}{3}\mathrm{e}^{3\sqrt{x}}+C.$

注：一般情形为

$$\int f(\sqrt{x})\frac{1}{\sqrt{x}}\mathrm{d}x=2\int f(\sqrt{x})\mathrm{d}(\sqrt{x}).$$

例 4.2.7　求不定积分$\int\frac{\sin\frac{1}{x}}{x^2}\mathrm{d}x$.

解　$\int\frac{\sin\frac{1}{x}}{x^2}\mathrm{d}x=\int\sin\left(\frac{1}{x}\right)\cdot\left(-\frac{1}{x}\right)'\mathrm{d}x=-\int\sin\left(\frac{1}{x}\right)\mathrm{d}\left(\frac{1}{x}\right)=\cos\left(\frac{1}{x}\right)+C.$

注：一般情形为

$$\int\frac{1}{x^2}f\left(\frac{1}{x}\right)\mathrm{d}x=-\int f\left(\frac{1}{x}\right)\mathrm{d}\left(\frac{1}{x}\right).$$

例 4.2.8　求不定积分$\int\sin 2x\,\mathrm{d}x$.

解　方法一　$\int\sin 2x\,\mathrm{d}x=\frac{1}{2}\int\sin 2x\,\mathrm{d}(2x)=-\frac{1}{2}\cos 2x+C.$

方法二　$\int\sin 2x\,\mathrm{d}x=2\int\sin x\cos x\,\mathrm{d}x=2\int\sin x\,\mathrm{d}(\sin x)=(\sin x)^2+C.$

方法三　$\int\sin 2x\,\mathrm{d}x=2\int\sin x\cos x\,\mathrm{d}x=-2\int\cos x\,\mathrm{d}(\cos x)=-(\cos x)^2+C.$

注：一般情形为

$$\int f(\sin x)\cos x\,\mathrm{d}x=\int f(\sin x)\mathrm{d}(\sin x),$$

$$\int f(\cos x)\sin x\,\mathrm{d}x=-\int f(\cos x)\mathrm{d}(\cos x).$$

例 4.2.9　求不定积分$\int\tan x\,\mathrm{d}x$.

解　$\int\tan x\,\mathrm{d}x=\int\frac{\sin x}{\cos x}\mathrm{d}x=-\int\frac{1}{\cos x}\mathrm{d}(\cos x)=-\ln|\cos x|+C.$

同理，$\int\cot x\,\mathrm{d}x=\ln|\sin x|+C.$

例 4.2.10　求下列不定积分：

(1) $\int\sin^3 x\,\mathrm{d}x$；

(2) $\int\sin^2 x\cdot\cos^5 x\,\mathrm{d}x$.

解 (1) $\int \sin^3 x\,dx = \int \sin^2 x \sin x\,dx = -\int (1-\cos^2 x)\,d(\cos x)$

$$= -\int d(\cos x) + \int \cos^2 x\,d(\cos x) = -\cos x + \frac{1}{3}\cos^3 x + C;$$

(2) $\int \sin^2 x \cdot \cos^5 x\,dx = \int \sin^2 x \cdot \cos^4 x\,d(\sin x) = \int \sin^2 x \cdot (1-\sin^2 x)^2\,d(\sin x)$

$$= \int (\sin^2 x - 2\sin^4 x + \sin^6 x)\,d(\sin x)$$

$$= \frac{1}{3}\sin^3 x - \frac{2}{5}\sin^5 x + \frac{1}{7}\sin^7 x + C.$$

注：当被积函数是三角函数的奇数次幂时，拆开奇次项去凑微分；当被积函数是三角函数的偶数次幂时，常用半角公式通过降低次幂的方法来计算.

例 4.2.11 求下列不定积分：

(1) $\int \cos^2 x\,dx$； (2) $\int \cos^4 x\,dx$.

解 (1) $\int \cos^2 x\,dx = \int \frac{1+\cos 2x}{2}dx = \frac{1}{2}\left(\int dx + \int \cos 2x\,dx\right)$

$$= \frac{1}{2}\left(\int dx + \frac{1}{2}\int \cos 2x\,d(2x)\right) = \frac{x}{2} + \frac{\sin 2x}{4} + C.$$

(2) 因为

$$\cos^4 x = (\cos^2 x)^2 = \left(\frac{1+\cos 2x}{2}\right)^2 = \frac{1}{4}(1+2\cos 2x + \cos^2 2x)$$

$$= \frac{1}{4}\left(1 + 2\cos 2x + \frac{1+\cos 4x}{2}\right) = \frac{1}{8}(3 + 4\cos 2x + \cos 4x),$$

所以

$$\int \cos^4 x\,dx = \frac{1}{8}\int (3 + 4\cos 2x + \cos 4x)\,dx = \frac{1}{8}\left(\int 3dx + \int 4\cos 2x\,dx + \int \cos 4x\,dx\right)$$

$$= \frac{1}{8}\left[3x + 2\int \cos 2x\,d(2x) + \frac{1}{4}\int \cos 4x\,d(4x)\right]$$

$$= \frac{3}{8}x + \frac{1}{4}\sin 2x + \frac{1}{32}\sin 4x + C.$$

例 4.2.12 求不定积分 $\int \frac{1}{a^2+x^2}dx$.

解 $\int \frac{1}{a^2+x^2}dx = \int \frac{1}{a^2} \cdot \frac{1}{1+\left(\frac{x}{a}\right)^2}dx$

$$= \frac{1}{a}\int \frac{1}{1+\left(\frac{x}{a}\right)^2}d\left(\frac{x}{a}\right) = \frac{1}{a}\arctan\frac{x}{a} + C.$$

例 4.2.13 求不定积分 $\int \frac{1}{x^2-a^2}dx$.

解 因为 $\frac{1}{x^2-a^2} = \frac{1}{2a}\left(\frac{1}{x-a} - \frac{1}{x+a}\right)$，所以

$$\int\frac{1}{x^2-a^2}\mathrm{d}x=\frac{1}{2a}\int\left(\frac{1}{x-a}-\frac{1}{x+a}\right)\mathrm{d}x=\frac{1}{2a}\left(\int\frac{1}{x-a}\mathrm{d}x-\int\frac{1}{x+a}\mathrm{d}x\right)$$
$$=\frac{1}{2a}\left[\int\frac{1}{x-a}\mathrm{d}(x-a)-\int\frac{1}{x+a}\mathrm{d}(x+a)\right]$$
$$=\frac{1}{2a}(\ln|x-a|-\ln|x+a|)+C=\frac{1}{2a}\ln\left|\frac{x-a}{x+a}\right|+C.$$

例 4.2.14　求不定积分$\int\frac{1}{\sqrt{2x+3}+\sqrt{2x-1}}\mathrm{d}x$.

解
$$\int\frac{1}{\sqrt{2x+3}+\sqrt{2x-1}}\mathrm{d}x=\int\frac{\sqrt{2x+3}-\sqrt{2x-1}}{(\sqrt{2x+3}+\sqrt{2x-1})(\sqrt{2x+3}-\sqrt{2x-1})}\mathrm{d}x$$
$$=\frac{1}{4}\int\sqrt{2x+3}\,\mathrm{d}x-\frac{1}{4}\int\sqrt{2x-1}\,\mathrm{d}x$$
$$=\frac{1}{8}\int\sqrt{2x+3}\,\mathrm{d}(2x+3)-\frac{1}{8}\int\sqrt{2x-1}\,\mathrm{d}(2x-1)$$
$$=\frac{1}{12}(\sqrt{2x+3})^3-\frac{1}{12}(\sqrt{2x-1})^3+C.$$

注：利用平方差公式进行根式有理化是化简积分计算的常用手段之一.

例 4.2.15　求下列不定积分：

(1) $\int\csc x\,\mathrm{d}x$；　　(2) $\int\sec x\,\mathrm{d}x$.

解　(1)
$$\int\csc x\,\mathrm{d}x=\int\frac{\mathrm{d}x}{\sin x}=\int\frac{\mathrm{d}x}{2\sin\frac{x}{2}\cos\frac{x}{2}}=\int\frac{1}{\tan\frac{x}{2}\cos^2\frac{x}{2}}\mathrm{d}\left(\frac{x}{2}\right)$$
$$=\int\frac{1}{\tan\frac{x}{2}}\mathrm{d}\left(\tan\frac{x}{2}\right)=\ln\left|\tan\frac{x}{2}\right|+C.$$

因为

$$\tan\frac{x}{2}=\frac{\sin\frac{x}{2}}{\cos\frac{x}{2}}=\frac{2\sin^2\frac{x}{2}}{\sin x}=\frac{1-\cos x}{\sin x}=\csc x-\cot x,$$

所以

$$\int\csc x\,\mathrm{d}x=\ln|\csc x-\cot x|+C.$$

(2)
$$\int\sec x\,\mathrm{d}x=\int\frac{\mathrm{d}x}{\cos x}=\int\frac{\mathrm{d}\left(x+\frac{\pi}{2}\right)}{\sin\left(x+\frac{\pi}{2}\right)}$$
$$=\ln\left|\csc\left(x+\frac{\pi}{2}\right)-\cot\left(x+\frac{\pi}{2}\right)\right|+C=\ln|\sec x+\tan x|+C.$$

例 4.2.16　求下列不定积分：

(1) $\int\sec^6 x\,\mathrm{d}x$；　　(2) $\int\tan^5 x\cdot\sec^3 x\,\mathrm{d}x$.

解　(1) $\int \sec^6 x\,dx = \int (\sec^2 x)^2 \sec^2 x\,dx = \int (1+\tan^2 x)^2 d(\tan x)$

$$= \int (1+2\tan^2 x+\tan^4 x)d(\tan x) = \tan x + \frac{2}{3}\tan^3 x + \frac{1}{5}\tan^5 x + C;$$

(2) $\int \tan^5 x \cdot \sec^3 x\,dx = \int \tan^4 x \sec^2 x \sec x \tan x\,dx = \int (\sec^2 x - 1)^2 \sec^2 x\,d(\sec x)$

$$= \int (\sec^6 x - 2\sec^4 x + \sec^2 x)d(\sec x)$$

$$= \frac{1}{7}\sec^7 x - \frac{2}{5}\sec^5 x + \frac{1}{3}\sec^3 x + C.$$

例 4.2.17　试用换元法求不定积分$\int \frac{1}{1+\sin x}dx$.

解　方法一　$\int \frac{1}{1+\sin x}dx = \int \frac{1-\sin x}{1-\sin^2 x}dx = \int \frac{1}{\cos^2 x}dx + \int \frac{d\cos x}{\cos^2 x} = \tan x - \frac{1}{\cos x} + C.$

方法二　$\int \frac{1}{1+\sin x}dx = \int \frac{dx}{1+\cos\left(\frac{\pi}{2}-x\right)} = -\int \frac{d\left(\frac{\pi}{4}-\frac{x}{2}\right)}{\cos^2\left(\frac{\pi}{4}-\frac{x}{2}\right)} = -\tan\frac{1}{2}\left(\frac{\pi}{2}-x\right) + C.$

例 4.2.18　求不定积分$\int \cos 3x \cos 2x\,dx$.

解　因为

$$\cos A \cos B = \frac{1}{2}[\cos(A-B) + \cos(A+B)],$$

所以

$$\cos 3x \cos 2x = \frac{1}{2}(\cos x + \cos 5x),$$

从而

$$\int \cos 3x \cos 2x\,dx = \frac{1}{2}\int (\cos x + \cos 5x)dx$$

$$= \frac{1}{2}\left[\int \cos x\,dx + \frac{1}{5}\int \cos 5x\,d(5x)\right]$$

$$= \frac{1}{2}\sin x + \frac{1}{10}\sin 5x + C.$$

例 4.2.19　用换元法求不定积分$\int \frac{\sin x + \cos x}{\sqrt[3]{\sin x - \cos x}}dx$.

解　$\int \frac{\sin x + \cos x}{\sqrt[3]{\sin x - \cos x}}dx = \int (\sin x - \cos x)^{-\frac{1}{3}} d(\sin x - \cos x)$

$$= \frac{3}{2}\sqrt[3]{(\sin x - \cos x)^2} + C = \frac{3}{2}\sqrt[3]{1-\sin 2x} + C.$$

例 4.2.20　求不定积分 $\int \frac{x^2-1}{x^4+1}\mathrm{d}x$.

解　因为

$$\frac{x^2-1}{x^4+1}\mathrm{d}x=\frac{1-\frac{1}{x^2}}{x^2+\frac{1}{x^2}}\mathrm{d}x=\frac{\mathrm{d}\left(x+\frac{1}{x}\right)}{\left(x+\frac{1}{x}\right)^2-2},$$

所以

$$\int \frac{x^2-1}{x^4+1}\mathrm{d}x=\int \frac{\mathrm{d}\left(x+\frac{1}{x}\right)}{\left(x+\frac{1}{x}\right)^2-2}=\frac{1}{2\sqrt{2}}\ln\left|\frac{x+\frac{1}{x}-\sqrt{2}}{x+\frac{1}{x}+\sqrt{2}}\right|+C=\frac{1}{2\sqrt{2}}\ln\left|\frac{x^2-\sqrt{2}x+1}{x^2+\sqrt{2}x+1}\right|+C.$$

二、常用凑微分公式

常用凑微分公式见表 4-2-1.

表 4-2-1

	积分类型	换元公式
第一换元积分法	$\int f(ax+b)\mathrm{d}x=\frac{1}{a}\int f(ax+b)\mathrm{d}(ax+b)\quad(a\neq 0)$	$u=ax+b$
	$\int f(x^\mu)x^{\mu-1}\mathrm{d}x=\frac{1}{\mu}\int f(x^\mu)\mathrm{d}(x^\mu)\quad(\mu\neq 0)$	$u=x^\mu$
	$\int f(\ln x)\cdot\frac{1}{x}\mathrm{d}x=\int f(\ln x)\mathrm{d}(\ln x)$	$u=\ln x$
	$\int f(\mathrm{e}^x)\cdot\mathrm{e}^x\mathrm{d}x=\int f(\mathrm{e}^x)\mathrm{d}(\mathrm{e}^x)$	$u=\mathrm{e}^x$
	$\int f(a^x)\cdot a^x\mathrm{d}x=\frac{1}{\ln a}\int f(a^x)\mathrm{d}(a^x)$	$u=a^x$
	$\int f(\sin x)\cdot\cos x\mathrm{d}x=\int f(\sin x)\mathrm{d}(\sin x)$	$u=\sin x$
	$\int f(\cos x)\cdot\sin x\mathrm{d}x=-\int f(\cos x)\mathrm{d}(\cos x)$	$u=\cos x$
	$\int f(\tan x)\cdot\sec^2 x\mathrm{d}x=\int f(\tan x)\mathrm{d}(\tan x)$	$u=\tan x$
	$\int f(\cot x)\cdot\csc^2 x\mathrm{d}x=-\int f(\cot x)\mathrm{d}(\cot x)$	$u=\cot x$
	$\int f(\arctan x)\frac{1}{1+x^2}\mathrm{d}x=\int f(\arctan x)\mathrm{d}(\arctan x)$	$u=\arctan x$
	$\int f(\arcsin x)\frac{1}{\sqrt{1-x^2}}\mathrm{d}x=-\int f(\arcsin x)\mathrm{d}(\arcsin x)$	$u=\arcsin x$

★ 习题 4－2

(A)

求下列不定积分：

(1) $\int \frac{1}{(3-2x)^2}\mathrm{d}x$； (2) $\int \frac{1}{\sqrt{2-3x}}\mathrm{d}x$； (3) $\int x\mathrm{e}^{-x^2}\mathrm{d}x$；

(4) $\int x^2\sin x^3\mathrm{d}x$； (5) $\int \frac{\sqrt{4+\ln(1+x)}}{1+x}\mathrm{d}x$； (6) $\int \frac{1}{x(1+2\ln x)}\mathrm{d}x$；

(7) $\int \frac{\mathrm{e}^x}{\sqrt{1-\mathrm{e}^{2x}}}\mathrm{d}x$； (8) $\int \frac{\sin x}{\cos^2 x}\mathrm{d}x$； (9) $\int \frac{\arctan x}{1+x^2}\mathrm{d}x$；

(10) $\int \frac{1}{\sqrt{1-x^2}\arcsin x}\mathrm{d}x$； (11) $\int \frac{1}{x^2+2x+2}\mathrm{d}x$； (12) $\int \frac{1}{x^2-3x+2}\mathrm{d}x$；

(13) $\int \frac{6x}{3x+2}\mathrm{d}x$； (14) $\int \frac{1}{9x^2+4}\mathrm{d}x$； (15) $\int \frac{1}{\mathrm{e}^{-x}+\mathrm{e}^x}\mathrm{d}x$；

(16) $\int \frac{1}{1-\mathrm{e}^x}\mathrm{d}x$； (17) $\int \frac{1}{\sqrt{16-9x^2}}\mathrm{d}x$； (18) $\int \frac{1+x}{\sqrt{1-x^2}}\mathrm{d}x$；

(19) $\int \frac{\arctan\sqrt{x}}{\sqrt{x}(1+x)}\mathrm{d}x$； (20) $\int \frac{\ln\tan x}{\cos x\sin x}\mathrm{d}x$； (21) $\int \frac{\sin\sqrt{x}}{\sqrt{x}}\mathrm{d}x$；

(22) $\int \frac{1}{x^2-8x+25}\mathrm{d}x$； (23) $\int \sqrt{\frac{\ln(x+\sqrt{1+x^2})}{1+x^2}}\mathrm{d}x$； (24) $\int \frac{x^2}{(x-1)^{100}}\mathrm{d}x$.

(B)

1. 设 $f(x)$ 的一个原函数是 x^2，则 $\int xf(1-x^2)\mathrm{d}x=($　　$)$.

A. $\frac{1}{2}(1-x^2)^2+C$　　B. $(1-x^2)^2+C$

C. $-\frac{1}{2}(1-x^2)^2+C$　　D. $2(1-x^2)^2+C$

2. 设 $\int f(x)\mathrm{d}x=x^2\mathrm{e}^x+C$，则 $f(x)=($　　$)$.

A. $(2x+x^2)\mathrm{e}^x$　　B. $x^2\mathrm{e}^x$　　C. $(2x+x^2)\mathrm{e}^x+C$　　D. $x^3\mathrm{e}^x$

3. $\int \cot^2 x\,\mathrm{d}x=($　　$)$.

A. $\csc^2 x+x+C$　　B. $\csc^2 x+C$

C. $\cot x-x+C$　　D. $-\cot x-x+C$

4. $\int \frac{1}{x^2+4}\mathrm{d}x=($　　$)$.

A. $\frac{1}{2}\operatorname{arccot}\frac{x}{2}+C$　　B. $\ln(x^2+4)+C$

C. $\frac{1}{2}\arctan\frac{x}{2}+C$　　D. $\arctan\frac{x}{2}+C$

5. $\int\sin^2 x\cos x\,dx=($　　$)$.

A. $\frac{1}{3}\sin^3 x+C$　　B. $3\sin^3 x+C$

C. $-\frac{1}{3}\sin^3 x+C$　　D. $-3\sin^3 x+C$

6. $\int\tan x(\tan x-\sec x)dx=($　　$)$.

A. $\tan x-x+\sec x+C$　　B. $\tan x-x-\sec x+C$

C. $-\tan x-x-\sec x+C$　　D. $\tan x+x-\sec x+C$

7. $\int\left(\frac{1}{e^{2x}}+1\right)de^x=($　　$)$.

A. $-e^{-x}+e^x+C$　　B. $e^{-2x}+e^x+C$

C. $2e^{2x}+e^x+C$　　D. $e^{-x}-e^x+C$

8. $\int\frac{dx}{\sqrt{2-3x}}=($　　$)$.

A. $(2-3x)^{\frac{1}{2}}+C$　　B. $-\frac{2}{3}(2-3x)^{\frac{1}{2}}+C$

C. $\frac{1}{3}(2-3x)^{\frac{1}{2}}+C$　　D. $-\frac{2}{3}(2-3x)^{-\frac{1}{2}}+C$

9. $\int\frac{1}{\sqrt{4-9x^2}}dx=($　　$)$.

A. $\frac{2}{3}\arcsin\frac{3}{2}x+C$　　B. $\frac{1}{3}\arcsin\frac{2}{3}x+C$

C. $\frac{1}{3}\arcsin\frac{3}{2}x+C$　　D. $\frac{2}{3}\arcsin\frac{2}{3}x+C$

10. $\int\frac{x^2}{2+x^3}dx=($　　$)$.

A. $\frac{1}{3}\ln|2+x^3|+C$　　B. $\arctan\frac{1}{2}x^{\frac{3}{2}}+C$

C. $\ln|2+x^3|+C$　　D. $\arctan\frac{1}{2}x^{\frac{2}{3}}+C$

4.3　第二类换元积分法

一、第二类换元积分法(变量代换法)

第一类换元积分法是将所要求的不定积分$\int g(x)dx$“凑成”$\int f[\varphi(x)]\varphi'(x)dx$，通过

变量代换 $u=\varphi(x)$，化为易求的积分 $\int f(u)\mathrm{d}u$. 有时我们也会遇到相反的情形，适当地选择变量代换 $x=\psi(u)$，将不定积分 $\int f(x)\mathrm{d}x$ 化为易求的积分 $\int f[\psi(u)]\psi'(u)\mathrm{d}u$，这种方法称为第二类换元积分法.

定理 4.3.1(第二类换元积分法)　设 $x=\psi(u)$ 具有连续的导数，且 $\psi'(u)\neq 0$，若

$$\int f[\psi(u)]\psi'(u)\mathrm{d}u=\Phi(u)+C,$$

则

$$\int f(x)\mathrm{d}x=\Phi[\psi^{-1}(x)]+C,$$

其中，$u=\psi^{-1}(x)$ 是 $x=\psi(u)$ 的反函数.

使用第二类换元积分法公式的关键是合理地选择变量代换 $x=\psi(u)$，在具体计算时，形式上可写成

$$\int f(x)\mathrm{d}x \xlongequal{\text{令 } x=\varphi(u)} \int f[\psi(u)]\psi'(u)\mathrm{d}u \xlongequal{\text{设可积出}} \Phi(u)+C$$

$$\xlongequal{\text{回代 } u=\psi^{-1}(x)} \Phi[\psi^{-1}(x)]+C.$$

例 4.3.1　求不定积分 $\int \frac{x}{\sqrt[3]{3x+1}}\mathrm{d}x$.

解　令 $t=\sqrt[3]{3x+1}$，则 $x=\frac{t^3-1}{3}$，$\mathrm{d}x=t^2\mathrm{d}t$，从而

$$\int \frac{x}{\sqrt[3]{3x+1}}\mathrm{d}x=\int \frac{t^3-1}{3t}t^2\mathrm{d}t=\frac{1}{3}\int (t^4-t)\mathrm{d}t=\frac{1}{3}\left(\frac{t^5}{5}-\frac{t^2}{2}\right)+C$$

$$=\frac{1}{15}(3x+1)^{\frac{5}{3}}-\frac{1}{6}(3x+1)^{\frac{2}{3}}+C.$$

例 4.3.2　求不定积分 $\int \frac{1}{\sqrt{x}(1+\sqrt[3]{x})}\mathrm{d}x$.

方法：当被积函数含有两种或两种以上的根式 $\sqrt[k]{x}$，…，$\sqrt[l]{x}$ 时，可令 $\sqrt[n]{x}=t$（n 为各根指数的最小公倍数）.

解　令 $\sqrt[6]{x}=t$，则 $x=t^6$，$\mathrm{d}x=6t^5\mathrm{d}t$，从而

$$\int \frac{1}{\sqrt{x}(1+\sqrt[3]{x})}\mathrm{d}x=\int \frac{6t^5}{t^3(1+t^2)}\mathrm{d}t=\int \frac{6t^2}{1+t^2}\mathrm{d}t=6\int \frac{t^2+1-1}{1+t^2}\mathrm{d}t$$

$$=6\int\left(1-\frac{1}{1+t^2}\right)\mathrm{d}t=6(t-\arctan t)+C$$

$$=6(\sqrt[6]{x}-\arctan\sqrt[6]{x})+C.$$

例 4.3.3　求不定积分 $\int \frac{1}{x}\sqrt{\frac{x+1}{x-1}}\mathrm{d}x$.

解　令 $t=\sqrt{\frac{x+1}{x-1}}$，则 $x=\frac{t^2+1}{t^2-1}$，$\mathrm{d}x=\frac{-4t\mathrm{d}t}{(t^2-1)^2}$，从而

$$\int \frac{1}{x}\sqrt{\frac{x+1}{x-1}}\,\mathrm{d}x = -4\int \frac{t^2\,\mathrm{d}t}{(t^2+1)(t^2-1)} = \int\left(\frac{1}{t+1} - \frac{1}{t-1} - \frac{2}{t^2+1}\right)\mathrm{d}t$$
$$= \ln\left|\frac{t+1}{t-1}\right| - 2\arctan t + C$$
$$= \ln\left(\sqrt{\frac{x+1}{x-1}}+1\right) - \ln\left|\sqrt{\frac{x+1}{x-1}}-1\right| - 2\arctan\sqrt{\frac{x+1}{x-1}} + C.$$

例 4.3.4 求不定积分$\int \frac{1}{\sqrt{1+\mathrm{e}^x}}\mathrm{d}x$.

解 令 $t=\sqrt{1+\mathrm{e}^x}$，则 $\mathrm{e}^x=t^2-1$，$x=\ln(t^2-1)$，$\mathrm{d}x=\frac{2t\,\mathrm{d}t}{t^2-1}$，从而

$$\int \frac{1}{\sqrt{1+\mathrm{e}^x}}\mathrm{d}x = \int \frac{2}{t^2-1}\mathrm{d}t = \int\left(\frac{1}{t-1} - \frac{1}{t+1}\right)\mathrm{d}t = \ln\left|\frac{t-1}{t+1}\right| + C$$
$$= 2\ln(\sqrt{1+\mathrm{e}^x}-1) - x + C.$$

注：当被积函数中含有$\sqrt[n]{ax+b}$时，可令$\sqrt[n]{ax+b}=t$；当被积函数中含有$\sqrt[n]{\frac{ax+b}{cx+d}}$ $\left(\frac{a}{c}\neq\frac{b}{d}\right)$时，可令$\sqrt[n]{\frac{ax+b}{cx+d}}=t$.

例 4.3.5 求不定积分$\int \sqrt{a^2-x^2}\,\mathrm{d}x$ $(a>0)$.

解 令 $x=a\sin t$（见图 4-3-1），$t\in\left(-\frac{\pi}{2},\frac{\pi}{2}\right)$，则 $\mathrm{d}x=a\cos t\,\mathrm{d}t$，而

$$\sqrt{a^2-x^2}=\sqrt{a^2-a^2\sin^2 t}=a\cos t,$$

于是

$$\int \sqrt{a^2-x^2}\,\mathrm{d}x = \int a\cos t\cdot a\cos t\,\mathrm{d}t = a^2\int\cos^2 t\,\mathrm{d}t = a^2\int\frac{1+\cos 2t}{2}\mathrm{d}t$$
$$= \frac{a^2}{2}\left(t+\frac{1}{2}\sin 2t\right)+C = \frac{a^2}{2}(t+\sin t\cdot\cos t)+C = \frac{a^2}{2}(t+\sin t\cdot\sqrt{1-\sin^2 t})+C$$
$$= \frac{a^2}{2}\left[\frac{x}{a}\cdot\sqrt{1-\left(\frac{x}{a}\right)^2}+\arcsin\frac{x}{a}\right]+C$$
$$= \frac{x}{2}\cdot\sqrt{a^2-x^2}+\frac{a^2}{2}\arcsin\frac{x}{a}+C.$$

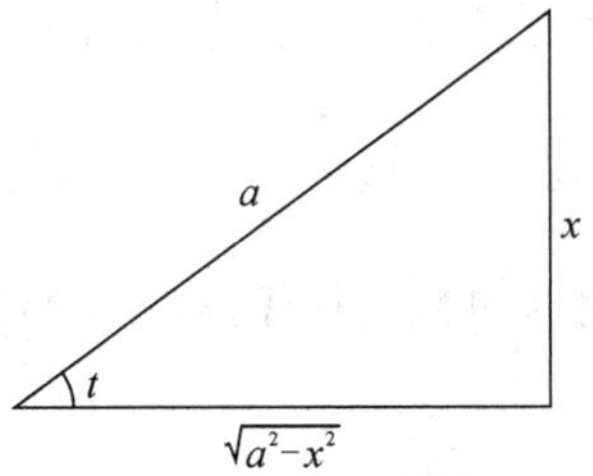

图 4-3-1

例 4.3.6　求不定积分$\int \frac{1}{\sqrt{x^2+a^2}}\mathrm{d}x$ $(a>0)$.

解　令 $x=a\tan t$(见图 4-3-2)，$t\in\left(-\frac{\pi}{2},\frac{\pi}{2}\right)$，则 $\mathrm{d}x=a\sec^2 t\mathrm{d}t$，于是

$$\int \frac{1}{\sqrt{x^2+a^2}}\mathrm{d}x=\int \frac{1}{a\sec t}\cdot a\sec^2 t\mathrm{d}t=\int \sec t\mathrm{d}t=\ln|\sec t+\tan t|+C_1$$

$$=\ln\left|\frac{x}{a}+\frac{\sqrt{x^2+a^2}}{a}\right|+C_1=\ln\left|x+\sqrt{x^2+a^2}\right|+C.$$

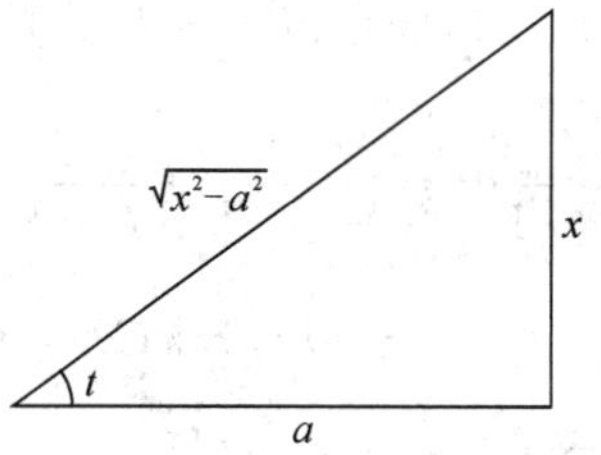

图 4-3-2

例 4.3.7　求不定积分$\int \frac{1}{\sqrt{x^2-a^2}}\mathrm{d}x$ $(a>0)$.

解　令 $x=a\sec t$(见图 4-3-3)，$t\in\left(0,\frac{\pi}{2}\right)$，则

$$\mathrm{d}x=a\sec t\cdot\tan t\mathrm{d}t,$$

于是

$$\int \frac{1}{\sqrt{x^2-a^2}}\mathrm{d}x=\int \frac{a\sec t\cdot\tan t}{a\tan t}\mathrm{d}t=\int \sec t\mathrm{d}t=\ln|\sec t+\tan t|+C_1$$

$$=\ln\left|\frac{x}{a}+\frac{\sqrt{x^2-a^2}}{a}\right|+C_1=\ln\left|x+\sqrt{x^2-a^2}\right|+C.$$

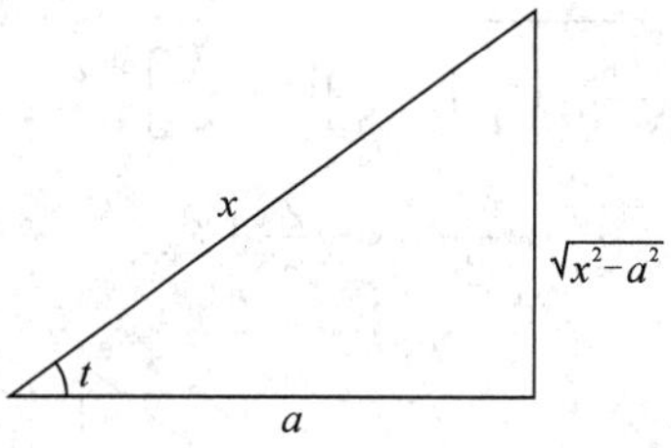

图 4-3-3

注：例 4.3.5～4.3.7 所使用的均为三角代换，三角代换的目的是化掉根式，其一般规律如下：

当被积函数中含有$\sqrt{a^2-x^2}$时，可令 $x=a\sin t$；含有$\sqrt{a^2+x^2}$时，可令 $x=a\tan t$；含有$\sqrt{x^2-a^2}$时，可令 $x=a\sec t$.

例 4.3.8　求不定积分$\int 2e^x\sqrt{1-e^{2x}}\,dx$.

解　设 $e^x=\sin t$，则 $e^x dx=\cos t dt$，于是

$$\int 2e^x\sqrt{1-e^{2x}}\,dx=2\int\cos^2 t\,dt=\int(1+\cos 2t)\,dt=t+\frac{1}{2}\sin 2t+C$$

$$=t+\cos t\cdot\sin t+C=\arcsin e^x+e^x\sqrt{1-e^{2x}}+C.$$

例 4.3.9　求不定积分$\int x^3\sqrt{4-x^2}\,dx$.

解　令 $x=2\sin t$，$t\in\left(-\frac{\pi}{2},\frac{\pi}{2}\right)$，则 $dx=2\cos t dt$，于是

$$\int x^3\sqrt{4-x^2}\,dx=\int(2\sin t)^3\sqrt{4-4\sin^2 t}\cdot 2\cos t\,dt=\int 32\sin^3 t\cos^2 t\,dt$$

$$=32\int\sin t(1-\cos^2 t)\cos^2 t\,dt=-32\int(\cos^2 t-\cos^4 t)\,d(\cos t)$$

$$=-32\left(\frac{1}{3}\cos^3 t-\frac{1}{5}\cos^5 t\right)+C$$

$$=-\frac{4}{3}(\sqrt{4-x^2})^3+\frac{1}{5}(\sqrt{4-x^2})^5+C.$$

例 4.3.10　求不定积分$\int\frac{1}{x(x^7+2)}dx$.

解　令 $x=\frac{1}{t}$，则 $dx=-\frac{1}{t^2}dt$，于是

$$\int\frac{1}{x(x^7+2)}dx=\int\frac{t}{\left(\frac{1}{t}\right)^7+2}\cdot\left(-\frac{1}{t^2}\right)dt=-\int\frac{t^6}{1+2t^7}dt$$

$$=-\frac{1}{14}\int\frac{1}{1+2t^7}d(1+2t^7)=-\frac{1}{14}\ln|1+2t^7|+C$$

$$=-\frac{1}{14}\ln\left|\frac{x^7+2}{x^7}\right|+C=-\frac{1}{14}\ln|2+x^7|+\frac{1}{2}\ln|x|+C.$$

注：当有理分式函数中分母的幂次较高时，常采用倒代换 $x=\frac{1}{t}$.

二、基本积分公式表的补充

本节中几个例题的结果通常可以直接使用，现把它们作为公式补充到 4.1 节的基本积分公式表中.

(14) $\int\tan x\,dx=-\ln|\cos x|+C$；

(15) $\int\cot x\,dx=\ln|\sin x|+C$；

(16) $\int\sec x\,dx=\ln|\sec x+\tan x|+C$；

(17) $\int \csc x\,dx = \ln|\csc x - \cot x| + C$；

(18) $\int \frac{1}{a^2+x^2}dx = \frac{1}{a}\arctan\frac{x}{a} + C\ (a>0)$；

(19) $\int \frac{1}{x^2-a^2}dx = \frac{1}{2a}\ln\left|\frac{x-a}{x+a}\right| + C\ (a>0)$；

(20) $\int \frac{1}{\sqrt{a^2-x^2}}dx = \arcsin\frac{x}{a} + C\ (a>0)$；

(21) $\int \frac{1}{\sqrt{x^2\pm a^2}}dx = \ln\left|x+\sqrt{x^2\pm a^2}\right| + C\ (a>0)$；

(22) $\int \sqrt{a^2-x^2}\,dx = \frac{x}{2}\cdot\sqrt{a^2-x^2} + \frac{a^2}{2}\arcsin\frac{x}{a} + C\ (a>0)$.

★ 习题 4－3

(A)

1. 第一类换元积分法(即凑微分法)与第二类换元积分法的区别是什么？
2. 求下列不定积分：

(1) $\int \frac{1}{x+\sqrt{x}}dx$； (2) $\int \frac{1}{1-\sqrt{2x+1}}dx$； (3) $\int \frac{\sqrt{1-x^2}}{x^2}dx$；

(4) $\int \frac{\sqrt{x^2-1}}{x}dx$； (5) $\int \frac{1}{x\sqrt{1+x^2}}dx$； (6) $\int \frac{1}{x(x^6+1)}dx$.

(B)

1. 求 $\int \sqrt{2-x^2}\,dx$ 时，为了去掉被积函数中的根号，可作变量代换 $x=$(　　).

A. $\sqrt{2}\sin t$　　B. $2\tan t$　　C. $2\cot t$　　D. $\sqrt{2}\tan t$

2. 求 $\int \frac{1}{\sqrt{x^2+4}}dx$ 时，为了去掉被积函数中的根号，可作变量代换 $x=$(　　).

A. $2\sin t$　　B. $2\tan t$　　C. $2\cot t$　　D. $\sqrt{2}\tan t$

3. 求 $\int \frac{1}{\sqrt{x^2-9}}dx$ 时，为了去掉被积函数中的根号，可作变量代换 $x=$(　　).

A. $3\sin t$　　B. $3\tan t$　　C. $3\sec t$　　D. $3\csc t$

4. 求 $\int \frac{1}{\sqrt[3]{x}+\sqrt{x}}dx$ 时，为了去掉被积函数中的根号，可作变量代换(　　).

A. $\sqrt{x}=t$　　B. $\sqrt[3]{x}=t$　　C. $\sqrt[6]{x}=t$　　D. $\sqrt[3]{x}+\sqrt{x}=t$

5. 在求 $\int x^2\sqrt[3]{1-x}\,dx$ 时，为使被积函数有理化，可作变量代换(　　).

A. $x=\sin t$　　B. $x=\tan t$　　C. $x=\sec t$　　D. $t=\sqrt[3]{1-x}$

6. 经过变换 $x=\tan t$，$\int\sqrt{1+x^2}\,dx=($　　$)$.

A. $\int\sec t\,dt$　　B. $\int\sec^3 t\,dt$　　C. $\int\frac{\sec t}{1+t^2}dt$　　D. $-\int\sec^3 t\,dt$

7. 求$\int\frac{\sqrt{x^2-a^2}}{x}dx$ 时，令 $x=a\sec t$，则与此积分相同的是(　　).

A. $\int a\tan^2 t\,dt$　　B. $\int\frac{a\tan^2 t}{\sec t}dt$　　C. $\int a^2\tan^2 t\,dt$　　D. $\int a^2\tan^2 t\sec t\,dt$

8. $\int\frac{x-4}{\sqrt{x}+2}dx=($　　$)$.

A. $2\sqrt{x}-2x+C$　　B. $\frac{1}{2\sqrt{x}}-2x+C$　　C. $\frac{2}{3}x^{\frac{3}{2}}-2x+C$　　D. $\frac{2}{3}x^{\frac{3}{2}}-2\sqrt{x}+C$

9. $\int\frac{1}{\sqrt{4x^2-9}}dx=($　　$)$.

A. $\ln\left|2x+\sqrt{4x^2-9}\right|+C$　　B. $\frac{1}{3}\ln\left|2x+\sqrt{4x^2-9}\right|+C$

C. $\frac{1}{2}\ln\left|2x+\sqrt{4x^2-9}\right|+C$　　D. $\ln\left|2x-\sqrt{4x^2-9}\right|+C$

10. $\int\frac{1}{\sqrt{1+9x^2}}dx=($　　$)$.

A. $\ln\left|3x+\sqrt{1+9x^2}\right|+C$　　B. $\ln\left|3x-\sqrt{1+9x^2}\right|+C$

C. $\frac{1}{3}\ln\left|x+\sqrt{1+9x^2}\right|+C$　　D. $\frac{1}{3}\ln\left|3x+\sqrt{1+9x^2}\right|+C$

4.4　分部积分法

分部积分是针对解决某些被积函数是两类不同函数乘积的不定积分，它是由两个函数的乘积的求导法则推得的一种求积分的基本方法.

设函数 $u(x)$，$v(x)$均有连续的导数，由

$$(uv)'=u'v+uv'$$

得

$$uv'=(uv)'-u'v.$$

两边对 x 求不定积分，得

$$\int uv'\,dx=uv-\int u'v\,dx,$$

或写为

$$\int u\,dv=uv-\int v\,du.$$

分部积分法实质上就是求两函数乘积的导数(或微分)的逆运算. 一般地，下列类型的被积函数常考虑应用分部积分法(其中 m，n 都是正整数).

$$x^n\sin mx,\quad x^n\cos mx,$$
$$e^{nx}\sin mx,\quad e^{nx}\cos mx,$$
$$x^n e^{mx},\quad x^n(\ln x),$$
$$x^n\arcsin mx,\quad x^n\arccos mx,\quad x^n\arctan mx \text{ 等}.$$

例 4.4.1 求不定积分$\int x\cos x\,dx$.

解 方法一 令 $u=\cos x$, $v'=x$, 则 $v=\frac{1}{2}x^2$, 于是

$$\int x\cos x\,dx=\int\cos x\,d\left(\frac{x^2}{2}\right)=\frac{x^2}{2}\cos x+\int\frac{x^2}{2}\sin x\,dx.$$

显然, u, v'选择不当, 积分更难进行.

方法二 令 $u=x$, $v'=\cos x$, 则 $v=\sin x$, 于是

$$\int x\cos x\,dx=\int x\,d(\sin x)=x\sin x-\int\sin x\,dx=x\sin x+\cos x+C.$$

例 4.4.2 求不定积分$\int x^2e^x\,dx$.

解 令 $u=x^2$, $v'=e^x$, 则 $v=e^x$, 于是

$$\begin{aligned}\int x^2e^x\,dx&=\int x^2d(e^x)=x^2e^x-2\int xe^x\,dx=x^2e^x-2\int x\,d(e^x)\\&=x^2e^x-2(xe^x-e^x)+C.\end{aligned}$$

注: 若被积函数是幂函数(指数为正整数)与指数函数或正(余)弦函数的乘积, 则可设幂函数为 u, 而将其余部分凑微分进入微分号, 使得应用分部积分公式后, 幂函数的幂次降低一次.

例 4.4.3 求不定积分$\int x\arctan x\,dx$.

解 令 $u=\arctan x$, $v'=x$, 则 $v=\frac{1}{2}x^2$, 于是

$$\begin{aligned}\int x\arctan x\,dx&=\int\arctan x\,d\left(\frac{x^2}{2}\right)=\frac{x^2}{2}\arctan x-\int\frac{x^2}{2}d(\arctan x)\\&=\frac{x^2}{2}\arctan x-\int\frac{x^2}{2}\cdot\frac{1}{1+x^2}dx\\&=\frac{x^2}{2}\arctan x-\int\frac{1}{2}\cdot\left(1-\frac{1}{1+x^2}\right)dx\\&=\frac{x^2}{2}\arctan x-\frac{1}{2}(x-\arctan x)+C.\end{aligned}$$

例 4.4.4 求不定积分$\int x^3\ln x\,dx$.

解 令 $u=\ln x$, $v'=x^3$, 则 $v=\frac{1}{4}x^4$, 于是

$$\int x^3\ln x\,dx=\int\ln x\,d\left(\frac{x^4}{4}\right)=\frac{1}{4}x^4\ln x-\frac{1}{4}\int x^3\,dx=\frac{1}{4}x^4\ln x-\frac{1}{16}x^4+C.$$

注: 若被积函数是幂函数与对数函数或反三角函数的乘积, 则可设对数函数或反三角

函数为 u，而将幂函数凑微分进入微分号，使得应用分部积分公式后，对数函数或反三角函数消失.

例 4.4.5　求不定积分$\int e^x \sin x\,dx$.

解　因为

$$\begin{aligned}\int e^x \sin x\,dx &= \int \sin x\,d(e^x) = e^x \sin x - \int e^x\,d(\sin x) = e^x \sin x - \int e^x \cos x\,dx \\ &= e^x \sin x - \int \cos x\,d(e^x) = e^x \sin x - \left[e^x \cos x - \int e^x\,d(\cos x)\right] \\ &= e^x(\sin x - \cos x) - \int e^x \sin x\,dx,\end{aligned}$$

所以

$$\int e^x \sin x\,dx = \frac{e^x}{2}(\sin x - \cos x) + C.$$

注：若被积函数是指数函数与正(余)弦函数的乘积，则 u，v'可随意选取，但在两次分部积分中，必须选用同类型的 u，以便经过两次分部积分后产生循环式，从而解出所求积分.

例 4.4.6　求不定积分$\int \sin(\ln x)\,dx$.

解　因为

$$\begin{aligned}\int \sin(\ln x)\,dx &= x\sin(\ln x) - \int x\,d[\sin(\ln x)] \\ &= x\sin(\ln x) - \int x\cos(\ln x)\cdot\frac{1}{x}\,dx \\ &= x\sin(\ln x) - x\cos(\ln x) + \int x\,d[\cos(\ln x)] \\ &= x[\sin(\ln x) - \cos(\ln x)] - \int \sin(\ln x)\,dx,\end{aligned}$$

所以

$$\int \sin(\ln x)\,dx = \frac{x}{2}[\sin(\ln x) - \cos(\ln x)] + C.$$

灵活应用分部积分法，可以解决许多不定积分的计算问题. 下面再举一些例子，请读者悉心体会其解题方法.

例 4.4.7　求不定积分$\int \sec^3 x\,dx$.

解　$$\begin{aligned}\int \sec^3 x\,dx &= \int \sec x\,d(\tan x) = \sec x\tan x - \int \sec x\tan^2 x\,dx \\ &= \sec x\tan x - \int \sec x(\sec^2 x - 1)\,dx \\ &= \sec x\tan x - \int \sec^3 x\,dx + \int \sec x\,dx \\ &= \sec x\tan x + \ln|\sec x + \tan x| - \int \sec^3 x\,dx.\end{aligned}$$

由于上式右端的第三项就是所求的积分$\int \sec^3 x\,dx$，把它移到等号左端去，再两端各除以 2，便得

$$\int \sec^3 x\,dx = \frac{1}{2}(\sec x \tan x + \ln|\sec x + \tan x|) + C.$$

例 4.4.8　求不定积分$\int \frac{\arcsin\sqrt{x}}{\sqrt{1-x}}dx$.

解　$$\int \frac{\arcsin\sqrt{x}}{\sqrt{1-x}}dx = -2\int \arcsin\sqrt{x}\,d(\sqrt{1-x})$$

$$= -2\sqrt{1-x}\arcsin\sqrt{x} + 2\int \sqrt{1-x}\,d(\arcsin\sqrt{x})$$

$$= -2\sqrt{1-x}\arcsin\sqrt{x} + \int \frac{\sqrt{1-x}}{\sqrt{x}\sqrt{1-x}}dx$$

$$= -2\sqrt{1-x}\arcsin\sqrt{x} + 2\sqrt{x} + C.$$

例 4.4.9　求不定积分$\int \ln(1+\sqrt{x})dx$.

解　令 $t=\sqrt{x}$，则 $x=t^2$，于是

$$\int \ln(1+\sqrt{x})dx = \int \ln(1+t)dt^2 = t^2\ln(1+t) - \int t^2 d[\ln(1+t)]$$

$$= t^2\ln(1+t) - \int \frac{t^2}{1+t}dt$$

$$= t^2\ln(1+t) - \int (t-1)dt - \int \frac{dt}{1+t}$$

$$= t^2\ln(1+t) - \frac{t^2}{2} + t - \ln(1+t) + C$$

$$= (x-1)\ln(1+\sqrt{x}) + \sqrt{x} - \frac{x}{2} + C.$$

例 4.4.10　求不定积分$\int \frac{e^{x^{\frac{1}{3}}}}{\sqrt[3]{x}}dx$.

解　令 $x=t^3$，则 $dx=3t^2dt$，于是

$$I = \int \frac{e^t}{t}\cdot 3t^2 dt = 3\int te^t dt = 3\int t\,d(e^t) = 3te^t - 3e^t + C = 3(\sqrt[3]{x}-1)e^{x^{\frac{1}{3}}} + C.$$

例 4.4.11　求不定积分 $I_n = \int \frac{dx}{(x^2+a^2)^n}$，其中 n 为正整数.

解　用分部积分法，当 $n>1$ 时，有

$$\int \frac{dx}{(x^2+a^2)^{n-1}} = \frac{x}{(x^2+a^2)^{n-1}} + 2(n-1)\int \frac{x^2}{(x^2+a^2)^n}dx$$

$$= \frac{x}{(x^2+a^2)^{n-1}} + 2(n-1)\int \left[\frac{1}{(x^2+a^2)^{n-1}} - \frac{a^2}{(x^2+a^2)^n}\right]dx,$$

即

$$I_{n-1}=\frac{x}{(x^2+a^2)^{n-1}}+2(n-1)(I_{n-1}-a^2I_n),$$

于是

$$I_n=\frac{1}{2a^2(n-1)}\left[\frac{x}{(x^2+a^2)^{n-1}}+(2n-3)I_{n-1}\right].$$

以此作递推公式，并由 $I_1=\frac{1}{a}\arctan\frac{x}{a}+C$，即可得 I_n.

例 4.4.12　已知 $f(x)$ 的一个原函数是 e^{-x^2}，求 $\int xf'(x)dx$.

解　因为

$$\int xf'(x)dx=\int x\,d[f(x)]=xf(x)-\int f(x)dx,$$

根据题意 $\int f(x)dx=e^{-x^2}+C$，再注意到 $\left[\int f(x)dx\right]'=f(x)$，两边同时对 x 求导，得 $f(x)=-2xe^{-x^2}$，所以

$$\int xf'(x)dx=xf(x)-\int f(x)dx=-2x^2e^{-x^2}-e^{-x^2}+C.$$

★ 习题 4-4

(A)

1. 求下列不定积分：

(1) $\int x\sin x\,dx$；　(2) $\int x\ln x\,dx$；　(3) $\int \arccos x\,dx$；

(4) $\int e^x\sin 2x\,dx$；　(5) $\int \cos(\ln x)dx$；　(6) $\int xe^{-x}dx$；

(7) $\int x^2\arctan x\,dx$；　(8) $\int \ln^2 x\,dx$；　(9) $\int x^2\cos^2\frac{x}{2}dx$；

(10) $\int \frac{\ln(\ln x)}{x}dx$；　(11) $\int e^{\sqrt{x}}dx$.

2. 已知 $f(x)$ 的一个原函数是 $\frac{\sin x}{x}$，求 $\int xf'(x)dx$.

3. 已知 $f(x)=\frac{e^x}{x}$，求 $\int xf''(x)dx$.

(B)

1. $\int x\,d(\sin x)=($　　$)$.

A. $x\sin x+\cos x+C$　　B. $x\sin x+x+C$

C. $x\sin x+C$　　D. $x\sin x+\sin x+C$

2. $\int x\,\mathrm{d}e^{-x}=($　　$)$.

A. $-xe^{-x}+C$　　B. $(x-1)e^{-x}+C$

C. $(x+1)e^{-x}+C$　　D. $(1-x)e^{-x}+C$

3. $\int \ln x\,\mathrm{d}x=($　　$)$.

A. $x\ln x+1+C$　　B. $x\ln x-x+C$

C. $x\ln x+x+C$　　D. $\ln x+x+C$

4. 设$\csc^2 x$ 是 $f(x)$ 的一个原函数，则$\int xf(x)\mathrm{d}x=($　　$)$.

A. $x\csc^2 x-\cot x+C$　　B. $x\csc^2 x+\cot x+C$

C. $-x\csc^2 x-\cot x+C$　　D. $-x\cot x+\cot x+C$

5. 设 $u=u(x)$和 $v=v(x)$都是连续的导函数，则(　　).

A. $\int u'\mathrm{d}v=uv-\int v'\mathrm{d}u$　　B. $\int uv'\mathrm{d}x=uv+\int u'v\mathrm{d}x$

C. $\int u\mathrm{d}v=uv-\int v\mathrm{d}u$　　D. $\int uv\mathrm{d}x=uv+\int uv'\mathrm{d}x$

6. $\int \frac{\ln x}{\sqrt{x}}\mathrm{d}x=($　　$)$.

A. $2\sqrt{x}\ln x-4\sqrt{x}+C$　　B. $x\ln x-\frac{\sqrt{x}}{2}+C$

C. $\sqrt{x}\ln x-2\sqrt{x}+C$　　D. $\frac{2\ln x}{\sqrt{x}}-2\sqrt{x}+C$

7. $\int x\sqrt{x}\ln 3x\,\mathrm{d}x=($　　$)$.

A. $\frac{5}{2}x^{\frac{5}{2}}\left(\ln 3x-\frac{2}{5}\right)+C$　　B. $\frac{2}{5}x^{\frac{1}{2}}\left(x^2-\frac{1}{3}\right)+C$

C. $\frac{2}{5}x^{\frac{5}{2}}\left(\ln 3x-\frac{2}{5}\right)+C$　　D. $\frac{3}{2}x\ln 3x+\frac{\sqrt{x}}{3}+C$

8. $\int \arcsin x\,\mathrm{d}x=($　　$)$.

A. $x\arcsin x+\frac{1}{2}\arcsin x+C$　　B. $x\arcsin x+\arcsin x+C$

C. $x\arcsin x+2\arcsin x+C$　　D. $x\arcsin x+\sqrt{1-x^2}+C$

9. $\int x\,\mathrm{d}f'(x)=($　　$)$.

A. $xf'(x)-f(x)+C$　　B. $xf'(x)+f(x)+C$

C. $xf(x)-f'(x)+C$　　D. $xf(x)+f'(x)+C$

10. $\int xf''(x)\mathrm{d}x=($　　$)$.

A. $xf(x)+f'(x)+C$　　B. $xf(x)-f'(x)+C$

C. $xf'(x)+f(x)+C$　　D. $xf'(x)-f(x)+C$

章节测试四

一、填空题：

1. 设 $f(x)$ 的一个原函数为 $\dfrac{1}{x}$，则 $f'(x)=$________.

2. 设 $f(x)$ 的一个原函数为 $\dfrac{\ln x}{x}$，则 $\int xf''(x)\mathrm{d}x=$________.

3. $\int\left(\dfrac{1}{\cos^2 x}-1\right)\mathrm{d}(\cos x)=$________.

4. 已知 $\int f\left(\dfrac{1}{\sqrt{x}}\right)\mathrm{d}x=x^2+C$，则 $\int f(x)\mathrm{d}x=$________.

5. 要使 $\int\dfrac{\ln kx}{x}\mathrm{d}x=\ln|x|+\dfrac{1}{2}\ln^2|x|+C$，则 $k=$________.

二、设 $f(x)$ 的一个原函数为 e^{-x^2}，求 $f'(x)$，$\int xf'(x)\mathrm{d}x$.

三、求下列不定积分：

(1) $\int\dfrac{\sqrt{x^3}-\sqrt{x}}{4\sqrt[4]{x}}\mathrm{d}x$；

(2) $\int\dfrac{x(1-x^2)}{1+x^4}\mathrm{d}x$；

(3) $\int\dfrac{1+\cos x}{1+\sin x}\mathrm{d}x$；

(4) $\int\dfrac{1}{\sqrt{1-x^2}(\arcsin x)^2}\mathrm{d}x$；

(5) $\int\dfrac{\sqrt{1+\cos x}}{\sin x}\mathrm{d}x$；

(6) $\int\dfrac{\cos^2 x}{\sin x}\mathrm{d}x$；

(7) $\int\dfrac{x}{(x^2-1)^{\frac{3}{2}}}\mathrm{d}x$；

(8) $\int\dfrac{\ln(1+x)}{(1+x)^2}\mathrm{d}x$；

(9) $\int\sin x\ln(\tan x)\mathrm{d}x$；

(10) $\int xf''(x)\mathrm{d}x$.

四、设质点作变速直线运动，b 为不等于零的常数.

(1) 若质点的运动方程为 $s(t)=\operatorname{arccot}(bt)$，求 $t=1$ 时质点的速度；

(2) 若质点的运动速度为 $v(t)=\arctan(bt)$，求质点的运动方程 $s=s(t)$.

五、设函数 $f(x)$ 当 $x=1$ 时有极小值，当 $x=-1$ 时有极大值 4，又 $f'(x)=3x^2+bx+c$，求函数 $f(x)$.

第5章　定　积　分

本章要介绍的定积分是积分学的另一个侧面. 定积分起源于求图形的面积和体积等实际问题. 古希腊的阿基米德用“穷竭法”，我国的刘徽用“割圆术”，都曾计算过一些几何体的面积和体积，这些均为定积分的雏形. 直到17世纪中叶，牛顿和莱布尼茨先后提出了定积分的概念，并发现了积分与微分之间的内在联系，给出了计算定积分的一般方法，从而使定积分成为解决有关实际问题的有力工具，并使各自独立的微分学与积分学联系在一起，构成完整的理论体系——微积分学.

5.1　定积分的概念与性质

本节从几何问题引入定积分的定义，然后讨论定积分的性质.

一、定积分的概念

1. 曲边梯形的面积

设函数 $y=f(x)\geqslant 0$，且在$[a, b]$上连续. 由曲线 $y=f(x)$，直线 $x=a$，$x=b$ 及 x 轴所围成的平面图形(见图 5-1-1)，称为曲边梯形，现在我们计算它的面积 A.

如果 $f(x)$在$[a, b]$上是常数，则曲边梯形是一个矩形，其面积容易求出，而现在 $f(x)$是一条弧，由于该弧段上每一点的高度是不同的，因而不能用初等几何的方法解决. 但是，如果我们把底边分割成若干小段，并在每个分点作垂直于 x 轴的直线，这样就将整个曲边梯形分成若干个小曲边梯形，对于每一个小曲边梯形来讲，由于底边很小，高度变化也不大，因此可以小曲边梯形底边上任一点的函数值为高，作一个小矩形，用矩形面积近似代替小曲边梯形的面积(见图 5-1-2). 显然，只要曲边梯形底边分割得越细，小矩形的面积与相应的小曲边梯形的面积就越接近，所有小矩形面积之和也就越逼近原来的曲边梯形的面积 A. 因此我们可以应用极限求曲边梯形的面积 A. 其具体步骤如下：

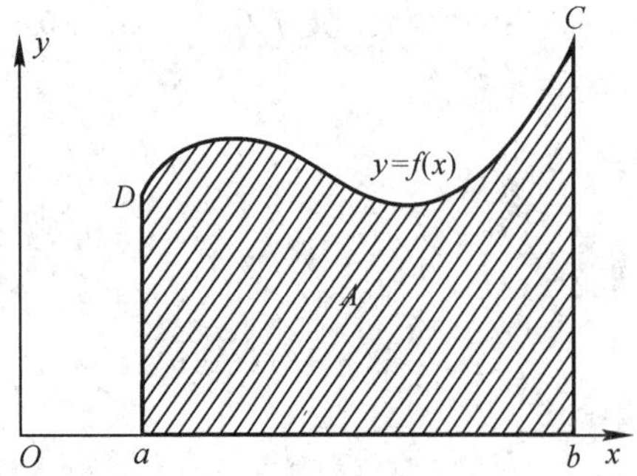

图 5-1-1

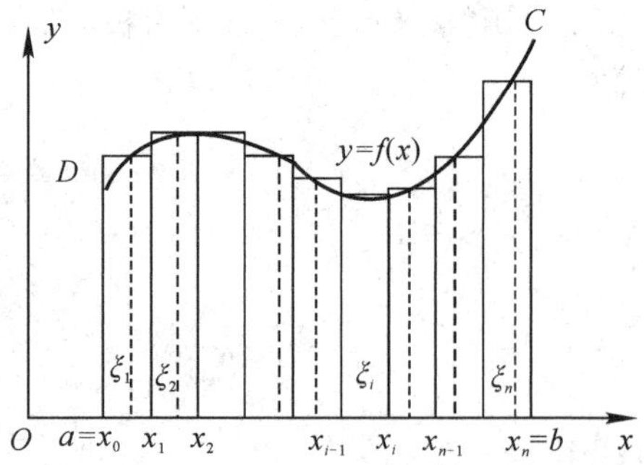

图 5-1-2

(1) 分割. 在区间$[a, b]$中任意插入分点$x_1, x_2, \cdots, x_{n-1}$, 且

$$a=x_0<x_1<x_2\cdots<x_{n-1}<x_n=b,$$

这些分点将$[a, b]$分成n个小区间$[x_{i-1}, x_i]$ $(i=1, 2, \cdots, n)$,
小区间$[x_{i-1}, x_i]$的长度记为$\Delta x_i=x_i-x_{i-1}$, $i=1, 2, \cdots, n$.
过各分点作垂直于x轴的直线, 曲边梯形就相应地分成n个小曲边梯形. 记第i个小曲边梯形面积为$\Delta A_i(i=1, 2, \cdots, n)$, 于是曲边梯形的面积$A=\sum\limits_{i=1}^{n}\Delta A_i$.

(2) 近似. 在每个小区间$[x_{i-1}, x_i]$上任取一点$\xi_i(x_{i-1}\leqslant\xi_i\leqslant x_i)$, 以$f(\xi_i)$为高、$\Delta x_i$为底的小矩形面积$f(\xi_i)\Delta x_i$作为小曲边梯形的面积$\Delta A_i$的近似值. 即

$$\Delta A_i\approx f(\xi_i)\Delta x_i(i=1, 2, \cdots, n).$$

(3) 求和. 曲边梯形面积A的近似值为

$$A=\sum_{i=1}^{n}\Delta A_i\approx\sum_{i=1}^{n}f(\xi_i)\Delta x_i.$$

(4) 取极限. 为了保证所有小区间长度都无限缩小, 只需要求所有小区间长度中最大值趋于零. 若记$\lambda=\max\{\Delta x_1, \Delta x_2, \cdots, \Delta x_n\}$, 则上述条件表示为$\lambda\to 0$. 因此当$\lambda\to 0$时(这时小区间的个数$n$无限增多, 即$n\to\infty$), 若$\sum\limits_{i=1}^{n}f(\xi_i)\Delta x_i$的极限存在, 则称此极限为曲边梯形的面积$A$, 即

$$A=\lim_{\lambda\to 0}\sum_{i=1}^{n}f(\xi_i)\Delta x_i.$$

2. 定积分的概念

定义 5.1.1 设$f(x)$在$[a, b]$上有界, 在$[a, b]$中任意插入若干个分点:

$$a=x_0<x_1<x_2<\cdots<x_{n-1}<x_n=b,$$

把区间$[a, b]$分割成n个小区间:

$$[x_0, x_1], [x_1, x_2], \cdots, [x_{n-1}, x_n],$$

各小区间的长度依次为

$$\Delta x_1=x_1-x_0, \Delta x_2=x_2-x_1, \cdots, \Delta x_n=x_n-x_{n-1}.$$

在每个小区间$[x_{i-1}, x_i]$上任取一点$\xi_i(x_{i-1}\leqslant\xi_i\leqslant x_i)$, 作函数值$f(\xi_i)$与小区间长度$\Delta x_i$的乘积$f(\xi_i)\Delta x_i(i=1, 2, \cdots, n)$, 并作和式

$$S_n=\sum_{i=1}^{n}f(\xi_i)\Delta x_i,$$

记$\lambda=\max\{\Delta x_1, \Delta x_2, \cdots, \Delta x_n\}$, 如果不论对$[a, b]$怎样划分, 也不论在小区间$[x_{i-1}, x_i]$上点$\xi_i$怎样选取, 只要当$\lambda\to 0$时, 和$S_n$总趋于确定的极限$I$, 我们就称这个极限$I$为函数$f(x)$在区间$[a, b]$上的定积分, 记为

$$\int_a^b f(x)\mathrm{d}x=I=\lim_{\lambda\to 0}\sum_{i=1}^{n}f(\xi_i)\Delta x_i,$$

其中$f(x)$叫作**被积函数**, $f(x)\mathrm{d}x$叫作**被积表达式**, x叫作**积分变量**, $[a, b]$叫作**积分区间**.

关于定积分的定义有下面三点说明：

(1) 在定积分的定义中，区间$[a, b]$的分法是任意的，ξ_i 的取法是任意的.

(2) 定积分是一种和式的极限，其值是一个实数，它的大小仅与积分区间和被积函数有关，而与积分变量用什么记号表示无关，即

$$\int_a^b f(x)\mathrm{d}x=\int_a^b f(t)\mathrm{d}t.$$

(3) 在定积分的定义中，我们曾假设 $a<b$，为运用方便，现作两点规定：

① 如果 $b<a$，则$\int_a^b f(x)\mathrm{d}x=-\int_b^a f(x)\mathrm{d}x$.

② $\int_a^a f(x)\mathrm{d}x=0$.

如果函数 $f(x)$在$[a, b]$上的定积分存在，则称 $f(x)$在$[a, b]$上可积. 那么，在什么条件下 $f(x)$在$[a, b]$上可积呢？

定理 5.1.1 若函数 $f(x)$在$[a, b]$上连续，则 $f(x)$在$[a, b]$上可积.

定理 5.1.2 若函数 $f(x)$在$[a, b]$上有界，且只有有限个间断点，则 $f(x)$在$[a, b]$上可积.

* **例 5.1.1** 利用定积分的定义计算定积分$\int_0^1 x^2\mathrm{d}x$.

解 因为函数 $f(x)=x^2$ 在$[0, 1]$上连续，所以函数 $f(x)=x^2$ 在$[0, 1]$上可积，从而定积分的值与区间$[0, 1]$的分法及 ξ_i 的取法无关. 为便于计算，将$[0, 1]$$n$等分(见图 5－1－3)，则

$$\lambda=\Delta x_i=\frac{1}{n}.$$

于是 $\lambda\to 0\Leftrightarrow n\to\infty$；取每个小区间的右端点 ξ_i，则 $\xi_i=\frac{i}{n}(i=1, 2, \cdots, n)$，故

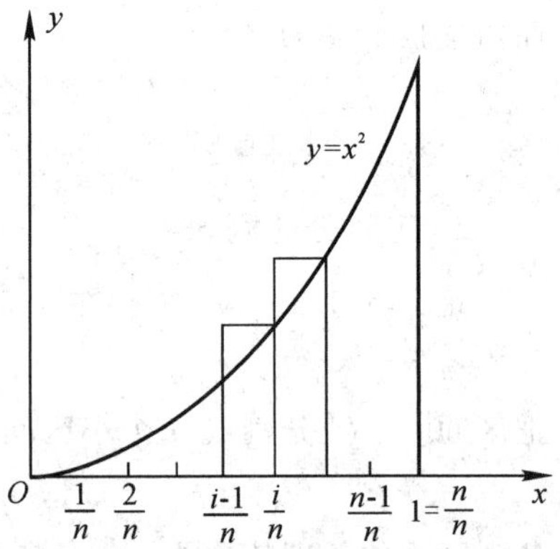

图 5－1－3

$$\begin{aligned}\int_0^1 x^2\mathrm{d}x&=\lim_{\lambda\to 0}\sum_{i=1}^n f(\xi_i)\Delta x_i=\lim_{\lambda\to 0}\sum_{i=1}^n \xi_i^2\Delta x_i\\&=\lim_{n\to\infty}\sum_{i=1}^n\left(\frac{i}{n}\right)^2\cdot\frac{1}{n}=\lim_{n\to\infty}\frac{1}{n^3}\sum_{i=1}^n i^2\\&=\lim_{n\to\infty}\frac{1}{n^3}(1^2+2^2+3^2+\cdots+n^2)\\&=\lim_{n\to\infty}\frac{1}{n^3}\cdot\frac{n(n+1)(2n+1)}{6}\\&=\lim_{n\to\infty}\frac{1}{6}\left(1+\frac{1}{n}\right)\left(2+\frac{1}{n}\right)=\frac{1}{3}.\end{aligned}$$

3. 定积分的几何意义

如果把定积分$\int_a^b f(x)\mathrm{d}x$ 中的被积函数 $y=f(x)$ 理解为曲边梯形的曲边方程，那么由前面曲边梯形面积的讨论，可以得到定积分的几何意义如下：

(1) 如果在$[a, b]$上$f(x)\geqslant 0$，则定积分$\int_a^b f(x)\mathrm{d}x$在几何上表示由曲线$y=f(x)$，直线$x=a$，$x=b$及x轴所围成的曲边梯形的面积(见图 5-1-4)．即

$$\int_a^b f(x)\mathrm{d}x = A.$$

(2) 如果在$[a, b]$上$f(x)\leqslant 0$，则定积分$\int_a^b f(x)\mathrm{d}x$在几何上表示由曲线$y=f(x)$，直线$x=a$，$x=b$及x轴所围成的曲边梯形的面积的负值(见图 5-1-5)．即

$$\int_a^b f(x)\mathrm{d}x = -A.$$

(3) 如果在$[a, b]$上$f(x)$既取得正值又取得负值，则定积分$\int_a^b f(x)\mathrm{d}x$在几何上表示介于x轴、曲线$y=f(x)$及直线$x=a$，$x=b$之间的各部分面积的代数和(见图5-1-6)．即

$$\int_a^b f(x)\mathrm{d}x = A_1 - A_2 + A_3.$$

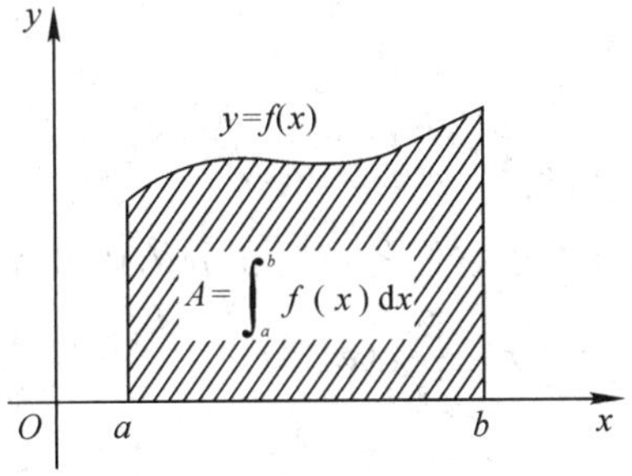

图 5-1-4

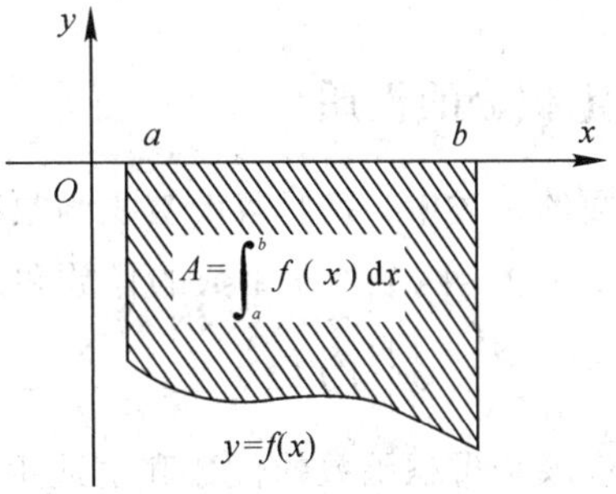

图 5-1-5

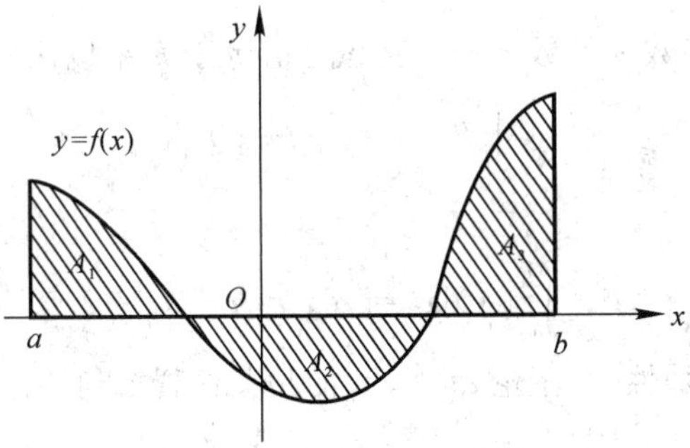

图 5-1-6

例 5.1.2　利用定积分的几何意义计算定积分$\int_a^b x\,\mathrm{d}x\ (0<a<x<b)$的值．

解　因为在$[a, b]$上$f(x)>0$，则由定积分的几何意义可知，计算所给的定积分就相当于计算由$y=x$，$x=a$，$x=b$及x轴所围成的梯形的面积(见图 5-1-7)．利用梯形面积公式，这个梯形面积为

$$A=\frac{1}{2}(a+b)(b-a)=\frac{1}{2}(b^2-a^2),$$

即得

$$\int_a^b x\,\mathrm{d}x=\frac{1}{2}(b^2-a^2).$$

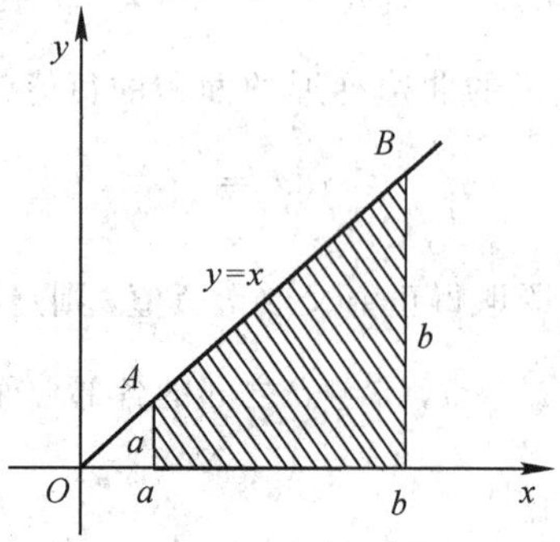

图 5-1-7

二、定积分的性质

在下面的论述中，我们假设被积函数都是连续的.

性质 5.1.1 两个可积函数的代数和的定积分等于它们各自定积分的代数和，即

$$\int_a^b [f(x)\pm g(x)]\mathrm{d}x=\int_a^b f(x)\mathrm{d}x\pm\int_a^b g(x)\mathrm{d}x.$$

此性质对有限个可积函数的代数和也适用.

性质 5.1.2 可积函数中的常数因子可以提到积分号外，即

$$\int_a^b kf(x)\mathrm{d}x=k\int_a^b f(x)\mathrm{d}x\ (k\text{ 为常数}).$$

性质 5.1.3 被积函数为常数 k 时，其积分值等于 k 乘以区间的长度，即

$$\int_a^b k\,\mathrm{d}x=k(b-a).$$

特别地，如 $k=1$，即

$$\int_a^b 1\cdot\mathrm{d}x=\int_a^b \mathrm{d}x=b-a.$$

性质 5.1.4(区间可加性) 不论 a，b，c 的相关位置如何，总有

$$\int_a^b f(x)\mathrm{d}x=\int_a^c f(x)\mathrm{d}x+\int_c^b f(x)\mathrm{d}x.$$

性质 5.1.5(比较性质) 若在区间 $[a, b]$ 上有 $f(x)\leqslant g(x)$，则

$$\int_a^b f(x)\mathrm{d}x\leqslant\int_a^b g(x)\mathrm{d}x\quad(a<b).$$

推论 5.1.1 若在区间 $[a, b]$ 上 $f(x)\geqslant 0$，则

$$\int_a^b f(x)\mathrm{d}x\geqslant 0\quad(a<b).$$

推论 5.1.2　$\left|\int_a^b f(x)\mathrm{d}x\right| \leqslant \int_a^b |f(x)|\mathrm{d}x \ (a<b)$.

性质 5.1.6(估值定理)　设 M 及 m 分别是函数 $f(x)$ 在区间 $[a, b]$ 上的最大值及最小值(见图 5-1-8)，则

$$m(b-a) \leqslant \int_a^b f(x)\mathrm{d}x \leqslant M(b-a).$$

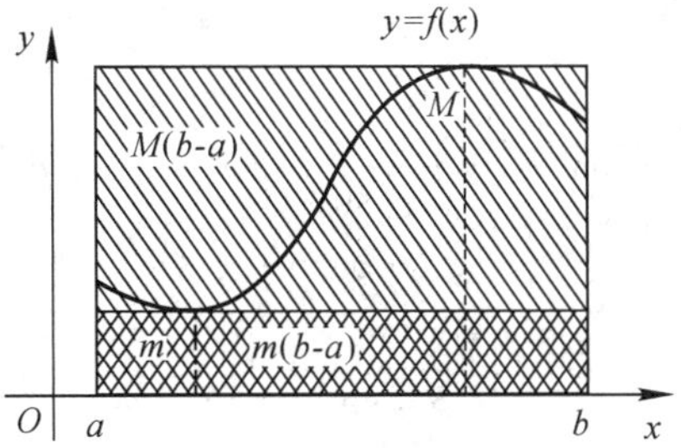

图 5-1-8

性质 5.1.7(定积分中值定理)　如果函数 $f(x)$ 在闭区间 $[a, b]$ 上连续，则在 $[a, b]$ 上至少存在一个点 ξ，使得

$$\int_a^b f(x)\mathrm{d}x = f(\xi)(b-a) \quad (a \leqslant \xi \leqslant b).$$

当 $f(x) \geqslant 0$ 时，积分中值定理有如下几何解释：

在 $[a, b]$ 上至少存在一点 ξ，使得以 $[a, b]$ 为底，曲线 $y=f(x)$ 为曲边的曲边梯形面积等于以 $[a, b]$ 为底，$f(\xi)$ 为高的矩形面积(见图 5-1-9)．通常称 $f(\xi)$ 为该曲边梯形在 $[a, b]$ 上的“平均高度”，也称它为 $f(x)$ 在 $[a, b]$ 上的平均值.

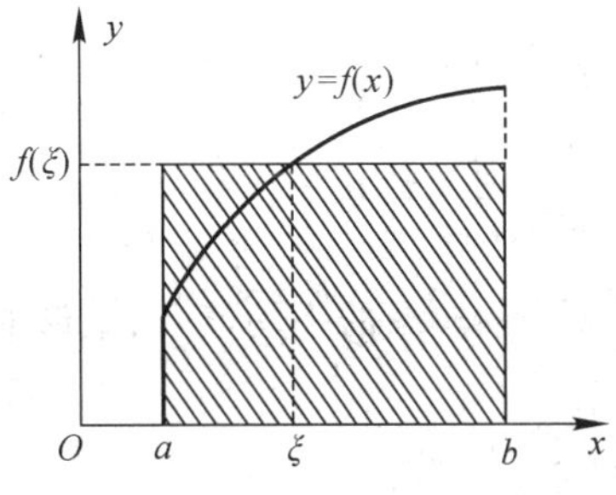

图 5-1-9

例 5.1.3　比较 $\int_0^{-2} \mathrm{e}^x \mathrm{d}x$ 和 $\int_0^{-2} x\mathrm{d}x$ 的大小.

解　令 $f(x)=\mathrm{e}^x - x$，$x \in [-2, 0]$，因为 $f(x) > 0$，所以

$$\int_{-2}^0 (\mathrm{e}^x - x)\mathrm{d}x > 0,$$

所以

$$\int_{-2}^0 \mathrm{e}^x \mathrm{d}x > \int_{-2}^0 x\mathrm{d}x,$$

于是

$$\int_0^{-2} e^x \mathrm{d}x < \int_0^{-2} x \mathrm{d}x.$$

例 5.1.4　估计积分$\int_0^{\pi} \frac{1}{3+\sin^3 x}\mathrm{d}x$ 的值.

解　令 $f(x)=\frac{1}{3+\sin^3 x}$，$x\in[0,\pi]$，因为 $0\leqslant\sin^3 x\leqslant 1$，所以 $\frac{1}{4}\leqslant\frac{1}{3+\sin^3 x}\leqslant\frac{1}{3}$，从而

$$\int_0^{\pi} \frac{1}{4}\mathrm{d}x \leqslant \int_0^{\pi} \frac{1}{3+\sin^3 x}\mathrm{d}x \leqslant \int_0^{\pi} \frac{1}{3}\mathrm{d}x,$$

于是

$$\frac{\pi}{4} \leqslant \int_0^{\pi} \frac{1}{3+\sin^3 x}\mathrm{d}x \leqslant \frac{\pi}{3}.$$

例 5.1.5　设 $f(x)$ 可导，且 $\lim\limits_{x\to+\infty} f(x)=1$，求 $\lim\limits_{x\to+\infty}\int_x^{x+2} t\sin\frac{3}{t}f(t)\mathrm{d}t$.

解　由定积分中值定理知存在 $\xi\in[x, x+2]$，使得

$$\int_x^{x+2} t\sin\frac{3}{t}f(t)\mathrm{d}t = \xi\sin\frac{3}{\xi}f(\xi)(x+2-x),$$

故

$$\lim_{x\to+\infty}\int_x^{x+2} t\sin\frac{3}{t}f(t)\mathrm{d}t = 2\lim_{\xi\to+\infty}\xi\sin\frac{3}{\xi}f(\xi) = 2\lim_{\xi\to+\infty}3f(\xi)=6.$$

例 5.1.6　求函数 $f(x)=4-x$ 在$[0, 3]$上的平均值及在该区间上 $f(x)$恰取这个值的点.

解　$f(x)$在$[0, 3]$上的平均值为

$$\frac{1}{b-a}\int_a^b f(x)\mathrm{d}x = \frac{1}{3-0}\int_0^3 (4-x)\mathrm{d}x = \frac{5}{2}.$$

当 $4-x=\frac{5}{2}$时，得到 $x=\frac{3}{2}$，即函数在 $x=\frac{3}{2}$处的值等于它在$[0, 3]$上的平均值.

注意：底为$[0, 3]$、高为$\frac{5}{2}$($y=4-x$ 的平均值)的矩形的面积等于 $f(x)$与两坐标轴以及 $x=3$ 围成的梯形的面积(见图 5-1-10).

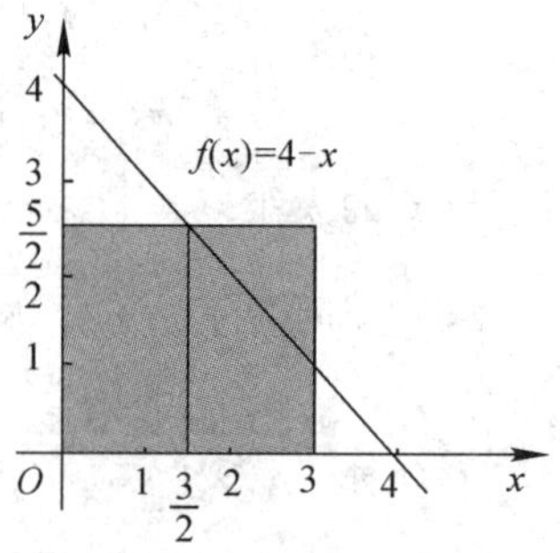

图 5-1-10

★ 习题 5 - 1

(A)

1. 利用定积分的几何意义求下列定积分的值：

(1) $\int_{-1}^{1}|x|\mathrm{d}x$；　(2) $\int_{-\pi}^{\pi}\sin x\mathrm{d}x$；　(3) $\int_{0}^{a}\sqrt{a^2-x^2}\mathrm{d}x\ (a>0)$.

2. 试用定积分表示由 $y=x^2+1$，直线 $x=-1$，$x=2$ 和 x 轴所围成的曲边梯形的面积 A.

3. 已知 $\int_{2}^{3}f(x)\mathrm{d}x=2$，$\int_{2}^{3}[f(x)]^2\mathrm{d}x=3$，求定积分$\int_{2}^{3}[4f(x)+3]^2\mathrm{d}x$.

4. 比较下列定积分的大小：

(1) $\int_{1}^{2}x\mathrm{d}x$ 与$\int_{1}^{2}x^2\mathrm{d}x$；　(2) $\int_{1}^{2}\ln x\mathrm{d}x$ 与$\int_{1}^{2}(\ln x)^2\mathrm{d}x$.

5. 估计下列定积分的值：

(1) $\int_{0}^{1}\mathrm{e}^x\mathrm{d}x$；　(2) $\int_{1}^{4}(x^2+1)\mathrm{d}x$.

(B)

1. 函数 $f(x)$在区间$[a,b]$上有界且只有有限个间断点是函数 $f(x)$在区间$[a,b]$上可积的(　　).

A. 充要条件　B. 无关条件　C. 必要条件　D. 充分条件

2. 定积分$\int_{a}^{b}f(x)\mathrm{d}x$ 的几何意义是(　　).

A. $y=f(x)$，$x=a$，$x=b$ 及 x 轴所围成的曲边梯形的面积

B. $y=f(x)$，$x=a$，$x=b$ 及 x 轴所围成的所有曲边梯形的面积的和

C. $y=f(x)$，$x=a$，$x=b$ 及 x 轴所围成各部分面积的代数和

D. $y=f(x)$，$x=a$，$x=b$ 及 x 轴所围成的曲边梯形的面积的负值

3. 定积分的值与哪些因素无关？(　　).

A. 积分区间的位置　B. 积分变量的符号

C. 积分区间的长度　D. 被积函数

4. 函数 $f(x)$在区间$[a,b]$上连续是函数 $f(x)$在区间$[a,b]$上可积的(　　).

A. 充要条件　B. 无关条件　C. 必要条件　D. 充分条件

5. 设函数 $f(x)$ 仅在区间$[0,3]$上可积，则必有$\int_{0}^{2}f(x)\mathrm{d}x=($　　$)$.

A. $\int_{0}^{-1}f(x)\mathrm{d}x+\int_{-1}^{2}f(x)\mathrm{d}x$　B. $\int_{0}^{4}f(x)\mathrm{d}x+\int_{4}^{2}f(x)\mathrm{d}x$

C. $\int_{0}^{3}f(x)\mathrm{d}x+\int_{3}^{2}f(x)\mathrm{d}x$　D. $\int_{0}^{1}f(x)\mathrm{d}x+\int_{2}^{1}f(x)\mathrm{d}x$

6. $\int_{0}^{2}|x-1|\mathrm{d}x=($　　$)$.

A. 4　B. 1　C. 0　D. 2

7. $\int_{-1}^{3} 3\mathrm{d}x=($　　$)$.

A. 4　　B. 6　　C. 8　　D. 12

8. 下列定积分比较，正确的是(　　).

A. $\int_{1}^{2}\ln x\,\mathrm{d}x<\int_{1}^{2}(\ln x)^{2}\mathrm{d}x$　　B. $\int_{0}^{1}x^{2}\mathrm{d}x<\int_{0}^{1}x^{3}\mathrm{d}x$

C. $\int_{-2}^{0}\mathrm{e}^{x}\mathrm{d}x<\int_{-2}^{0}x\,\mathrm{d}x$　　D. $\int_{1}^{2}\mathrm{e}^{x}\mathrm{d}x<\int_{1}^{2}\mathrm{e}^{x^{2}}\mathrm{d}x$

9. 下列各式中，正确的是(　　).

A. $0\leqslant\int_{0}^{1}\mathrm{e}^{x^{2}}\mathrm{d}x\leqslant 1$　　B. $1\leqslant\int_{0}^{1}\mathrm{e}^{x^{2}}\mathrm{d}x\leqslant \mathrm{e}$

C. $\mathrm{e}\leqslant\int_{0}^{1}\mathrm{e}^{x^{2}}\mathrm{d}x\leqslant \mathrm{e}^{2}$　　D. 以上都不对

10. 已知 $f(x)$ 在区间$[a, b]$上连续，则$\int_{a}^{b}f(x)\mathrm{d}x-\int_{a}^{b}f(t)\mathrm{d}t($　　$)$.

A. 等于零　　B. 小于零　　C. 大于零　　D. 不确定

5.2 微积分基本公式

积分学中要解决两个问题：第一个问题是原函数的求法问题，我们在前面已经对它做了讨论；第二个问题是定积分的计算问题. 如果我们要按定积分的定义来计算定积分，那将是十分困难的. 因此寻求一种计算定积分的有效方法便成为积分学发展的关键. 我们知道，不定积分作为原函数的概念与定积分作为积分和式的极限的概念是完全不相干的两个概念. 但是，牛顿和莱布尼茨不仅发现而且找到了这两个概念之间存在着深刻的内在联系，即所谓的“微积分基本定理”，并由此巧妙地开辟了求定积分的新途径——牛顿-莱布尼茨公式，从而使积分学与微分学一起构成变量数学的基础学科——微积分学.

一、变速直线运动中位置函数与速度函数的联系

设物体作变速直线运动，其速度 $v=v(t)$ 在时间间隔$[T_1, T_2]$中经过的路程为 $s=\int_{T_1}^{T_2}v(t)\mathrm{d}t$. 另一方面，假若能找到路程 s 与时间 t 的函数 $s(t)$，则此函数在$[T_1, T_2]$上的改变量 $s(T_2)-s(T_1)$ 就是物体在这段时间间隔中所经过的路程，于是可得

$$\int_{T_1}^{T_2}v(t)\mathrm{d}t=s(T_2)-s(T_1).$$

$s'(t)=v(t)$，即 $s(t)$是 $v(t)$的原函数，因此求变速运动的物体在时间间隔$[T_1, T_2]$中所经过的路程就转化为寻求 $v(t)$的原函数 $s(t)$在$[T_1, T_2]$上的改变量.

这个实际问题的结论是否具有普遍性呢？ 就是说，函数 $f(x)$ 在区间$[a, b]$上的定积分$\int_{a}^{b}f(x)\mathrm{d}x$ 是否等于$f(x)$ 的原函数 $F(x)$ 在$[a, b]$上的改变量 $F(b)-F(a)$ 呢？ 在解决这个问题之前，我们先讨论原函数的存在问题.

二、积分上限的函数及其导数

设函数 $f(x)$在区间$[a, b]$上连续，x 是$[a, b]$上的一点，则由

$$\Phi(x)=\int_a^x f(t)\mathrm{d}t$$

所确定的函数(见图 5-2-1)，称为积分上限的函数(也称为变上限定积分). 这个函数具有下面重要的性质.

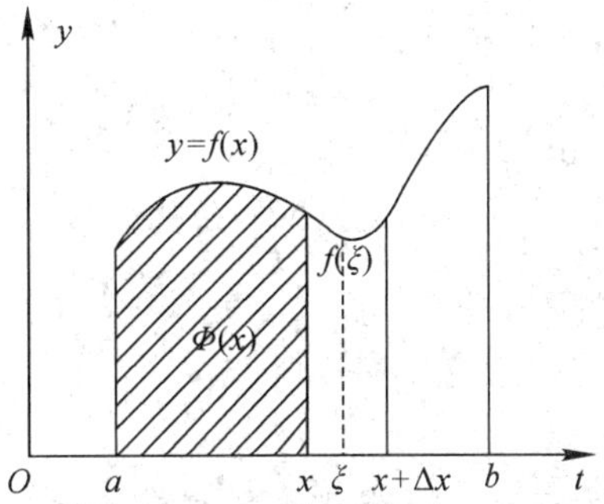

图 5-2-1

定理 5.2.1　如果函数 $f(x)$在$[a,b]$上连续，则积分上限的函数

$$\Phi(x)=\int_a^x f(t)\mathrm{d}t,$$

在$[a,b]$上可导，且

$$\Phi'(x)=\frac{\mathrm{d}}{\mathrm{d}x}\int_a^x f(t)\mathrm{d}t=f(x).$$

证明　设 $x\in[a,b]$，$\Delta x\neq 0$ 且 $x+\Delta x\in[a,b]$，

$$\begin{aligned}\Delta\Phi&=\Phi(x+\Delta x)-\Phi(x)\\&=\int_a^{x+\Delta x}f(t)\mathrm{d}t-\int_a^x f(t)\mathrm{d}t\\&=\int_a^x f(t)\mathrm{d}t+\int_x^{x+\Delta x}f(t)\mathrm{d}t-\int_a^x f(t)\mathrm{d}t\\&=\int_x^{x+\Delta x}f(t)\mathrm{d}t\\&=f(\xi)\Delta x,\ \xi\in[x,x+\Delta x].\end{aligned}$$

因为函数 $f(x)$在点 x 处连续，所以

$$\Phi'(x)=\lim_{\Delta x\to 0}\frac{\Delta\Phi}{\Delta x}=\lim_{\Delta x\to 0}f(\xi)=\lim_{\xi\to x}f(\xi)=f(x),$$

即

$$\Phi'(x)=\frac{\mathrm{d}}{\mathrm{d}x}\int_a^x f(t)\mathrm{d}t=f(x).$$

由定理 5.2.1 可得出所有连续函数都存在原函数，而且一个连续函数作变上限定积分所确定的函数就是它的一个原函数.

定理 5.2.2(原函数存在定理)　如果 $f(x)$ 在$[a,b]$上连续，则 $\Phi(x)=\int_a^x f(t)\mathrm{d}t$ 就是 $f(x)$ 在$[a,b]$上的一个原函数.

这个定理一方面肯定了连续函数的原函数是存在的，另一方面初步揭示了定积分与原函数之间的联系. 因此，有可能利用原函数来计算定积分.

利用复合函数求导法则，可进一步得到下列公式：

(1) $\frac{\mathrm{d}}{\mathrm{d}x}\int_a^{\varphi(x)} f(t)\mathrm{d}t = f[\varphi(x)]\varphi'(x)$；

(2) $\frac{\mathrm{d}}{\mathrm{d}x}\int_{\psi(x)}^{\varphi(x)} f(t)\mathrm{d}t = f[\varphi(x)]\varphi'(x) - f[\psi(x)]\psi'(x)$.

例 5.2.1 求$\frac{\mathrm{d}}{\mathrm{d}x}\left(\int_0^x \cos^2 t\,\mathrm{d}t\right)$.

解 $\frac{\mathrm{d}}{\mathrm{d}x}\left(\int_0^x \cos^2 t\,\mathrm{d}t\right)=\cos^2 x$.

例 5.2.2 求$\frac{\mathrm{d}}{\mathrm{d}x}\left(\int_1^{x^3} \mathrm{e}^{t^2}\,\mathrm{d}t\right)$.

解 这里$\int_1^{x^3} \mathrm{e}^{t^2}\,\mathrm{d}t$是$x^3$的函数，因而是$x$的复合函数. 令$x^3=u$，则$\Phi(u)=\int_1^u \mathrm{e}^{t^2}\,\mathrm{d}t$，根据复合函数求导公式，有

$$\frac{\mathrm{d}}{\mathrm{d}x}\left(\int_1^{x^3} \mathrm{e}^{t^2}\,\mathrm{d}t\right)=\frac{\mathrm{d}}{\mathrm{d}u}\left(\int_1^{u} \mathrm{e}^{t^2}\,\mathrm{d}t\right)\cdot\frac{\mathrm{d}u}{\mathrm{d}x}=\Phi'(u)\cdot 3x^2=\mathrm{e}^{u^2}\cdot 3x^2=3x^2\mathrm{e}^{x^6}.$$

例 5.2.3 设函数$y=y(x)$由方程$\int_0^{y^2} \mathrm{e}^{t^2}\,\mathrm{d}t+\int_x^0 \sin t\,\mathrm{d}t=0$所确定. 求$\frac{\mathrm{d}y}{\mathrm{d}x}$.

解 在方程两边同时对x求导，得

$$\frac{\mathrm{d}}{\mathrm{d}x}\left(\int_0^{y^2} \mathrm{e}^{t^2}\,\mathrm{d}t\right)+\frac{\mathrm{d}}{\mathrm{d}x}\left(\int_x^0 \sin t\,\mathrm{d}t\right)=0,$$

于是

$$\frac{\mathrm{d}}{\mathrm{d}y}\left(\int_0^{y^2} \mathrm{e}^{t^2}\,\mathrm{d}t\right)\cdot\frac{\mathrm{d}y}{\mathrm{d}x}+\frac{\mathrm{d}}{\mathrm{d}x}\left(\int_x^0 \sin t\,\mathrm{d}t\right)=0,$$

即

$$\mathrm{e}^{y^4}\cdot(2y)\cdot\frac{\mathrm{d}y}{\mathrm{d}x}+(-\sin x)=0,$$

故

$$\frac{\mathrm{d}y}{\mathrm{d}x}=\frac{\sin x}{2y\mathrm{e}^{y^4}}.$$

例 5.2.4 求$\lim\limits_{x\to 0}\frac{\int_{\cos x}^1 \mathrm{e}^{-t^2}\,\mathrm{d}t}{x^2}$.

解 这是$\frac{0}{0}$型不定式，可以用洛必达法则计算.

$$\lim_{x\to 0}\frac{\int_{\cos x}^1 \mathrm{e}^{-t^2}\,\mathrm{d}t}{x^2}=\frac{\left(-\int_1^{\cos x} \mathrm{e}^{-t^2}\,\mathrm{d}t\right)'}{(x^2)'}=\lim_{x\to 0}\frac{\sin x\cdot \mathrm{e}^{-\cos^2 x}}{2x}=\frac{1}{2\mathrm{e}}.$$

三、牛顿-莱布尼茨公式

定理 5.2.3 若函数$F(x)$是连续函数$f(x)$在区间$[a, b]$上的一个原函数，则

$$\int_a^b f(x)\mathrm{d}x = F(b) - F(a).$$

证明 因为 $f(x)$ 在 $[a, b]$ 上连续，由定理5.2.2知 $\Phi(x) = \int_a^x f(t)\mathrm{d}t \ (x \in [a, b])$ 也是 $f(x)$ 的一个原函数，因而与 $F(x)$ 相差一个常数，即

$$F(x) - \int_a^x f(t)\mathrm{d}t = C.$$

令 $x = a$，得 $F(a) - \int_a^a f(t)\mathrm{d}t = C$.

因为 $\int_a^a f(t)\mathrm{d}t = 0$，所以 $C = F(a)$.

于是

$$F(x) - \int_a^x f(t)\mathrm{d}t = F(a).$$

再令 $x = b$，得

$$F(b) - \int_a^b f(t)\mathrm{d}t = F(a).$$

即

$$\int_a^b f(t)\mathrm{d}t = F(b) - F(a).$$

因为定积分与积分变量无关，仍用 x 表示积分变量，即得公式

$$\int_a^b f(x)\mathrm{d}x = F(b) - F(a).$$

上述公式称为牛顿-莱布尼茨公式，也称为微积分基本公式.

原函数 $F(x)$ 在 $[a, b]$ 上的改变量 $F(b) - F(a)$ 通常记为 $F(x)\Big|_a^b$，这样牛顿-莱布尼茨公式又可写成

$$\int_a^b f(x)\mathrm{d}x = F(x)\Big|_a^b = F(b) - F(a).$$

牛顿-莱布尼茨公式揭示了定积分与原函数之间的联系，它表明一个连续函数在某一区间上的定积分等于它的任何一个原函数在该区间上的改变量，这就为计算定积分提供了一个简便的方法.

例 5.2.5 求定积分 $\int_0^1 x^2\mathrm{d}x$.

解 因为 $\frac{x^3}{3}$ 是 x^2 的一个原函数，所以由牛顿-莱布尼茨公式，有

$$\int_0^1 x^2\mathrm{d}x = \frac{x^3}{3}\Big|_0^1 = \frac{1}{3} - \frac{0}{3} = \frac{1}{3}.$$

例 5.2.6 求定积分 $\int_{-2}^{-1} \frac{1}{x}\mathrm{d}x$.

解 当 $x < 0$ 时，$\frac{1}{x}$ 的一个原函数是 $\ln|x|$，故

$$\int_{-2}^{-1} \frac{1}{x}\mathrm{d}x = \ln|x|\Big|_{-2}^{-1} = \ln 1 - \ln 2 = -\ln 2.$$

例 5.2.7 设 $f(x)=\begin{cases}2x, & 0\leqslant x\leqslant 1,\\ 5, & 1< x\leqslant 2,\end{cases}$ 求 $\int_0^2 f(x)\mathrm{d}x$.

解 $\int_0^2 f(x)\mathrm{d}x=\int_0^1 f(x)\mathrm{d}x+\int_1^2 f(x)\mathrm{d}x=\int_0^1 2x\,\mathrm{d}x+\int_1^2 5\mathrm{d}x=6.$

例 5.2.8 求定积分 $\int_{-1}^3 |2-x|\mathrm{d}x$.

解 将被积函数改写成分段函数为

$$|2-x|=\begin{cases}2-x, & x\leqslant 2,\\ x-2, & x>2,\end{cases}$$

利用定积分的可加性，得

$$\int_{-1}^3 |2-x|\mathrm{d}x=\int_{-1}^2 (2-x)\mathrm{d}x+\int_2^3 (x-2)\mathrm{d}x$$
$$=\left(2x-\frac{x^2}{2}\right)\Bigg|_{-1}^2+\left(\frac{x^2}{2}-2x\right)\Bigg|_2^3=\frac{9}{2}+\frac{1}{2}=5.$$

例 5.2.9 求定积分 $\int_{-\frac{\pi}{2}}^{\frac{\pi}{3}} \sqrt{1-\cos^2 x}\,\mathrm{d}x$.

解 $\int_{-\frac{\pi}{2}}^{\frac{\pi}{3}} \sqrt{1-\cos^2 x}\,\mathrm{d}x=\int_{-\frac{\pi}{2}}^{\frac{\pi}{3}} \sqrt{\sin^2 x}\,\mathrm{d}x=\int_{-\frac{\pi}{2}}^{\frac{\pi}{3}} |\sin x|\,\mathrm{d}x$

$$=-\int_{-\frac{\pi}{2}}^{0} \sin x\,\mathrm{d}x+\int_0^{\frac{\pi}{3}} \sin x\,\mathrm{d}x=\cos x\Big|_{-\frac{\pi}{2}}^{0}-\cos x\Big|_0^{\frac{\pi}{3}}=\frac{3}{2}.$$

例 5.2.10 计算由曲线 $y=\sin x(x\in[0,\pi])$ 及 x 轴所围成的图形的面积 A.

解 根据定积分的几何意义，所求面积 A(见图 5-2-2)为

$$A=\int_0^{\pi} \sin x\,\mathrm{d}x=-\cos x\Big|_0^{\pi}=-\cos\pi-(-\cos 0)=2.$$

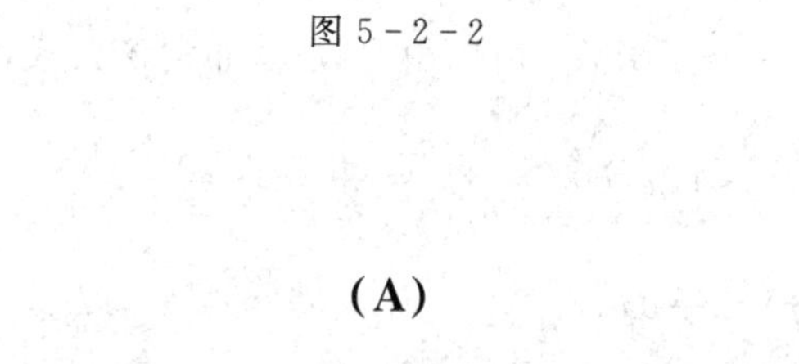

图 5-2-2

★ 习题 5-2

(A)

1. 设 $f(x)$ 在 $[a,b]$ 上连续，则 $\int_a^x f(t)\mathrm{d}t$ 与 $\int_x^b f(u)\mathrm{d}u$ 是 x 的函数还是 t 与 u 的函数？它们的导数存在吗？如果存在等于什么？

2. 求下列函数的导数：

(1) $\Phi(x)=\int_a^x t\cos t\,dt$；

(2) $\Phi(x)=\int_1^x \frac{dt}{1+t^2}$.

3. 求下列极限：

(1) $\lim\limits_{x\to 0}\frac{\int_0^x \cos^2 t\,dt}{x}$；　　(2) $\lim\limits_{x\to 0}\frac{\int_0^x \tan t\,dt}{x^2}$.

4. 利用微积分基本公式计算下列定积分：

(1) $\int_{-1}^0 \frac{3x^4+3x^2+1}{x^2+1}dx$；　　(2) $\int_0^1 e^x\,dx$；

(3) $\int_0^{\frac{\pi}{2}}(\cos x+\sin x)dx$；　　(4) $\int_1^2 (x^3-3x+4)dx$；

(5) $\int_{\frac{\pi}{6}}^{\frac{\pi}{4}}\frac{1}{\sin^2 x}dx$；

(6) $\int_{-2}^5 f(x)dx$，其中 $f(x)=\begin{cases}1+x^2, & x\geqslant 2,\\ 13-x^3, & x<2;\end{cases}$

(7) $\int_{-2}^2 \max\{x, x^2\}dx$；　　(8) $\int_0^1 \frac{x^2}{1+x^2}dx$；

(9) $\int_0^{\frac{\pi}{4}}\tan^2 x\,dx$；　　(10) $\int_{-2}^2 x\sqrt{x^2}\,dx$.

5. 一曲边梯形由 $y=e^x$，x 轴和直线 $x=-1$，$x=\frac{1}{2}$ 所围成，求此曲边梯形的面积 A.

(B)

1. 如果函数 $f(x)$ 在区间 $[a, b]$ 上连续，则函数 $\Phi(x)=\int_a^x f(t)dt$ 是函数 $f(x)$ 的(　　).

A. 原函数　　B. 导函数　　C. 反函数　　D. 无关函数

2. $\frac{d}{dx}\left(\int_1^{x^3} e^{t^2}\,dt\right)$ 的值是(　　).

A. e^{x^2}　　B. $x^3 e^{x^6}$　　C. e^{x^6}　　D. $3x^2 e^{x^6}$

3. 设 $G(x)=\int_1^{-x}\frac{\sin t}{t}dt$，则 $G'(x)=$(　　).

A. $\frac{\sin x}{x}$　　B. $-\frac{\sin x}{x}$　　C. $\frac{\sin x}{x}-1$　　D. $-\frac{\sin x}{x}+1$

4. 下列各式中正确的是(　　).

A. $\int_{-\pi}^{\pi}\sin x\,dx=1$　　B. $\int_0^2 dx=1$　　C. $\int_{-1}^1 x^2\,dx=0$　　D. $\int_0^{\pi}\cos x\,dx=0$

5. 若 $\int_0^a x(2-3x)dx=2$，则 $a=$(　　).

A. 1　　B. -1　　C. 0　　D. $\frac{1}{2}$

6. 若 $f(x)$连续，下列各式正确的是（　　）.

A. $\frac{d}{dx}\int_a^b f(x)dx = f(x)$　　B. $\frac{d}{dx}\int f(x)dx = f(x)dx$

C. $\frac{d}{dx}\int_x^b f(t)dt = f(x)$　　D. $\frac{d}{dx}\int_a^x f(t)dt = f(x)$

7. $\lim\limits_{x\to 0}\frac{\int_{\cos x}^1 e^{-t^2}dt}{x^2}=$（　　）.

A. $\frac{1}{2e}$　　B. $\frac{1}{2}$　　C. $\frac{1}{e}$　　D. 1

8. 设 $f(x)$ 连续，且 $F(x)=\int_x^{e^{-x}} f(t)dt$，则 $F'(x)=$（　　）.

A. $f(e^{-x})-f(x)$　　B. $e^{-x}f(e^{-x})-f(x)$

C. $-e^{-x}f(e^{-x})-f(x)$　　D. $f(x)-f(e^{-x})$

9. 若 $f(x)=\begin{cases} x, & x\geqslant 0, \\ e^x, & x<0, \end{cases}$ 则 $\int_{-1}^2 f(x)dx=$（　　）.

A. $3-e^{-1}$　　B. $3+e$　　C. $3-e$　　D. $3+e^{-1}$

10. $\frac{d}{dx}\int_a^b \arctan x\,dx=$（　　）.

A. $\arctan x$　　B. 0　　C. $\frac{1}{1+x^2}$　　D. $\arctan b-\arctan a$

5.3　定积分的换元积分法和分部积分法

牛顿-莱布尼茨公式给出了计算定积分的简便方法，但是有时原函数很难直接求出. 本节我们引入定积分的换元积分法和分部积分法.

一、定积分换元积分法

定理 5.3.1　设函数 $f(x)$在闭区间$[a, b]$上连续，函数 $x=\varphi(t)$满足条件：

(1) $\varphi(\alpha)=a$，$\varphi(\beta)=b$，且 $a\leqslant\varphi(t)\leqslant b$；

(2) $\varphi(t)$在$[\alpha, \beta]$（或$[\beta, \alpha]$）上具有连续导数，

则有

$$\int_a^b f(x)dx=\int_\alpha^\beta f[\varphi(t)]\varphi'(t)dt. \tag{5-3-1}$$

公式(5-3-1)称为定积分的换元公式.

定积分的换元公式与不定积分的换元公式很类似. 但是，在应用定积分的换元公式时应注意以下两点：

(1) 用 $x=\varphi(t)$把变量 x 换成新变量 t 时，积分限也要换成相应于新变量 t 的积分限，且上限对应于上限，下限对应于下限；

(2) 求出 $f[\varphi(t)]\varphi'(t)$ 的一个原函数 $\Phi(t)$ 后，不必像计算不定积分那样再把 $\Phi(t)$ 变换成原变量 x 的函数，而只要把新变量 t 的上、下限分别代入 $\Phi(t)$ 后相减即可.

例 5.3.1　求定积分 $\int_0^{\frac{\pi}{2}}\cos^5 x\sin x\,dx$.

解　令 $t=\cos x$，则 $dt=-\sin x\,dx$. 当 $x=\frac{\pi}{2}$ 时 $t=0$；当 $x=0$ 时 $t=1$. 于是

$$\int_0^{\frac{\pi}{2}}\cos^5 x\sin x\,dx=-\int_1^0 t^5\,dt=\int_0^1 t^5\,dt=\frac{t^6}{6}\bigg|_0^1=\frac{1}{6}.$$

注：本例中，如果不明显写出新变量 t，则定积分的上、下限不变. 重新计算如下：

$$\int_0^{\frac{\pi}{2}}\cos^5 x\sin x\,dx=-\int_0^{\frac{\pi}{2}}\cos^5 x\,d(\cos x)=-\frac{\cos^6 x}{6}\bigg|_0^{\frac{\pi}{2}}=-\left(0-\frac{1}{6}\right)=\frac{1}{6}.$$

例 5.3.2　求定积分 $\int_0^a\sqrt{a^2-x^2}\,dx\ (a>0)$.

解　令 $x=a\sin t$，则 $dx=a\cos t\,dt$，$t\in\left[-\frac{\pi}{2},\frac{\pi}{2}\right]$，

$$\sqrt{a^2-x^2}=a\sqrt{1-\sin^2 t}=a|\cos t|=a\cos t,$$

由换元积分公式得

$$\int_0^a\sqrt{a^2-x^2}\,dx=a^2\int_0^{\frac{\pi}{2}}\cos^2 t\,dt=a^2\int_0^{\frac{\pi}{2}}\frac{1+\cos 2t}{2}dt$$

$$=\frac{a^2}{2}\int_0^{\frac{\pi}{2}}(1+\cos 2t)\,dt=\frac{a^2}{2}\left(t+\frac{1}{2}\sin 2t\right)\bigg|_0^{\frac{\pi}{2}}=\frac{\pi a^2}{4}.$$

注：此题用定积分的几何意义计算更方便.

例 5.3.3　求定积分 $\int_0^4\frac{x+2}{\sqrt{2x+1}}dx$.

解　令 $t=\sqrt{2x+1}$，则 $x=\frac{t^2-1}{2}$，$dx=t\,dt$，当 $x=0$ 时，$t=1$；当 $x=4$ 时，$t=3$. 于是

$$\int_0^4\frac{x+2}{\sqrt{2x+1}}dx=\int_1^3\frac{\frac{t^2-1}{2}+2}{t}t\,dt=\frac{1}{2}\int_1^3(t^2+3)\,dt$$

$$=\frac{1}{2}\left(\frac{1}{3}t^3+3t\right)\bigg|_1^3=\frac{1}{2}\left[\left(\frac{27}{3}+9\right)-\left(\frac{1}{3}+3\right)\right]=\frac{22}{3}.$$

例 5.3.4　若 $f(x)$ 在 $[-a,a]$ 上连续，证明：

(1) 当 $f(x)$ 为偶函数时，有 $\int_{-a}^a f(x)\,dx=2\int_0^a f(x)\,dx$；

(2) 当 $f(x)$ 为奇函数时，有 $\int_{-a}^a f(x)\,dx=0$.

证明　因为

$$\int_{-a}^a f(x)\,dx=\int_{-a}^0 f(x)\,dx+\int_0^a f(x)\,dx,$$

在上式右端第一项中令 $x=-t$，则

$$\int_{-a}^{0} f(x)\mathrm{d}x = -\int_{a}^{0} f(-t)\mathrm{d}t = \int_{0}^{a} f(-t)\mathrm{d}t = \int_{0}^{a} f(-x)\mathrm{d}x.$$

(1) 当 $f(x)$为偶函数，即 $f(-x)=f(x)$时，

$$\int_{-a}^{a} f(x)\mathrm{d}x = \int_{-a}^{0} f(x)\mathrm{d}x + \int_{0}^{a} f(x)\mathrm{d}x = 2\int_{0}^{a} f(x)\mathrm{d}x;$$

(2) 当 $f(x)$为奇函数，即 $f(-x)=-f(x)$时，

$$\int_{-a}^{a} f(x)\mathrm{d}x = \int_{-a}^{0} f(x)\mathrm{d}x + \int_{0}^{a} f(x)\mathrm{d}x = 0.$$

例 5.3.5　求定积分$\int_{-1}^{1}(|x|+\sin x)x^2\mathrm{d}x$.

解　因为积分区间对称于原点，且$|x|x^2$为偶函数，$\sin x\cdot x^2$为奇函数，所以

$$\int_{-1}^{1}(|x|+\sin x)x^2\mathrm{d}x = \int_{-1}^{1}|x|x^2\mathrm{d}x = 2\int_{0}^{1}x^3\mathrm{d}x = 2\cdot\left.\frac{x^4}{4}\right|_0^1 = \frac{1}{2}.$$

例 5.3.6　求定积分$\int_{-1}^{1}\frac{2x^2+x\cos x}{1+\sqrt{1-x^2}}\mathrm{d}x$.

解　$$\int_{-1}^{1}\frac{2x^2+x\cos x}{1+\sqrt{1-x^2}}\mathrm{d}x = \int_{-1}^{1}\frac{2x^2}{1+\sqrt{1-x^2}}\mathrm{d}x + \int_{-1}^{1}\frac{x\cos x}{1+\sqrt{1-x^2}}\mathrm{d}x$$

$$= 4\int_{0}^{1}\frac{x^2}{1+\sqrt{1-x^2}}\mathrm{d}x = 4\int_{0}^{1}\frac{x^2(1-\sqrt{1-x^2})}{1-(1-x^2)}\mathrm{d}x$$

$$= 4\int_{0}^{1}(1-\sqrt{1-x^2})\mathrm{d}x$$

$$= 4-4\int_{0}^{1}\sqrt{1-x^2}\mathrm{d}x = 4-\pi.$$

例 5.3.7　若 $f(x)$在$[0, 1]$上连续，证明：

(1) $\int_{0}^{\frac{\pi}{2}} f(\sin x)\mathrm{d}x = \int_{0}^{\frac{\pi}{2}} f(\cos x)\mathrm{d}x$；

(2) $\int_{0}^{\pi} xf(\sin x)\mathrm{d}x = \frac{\pi}{2}\int_{0}^{\pi} f(\sin x)\mathrm{d}x$，由此计算$\int_{0}^{\pi}\frac{x\sin x}{1+\cos^2 x}\mathrm{d}x$.

证明　(1) 设 $x=\frac{\pi}{2}-t$，则 $\mathrm{d}x=-\mathrm{d}t$. 当 $x=0$ 时 $t=\frac{\pi}{2}$；当 $x=\frac{\pi}{2}$时 $t=0$. 于是

$$\int_{0}^{\frac{\pi}{2}} f(\sin x)\mathrm{d}x = -\int_{\frac{\pi}{2}}^{0} f\left[\sin\left(\frac{\pi}{2}-t\right)\right]\mathrm{d}t = \int_{0}^{\frac{\pi}{2}} f(\cos t)\mathrm{d}t = \int_{0}^{\frac{\pi}{2}} f(\cos x)\mathrm{d}x;$$

(2) 设 $x=\pi-t$，则 $\mathrm{d}x=-\mathrm{d}t$. 当 $x=0$ 时 $t=\pi$；当 $x=\pi$ 时 $t=0$. 于是

$$\int_{0}^{\pi} xf(\sin x)\mathrm{d}x = -\int_{\pi}^{0}(\pi-t)f[\sin(\pi-t)]\mathrm{d}t = \int_{0}^{\pi}(\pi-t)f(\sin t)\mathrm{d}t$$

$$= \pi\int_{0}^{\pi} f(\sin t)\mathrm{d}t - \int_{0}^{\pi} tf(\sin t)\mathrm{d}t$$

$$= \pi\int_{0}^{\pi} f(\sin x)\mathrm{d}x - \int_{0}^{\pi} xf(\sin x)\mathrm{d}x,$$

所以

$$\int_{0}^{\pi} xf(\sin x)\mathrm{d}x = \frac{\pi}{2}\int_{0}^{\pi} f(\sin x)\mathrm{d}x.$$

利用上述结果，即得

$$\int_0^{\pi}\frac{x\sin x}{1+\cos^2 x}dx=\frac{\pi}{2}\int_0^{\pi}\frac{\sin x}{1+\cos^2 x}dx=-\frac{\pi}{2}\int_0^{\pi}\frac{1}{1+\cos^2 x}d(\cos x)$$

$$=-\frac{\pi}{2}(\arctan(\cos x))\Big|_0^{\pi}=-\frac{\pi}{2}\left(-\frac{\pi}{4}-\frac{\pi}{4}\right)=\frac{\pi^2}{4}.$$

二、定积分的分部积分法

设 $u(x)$，$v(x)$ 在区间 $[a,b]$ 上有连续导数，则有

$$d(uv)=v\,du+u\,dv,$$

移项得

$$u\,dv=d(uv)-v\,du,$$

于是

$$\int_a^b u\,dv=\int_a^b d(uv)-\int_a^b v\,du,$$

或

$$\int_a^b u\,dv=uv\Big|_a^b-\int_a^b v\,du.$$

这就是定积分的分部积分公式.

例 5.3.8　求定积分 $\int_1^3 \ln x\,dx$.

解　$\int_1^3 \ln x\,dx=x\ln x\Big|_1^3-\int_1^3 x\,d(\ln x)$

$$=(3\ln 3-0)-\int_1^3 x\,\frac{1}{x}dx=3\ln 3-\int_1^3 dx$$

$$=3\ln 3-x\Big|_1^3=3\ln 3-(3-1)=3\ln 3-2.$$

例 5.3.9　求定积分 $\int_0^1 x e^{-x}dx$.

解　$\int_0^1 x e^{-x}dx=-\int_0^1 x\,d(e^{-x})=-(xe^{-x})\Big|_0^1-\int_0^1 e^{-x}dx$

$$=-\left[(e^{-1}-0)+\int_0^1 e^{-x}d(-x)\right]=-\left(e^{-1}+e^{-x}\Big|_0^1\right)$$

$$=-[e^{-1}+(e^{-1}-1)]=1-2e^{-1}.$$

例 5.3.10　求定积分 $\int_0^{\frac{1}{2}}\arcsin x\,dx$.

解　令 $u=\arcsin x$，$dv=dx$，则 $du=\dfrac{dx}{\sqrt{1-x^2}}$，$v=x$. 于是

$$\int_0^{\frac{1}{2}}\arcsin x\,dx=(x\arcsin x)\Big|_0^{\frac{1}{2}}-\int_0^{\frac{1}{2}}\frac{x\,dx}{\sqrt{1-x^2}}$$

$$=\frac{1}{2}\cdot\frac{\pi}{6}+\frac{1}{2}\int_0^{\frac{1}{2}}\frac{1}{\sqrt{1-x^2}}d(1-x^2)$$

$$=\frac{\pi}{12}+(\sqrt{1-x^2})\Big|_0^{\frac{1}{2}}=\frac{\pi}{12}+\frac{\sqrt{3}}{2}-1.$$

例 5.3.11 求定积分$\int_0^{\frac{\pi}{2}} x^2\sin x\,dx$.

解 由分部积分公式得

$$\int_0^{\frac{\pi}{2}} x^2\sin x\,dx=\int_0^{\frac{\pi}{2}} x^2 d(-\cos x)=x^2(-\cos x)\Big|_0^{\frac{\pi}{2}}+\int_0^{\frac{\pi}{2}}\cos x\,d(x^2)=2\int_0^{\frac{\pi}{2}} x\cos x\,dx.$$

再用一次分部积分公式得

$$\int_0^{\frac{\pi}{2}} x\cos x\,dx=\int_0^{\frac{\pi}{2}} x\,d(\sin x)=x\sin x\Big|_0^{\frac{\pi}{2}}-\int_0^{\frac{\pi}{2}}\sin x\,dx=\frac{\pi}{2}+\cos x\Big|_0^{\frac{\pi}{2}}=\frac{\pi}{2}-1.$$

从而

$$\int_0^{\frac{\pi}{2}} x^2\sin x\,dx=2\int_0^{\frac{\pi}{2}} x\cos x\,dx=\pi-2.$$

例 5.3.12 求定积分$\int_{\frac{1}{2}}^1 e^{-\sqrt{2x-1}}\,dx$.

解 令 $t=\sqrt{2x-1}$，则 $t\,dt=dx$. 当 $x=\frac{1}{2}$时，$t=0$ ；当 $x=1$ 时，$t=1$. 于是有

$$\int_{\frac{1}{2}}^1 e^{-\sqrt{2x-1}}\,dx=\int_0^1 te^{-t}\,dt.$$

使用分部积分法，令 $u=t$，$dv=e^{-t}dt$，则 $du=dt$，$v=-e^{-t}$. 于是

$$\int_0^1 te^{-t}\,dt=-te^{-t}\Big|_0^1+\int_0^1 e^{-t}\,dt=-\frac{1}{e}-(e^{-t})\Big|_0^1=1-\frac{2}{e}.$$

例 5.3.13 导出 $I_n=\int_0^{\frac{\pi}{2}}\sin^n x\,dx$（$n$ 为非负整数）的递推公式.

解 易见 $I_0=\int_0^{\frac{\pi}{2}}dx=\frac{\pi}{2}$，$I_1=\int_0^{\frac{\pi}{2}}\sin x\,dx=1$，当 $n\geqslant 2$ 时，

$$\begin{aligned}I_n&=\int_0^{\frac{\pi}{2}}\sin^n x\,dx=-\int_0^{\frac{\pi}{2}}\sin^{n-1}x\,d(\cos x)\\&=(-\sin^{n-1}x\cos x)\Big|_0^{\frac{\pi}{2}}+(n-1)\int_0^{\frac{\pi}{2}}\sin^{n-2}x\cos^2 x\,dx\\&=(n-1)\int_0^{\frac{\pi}{2}}\sin^{n-2}x(1-\sin^2 x)\,dx\\&=(n-1)\int_0^{\frac{\pi}{2}}\sin^{n-2}x\,dx-(n-1)\int_0^{\frac{\pi}{2}}\sin^n x\,dx\\&=(n-1)I_{n-2}-(n-1)I_n.\end{aligned}$$

从而得到递推公式

$$I_n=\frac{n-1}{n}I_{n-2}.$$

反复用此公式直到下标为 0 或 1，得

$$I_n=\begin{cases}\dfrac{2m-1}{2m}\cdot\dfrac{2m-3}{2m-2}\cdots\dfrac{5}{6}\cdot\dfrac{3}{4}\cdot\dfrac{1}{2}\cdot\dfrac{\pi}{2}, & n=2m,\\ \dfrac{2m}{2m+1}\cdot\dfrac{2m-2}{2m-1}\cdots\dfrac{6}{7}\cdot\dfrac{4}{5}\cdot\dfrac{2}{3}, & n=2m+1,\end{cases}$$

其中 m 为自然数.

注： $\int_0^{\frac{\pi}{2}} \sin^n x\,dx = \int_0^{\frac{\pi}{2}} \cos^n x\,dx$.

例 5.3.14　计算定积分 $\int_0^{\pi} \sin^5 \frac{x}{2} dx$.

解　令 $\frac{x}{2}=t$，则 $dx=2dt$，于是

$$\int_0^{\pi} \sin^5 \frac{x}{2} dx = 2\int_0^{\frac{\pi}{2}} \sin^5 t\,dt = 2\times\frac{4}{5}\times\frac{2}{3}=\frac{16}{15}.$$

★ 习题 5－3

(A)

1. 应用定积分换元法时，强调换元必须换限. 凑微分法是换元法的一种，用凑微分法时是否一定要换积分限呢？

2. 用换元积分法计算下列定积分：

(1) $\int_0^1 (x+2)^2 dx$；　(2) $\int_0^{\frac{\pi}{6}} \cos\left(x+\frac{\pi}{6}\right) dx$；　(3) $\int_0^{\ln 2} e^{-x} dx$；

(4) $\int_0^1 \sqrt{1-x^2}\,dx$；　(5) $\int_0^4 \frac{dx}{1+\sqrt{x}}$；　(6) $\int_{-1}^1 \frac{x}{\sqrt{5-4x}} dx$；

(7) $\int_1^e \frac{1+\ln x}{x} dx$；　(8) $\int_{-\frac{\pi}{2}}^{\frac{\pi}{2}} \sqrt{\cos x-\cos^3 x}\,dx$；　(9) $\int_1^3 \frac{dx}{x+x^2}$.

3. 利用函数的奇偶性计算下列定积分：

(1) $\int_{-\frac{1}{2}}^{\frac{1}{2}} \frac{(\arcsin x)^2}{\sqrt{1-x^2}} dx$；　(2) $\int_{-\pi}^{\pi} x^4 \sin x\,dx$；

(3) $\int_{-1}^1 \frac{\arcsin x}{x^2+1} dx$；　(4) $\int_{-1}^1 (|x|+\sin x) x^2 dx$.

4. 设函数 $f(x)$ 在所给区间上连续，证明：

(1) $\int_{-b}^b f(x)\,dx = \int_{-b}^b f(-x)\,dx$；　(2) $\int_0^1 x^m (1-x)^n dx = \int_0^1 x^n (1-x)^m dx$；

(3) $\int_0^{\frac{\pi}{2}} f(\sin x)\,dx = \int_0^{\frac{\pi}{2}} f(\cos x)\,dx$.

5. 用分部积分法计算下列各定积分：

(1) $\int_0^1 x\arctan x\,dx$；　(2) $\int_0^{\frac{\pi}{2}} \cos x \sin x\,dx$；　(3) $\int_1^2 x\ln x\,dx$；

(4) $\int_0^{\pi} x\cos x\,dx$；　(5) $\int_0^{e-1} \ln(x+1)\,dx$；　(6) $\int_0^{\frac{1}{2}} \arcsin x\,dx$；

(7) $\int_3^8 e^{\sqrt{x+1}} dx$；　(8) $\int_1^4 \frac{\ln x}{\sqrt{x}} dx$.

6. 设 $f''(x)$ 在 $[0, 1]$ 上连续，且 $f(0)=1$，$f(2)=3$，$f'(2)=5$，求 $\int_0^2 x f''(x)\,dx$.

(B)

1. 下列定积分为零的是(　　).

A. $\int_{-1}^{1}\frac{e^{x}+e^{-x}}{2}dx$　　B. $\int_{-1}^{1}(x^2+x)\sin x\,dx$

C. $\int_{-1}^{1}\frac{\arctan x}{1+x^2}dx$　　D. $\int_{-1}^{1}x\arcsin x\,dx$

2. 已知 $f(0)=2$，$f(2)=4$，$f'(2)=6$，则$\int_0^2 xf''(x)dx=$(　　).

A. 10　　B. 4　　C. 8　　D. 6

3. 定积分$\int_{-2}^{2}(x^3+x)dx=$(　　).

A. $2\int_0^2(x^3+x)dx$　　B. 0

C. $\int_0^2(x^3+x)dx$　　D. 8

4. $\int_0^2\sqrt{4-x^2}\,dx=$(　　).

A. $\frac{\pi}{2}$　　B. π　　C. 2π　　D. 4π

5. 已知 $f(x)$ 在区间$[0,1]$上连续，且 $f(x)=x+2\int_0^1 f(t)dt$，则 $f(x)=$(　　).

A. $x-1$　　B. $x+1$　　C. $x-\frac{1}{2}$　　D. $x+\frac{1}{2}$

6. 已知 $f(x)$ 在区间$[0,1]$上连续，且 $f(x)=x+2\int_0^1 f(t)dt$，则$\int_0^1 f(x)dx=$(　　).

A. $\frac{1}{2}$　　B. -1　　C. 1　　D. $-\frac{1}{2}$

7. $\int_0^{\frac{\pi}{2}}\sin^5 t\,dt=$(　　).

A. 1　　B. 0　　C. $\frac{8}{15}$　　D. $\frac{16}{15}$

8. 利用换元法，$\int_0^4\frac{1}{1+\sqrt{x}}dx=$(　　).

A. $\int_0^4\frac{2t}{1+t}dt$　　B. $\int_0^4\frac{1}{1+t}dt$　　C. $\int_0^2\frac{2t}{1+t}dt$　　D. $\int_0^2\frac{1}{1+t}dt$

9. 已知$\int_0^x f(t)dt=\frac{x^4}{2}$，则$\int_0^4\frac{1}{\sqrt{x}}f(\sqrt{x})dx=$(　　).

A. 16　　B. 4　　C. 8　　D. 2

10. 已知 $I=\int_0^a x^3f(x^2)dx\,(a>0)$，则 $I=$(　　).

A. $\int_0^a xf(x)dx$　　B. $\int_0^{a^2}xf(x)dx$　　C. $\frac{1}{2}\int_0^a xf(x)dx$　　D. $\frac{1}{2}\int_0^{a^2}xf(x)dx$

5.4 广义积分

前面介绍的定积分有两个最基本的约束条件：积分区间的有限性和被积函数的有界性. 但在某些实际问题中，常常需要突破这些约束条件. 因此在定积分的计算中，我们也要研究无穷区间上的积分和无界函数的积分. 这两类积分通称为广义积分或反常积分，相应地，前面的定积分则称为常义积分或正常积分.

一、无穷区间上的广义积分

定义 5.4.1 设函数 $f(x)$在区间$(-\infty, b]$上连续，任取 $a<b$，我们把极限

$$\lim_{a\to-\infty}\int_a^b f(x)\mathrm{d}x$$

称为函数 $f(x)$ 在无穷区间$(-\infty, b]$ 上的广义积分，记作$\int_{-\infty}^b f(x)\mathrm{d}x$，即

$$\int_{-\infty}^b f(x)\mathrm{d}x=\lim_{a\to-\infty}\int_a^b f(x)\mathrm{d}x.$$

如果上述极限存在，则称广义积分$\int_{-\infty}^b f(x)\mathrm{d}x$ 收敛，否则，称此广义积分发散.

定义 5.4.2 设函数 $f(x)$在区间$[a,+\infty)$上连续，任取 $b>a$，我们把极限

$$\lim_{b\to+\infty}\int_a^b f(x)\mathrm{d}x$$

称为函数 $f(x)$ 在无穷区间$[a,+\infty)$ 上的广义积分，记作$\int_a^{+\infty} f(x)\mathrm{d}x$，即

$$\int_a^{+\infty} f(x)\mathrm{d}x=\lim_{b\to+\infty}\int_a^b f(x)\mathrm{d}x.$$

如果上述极限存在，则称广义积分$\int_a^{+\infty} f(x)\mathrm{d}x$ 收敛，否则，称此广义积分发散.

定义 5.4.3 设函数 $f(x)$在区间$(-\infty,+\infty)$上连续，我们可以定义函数 $f(x)$在无穷区间$(-\infty,+\infty)$上的广义积分为

$$\int_{-\infty}^{+\infty} f(x)\mathrm{d}x=\int_{-\infty}^c f(x)\mathrm{d}x+\int_c^{+\infty} f(x)\mathrm{d}x.$$

其中，c 为任意给定的实数.

如果上式中两个广义积分$\int_{-\infty}^c f(x)\mathrm{d}x$ 和$\int_c^{+\infty} f(x)\mathrm{d}x$ 都收敛时，则称广义积分$\int_{-\infty}^{+\infty} f(x)\mathrm{d}x$ 收敛，如果上式中两个广义积分至少有一个发散，则称广义积分$\int_{-\infty}^{+\infty} f(x)\mathrm{d}x$发散.

上述三种广义积分统称为无穷区间上的广义积分.

为书写方便，有时在计算过程中省去极限记号，例如在$[a,+\infty)$上，$F'(x)=f(x)$，则可记

$$\int_a^{+\infty} f(x)\mathrm{d}x=F(x)\big|_a^{+\infty}=F(+\infty)-F(a),$$

$$\int_{-\infty}^{b} f(x)\mathrm{d}x = F(x)\Big|_{-\infty}^{b} = F(b) - F(-\infty),$$

$$\int_{-\infty}^{+\infty} f(x)\mathrm{d}x = F(x)\Big|_{-\infty}^{+\infty} = F(+\infty) - F(-\infty),$$

其中，$F(+\infty)=\lim\limits_{x\to+\infty}F(x)$，$F(-\infty)=\lim\limits_{x\to-\infty}F(x)$.

例 5.4.1 计算广义积分$\int_{0}^{+\infty}\frac{\mathrm{d}x}{1+x^2}$，$\int_{-\infty}^{0}\frac{\mathrm{d}x}{1+x^2}$和$\int_{-\infty}^{+\infty}\frac{\mathrm{d}x}{1+x^2}$.

解

$$\int_{0}^{+\infty}\frac{\mathrm{d}x}{1+x^2} = (\arctan x)\Big|_{0}^{+\infty} = \frac{\pi}{2} - 0 = \frac{\pi}{2},$$

$$\int_{-\infty}^{0}\frac{\mathrm{d}x}{1+x^2} = (\arctan x)\Big|_{-\infty}^{0} = 0 - \left(-\frac{\pi}{2}\right) = \frac{\pi}{2},$$

$$\int_{-\infty}^{+\infty}\frac{\mathrm{d}x}{1+x^2} = (\arctan x)\Big|_{-\infty}^{+\infty} = \frac{\pi}{2} - \left(-\frac{\pi}{2}\right) = \pi.$$

例 5.4.2 判断广义积分$\int_{0}^{+\infty}\mathrm{e}^{-x}\mathrm{d}x$ 的敛散性.

解 因为

$$\int_{0}^{+\infty}\mathrm{e}^{-x}\mathrm{d}x = (-\mathrm{e}^{-x})\Big|_{0}^{+\infty} = 1 - 0 = 1,$$

所以此广义积分收敛.

例 5.4.3 判断广义积分$\int_{0}^{+\infty}\sin x\,\mathrm{d}x$ 的敛散性.

解 因为$\int_{0}^{+\infty}\sin x\,\mathrm{d}x = -\cos x\Big|_{0}^{+\infty} = 1 - \lim\limits_{x\to+\infty}\cos x$，且$\lim\limits_{x\to+\infty}\cos x$ 不存在，故广义积分$\int_{0}^{+\infty}\sin x\,\mathrm{d}x$ 发散.

例 5.4.4 讨论广义积分$\int_{a}^{+\infty}\frac{1}{x^p}\mathrm{d}x\ (a>0)$ 的敛散性.

解 (1) 当 $p=1$ 时，$\int_{a}^{+\infty}\frac{1}{x^p}\mathrm{d}x = \int_{a}^{+\infty}\frac{1}{x}\mathrm{d}x = \ln x\Big|_{a}^{+\infty} = +\infty$；

(2) 当 $p\neq1$ 时，$\int_{a}^{+\infty}\frac{1}{x^p}\mathrm{d}x = \frac{x^{1-p}}{1-p}\Big|_{a}^{+\infty} = \begin{cases} +\infty, & p<1, \\ \dfrac{a^{1-p}}{p-1}, & p>1. \end{cases}$

因此，当 $p>1$ 时，题设广义积分收敛，其值为$\frac{a^{1-p}}{p-1}$；当 $p\leqslant1$ 时，题设广义积分发散.

例 5.4.5 计算广义积分$\int_{0}^{+\infty}t\mathrm{e}^{-pt}\mathrm{d}t$($p$ 是常数，且 $p>0$ 时收敛).

解

$$\begin{aligned}\int_{0}^{+\infty}t\mathrm{e}^{-pt}\mathrm{d}t &= -\frac{1}{p}\int_{0}^{+\infty}t\,\mathrm{d}\mathrm{e}^{-pt} = -\frac{1}{p}t\mathrm{e}^{-pt}\Big|_{0}^{+\infty} + \frac{1}{p}\int_{0}^{+\infty}\mathrm{e}^{-pt}\mathrm{d}t \\ &= -\frac{1}{p}t\mathrm{e}^{-pt}\Big|_{0}^{+\infty} - \frac{1}{p^2}\mathrm{e}^{-pt}\Big|_{0}^{+\infty} = -\frac{1}{p}\lim_{t\to+\infty}t\mathrm{e}^{-pt} + 0 - \frac{1}{p^2}(0-1) = \frac{1}{p^2}.\end{aligned}$$

注：其中未定式$\lim\limits_{t\to+\infty}t\mathrm{e}^{-pt} = \lim\limits_{t\to+\infty}\frac{t}{\mathrm{e}^{pt}} = \lim\limits_{t\to+\infty}\frac{1}{p\mathrm{e}^{pt}} = 0$.

二、无界函数的广义积分

如果函数 $f(x)$在点 a 的任一邻域内都无界，则称点 a 为函数 $f(x)$的瑕点(也称为无界间断点). 无界函数的广义积分也称瑕积分.

定义 5.4.4　设函数 $f(x)$在$(a, b]$上连续，点 a 为函数 $f(x)$的瑕点，任取 $\varepsilon>0$，如果

$$\lim_{\varepsilon\to 0^+}\int_{a+\varepsilon}^{b} f(x)\mathrm{d}x$$

存在，则称此极限为函数 $f(x)$ 在区间$(a, b]$ 上的广义积分，记为$\int_a^b f(x)\mathrm{d}x$，即

$$\int_a^b f(x)\mathrm{d}x=\lim_{\varepsilon\to 0^+}\int_{a+\varepsilon}^{b} f(x)\mathrm{d}x.$$

如果上述极限存在，则称广义积分$\int_a^b f(x)\mathrm{d}x$ 收敛；否则称此广义积分发散.

定义 5.4.5　设函数 $f(x)$在$[a, b)$上连续，点 b 为函数 $f(x)$的瑕点，任取 $\varepsilon>0$，如果

$$\lim_{\varepsilon\to 0^+}\int_{a}^{b-\varepsilon} f(x)\mathrm{d}x$$

存在，则称此极限为函数 $f(x)$ 在区间$[a, b)$ 上的广义积分，记为$\int_a^b f(x)\mathrm{d}x$，即

$$\int_a^b f(x)\mathrm{d}x=\lim_{\varepsilon\to 0^+}\int_{a}^{b-\varepsilon} f(x)\mathrm{d}x.$$

如果上述极限存在，则称广义积分$\int_a^b f(x)\mathrm{d}x$ 收敛；否则称此广义积分发散.

定义 5.4.6　设函数 $f(x)$ 在$[a, b]$上除一点 c 外都连续，点 c 为函数 $f(x)$ 的瑕点，如果$\int_a^c f(x)\mathrm{d}x$ 及$\int_c^b f(x)\mathrm{d}x$ 均收敛，则定义

$$\int_a^b f(x)\mathrm{d}x=\int_a^c f(x)\mathrm{d}x+\int_c^b f(x)\mathrm{d}x,$$

否则称积分发散.

上述三种广义积分统称为无界函数的广义积分.

为书写方便，有时我们省略极限记号.

若 $F'(x)=f(x)$，$x\in(a, b)$，则$\int_a^b f(x)\mathrm{d}x=F(b)-F(a)$.

当 a 为 $f(x)$的瑕点且 $F'(a)=f(a)$时，其中 $F(a)=\lim\limits_{x\to a^+}F(x)$；

当 b 为 $f(x)$的瑕点且 $F'(b)=f(b)$时，其中 $F(b)=\lim\limits_{x\to b^-}F(x)$.

例 5.4.6　计算广义积分$\int_0^a \frac{\mathrm{d}x}{\sqrt{a^2-x^2}}$ $(a>0)$.

解　$x=a$ 是瑕点.

$$\int_0^a \frac{\mathrm{d}x}{\sqrt{a^2-x^2}}=\arcsin\frac{x}{a}\Big|_0^a=\lim_{x\to a^-}\arcsin\frac{x}{a}-\arcsin 0=\frac{\pi}{2}.$$

例 5.4.7　计算广义积分$\int_1^2 \frac{\mathrm{d}x}{x\ln x}$.

解　$x=1$ 是瑕点.

因为

$$\int_1^2 \frac{\mathrm{d}x}{x\ln x} = \int_1^2 \frac{\mathrm{d}(\ln x)}{\ln x} = \ln(\ln x)\Big|_1^2 = \ln(\ln 2) - \lim_{x\to 1^+}\ln(\ln x) = \infty,$$

故题设广义积分发散.

例 5.4.8 讨论广义积分$\int_0^1 \frac{1}{x^q}\mathrm{d}x$ 的敛散性.

解 $x=0$ 是瑕点.

(1) 当 $q=1$ 时，$\int_0^1 \frac{1}{x^q}\mathrm{d}x = \int_0^1 \frac{1}{x}\mathrm{d}x = \ln x\Big|_0^1 = +\infty$;

(2) 当 $q\neq 1$ 时，$\int_0^1 \frac{1}{x^q}\mathrm{d}x = \frac{x^{1-q}}{1-q}\Big|_0^1 = \begin{cases} +\infty, & q>1, \\ \frac{1}{1-q}, & q<1. \end{cases}$

因此，当 $q<1$ 时，广义积分收敛，其值为$\frac{1}{1-q}$；当 $q\geqslant 1$ 时，广义积分发散.

例 5.4.9 讨论广义积分$\int_{-1}^1 \frac{1}{x^2}\mathrm{d}x$ 的敛散性.

解 $x=0$ 是瑕点.

$\int_{-1}^1 \frac{1}{x^2}\mathrm{d}x = \int_{-1}^0 \frac{1}{x^2}\mathrm{d}x + \int_0^1 \frac{1}{x^2}\mathrm{d}x$;

$\int_0^1 \frac{1}{x^2}\mathrm{d}x = \left(-\frac{1}{x}\right)\Big|_0^1 = -1 + \lim_{x\to 0^+}\frac{1}{x} = +\infty$，积分 $\int_0^1 \frac{1}{x^2}\mathrm{d}x$ 发散.

根据定义 5.4.6 可知，不论广义积分$\int_{-1}^0 \frac{1}{x^2}\mathrm{d}x$ 是否收敛，广义积分$\int_{-1}^1 \frac{1}{x^2}\mathrm{d}x$ 总是发散的.

注：如果忽略了 $x=0$ 是瑕点，就会把这个无界函数的广义积分误认为定积分，从而得到以下的错误结果：

$$\int_{-1}^1 \frac{1}{x^2}\mathrm{d}x = \left(-\frac{1}{x}\right)\Big|_{-1}^1 = -1 + (-1) = -2.$$

例 5.4.10 计算广义积分$\int_0^1 \frac{\arcsin\sqrt{x}}{\sqrt{x(1-x)}}\mathrm{d}x$.

解 被积函数有两个可疑的瑕点：$x=0$ 和 $x=1$.

因为 $\lim_{x\to 0^+}\frac{\arcsin\sqrt{x}}{\sqrt{x(1-x)}} = 1$，所以 $x=1$ 是被积函数的唯一瑕点，从而

$$\int_0^1 \frac{\arcsin\sqrt{x}}{\sqrt{x(1-x)}}\mathrm{d}x = (\arcsin\sqrt{x})^2\Big|_0^1 = \frac{\pi^2}{4}.$$

★ 习题 5－4

(A)

1. 广义积分使用了与定积分完全相同的记号，两者的意义是否相同？

2. 判别下列广义积分是否收敛，若收敛，求广义积分的值.

(1) $\int_{-1}^{1}\frac{1}{x}\mathrm{d}x$；　(2) $\int_{0}^{+\infty}\frac{1}{x^2}\mathrm{d}x$；

(3) $\int_{-\infty}^{+\infty}\mathrm{e}^{-x}\mathrm{d}x$；　(4) $\int_{0}^{1}\frac{1}{x-1}\mathrm{d}x$；

(5) $\int_{2}^{+\infty}\frac{1}{\sqrt{x}}\mathrm{d}x$；　(6) $\int_{0}^{\frac{1}{2}}\frac{1}{\sqrt{x(1-x)}}\mathrm{d}x$；

(7) $\int_{-\infty}^{0}x\mathrm{e}^{-x^2}\mathrm{d}x$；　(8) $\int_{1}^{2}\frac{1}{x\ln x}\mathrm{d}x$；

(9) $\int_{-\infty}^{+\infty}\frac{\mathrm{d}x}{x^2+2x+2}$；　(10) $\int_{1}^{+\infty}\frac{\mathrm{d}x}{x^2(1+x)}$.

(B)

1. $\int_{-\infty}^{+\infty}\frac{2}{1+x^2}\mathrm{d}x=($　　$)$.

A. π　　B. ∞　　C. 2π　　D. $\frac{\pi}{2}$

2. $\int_{1}^{+\infty}\frac{1}{x^2}\mathrm{d}x=($　　$)$.

A. 1　　B. $-\frac{1}{2}$　　C. $\frac{1}{2}$　　D. ∞

3. 下列广义积分中，收敛的是(　　).

A. $\int_{1}^{+\infty}\frac{1}{\sqrt{x}}\mathrm{d}x$　　B. $\int_{1}^{+\infty}\frac{\mathrm{d}x}{x}$　　C. $\int_{2}^{+\infty}\frac{1}{x\ln x}\mathrm{d}x$　　D. $\int_{1}^{+\infty}\frac{\mathrm{d}x}{x^2}$

4. 下列广义积分中，发散的是(　　).

A. $\int_{-\infty}^{0}\frac{\mathrm{d}x}{1+x^2}$　　B. $\int_{0}^{1}\frac{\mathrm{d}x}{\sqrt{1-x^2}}$　　C. $\int_{\mathrm{e}}^{+\infty}\frac{\ln x}{x}\mathrm{d}x$　　D. $\int_{0}^{+\infty}\mathrm{e}^{-x}\mathrm{d}x$

5. 已知 $f(x)=\begin{cases}\mathrm{e}^x, & x<0,\\ 1, & 0\leqslant x\leqslant 1,\\ \frac{1}{x}, & x>1,\end{cases}$ 则广义积分收敛的是(　　).

A. $\int_{0}^{+\infty}f(x)\mathrm{d}x$　　B. $\int_{-\infty}^{0}f(x)\mathrm{d}x$　　C. $\int_{1}^{+\infty}f(x)\mathrm{d}x$　　D. $\int_{-\infty}^{+\infty}f(x)\mathrm{d}x$

6. 下列广义积分收敛的是 (　　).

A. $\int_{1}^{+\infty}\frac{1}{x^2}\mathrm{d}x$　　B. $\int_{0}^{1}\frac{1}{x}\mathrm{d}x$　　C. $\int_{0}^{1}\frac{1}{x^2}\mathrm{d}x$　　D. $\int_{1}^{+\infty}\frac{1}{x}\mathrm{d}x$

7. $\int_{0}^{1}\ln x\,\mathrm{d}x=($　　$)$.

A. 1　　B. -1　　C. 0　　D. 发散

8. 下列各积分中，不属于广义积分的是(　　).

A. $\int_{0}^{+\infty}\ln(1+x)\mathrm{d}x$　　B. $\int_{2}^{4}\frac{1}{x^2-1}\mathrm{d}x$

C. $\int_{-1}^{1} \frac{1}{x^2} dx$　　D. $\int_{-3}^{0} \frac{1}{1+x} dx$

9. 设广义积分$\int_{-\infty}^{0} e^{-kx} dx$ 收敛，则(　　).

A. $k>0$　　B. $k\geqslant 0$　　C. $k<0$　　D. $k\leqslant 0$

10. 设 $I=\int_{e}^{+\infty} \frac{dx}{x(\ln x)^2}$，则 $I=$(　　).

A. -1　　B. 1　　C. 发散　　D. e^{-1}

5.5 定积分的几何应用

定积分是求某种总量的数学模型，它在几何学、物理学、经济学、社会学等方面都有着广泛的应用. 在学习的过程中，我们不仅要掌握计算某些实际问题的公式，更重要的还在于深刻领会用定积分解决实际问题的基本思想和方法——微元法，不断积累和提高数学的应用能力.

一、微元法

1. 定积分求曲边梯形面积的过程回顾

设 $f(x)$在区间$[a, b]$上连续，且 $f(x)\geqslant 0$，求曲线 $y=f(x)$及直线 $x=a$，$x=b$，$y=0$ 所围成的曲边梯形的面积 A.

其求解步骤如下：

第一步，分割.

将区间$[a, b]$任意分成 n 个小区间$[x_{i-1}, x_i]$$(i=1, 2, \cdots, n)$，曲边梯形就相应地分成 n 个小曲边梯形；

第二步，作近似.

任意小区间$[x_{i-1}, x_i]$上的小曲边梯形的面积 ΔA_i 用高为 $f(\xi_i)$、底为 $\Delta x_i=x_i-x_{i-1}$ 的小矩形面积 $f(\xi_i)\Delta x_i$ 近似代替，其中 $\xi_i\in[x_{i-1}, x_i]$；

第三步，求和.

曲边梯形面积 A 的近似值为

$$A \approx \sum_{i=1}^{n} f(\xi_i)\Delta x_i;$$

第四步，取极限.

曲边梯形的面积为

$$A = \lim_{\lambda\to 0}\sum_{i=1}^{n} f(\xi_i)\Delta x_i = \int_a^b f(x)dx,$$

其中 $\lambda=\max\limits_{1\leqslant i\leqslant n}\{\Delta x_i\}$.

由第一步知，所求的面积 A 与区间$[a, b]$有关，如果把区间$[a, b]$分成许多小区间，那么我们所求的面积 A 相应地被分成许多部分量，而 A 是所有部分量之和. 这种性质称为所求量 A 对区间$[a, b]$具有可加性. 这样就确定了$[a, b]$是定积分的积分区间.

由第二步的近似表达式 $\Delta A_i \approx f(\xi_i)\Delta x_i$ 可确定出定积分的被积表达式 $f(x)\mathrm{d}x$. 我们称 $\mathrm{d}A=f(x)\mathrm{d}x$ 为所求面积 A 的微元，也是被积表达式. 于是所求量 $A=\int_a^b f(x)\mathrm{d}x$.

2. 微元法

定积分的所有应用问题，一般可按“分割”“作近似”“求和”“取极限”四个步骤把所求的量表示为定积分的形式. 将所求量 U(总量)表示为定积分的方法，即微元法，其主要步骤如下：

(1) 由分割写出微元. 根据具体问题，选取一个积分变量，例如 x 为积分变量，并确定它的变化区间 $[a, b]$，任取 $[a, b]$ 的一个区间微元 $[x, x+\mathrm{d}x]$，求出相应于这个区间微元上部分量 ΔU 的近似值，即求出所求总量 U 的微元：

$$\mathrm{d}U=f(x)\mathrm{d}x;$$

(2) 由微元写出积分. 根据 $\mathrm{d}U=f(x)\mathrm{d}x$ 写出表示总量 U 的定积分：

$$U=\int_a^b \mathrm{d}U=\int_a^b f(x)\mathrm{d}x.$$

二、平面图形的面积

1. 直角坐标系下平面图形的面积

利用定积分，不仅可以计算曲边梯形的面积，还可以计算一些比较复杂的平面图形的面积.

设在区间 $[a, b]$ 上，$f(x)$ 和 $g(x)$ 均为连续函数，且 $f(x)\geqslant g(x)$，求由曲线 $y=f(x)$，$y=g(x)$ 与直线 $x=a$，$x=b(a<b)$ 所围成的图形(见图 5-5-1)的面积.

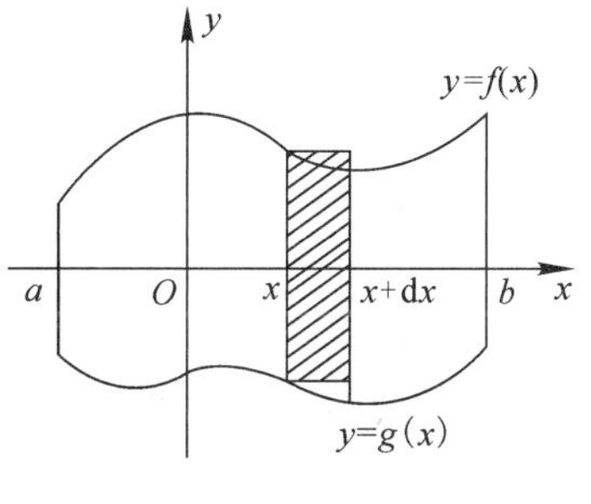

图 5-5-1

采用微元法，步骤如下：

(1) 选取横坐标 x 为积分变量，其积分区间为 $[a, b]$；

(2) 在区间 $[a, b]$ 上任取一代表性小区间 $[x, x+\mathrm{d}x]$，该小区间上的图形面积可以用高为 $f(x)-g(x)$、底为 $\mathrm{d}x$ 的矩形面积来近似代替(如图 5-5-1 中阴影部分的面积). 我们称该矩形面积为面积微元，用 $\mathrm{d}A$ 表示，即

$$\mathrm{d}A=[f(x)-g(x)]\mathrm{d}x;$$

(3) 以面积元素 $\mathrm{d}A=[f(x)-g(x)]\mathrm{d}x$ 为被积表达式，在区间上作定积分，便得所求面积为

$$A=\int_a^b [f(x)-g(x)]\mathrm{d}x.$$

类似地，若在区间$[c, d]$上，$\varphi(y)$和$\psi(y)$均为连续函数，且$\varphi(y)\geqslant\psi(y)$，则由曲线$x=\varphi(y)$，$x=\psi(y)$与直线$y=c$，$y=d(c<d)$所围成的平面图形(见图 5-5-2)的面积为

$$A=\int_c^d[\varphi(y)-\psi(y)]\mathrm{d}y.$$

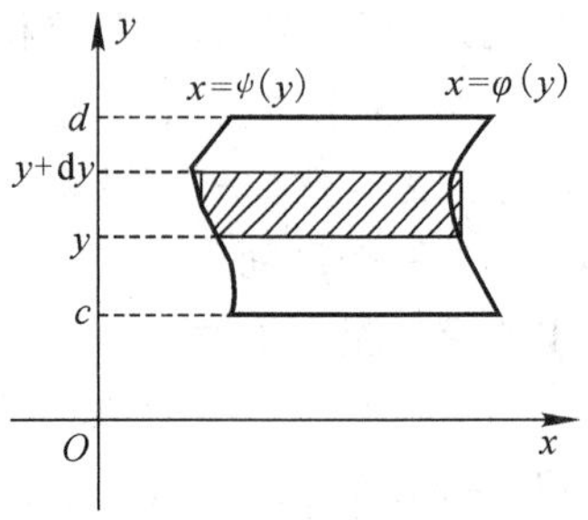

图 5-5-2

例 5.5.1　求由$y^2=x$和$y=x^2$所围成的图形的面积(见图 5-5-3).

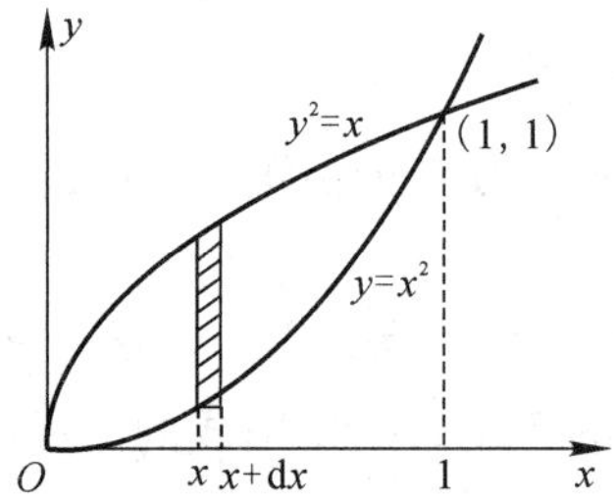

图 5-5-3

解　由方程组$\begin{cases}y=x^2,\\y^2=x\end{cases}$解得两曲线的交点为(0, 0)和(1, 1).

取x为积分变量，$x\in[0, 1]$，面积微元为

$$\mathrm{d}A=(\sqrt{x}-x^2)\mathrm{d}x.$$

所求面积为

$$A=\int_0^1(\sqrt{x}-x^2)\mathrm{d}x=\left(\frac{2}{3}x^{\frac{3}{2}}-\frac{x^3}{3}\right)\bigg|_0^1=\frac{1}{3}.$$

例 5.5.2　求曲线$y=x^2$，$y=(x-2)^2$与x轴围成的平面图形的面积(见图 5-5-4).

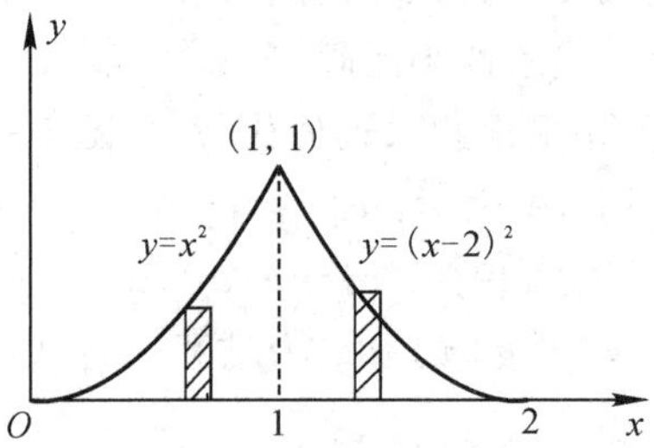

图 5-5-4

解　由方程组 $\begin{cases} y=x^2, \\ y=(x-2)^2 \end{cases}$ 解得两曲线的交点为(1，1)，而曲线 $y=x^2$，$y=(x-2)^2$ 与 x 轴的交点为(0，0)及(2，0).

所求面积要分成两个区间[0，1]及[1，2]来考虑.

取 x 为积分变量，$x\in[0,1]$，面积微元为 $dA_1=x^2dx$；$x\in[1,2]$，面积微元为 $dA_2=(x-2)^2dx$.

故所求面积为

$$A=\int_0^1 x^2dx+\int_1^2(x-2)^2dx=\frac{x^3}{3}\bigg|_0^1+\frac{1}{3}(x-2)^3\bigg|_1^2=\frac{1}{3}+\frac{1}{3}=\frac{2}{3}.$$

例 5.5.3　求由 $y^2=x+2$ 和 $y=x$ 所围成的图形的面积(见图 5-5-5).

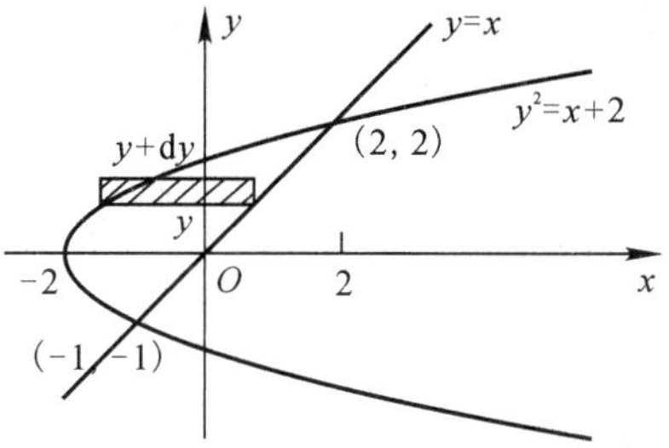

图 5-5-5

解　由方程组 $\begin{cases} y=x, \\ y^2=x+2 \end{cases}$

解得它们的交点为(－1，－1)，(2，2).

取 y 为积分变量，$y\in[-1,2]$，面积微元为

$$dA=[y-(y^2-2)]dy.$$

所求面积为

$$A=\int_{-1}^2[y-(y^2-2)]dy=\left(\frac{1}{2}y^2-\frac{1}{3}y^3+2y\right)\bigg|_{-1}^2=\frac{9}{2}.$$

注：本题若以 x 为积分变量(留作练习)，计算会不方便，可见积分变量选取得当，会使计算简化.

2. 极坐标系下平面图形的面积

某些平面图形，用极坐标计算它的面积比较方便.

在平面内取一个定点 O，叫作极点，引一条射线 Ox，叫作极轴，再选一个长度单位和角度的正方向(通常取逆时针方向). 对于平面内的任意一点 M，用 r 表示线段 OM 的长度，θ 表示从 Ox 到 OM 的角，r 叫作点 M 的极径，θ 叫作点 M 的极角，有序数对$(r，\theta)$叫作点 M 的极坐标，这样建立的坐标系叫作极坐标系(见图 5-5-6).

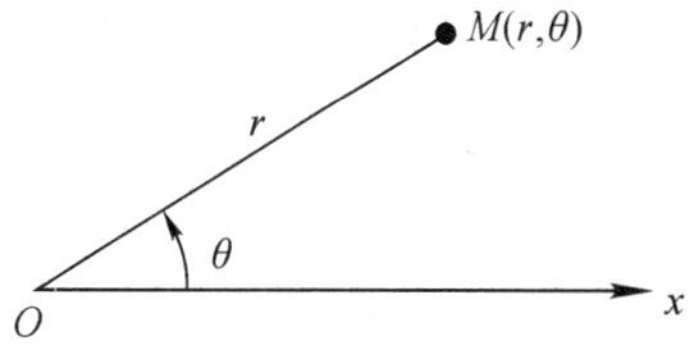

图 5-5-6

如果让直角坐标系的原点和极坐标系的极点重合，极轴和直角坐标系的 x 正半轴重合，设在直角坐标系下的坐标为 (x, y)，对应的极坐标系下的坐标为 (r, θ)（见图 5－5－7），则可以得到两个坐标系下的坐标直角的变量互化关系式：

$$\begin{cases} x=r\cos\theta, \\ y=r\sin\theta, \end{cases} \quad 或 \quad \begin{cases} x^2+y^2=r^2, \\ \dfrac{y}{x}=\tan\theta. \end{cases}$$

设曲线的方程由极坐标给出：

$r=r(\theta)$，$\alpha\leqslant\theta\leqslant\beta$.

由曲线 $r=r(\theta)$ 及射线 $\theta=\alpha$，$\theta=\beta$ 所围成的平面图形（见图 5－5－8）称为曲边扇形，现在要计算它的面积.

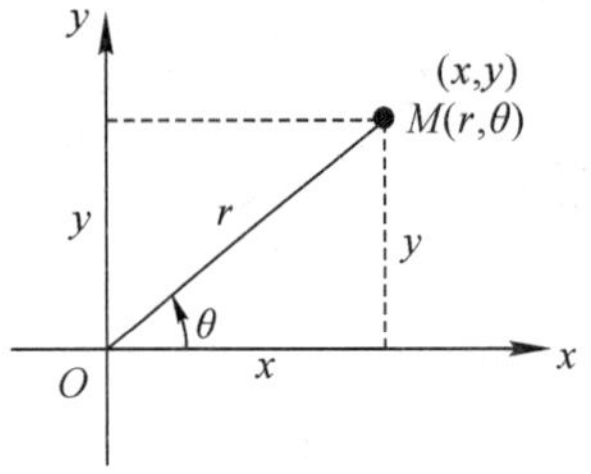

图 5－5－7

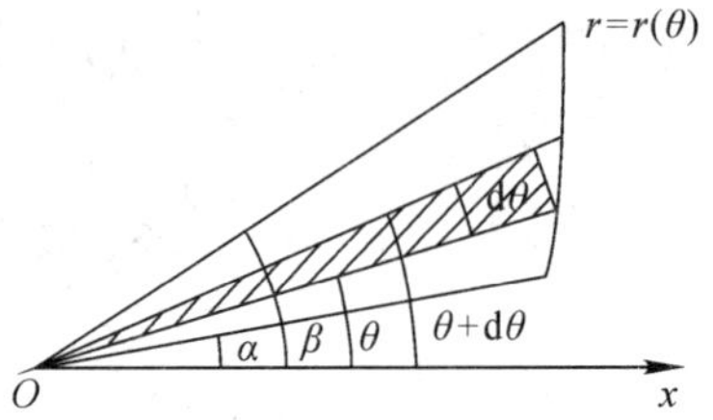

图 5－5－8

微元法，取极角 θ 为积分变量，$\theta\in[\alpha, \beta]$. 任意小区间 $[\theta, \theta+\mathrm{d}\theta]$ 上的窄曲边扇形面积可用半径为 $r=r(\theta)$. 中心角为 $\mathrm{d}\theta$ 的扇形面积近似代替，即曲边扇形的面积微元为 $\mathrm{d}A=\dfrac{1}{2}[r(\theta)]^2\mathrm{d}\theta$. 因此曲边扇形的面积为以面积微元作为被积表达式，在闭区间 $[\alpha, \beta]$ 上的定积分：

$$A=\int_\alpha^\beta \frac{1}{2}[r(\theta)]^2\mathrm{d}\theta.$$

例 5.5.4　求心形线 $r=a(1+\cos\theta)$ 所围平面图形的面积 $(a>0)$（见图 5－5－9）.

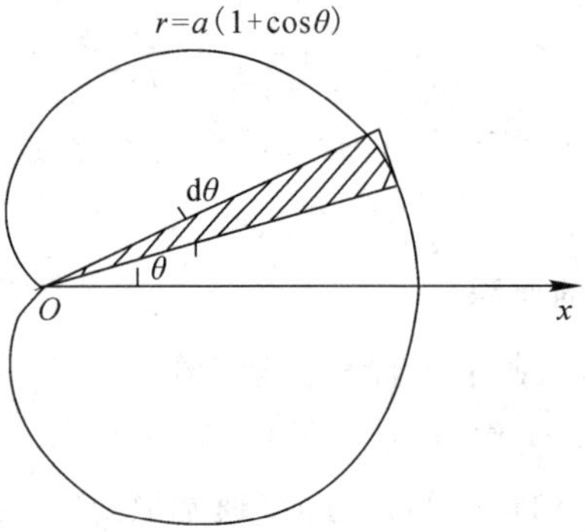

图 5－5－9

解　面积微元为

$$\mathrm{d}A=\frac{1}{2}a^2(1+\cos\theta)^2\mathrm{d}\theta,$$

所求面积为

$$A=2\int_0^{\pi}\mathrm{d}A=a^2\int_0^{\pi}(1+2\cos\theta+\cos^2\theta)\mathrm{d}\theta$$

$$=a^2\left(\frac{3\theta}{2}+2\sin\theta+\frac{1}{4}\sin 2\theta\right)\Big|_0^{\pi}=\frac{3}{2}\pi a^2.$$

例 5.5.5　求双纽线 $r^2=a^2\cos 2\theta$ 所围平面图形的面积(见图 5－5－10).

解　面积微元为

$$\mathrm{d}A=\frac{1}{2}a^2\cos 2\theta\mathrm{d}\theta,$$

所求面积为

$$A=4\int_0^{\frac{\pi}{4}}\mathrm{d}A=4\int_0^{\frac{\pi}{4}}\frac{1}{2}a^2\cos 2\theta\mathrm{d}\theta$$

$$=(a^2\sin 2\theta)\Big|_0^{\frac{\pi}{4}}=a^2.$$

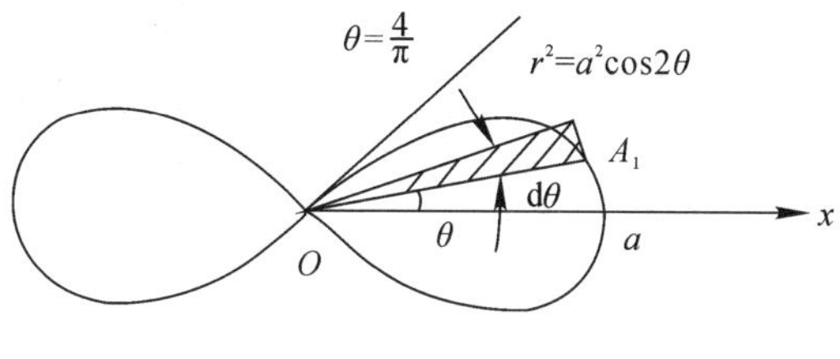

图 5－5－10

三、空间立体的体积

1. 旋转体的体积

由一个平面图形绕该平面内一条直线旋转一周而成的立体称为旋转体. 这条直线称为旋转轴.

设旋转体由连续曲线 $y=f(x)$，直线 $x=a$，$x=b(a<b)$及 $y=0$ 所围成的曲边梯形(见图 5－5－11)绕 x 轴旋转一周而成. 现在我们求这个旋转体的体积.

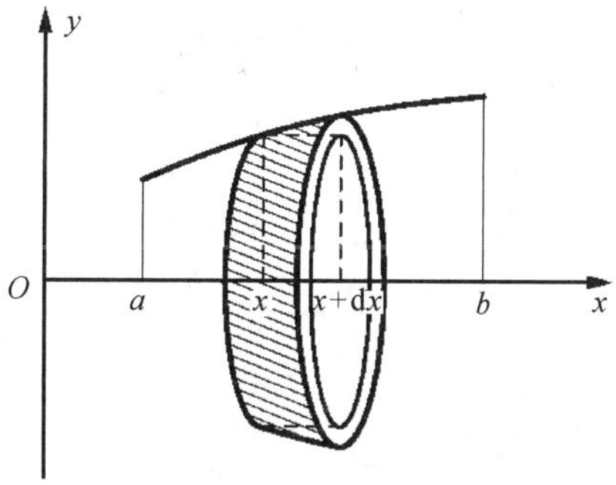

图 5－5－11

取 x 为积分变量，$x\in[a,b]$，过$[a,b]$上任一点 x 作垂直于 x 轴的平面，所得截面是半径为 $f(x)$的圆，其面积为 $A=\pi[f(x)]^2$，在 x 附近另取一点 $x+\mathrm{d}x$ 再作截面，构成厚度为 $\mathrm{d}x$ 的圆柱体，从而形成体积微元，由圆柱体体积公式可知该旋转体的体积微元为

$$\mathrm{d}V=\pi[f(x)]^2\mathrm{d}x,$$

故所求旋转体的体积为

$$V=\int_a^b\pi[f(x)]^2\mathrm{d}x.$$

例 5.5.6　连接坐标原点 O 及点 $P(h,r)$的直线、直线 $x=h$ 及 x 轴围成一个直角三

角形. 将它绕 x 轴旋转构成一个底半径为 r，高为 h 的圆锥体，计算圆锥体的体积(见图 5－5－12).

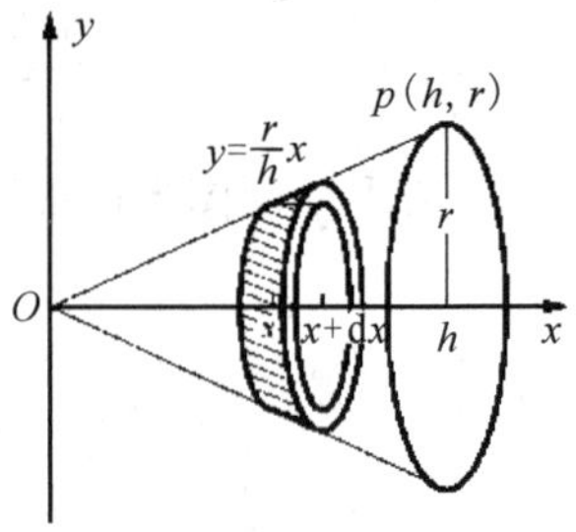

图 5－5－12

解　所求立体是由直线 $y=\dfrac{r}{h}x$，$y=0$，$x=h$ 围成的图形绕 x 轴旋转而形成的旋转体.

取 x 为积分变量，$x\in[0, h]$，体积微元为 $\mathrm{d}V=\pi\left(\dfrac{r}{h}x\right)^2\mathrm{d}x$，所求的体积为

$$V=\int_0^h \pi\left(\frac{r}{h}x\right)^2\mathrm{d}x=\frac{\pi r^2}{h^2}\frac{x^3}{3}\bigg|_0^h=\frac{\pi h r^2}{3}.$$

例 5.5.7　计算由椭圆 $\dfrac{x^2}{a^2}+\dfrac{y^2}{b^2}=1$ 围成的平面图形绕 x 轴旋转而成的旋转椭球体的体积(见图 5－5－13).

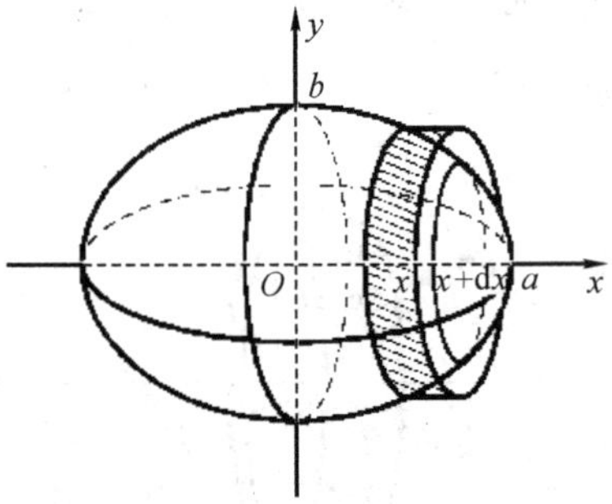

图 5－5－13

解　该旋转体是由上半椭圆 $y=\dfrac{b}{a}\sqrt{a^2-x^2}$ 及 x 轴所围成的图形绕 x 轴旋转而成的立体.

取 x 为自变量，其变化区间为$[-a, a]$，体积微元为 $\mathrm{d}V=\pi\dfrac{b^2}{a^2}(a^2-x^2)\mathrm{d}x$，故所求旋转椭球体的体积为

$$\begin{aligned}V&=\int_{-a}^{a}\mathrm{d}V=\int_{-a}^{a}\pi\frac{b^2}{a^2}(a^2-x^2)\mathrm{d}x\\&=2\pi\frac{b^2}{a^2}\int_0^a(a^2-x^2)\mathrm{d}x=2\pi\frac{b^2}{a^2}\left(a^2x-\frac{x^3}{3}\right)\bigg|_0^a=\frac{4}{3}\pi ab^2.\end{aligned}$$

特别地，当 $a=b=R$ 时，可得半径为 R 的球体的体积 $V=\frac{4}{3}\pi R^3$.

用类似的方法，可以推得曲线 $x=\varphi(y)$，直线 $y=c$，$y=d(c<d)$ 及 y 轴所围成的曲边梯形绕 y 轴旋转一周而形成的旋转体(见图 5-5-14)的体积为

$$V=\int_c^d \pi[\varphi(y)]^2\mathrm{d}y.$$

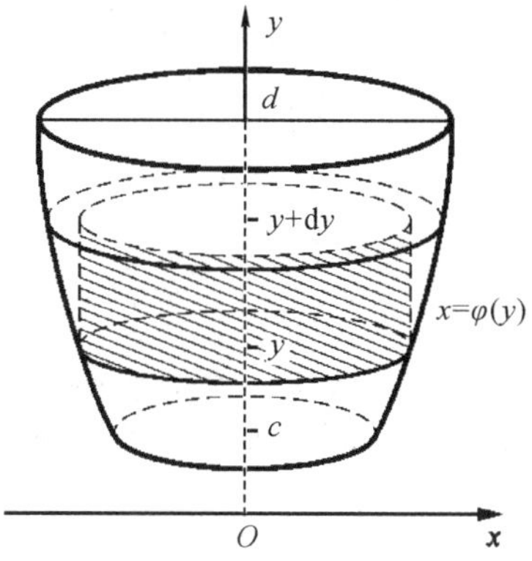

图 5-5-14

例 5.5.8　求由曲线 $y=2x^2$，直线 $x=1$ 及 x 轴所围成的图形分别绕 x 轴和 y 轴旋转而成的旋转体的体积(见图 5-5-15).

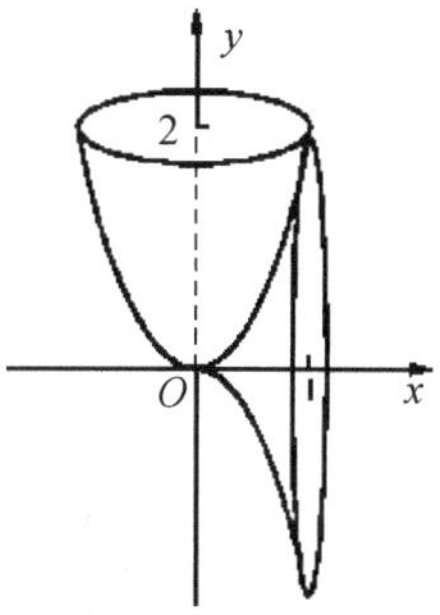

图 5-5-15

解　先求绕 x 轴旋转而成的旋转体的体积. 取 x 为积分变量 $x\in[0, 1]$，则

$$V_x=\pi\int_0^1(2x^2)^2\mathrm{d}x=\frac{4}{5}\pi.$$

再求绕 y 轴旋转而成的旋转体的体积. 取 y 为积分变量，$y\in[0, 2]$，则

$$V_y=\pi\int_0^2\left[1^2-\left(\sqrt{\frac{y}{2}}\right)^2\right]\mathrm{d}y=\pi.$$

2. 平行截面面积为已知的立体体积

设一立体位于过点 $x=a$，$x=b(a<b)$ 且垂直于 x 轴的两平面之间，用垂直于 x 轴的任一平面截此立体所得的截面面积 $A(x)$ 是 x 的已知连续函数，现在求该立体的体积(见图 5-5-16).

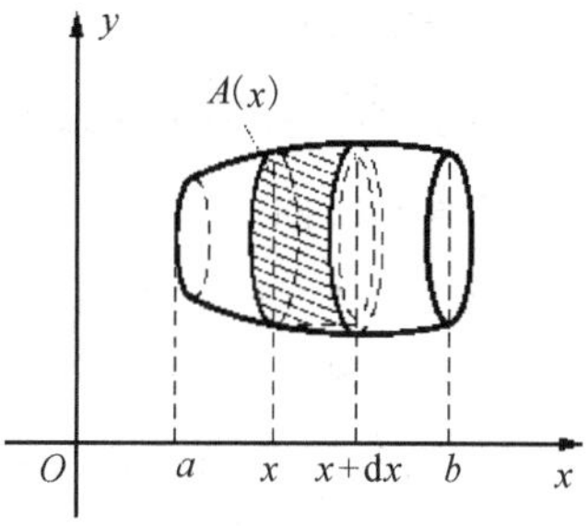

图 5-5-16

取 x 为体积变量，$x\in[a, b]$，在区间 $[a, b]$ 上任意小区间 $[x, x+\mathrm{d}x]$ 上小立体的体积近似等于以 $A(x)$ 为底，$\mathrm{d}x$ 为高的柱体的体积. 即体积微元为

$$\mathrm{d}V=A(x)\mathrm{d}x.$$

所求立体体积为

$$V=\int_a^b A(x)\mathrm{d}x.$$

例 5.5.9　一平面经过半径为 R 的正圆柱体的底圆中心，与底面交成 α 角(见图 5-5-17). 求这平面截圆柱体所得立体体积.

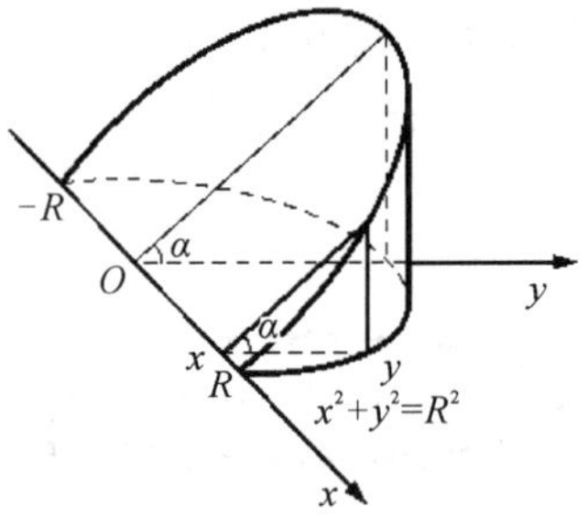

图 5-5-17

解　取这平面与正圆柱体底面的交线为 x 轴，底面上过圆中心且垂直于 x 轴的直线为 y 轴，于是底面圆的方程为 $x^2+y^2=R^2$. 取 x 为积分变量，$x\in[-R,R]$. 立体中过点 x 且垂直于 x 轴的截面是一直角三角形，它的两条直角边的长分别为 $y=\sqrt{R^2-x^2}$ 和 $y\tan\alpha=\sqrt{R^2-x^2}\tan\alpha$，因而截面面积为

$$A(x)=\frac{1}{2}\sqrt{R^2-x^2}\cdot\sqrt{R^2-x^2}\tan\alpha=\frac{1}{2}(R^2-x^2)\tan\alpha,$$

于是体积微元为

$$\mathrm{d}V=\frac{1}{2}(R^2-x^2)\tan\alpha\,\mathrm{d}x,$$

所以立体体积为

$$V=\int_{-R}^{R}\frac{1}{2}(R^2-x^2)\tan\alpha\,\mathrm{d}x=\frac{1}{2}\tan\alpha\left(R^2x-\frac{1}{3}x^3\right)\Big|_{-R}^{R}=\frac{2}{3}R^3\tan\alpha.$$

四、曲线的弧长

在平面几何中，直线段的长度容易计算，而除了圆弧以外的曲线长度的计算就比较困难，现在将讨论这一问题.

圆周长是用圆内接多边形的周长，当边数无限增加时的极限来确定的. 一般平面曲线弧长的计算也可运用这一思想.

1. 直角坐标系中的弧长公式

设有光滑曲线 $y=f(x)$(即 $f'(x)$是连续的)，求曲线从 $x=a$ 到 $x=b$ 的一段弧 $\overset{\frown}{AB}$ 的长度(见图 5-5-18).

取 x 为积分变量，$x\in[a,b]$，则曲线 $y=f(x)$相应于 $[a,b]$内任一小区间$[x,x+\mathrm{d}x]$的一段弧的长度 $\Delta s=\overset{\frown}{MN}$ 可以用该曲线在点$(x,f(x))$处的切线上对应的一小段 MT 的长度来近似，这一小段的长度为

$$\sqrt{(\mathrm{d}x)^2+(\mathrm{d}y)^2}=\sqrt{1+y'^2}\,\mathrm{d}x,$$

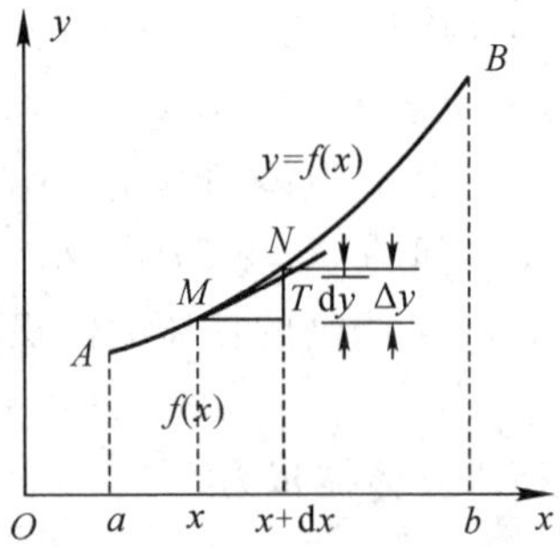

图 5-5-18

从而得弧长的微元为

$$ds=\sqrt{1+y'^2}\,dx.$$

以$\sqrt{1+y'^2}\,dx$ 为被积表达式，在$[a,b]$上作定积分，便得所求的弧长为

$$s=\int_a^b\sqrt{1+y'^2}\,dx.$$

例 5.5.10 求曲线 $y=\frac{2}{3}x^{\frac{3}{2}}$ 上相应于 x 从 a 到 b 的一段弧的长度.

解 $y'=x^{\frac{1}{2}}$，弧长微元为

$$ds=\sqrt{1+y'^2}\,dx=\sqrt{1+x}\,dx,$$

故所求弧长为

$$s=\int_a^b\sqrt{1+x}\,dx=\frac{2}{3}[(1+b)^{\frac{3}{2}}-(1+a)^{\frac{3}{2}}].$$

2. 由参数方程表示的弧长公式

若曲线由方程$\begin{cases}x=\varphi(t),\\y=\psi(t)\end{cases}$ $(\alpha\leqslant t\leqslant\beta)$给出，其中 $\varphi(t)$，$\psi(t)$在$[\alpha,\beta]$上具有连续导数，则弧长微元为

$$ds=\sqrt{(dx)^2+(dy)^2}=\sqrt{\varphi'^2(t)+\psi'^2(t)}\,dt,$$

所求光滑曲线的弧长为

$$s=\int_\alpha^\beta\sqrt{\varphi'^2(t)+\psi'^2(t)}\,dt.$$

例 5.5.11 求圆 $x^2+y^2=R^2$ 的周长.

解 将圆的方程化为参数方程：

$$\begin{cases}x=R\cos\theta,\\y=R\sin\theta\end{cases}(0\leqslant\theta\leqslant 2\pi),$$

则所求圆周长为

$$s=\int_0^{2\pi}\sqrt{(x'_\theta)^2+(y'_\theta)^2}\,d\theta=\int_0^{2\pi}\sqrt{(-R\sin\theta)^2+(R\cos\theta)^2}\,d\theta=R\int_0^{2\pi}d\theta=2\pi R.$$

例 5.5.12 求星形线$\begin{cases}x=a\cos^3t\\y=a\sin^3t\end{cases}$ 的全长.

解 由图形(见图 5-5-19)的对称性可知，星形线的全长为其在第一象限部分的 4 倍，则由弧长公式得

$$\begin{aligned}s&=\int_\alpha^\beta\sqrt{\varphi'^2(t)+\psi'^2(t)}\,dt\\&=4\int_0^{\frac{\pi}{2}}\sqrt{9a^2\cos^4t\sin^2t+9a^2\sin^4t\cos^2t}\,dt\\&=4\int_0^{\frac{\pi}{2}}3a\,|\sin t\cos t|\,dt=4\int_0^{\frac{\pi}{2}}3a\sin t\,d\sin t\\&=12a\cdot\frac{1}{2}(\sin^2t)\Big|_0^{\frac{\pi}{2}}\\&=6a.\end{aligned}$$

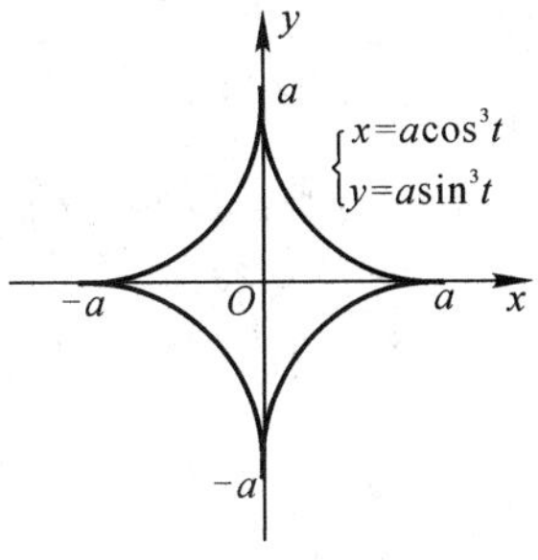

图 5-5-19

注：计算弧长时，由于被积函数都是正的，因此，为使弧长是正值，定积分限时应保持积分的下限小于上限.

3. 极坐标系下的弧长公式

设曲线弧由极坐标方程 $r=r(\theta)$ $(\alpha\leqslant\theta\leqslant\beta)$给出，其中 $r(\theta)$在$[\alpha,\beta]$上具有连续导数，则弧长微元为

$$\mathrm{d}s=\sqrt{(\mathrm{d}x)^2+(\mathrm{d}y)^2}=\sqrt{r^2(\theta)+r'^2(\theta)}\,\mathrm{d}\theta,$$

所求光滑曲线的弧长为

$$s=\int_\alpha^\beta\sqrt{r^2(\theta)+r'^2(\theta)}\,\mathrm{d}\theta.$$

例 5.5.13 求心形线 $r=a(1+\cos\theta)$的全长.

解 心形线关于极轴对称.

$$s=2\int_0^\pi\sqrt{[a(1+\cos\theta)]^2+(-a\sin\theta)^2}\,\mathrm{d}\theta=2a\int_0^\pi\sqrt{2(1+\cos\theta)}\,\mathrm{d}\theta$$

$$=4a\int_0^\pi\cos\frac{\theta}{2}\mathrm{d}\theta=8a\sin\frac{\theta}{2}\Big|_0^\pi=8a.$$

★ 习题 5-5

(A)

1. 求由正弦曲线 $y=\sin x$，$x\in\left[0,\frac{3\pi}{2}\right]$和直线 $x=\frac{3}{2}\pi$ 及 x 轴所围成的平面图形的面积.

2. 求由曲线 $xy=1$ 及直线 $y=x$、$y=3$ 所围成的平面图形的面积.

3. 求由曲线 $y=\ln x$、$y=\ln a$、$y=\ln b$ 与 $x=0(b>a>0)$所围成的平面图形的面积.

4. 求由曲线 $y=\frac{1}{x}$与直线 $y=4x$、$x=2$、$y=0$ 所围成图形的面积.

5. 求由曲线 $y=\mathrm{e}^x$、$y=\mathrm{e}^{-x}$ 与直线 $x=1$ 所围成图形的面积.

6. 求由曲线 $y=x^3$ 与直线 $x=2$、$y=0$ 所围成的图形分别绕 x 轴和 y 轴旋转所得旋转体的体积.

7. 求由曲线 $y=\sqrt{x}$与直线 $x=1$、$x=4$ 及 x 轴所围成的平面图形分别绕 x 轴和 y 轴旋转所得旋转体的体积.

8. 在区间$\left[0,\frac{\pi}{2}\right]$上，曲线 $y=\sin x$ 与直线 $x=\frac{\pi}{2}$、$y=0$ 所围成的图形分别绕 x 轴和 y 轴旋转所得旋转体的体积.

9. 设直线 $y=ax+b$ 与直线 $x=0$、$x=1$ 及 $y=0$ 所围成的梯形面积等于 A，试求 a，b，使这个梯形绕 x 轴旋转所得旋转体的体积最小($a\geqslant0$，$b>0$).

10. 求曲线 $\rho\theta=1$ 相应于$\frac{3}{4}\leqslant\theta\leqslant\frac{4}{3}$的一段弧长.

(B)

1. 设 $f(x)$在$[a,b]$连续，则曲线 $y=f(x)$与直线 $x=a$、$x=b$ 所围平面图形的面积

为(　　).

A. $\int_a^b f(x)\mathrm{d}x$　　B. $\left|\int_a^b f(x)\mathrm{d}x\right|$

C. $\int_a^b |f(x)|\mathrm{d}x$　　D. $f'(\xi)(b-a)$，$a<\xi<b$

2. 曲线 $y=x$ 及抛物线 $y=x^2$ 所围平面图形的面积 $S=$(　　).

A. $\frac{1}{6}$　　B. 6　　C. $\frac{1}{2}$　　D. $\frac{1}{3}$

3. 由曲线 $y=\sin x$ 和直线 $x=0$、$x=\frac{\pi}{2}$及 x 轴所围的曲边梯形的面积是(　　).

A. $\frac{1}{2}$　　B. $\frac{1}{3}$　　C. $\frac{1}{6}$　　D. 1

4. 由曲线 $y=x^2$ 和直线 $x=0$、$x=1$ 及 x 轴所围的曲边梯形，绕 y 轴旋转的体积是(　　).

A. $\frac{\pi}{2}$　　B. $\frac{2\pi}{3}$　　C. 1　　D. $\frac{1}{2}$

5. 由曲线 $y=x^2$ 和直线 $x=0$、$x=1$ 及 x 轴所围的曲边梯形，绕 x 轴旋转的体积是(　　).

A. 1　　B. $\frac{\pi}{5}$　　C. $\frac{1}{5}$　　D. $\frac{\pi}{3}$

6. 求由曲线 $y=f(x)$、$y=g(x)$与直线 $x=a$、$x=b(a<b)$所围成的图形绕轴旋转一周所得旋转体的体积是(　　).

A. $\int_a^b \pi[f(x)-g(x)]^2\mathrm{d}x$　　B. $\int_a^b [\pi f(x)-\pi g(x)]^2\mathrm{d}x$

C. $\int_a^b \pi\,|f(x)-g(x)|\,\mathrm{d}x$　　D. $\int_a^b \pi[f^2(x)-g^2(x)]\mathrm{d}x$

7. 用定积分表示双曲线 $xy=1$ 上点(1，1)到点$\left(2, \frac{1}{2}\right)$之间的一段弧长是(　　).

A. $\int_1^2 \frac{\sqrt{x^2+1}}{x^2}\mathrm{d}x$　　B. $\int_1^2 \frac{\sqrt{x^4+1}}{x^2}\mathrm{d}x$

C. $\int_1^2 \frac{\sqrt{x^2+1}}{x}\mathrm{d}x$　　D. $\int_1^2 \frac{\sqrt{x^4+1}}{x}\mathrm{d}x$

8. 由曲线 $y=\ln x$、$y=\ln a$、$y=\ln b$ 与直线 $x=0(b>a>0)$围成的平面图形的面积是(　　).

A. $\int_{\ln a}^{\ln b} \ln x\,\mathrm{d}x$　　B. $\int_{e^a}^{e^b} e^x\,\mathrm{d}x$

C. $\int_{\ln a}^{\ln b} e^y\,\mathrm{d}y$　　D. $\int_{e^a}^{e^b} \ln x\,\mathrm{d}x$

9. 用定积分表示阿基米德螺线 $r=a\theta(a>0)$上相应于 θ 从 0 到 2π 一段的弧长(　　).

A. $a\int_0^{2\pi} \sqrt{\theta^2+1}\,\mathrm{d}\theta$　　B. $\int_0^{2\pi} \sqrt{a\theta^2+1}\,\mathrm{d}\theta$

C. $\int_0^{2\pi}\sqrt{\theta^2+a^2}\,d\theta$ D. $a\int_0^{2\pi}\sqrt{\theta+1}\,d\theta$

10. 阿基米德螺线 $r=a\theta(a>0)$ 上相应于 θ 从 0 到 2π 一段的弧与极轴所围成的图形的面积( ).

A. $\dfrac{2a^2\pi^3}{3}$ B. $\dfrac{4a^2\pi^3}{3}$ C. $\dfrac{a^2\pi^3}{3}$ D. $\dfrac{a^2\pi^3}{2}$

5.6 定积分的经济应用

一、由边际函数求原经济函数

设经济应用函数 $F(x)$ 的边际函数为 $F'(x)$，则有

$$\int_0^x F'(x)dx=F(x)-F(0),$$

于是

$$F(x)=F(0)+\int_0^x F'(x)dx.$$

例 5.6.1 若一企业生产某产品的边际成本是产量 x 的函数

$$C'(x)=2e^{0.2x},$$

固定成本 $C_0=90$，求总成本函数.

解 由不定积分公式得

$$C(x)=C(0)+\int_0^x C'(x)dx=90+\int_0^x 2e^{0.2x}dx$$

$$=90+(10e^{0.2x})\Big|_0^x=10e^{0.2x}+80.$$

例 5.6.2 已知生产某产品 x 单位时的边际收入为 $R'(x)=100-2x$，设 $R(0)=0$，求收益函数 $R(x)$.

解

$$R(x)=R(0)+\int_0^x R'(x)dx=\int_0^x R'(x)dx$$

$$=\int_0^x(100-2x)dx=(100x-x^2)\Big|_0^x$$

$$=100x-x^2.$$

例 5.6.3 已知某产品的边际收入 $R'(x)=25-2x$，边际成本 $C'(x)=13-4x$，固定成本为 $C_0=10$，求当 $x=5$ 时的毛利和纯利.

解 由边际利润

$$L'(x)=R'(x)-C'(x)=(25-2x)-(13-4x)=12+2x.$$

可求得 $x=5$ 时的毛利为

$$\int_0^x L'(x)dx=\int_0^5(12+2x)dx=(12x+x^2)\Big|_0^5=85.$$

当 $x=5$ 时的纯利为

$$L(5)=\int_0^5 L'(x)dx-C_0=85-10=75.$$

二、由变化率求总量的增量

例 5.6.4　某工厂生产某商品在时刻的总产量的变化率为 $Q'(t)=100+12t$，求由 $t=2$ 到 $t=4$ 这两小时的总产量.

解　总产量为

$$Q=\int_2^4 Q'(t)\,\mathrm{d}t=\int_2^4 (100+12t)\,\mathrm{d}t=(100t+6t^2)\Big|_2^4=272.$$

例 5.6.5　假设某产品的边际收入函数为 $R'(x)=9-x$(万元/万台)，边际成本函数为 $C'(x)=4+\dfrac{x}{4}$(万元/万台)，其中产量 x 以万台为单位.

(1) 试求当产量由 4 万台增加到 5 万台时利润的变化量；

(2) 当产量为多少时利润最大?

(3) 已知固定成本为 1 万元，求总成本函数和利润函数.

解　(1) 首先求出边际利润为

$$L'(x)=R'(x)-C'(x)=(9-x)+\left(4+\frac{x}{4}\right)=5-\frac{5}{4}x.$$

再由增量公式得

$$L=\int_4^5 L'(x)\,\mathrm{d}x=\int_4^5\left(5-\frac{5}{4}x\right)\mathrm{d}x=-\frac{5}{8}(\text{万元}).$$

故在 4 万台基础上再生产 1 万台，利润不但未增加，反而减少.

(2) 令 $L'(x)=0$，可解得 $x=4$(万台).

即产量为 4 万台时利润最大，由此结果也可得知问题(1)中利润减少的原因.

(3) 总成本函数为

$$C(x)=\int_0^x C'(x)\,\mathrm{d}x+C(0)=\int_0^x\left(4+\frac{x}{4}\right)\mathrm{d}x+1=\frac{1}{8}x^2+4x+1.$$

利润函数

$$L(x)=\int_0^x L'(x)\,\mathrm{d}x-C(0)=\int_0^x\left(5-\frac{5}{4}x\right)\mathrm{d}x-1=-\frac{5}{8}x^2+5x-1.$$

三、收益流的现值和将来值

先介绍收益流和收益流量的概念. 若某公司的收益是连续地获得，则其收益可被看作是一种随时间连续变化的收益流函数，而收益流对时间的变化率称为收益流量. 收益流量实际上是一种速率，一般用 $p(t)$ 表示；若时间 t 以年为单位，收益以元为单位，则收益流量的单位为元/年，时间 t 一般从现在开始计算，若 $p(t)=b$ 为常数，则称该收益具有常数收益流量.

和单笔款项一样，收益流的将来值定义为将其存入银行并加上利息之后的存款值；而收益流的现值是这样一笔款项，若把它存入可获息的银行，将来从收益流中获得的总收益，与包括利息在内的银行存款值，有相同的价值，若以连续利率 r 计息，一笔 P 元人民币从现在起存入银行，t 年后的将来值为

$$B=P\mathrm{e}^{rt}.$$

若 t 年后得到 B 元人民币，则现值(现在需要存入应得金额)为

$$P=Be^{-rt}.$$

若有一笔收益流的收益流量为 $p(t)$(元/年)，假设以连续利率 r 计息，下面计算其现值及将来值.

此类问题可由定积分的微元法得到. 考虑从现在($t=0$)开始到 T 年后这一时间段，在区间$[0, T]$内任取一小区间$[t, t+dt]$，在$[t, t+dt]$内将 $p(t)$近似看作常数，则所应获得的金额近似等于 $p(t)dt$(元).

从现在($t=0$)算起，这笔金额是在 t 年后的将来获得，因此在$[t, t+dt]$内

$$收益的现值\approx[p(t)dt]e^{-rt}=p(t)e^{-rt}dt.$$

从而

$$总现值=\int_0^T p(t)e^{-rt}dt.$$

在计算将来值时，收入在以后的 $T-t$ 年期间$[t, t+dt]$内获息，故在$[t, t+dt]$内

$$收益流的将来值\approx[p(t)dt]e^{r(T-t)}=p(t)e^{r(T-t)}dt,$$

$$将来值=\int_0^T p(t)e^{r(T-t)}dt.$$

例 5.6.6 假设以年利率 $r=0.1$ 计息.

(1) 求收益流量为 100 元/年的收益流在 20 年间的现值和将来值；

(2) 将来值和现值的关系如何？解释这一关系.

解 (1) $现值=\int_0^{20} 100e^{-0.1t}dt=1\,000(1-e^{-2})\approx 864.66$(元).

$$将来值=\int_0^{20} 100e^{0.1(20-t)}dt=\int_0^{20} 100e^2e^{-0.1t}dt=1\,000e^2(1-e^{-2})\approx 6\,389.06.$$

(2) 显然将来值=现值 · e^2.

若在 $t=0$ 时刻以现值 $1\,000(1-e^{-2})$作为一笔款项存入银行，以年连续等利率 $r=0.1$ 计息，则 20 年中这笔单独款项的将来值为

$$100(1-e^{-2})e^{0.1\times 20}=1\,000(1-e^{-2})e^2,$$

而正好是上述收益在 20 年期间的将来值.

例 5.6.7 设有一项计划在 $t=0$ 需要投入 1 000 万元，在 10 年中每年收益为 200 万元，若连续利率为 5%，求收益资本价值 W(设购置的设备 10 年后完全失去价值).

解 资本价值=收益流的现值−投入资金的现值，

$$W=\int_0^{20} 200e^{-0.05t}dt-1\,000=\left(\frac{-200}{0.05}e^{-0.05t}\right)\Big|_0^{10}-1\,000$$

$$=4\,000(1-e^{-0.5})-1\,000=573.88.$$

★ 习题 5-6

(A)

1. 某产品的边际成本 $C'(x)=2-x$，固定成本 $C_0=100$(万元)，边际收益 $R'(x)=20-4x$(万元/台)，求：

(1) 总成本函数和总收益函数；

(2) 生产量为多少台时，总利润最大？

(3) 从利润最大的生产量又生产了 4 台，总利润减少了多少？

2. 已知某产品的边际成本函数 $C'(Q)=15-0.2Q$(元/件)，固定成本为 12.5 元，需求函数为 $P=20-0.2Q$，求：

(1) 成本函数 $C(Q)$ 及收益函数 $R(Q)$；

(2) 取得最大利润时的销售价格.

3. 已知某产品总产量的变化率为 $Q'(t)=40+12t$ (件/天)，求从第 5 天到第 10 天产品的总产量.

4. 求 3 000 元的定常收入流经过 15 年时期的现值和将来值. 这里加上利息是以每年 6%的年利率按连续复利方式支付的.

5. 某公司按利率 10%(连续复利)贷款 100 万元购买某设备，该设备使用 10 年后报废，公司每年可收入 b 元.

(1) b 为何值时公司不会亏本？

(2) 当 $b=20$ 万元时，求购买的资本价值(资本价值=收入流的现值－投入资金的现值).

(B)

1. 已知某产品的边际利润为 $L'(x)$，固定成本为 C_0，则当 $x=x_0$ 时的利润为(　　).

A. $\int_0^{x_0} L'(x)\mathrm{d}x$　　B. $\int_0^{x_0} L'(x)\mathrm{d}x - C_0$

C. $\int_0^{x_0} L'(x)\mathrm{d}x + C_0$　　D. $C_0\int_0^{x_0} L'(x)\mathrm{d}x$

2. 已知某产品的边际成本为 $C'(x)$，固定成本为 C_0，则当 $x=x_0$ 时的总成本为(　　).

A. $\int_0^{x_0} C'(x)\mathrm{d}x$　　B. $\int_0^{x_0} C'(x)\mathrm{d}x - C_0$

C. $\int_0^{x_0} C'(x)\mathrm{d}x + C_0$　　D. $C_0\int_0^{x_0} C'(x)\mathrm{d}x$

3. 设有货币 P 元，若按年利率 r 作连续复利计算，则 t 年后的价值为(　　).

A. $P\mathrm{e}^{-rt}-P$　　B. $P\mathrm{e}^{rt}-P$

C. $P\mathrm{e}^{-rt}$　　D. $P\mathrm{e}^{rt}$

4. 设有货币 P 元，若按年利率 r 作连续复利计算，在时间区间$[0,T]$内收入率为 a(a 为常数)，如果年利率 r 也为常数，则总收入的现值为(　　).

A. $\frac{a}{r}(1-\mathrm{e}^{-rT})$　　B. $\frac{a}{r}(1-\mathrm{e}^{rT})$

C. $\frac{a}{r}\mathrm{e}^{-rT}$　　D. $\frac{a}{r}\mathrm{e}^{rT}$

5. 某产品边际收益 $R'(x)=200-\frac{q}{100}$，在生产 100 个单位的基础上，再生产 100 个单位时总收益的增量为(　　).

A. 20 000　　B. 19 850　　C. 19 750　　D. 19 700

章节测试五

一、填空题：

1. 设 $f(x)$ 为连续函数，且 $\int_0^{x^3-1} f(t)\mathrm{d}t = x$，则 $f(7) =$ ________.

2. 设 $f(x) = \dfrac{1}{1+x^2} + x^3\int_0^1 f(x)\mathrm{d}x$，则 $\int_0^1 f(x)\mathrm{d}x =$ ________.

3. 设 $f(x)$ 有一个原函数为 $\dfrac{\sin x}{x}$，则 $\int_{\frac{\pi}{2}}^{\pi} xf'(x)\mathrm{d}x =$ ________.

4. $\int_{-1}^{1}(x+\sqrt{1-x^2})^2\mathrm{d}x =$ ________.

5. $\int_1^{+\infty}\dfrac{1}{\mathrm{e}^x+\mathrm{e}^{2-x}}\mathrm{d}x =$ ________.

二、计算下列定积分：

1. $\int_{-1}^{1}\left(x^2\mathrm{e}^{x^3}+\dfrac{x^3\sin^4 x}{1+x^2}\right)\mathrm{d}x$；

2. $\int_1^{\mathrm{e}}\dfrac{\mathrm{d}x}{x\sqrt{1+\ln x}}$；

3. $\int_{\frac{1}{\mathrm{e}}}^{\mathrm{e}}|\ln x|\mathrm{d}x$；

4. $\int_0^{-\ln 2}\sqrt{1-\mathrm{e}^{2x}}\mathrm{d}x$.

三、计算 $\lim\limits_{x\to 0}\dfrac{\sin x - x}{\int_0^x \mathrm{e}^{t^2}\mathrm{d}t - x}$.

四、若 $f(x)=\begin{cases}\dfrac{1}{1+x^2}, & x\leqslant 0,\\ \dfrac{1}{\sqrt{x}(1+x)}, & x>0,\end{cases}$ 求 $\int_{-\infty}^{x} f(t)\mathrm{d}t$.

五、求由曲线 $y=x^2$、$y=2-x^2$ 所围成的图形的面积，并求该图形分别绕 x 轴和 y 轴旋转所得旋转体的体积.

六、设 $f(x)$ 在所给区间上连续，证明：

(1) $\int_{-a}^{a} f(x)\mathrm{d}x = \int_0^a [f(x)+f(x-a)]\mathrm{d}x$；

(2) $\int_0^{\pi} f(\sin x)\mathrm{d}x = 2\int_0^{\frac{\pi}{2}} f(\sin x)\mathrm{d}x$.

第 6 章　多元函数微积分

我们前面学习的函数只有一个自变量，这种函数我们称为一元函数. 在实际问题中往往牵扯到多方面的因素，解决这类问题必须引进多元函数.

本章介绍多元函数微积分学，由于二元函数和一般的多元函数之间没有本质上的变化，故本章主要介绍二元函数微积分的一些基本概念和知识.

6.1　多元函数的概念、极限与连续

一、平面上的集合

$\mathbf{R}^2=\mathbf{R}\times\mathbf{R}=\{(x, y)|x, y\in\mathbf{R}\}$表示 xOy 坐标平面，设 $M_1(x_1, y_1)$与 $M_2(x_2, y_2)$为 xOy 平面上的两点，则 $d=\sqrt{(x_2-x_1)^2+(y_2-y_1)^2}$ 表示 $M_1(x_1, y_1)$与 $M_2(x_2, y_2)$的距离.

坐标平面上具有某种性质 P 的点的集合，称为平面点集，记作

$$E=\{(x, y)|(x, y)\text{具有性质 } P\}.$$

1. 邻域

设 $P_0(x_0, y_0)$是 xOy 平面上的一个点，δ 是某一正数，与点 $P_0(x_0, y_0)$距离小于 δ 的点 $P(x, y)$的全体，称为点 P_0 的 δ 邻域，记为 $U(P_0, \delta)$，即

$$U(P_0, \delta)=\{P||PP_0|<\delta\}$$

或

$$U(P_0, \delta)=\{(x, y)|\sqrt{(x-x_0)^2+(y-y_0)^2}<\delta\}.$$

$U(P_0, \delta)$表示 xOy 平面上以点 $P_0(x_0, y_0)$为中心、$\delta>0$ 为半径的圆的内部的点 $P(x, y)$的全体. 同样可以定义平面上的去心邻域，即

$$\mathring{U}(P_0, \delta)=\{(x, y)|\ 0<\sqrt{(x-x_0)^2+(y-y_0)^2}<\delta\}.$$

注：如果不需要强调邻域的半径 δ，则用 $U(P_0)$表示点 P_0 的某个邻域，点 P_0 的去心邻域记作 $\mathring{U}(P_0)$.

2. 区域

设 E 是平面上的点集，如果 E 中的点满足下面两个条件，则称 E 为开区域.

(1) 对于 E 中的任一点 P，都能找到它的一个邻域，使得邻域能够包含在点集 E 中；

(2) 如果 E 中点的任意两点，都能用包含在 E 中的折线连结起来，即折线上的点都在 E 中. 开区域简称区域(见图 6-1-1).

设 E 是平面区域，P 是平面上的任一点，若 P 的任一邻域内既含有 E 中的点，也含有

不是 E 中的点，那么 P 称为 E 的边界点(见图 6-1-2)，所有边界点的集合称为 E 的边界. 开区域和它的边界一起所构成的集合，称为闭区域.

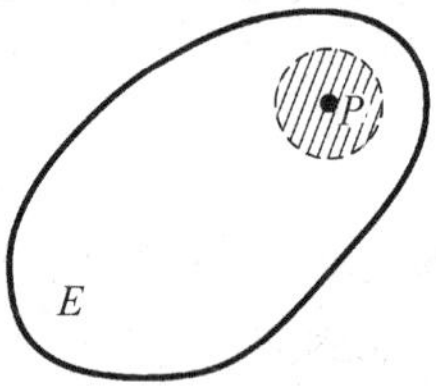

图 6-1-1

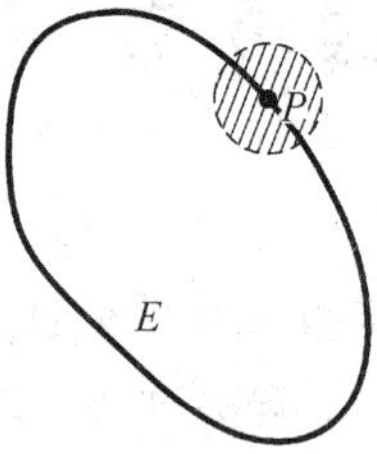

图 6-1-2

区域(或闭区域)分为有界区域和无界区域. 一个区域 E 如果能够包含在一个以原点为中心的圆内，则称为有界区域，否则就是无界区域.

例如：集合 $\{(x, y) | 1 < x^2 + y^2 < 9\}$ 是一区域，并且是一有界区域(见图 6-1-3(a))；

集合 $\{(x, y) | 1 \leqslant x^2 + y^2 \leqslant 9\}$ 是一闭区域，并且是一有界闭区域(见图 6-1-3(b))；

集合 $\{(x, y) | x + y \geqslant 0\}$ 是无界闭区域(见图 6-1-3(c)).

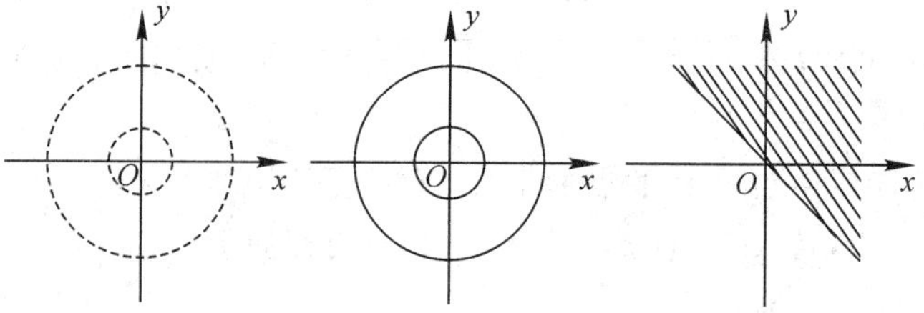

图 6-1-3

二、二元函数的概念

圆柱体的体积 V 和它的底半径 r、高 h 之间具有关系

$$V = \pi r^2 h.$$

这里，当 r、h 在集合 $\{(r, h) | r > 0, h > 0)\}$ 内取定一对值 (r, h) 时，V 对应的值就随之确定.

一定量的理想气体的压强 P、体积 V 和绝对温度 T 之间具有关系

$$P = \frac{RT}{V},$$

其中 R 为常数. 这里，当 V、T 在集合 $\{(V, T) | V > 0, T > 0)\}$ 内取定一对值 (V, T) 时，P 的对应值就随之确定.

上面的两个实际问题说明，在一定的条件下，当两个变量在允许的范围内取值时，另一个变量通过对应的法则有唯一的值与之对应. 由此我们得到了以下的二元函数的定义.

定义 6.1.1 设 D 是平面上的一个非空子集，如果对于 D 内的任一点 (x, y)，按照某

种法则 f，都有唯一确定的实数 z 与之对应，则称 f 是 D 上的二元函数，它在 (x, y) 处的函数值记为 $f(x, y)$，即 $z=f(x, y)$，其中 x，y 称为自变量，z 称为因变量. 点集 D 称为该函数的定义域，数集 $\{z \mid z=f(x, y), (x, y)\in D\}$ 称为该函数的值域.

类似地可定义三元函数 $u=f(x, y, z)$，$(x, y, z)\in D$ 以及三元以上的函数.

关于多元函数的定义域，与一元函数类同，当我们用某个解析式表达多元函数时，其定义域就是使此式有意义的自变量的变化范围.

函数 $z=\ln(x+y)$ 的定义域为 $\{(x, y) \mid x+y>0\}$（无界开区域）；

函数 $z=\arcsin(x^2+y^2)$ 的定义域为 $\{(x, y) \mid x^2+y^2\leqslant 1\}$（有界闭区域）.

二元函数的几何图形：点集 $\{(x, y, z) \mid z=f(x, y), (x, y)\in D\}$ 表示二元函数 $z=f(x, y)$ 的图形，二元函数的图形是一张曲面.

例 6.1.1　画出二元函数 $z=\sqrt{1-x^2-y^2}\ (x^2+y^2\leqslant 1)$ 的图形并求出其定义域.

解　已知函数的图形是 xOy 面上方的以原点为球心，半径为 1 的一张上半球面，它在坐标面上的投影区域是点集 $D=\{(x, y) \mid x^2+y^2\leqslant 1\}$，$D$ 就是函数 $z=\sqrt{1-x^2-y^2}$ 的定义域（见图 6-1-4）.

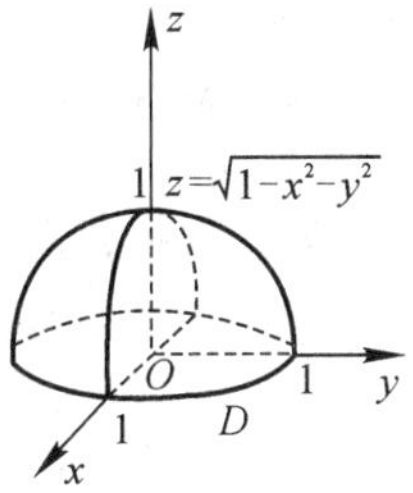

图 6-1-4

例 6.1.2　求函数 $z=\ln(4-x^2-y^2)+\sqrt{x^2+y^2-1}$ 的定义域.

解　要使表达式有意义，必须

$$\begin{cases}4-x^2-y^2>0,\\ x^2+y^2-1\geqslant 0.\end{cases}$$

从而所求函数定义域为

$$D=\{(x, y) \mid 1\leqslant x^2+y^2<4\}.$$

它在 xOy 面上表示以原点为圆心，半径分别为 1 和 2 的两个同心圆所围成的（包含内圆 $x^2+y^2=1$，但不包含外圆 $x^2+y^2=4$）圆环（见图 6-1-5）.

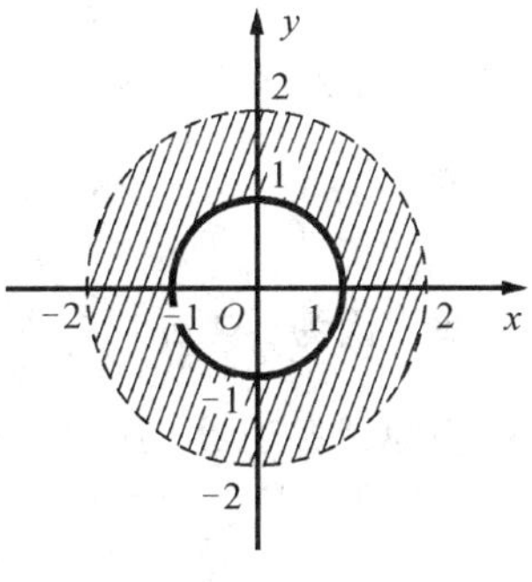

图 6-1-5

例 6.1.3　已知函数 $f(x+y, x-y)=\dfrac{x^2-y^2}{x^2+y^2}$，求 $f(x, y)$ 的表达式，并求 $f(2, 1)$ 的值.

解　设 $u=x+y$，$v=x-y$，则

$$x=\frac{u+v}{2},\ y=\frac{u-v}{2},$$

故得

$$f(u, v)=\frac{\left(\frac{u+v}{2}\right)^2-\left(\frac{u-v}{2}\right)^2}{\left(\frac{u+v}{2}\right)^2+\left(\frac{u-v}{2}\right)^2}=\frac{2uv}{u^2+v^2},$$

即有

$$f(x, y)=\frac{2xy}{x^2+y^2}.$$

从而

$$f(2, 1)=\frac{4}{5}.$$

三、二元函数的极限

与一元函数的极限概念类似，如果在 $P(x, y)\to P_0(x_0, y_0)$ 的过程中，对应的函数值 $f(x, y)$ 无限接近于一个确定的常数 A，则称 A 是函数 $f(x, y)$ 当 $P(x, y)\to P_0(x_0, y_0)$ 时的极限.

定义 6.1.2　设二元函数 $z=f(x, y)$ 在点 $P_0(x_0, y_0)$ 的某一去心邻域内有定义，当 $P(x, y)$ 无限接近 $P_0(x_0, y_0)$ 时，对应的函数值 $f(x, y)$ 无限接近于一个确定的常数 A，则称 A 为函数 $f(x, y)$ 当 $P(x, y)$ 趋于 $P_0(x_0, y_0)$ 时的极限. 记为

$$\lim_{(x, y)\to(x_0, y_0)} f(x, y)=A，或 f(x, y)\to A((x, y)\to(x_0, y_0)),$$

也记作

$$\lim_{P\to P_0} f(P)=A，或 f(P)\to A(P\to P_0).$$

上述定义的极限也称为二重极限. 它与一元函数的极限有相同的运算法则.

注:

(1) 二重极限存在，是指 P 以任何方式趋于 P_0 时，函数都无限接近于 A.

(2) 如果当 P 以两种不同方式趋于 P_0 时，函数趋于不同的值，则函数的极限不存在.

例 6.1.4　求 $\lim\limits_{(x, y)\to(0, 0)} (x^2+y^2)\sin\dfrac{1}{x^2+y^2}$.

解　因为 $\lim\limits_{(x, y)\to(0, 0)} (x^2+y^2)=0$，而 $\left|\sin\dfrac{1}{x^2+y^2}\right|\leqslant 1$，又因为有界变量与无穷小量的乘积仍为无穷小量，所以

$$\lim_{(x, y)\to(0, 0)} (x^2+y^2)\sin\frac{1}{x^2+y^2}=0.$$

例 6.1.5　求 $\lim\limits_{(x, y)\to(0, 2)} \dfrac{\sin(xy)}{x}$.

解　$\lim\limits_{(x, y)\to(0, 2)} \dfrac{\sin(xy)}{x}=\lim\limits_{(x, y)\to(0, 2)} \dfrac{\sin(xy)}{xy}\cdot y$

$$=\lim_{(x, y)\to(0, 2)} \frac{\sin(xy)}{xy}\cdot \lim_{(x, y)\to(0, 2)} y=1\times 2=2.$$

例 6.1.6　求 $\lim\limits_{(x, y)\to(0, 0)} \dfrac{\sqrt{xy+1}-1}{xy}$.

解　$\lim\limits_{(x,y)\to(0,0)}\dfrac{\sqrt{xy+1}-1}{xy}=\lim\limits_{(x,y)\to(0,0)}\dfrac{(\sqrt{xy+1}-1)(\sqrt{xy+1}+1)}{xy(\sqrt{xy+1}+1)}=\lim\limits_{(x,y)\to(0,0)}\dfrac{1}{\sqrt{xy+1}+1}=\dfrac{1}{2}$.

例 6.1.7　证明：$\lim\limits_{(x,y)\to(0,0)}\dfrac{xy}{x^2+y^2}$不存在.

证明　取 $y=kx$(k 为常数)，则当点 $P(x, y)$沿直线 $y=kx(k\neq0)$趋于点$(0, 0)$时，有

$$\lim_{(x,y)\to(0,0)}\frac{xy}{x^2+y^2}=\lim_{\substack{(x,y)\to(0,0)\\ y=kx}}\frac{kx^2}{x^2+k^2x^2}=\frac{k}{1+k^2}.$$

易见函数极限的值随 k 的变化而变化，当 $k=0$ 时，极限值为 0；当 $k=1$ 时，极限值为 $\frac{1}{2}$. 故函数 $f(x, y)$在$(0, 0)$处极限不存在.

四、二元函数的连续性

定义 6.1.3　设二元函数 $z=f(x, y)$在点(x_0, y_0)的某一邻域内有定义，如果

$$\lim_{(x,y)\to(x_0,y_0)}f(x, y)=f(x_0, y_0),$$

则称函数 $f(x, y)$在点(x_0, y_0)处连续. 如果函数 $f(x, y)$在点(x_0, y_0)处不连续，则称函数 $f(x, y)$在点(x_0, y_0)处间断，(x_0, y_0)为函数 $f(x, y)$的间断点.

例 6.1.8　讨论函数 $f(x, y)=\begin{cases}\dfrac{xy}{x^2+y^2}, & x^2+y^2\neq0,\\ 0, & x^2+y^2=0\end{cases}$在点$(0, 0)$处是否连续.

解　由例 6.1.7 知道，极限 $\lim\limits_{(x,y)\to(0,0)}f(x, y)$不存在，所以 $f(x, y)$在点$(0, 0)$处不连续，即点$(0, 0)$是间断点.

如果函数 $f(x, y)$在区域 D 上每一点都连续，那么就称函数 $f(x, y)$在区域 D 上连续，或者称 $f(x, y)$是在区域 D 上的连续函数.

与一元函数一样，二元连续函数的和、差、积、商(在分母不为零处)仍是连续函数，二元连续函数的复合函数也是连续函数.

由常数及 x 和 y 的基本初等函数经过有限次的四则运算和复合步骤所构成的可用一个式子所表示的二元函数称为二元初等函数. 一切二元初等函数在其定义区域内是连续的. 所谓定义区域是指包含在定义域内的区域或闭区域. 利用这个结论时，当求某个二元初等函数在其定义域内一点的极限时，只要计算出函数在该点的函数值即可.

例 6.1.9　求 $\lim\limits_{(x,y)\to(1,2)}\dfrac{x+y}{xy}$.

解　函数 $f(x, y)=\dfrac{x+y}{xy}$是初等函数，它的定义域是集合 $D=\{(x, y)\mid xy\neq0\}$.

因为点$(1, 2)$是定义区域 D 内的一点，所以根据初等函数的连续性知，函数在点$(1, 2)$处连续，因此

$$\lim_{(x,y)\to(1,2)}\frac{x+y}{xy}=\frac{1+2}{1\times2}=\frac{3}{2}.$$

与闭区间上一元连续函数的性质相类似，在有界闭区域上连续的多元函数具有如下

性质：

性质 6.1.1(有界性定理)　有界闭区域 D 上的二元连续函数，在 D 上一定有界.

性质 6.1.2(最大最小值定理)　有界闭区域 D 上的二元连续函数，在 D 上必能取得它的最大值和最小值.

性质 6.1.3(介值定理)　有界闭区域 D 上的二元连续函数，在 D 上必取得介于最大值和最小值之间的任何值.

★ 习题 6-1

(A)

1. 求下列各函数表达式：

(1) 已知 $f(x, y)=x^2+y^2$，求 $f(x-y, \sqrt{xy})$；

(2) 已知 $f(x-y, \sqrt{xy})=x^2+y^2$，求 $f(x, y)$.

2. 求下列函数的定义域，并指出其在平面直角坐标系中的图形：

(1) $z=\sin\dfrac{1}{x^2+y^2-1}$；　　(2) $z=\sqrt{1-x^2}+\sqrt{y^2-1}$；

(3) $f(x, y)=\sqrt{1-x}\ln(x-y)$；　　(4) $f(x, y)=\dfrac{\arcsin(3-x^2-y^2)}{\sqrt{x-y^2}}$.

3. 证明下列极限不存在：

(1) $\lim\limits_{(x, y)\to(0, 0)}\dfrac{x-y}{x+y}$；　　(2) $\lim\limits_{(x, y)\to(0, 0)}\dfrac{x^3y}{x^6+y^2}$.

4. 计算下列极限：

(1) $\lim\limits_{(x, y)\to(0, 1)}\dfrac{e^x+y}{x+y}$；　　(2) $\lim\limits_{(x, y)\to(0, 3)}\dfrac{\sin(xy)}{x}$；

(3) $\lim\limits_{(x, y)\to(0, 0)}\dfrac{\sin(x^3+y^3)}{x+y}$；　　(4) $\lim\limits_{(x, y)\to(0, 0)}\dfrac{\sqrt{xy+4}-2}{xy}$.

5. 判断下列函数的连续性：

(1) $f(x, y)=\begin{cases}\dfrac{x^2-y^2}{x+y}, & (x, y)\neq(0, 0),\\ 0, & (x, y)=(0, 0);\end{cases}$

(2) $f(x, y)=\begin{cases}\dfrac{x^2-y^2}{x^2+y^2}, & (x, y)\neq(0, 0),\\ 0, & (x, y)=(0, 0).\end{cases}$

(B)

1. 函数 $z=\arcsin\dfrac{x^2+y^2}{4}+\ln(x^2+y^2)$ 的定义域为(　　).

A. $\{(x, y) \mid 0\leqslant x^2+y^2\leqslant 4\}$　　B. $\{(x, y) \mid 0\leqslant x^2+y^2<4\}$

C. $\{(x, y) \mid 0<x^2+y^2\leqslant 4\}$　　D. $\{(x, y) \mid 0<x^2+y^2<4\}$

2. 若 $f(x, y)=\frac{xy}{x^2+y^2}$，则 $f\left(\frac{y}{x}, 1\right)=$(   ).

A. $\frac{xy}{x^2+y^2}$　　B. $\frac{x^2+y^2}{xy}$　　C. $\frac{x}{x^2+1}$　　D. $\frac{x^2}{1+x^4}$

3. 设 $f(x+y, x-y)=x^2-y^2$，则 $f(x, y)=$(   ).

A. x^2-y^2　　B. x^2+y^2　　C. $(x-y)^2$　　D. xy

4. 函数 $z=\frac{1}{\ln(x+y)}$ 的定义域为(   ).

A. $\{(x, y) \mid x+y>0\}$　　B. $\{(x, y) \mid x+y\neq 1\}$

C. $\{(x, y) \mid x+y>0$ 且 $x+y\neq 1\}$　　D. $\{(x, y) \mid x+y<0\}$

5. 二元函数 $z=f(x, y)$ 在点 $P_0(x_0, y_0)$ 处间断，则(   ).

A. 函数在点 P_0 处一定无定义

B. 函数在点 P_0 处可能有定义，也可能有极限

C. 函数在点 P_0 处极限不存在

D. 函数在点 P_0 处一定有定义，且有极限，但二者不等

6. 函数 $f(x, y)$ 在闭区域上连续，则不一定成立的是(   ).

A. 取得最大值　　B. 取得最小值　　C. 取得零点　　D. 有界

7. 设二元函数 $z=|xy|+\frac{y}{x}$，则 $z\left(-1, \frac{2}{3}\right)=$(   ).

A. $\frac{4}{3}$　　B. $-\frac{4}{3}$　　C. $\frac{2}{3}$　　D. 0

8. $\lim\limits_{(x, y)\to(0, 0)} \frac{3-\sqrt{x^2+y^2+9}}{x^2+y^2}=$(   ).

A. $\frac{1}{3}$　　B. $\frac{1}{2}$　　C. $\frac{1}{6}$　　D. $-\frac{1}{6}$

9. $\lim\limits_{(x, y)\to(1, 0)} \frac{\ln(x+e^y)}{x^2+y^2}=$(   ).

A. ∞　　B. $\ln 2$　　C. 1　　D. 0

10. $\lim\limits_{(x, y)\to(0, 0)} (x^2+y^2)\ln(x^2+y^2)=$(   ).

A. ∞　　B. -1　　C. 1　　D. 0

6.2 偏导数与全微分

一、偏导数

1. 偏导数的定义及其计算

对于二元函数 $z=f(x, y)$，如果只有自变量 x 变化，而自变量 y 固定，这时它就是 x 的一元函数，函数 $z=f(x, y)$ 对 x 的导数，就称为二元函数 $z=f(x, y)$ 对于 x 的偏导数.

定义 6.2.1 设函数 $z=f(x, y)$ 在点 (x_0, y_0) 的某一邻域内有定义，当 y 固定在 y_0

而 x 在 x_0 处有增量 Δx 时，相应地函数有增量

$$f(x_0+\Delta x, y_0)-f(x_0, y_0).$$

如果极限

$$\lim_{\Delta x\to 0}\frac{f(x_0+\Delta x, y_0)-f(x_0, y_0)}{\Delta x}$$

存在，则称此极限为函数 $z=f(x, y)$在点(x_0, y_0)处对 x 的偏导数，记作

$$\left.\frac{\partial z}{\partial x}\right|_{\substack{x=x_0\\y=y_0}},\ \left.\frac{\partial f}{\partial x}\right|_{\substack{x=x_0\\y=y_0}},\ \left.z'_x\right|_{\substack{x=x_0\\y=y_0}},\text{ 或 } f'_x(x_0, y_0).$$

例如

$$f'_x(x_0, y_0)=\lim_{\Delta x\to 0}\frac{f(x_0+\Delta x, y_0)-f(x_0, y_0)}{\Delta x}.$$

类似地，函数 $z=f(x, y)$在点(x_0, y_0)处对 y 的偏导数定义为

$$\lim_{\Delta y\to 0}\frac{f(x_0, y_0+\Delta y)-f(x_0, y_0)}{\Delta y},$$

记作

$$\left.\frac{\partial z}{\partial y}\right|_{\substack{x=x_0\\y=y_0}},\ \left.\frac{\partial f}{\partial y}\right|_{\substack{x=x_0\\y=y_0}},\ \left.z'_y\right|_{\substack{x=x_0\\y=y_0}},\text{ 或 } f'_y(x_0, y_0).$$

如果函数 $z=f(x, y)$在区域 D 内每一点(x, y)处对 x 的偏导数都存在，那么这个偏导数就是 x，y 的函数，它就称为函数 $z=f(x, y)$对自变量 x 的偏导函数，简称为偏导数，记作

$$\frac{\partial z}{\partial x},\ \frac{\partial f}{\partial x},\ z'_x,\text{ 或 } f'_x(x, y).$$

$$f'_x(x, y)=\lim_{\Delta x\to 0}\frac{f(x+\Delta x, y)-f(x, y)}{\Delta x}.$$

类似地，可定义函数 $z=f(x, y)$对自变量 y 的偏导函数，记作

$$\frac{\partial z}{\partial y},\ \frac{\partial f}{\partial y},\ z'_y,\text{ 或 } f'_y(x, y).$$

$$f'_y(x, y)=\lim_{\Delta y\to 0}\frac{f(x, y+\Delta y)-f(x, y)}{\Delta y}.$$

注： 求$\frac{\partial f}{\partial x}$时，只要把 y 看作常量而对 x 求导数；求$\frac{\partial f}{\partial y}$时，只要把 x 看作常量而对 y 求导数.

讨论：下列求偏导数的方法是否正确？

$$f'_x(x_0, y_0)=\left.f'_x(x, y)\right|_{\substack{x=x_0\\y=y_0}},\qquad f'_y(x_0, y_0)=\left.f'_y(x, y)\right|_{\substack{x=x_0\\y=y_0}};$$

$$f'_x(x_0, y_0)=\left.\left[\frac{\mathrm{d}}{\mathrm{d}x}f(x, y_0)\right]\right|_{x=x_0},\qquad f'_y(x_0, y_0)=\left.\left[\frac{\mathrm{d}}{\mathrm{d}y}f(x_0, y)\right]\right|_{y=y_0}.$$

偏导数的概念还可推广到二元以上的函数. 例如三元函数 $u=f(x, y, z)$在点$(x, y,$

z)处对 x 的偏导数定义为

$$f'_x(x, y, z)=\lim_{\Delta x\to 0}\frac{f(x+\Delta x, y, z)-f(x, y, z)}{\Delta x},$$

其中(x, y, z)是函数 $u=f(x, y, z)$定义域内的点. 它们的求法也仍旧是一元函数的微分法问题.

例 6.2.1　求 $z=f(x, y)=x^2+3xy+y^2$ 在点(1, 2)处的偏导数.

解　把 y 看作常数, 对 x 求导数, 得

$$f'_x(x, y)=2x+3y,$$

把 x 看作常数, 对 y 求导数, 得

$$f'_y(x, y)=3x+2y,$$

故所求偏导数为

$$f'_x(1, 2)=2\times 1+3\times 2=8,$$
$$f'_y(1, 2)=3\times 1+2\times 2=7.$$

例 6.2.2　求 $z=x^2\sin 2y$ 的偏导数.

解　把 y 看作常数, 对 x 求导数, 得

$$\frac{\partial z}{\partial x}=2x\sin 2y,$$

把 x 看作常数, 对 y 求导数, 得

$$\frac{\partial z}{\partial y}=2x^2\cos 2y.$$

例 6.2.3　设 $z=x^y(x>0, x\neq 1)$, 求证: $\dfrac{x}{y}\dfrac{\partial z}{\partial x}+\dfrac{1}{\ln x}\dfrac{\partial z}{\partial y}=2z$.

证明　因为

$$\frac{\partial z}{\partial x}=yx^{y-1}, \frac{\partial z}{\partial y}=x^y\ln x,$$

所以

$$\frac{x}{y}\frac{\partial z}{\partial x}+\frac{1}{\ln x}\frac{\partial z}{\partial y}=\frac{x}{y}yx^{y-1}+\frac{1}{\ln x}x^y\ln x=x^y+x^y=2z.$$

例 6.2.4　设 $r=\sqrt{x^2+y^2+z^2}$, 求证: $x\dfrac{\partial r}{\partial x}+y\dfrac{\partial r}{\partial y}+z\dfrac{\partial r}{\partial z}=r$.

证明　把 y 和 z 看作常数, 对 x 求导数, 得

$$\frac{\partial r}{\partial x}=\frac{x}{\sqrt{x^2+y^2+z^2}}=\frac{x}{r},$$

利用函数关于自变量的对称性, 得

$$\frac{\partial r}{\partial y}=\frac{y}{r}, \frac{\partial r}{\partial z}=\frac{z}{r}.$$

故

$$x\frac{\partial r}{\partial x}+y\frac{\partial r}{\partial y}+z\frac{\partial r}{\partial z}=\frac{x^2+y^2+z^2}{r}=r.$$

例 6.2.5　已知理想气体的状态方程为 $PV=RT$(R 为常数), 求证: $\dfrac{\partial P}{\partial V}\cdot\dfrac{\partial V}{\partial T}\cdot\dfrac{\partial T}{\partial P}=$

$-1.$

证明　因为 $P=\frac{RT}{V}$，把 T 看作常数，函数 P 对自变量 V 求导数，得

$$\frac{\partial P}{\partial V}=-\frac{RT}{V^2};$$

同理　$V=\frac{RT}{P}$，把 P 看作常数，函数 V 对自变量 T 求导数，得

$$\frac{\partial V}{\partial T}=\frac{R}{P};$$

$T=\frac{PV}{R}$，把 V 看作常数，函数 T 对自变量 P 求导数，得

$$\frac{\partial T}{\partial P}=\frac{V}{R};$$

所以

$$\frac{\partial P}{\partial V}\cdot\frac{\partial V}{\partial T}\cdot\frac{\partial T}{\partial P}=-\frac{RT}{V^2}\cdot\frac{R}{P}\cdot\frac{V}{R}=-\frac{RT}{PV}=-1.$$

关于多元函数的偏导数的几点说明：

(1) 对一元函数而言，导数 $\frac{\mathrm{d}y}{\mathrm{d}x}$ 可看作函数的微分 $\mathrm{d}y$ 与自变量的微分 $\mathrm{d}x$ 的商，但偏导数的记号 $\frac{\partial z}{\partial x}$ 是一个整体，是不可分割的；

(2) 与一元函数类似，对于分段函数在分段点的偏导数要利用偏导数的定义来求；

(3) 在一元函数微分学中，如果在某一点处可导，那么函数在该点一定连续. 对于多元函数来说，即使各偏导数在某点都存在，也不能保证函数在该点连续.

例 6.2.6　设函数

$$f(x,y)=\begin{cases}\frac{xy}{x^2+y^2}, & x^2+y^2\neq 0,\\ 0, & x^2+y^2=0.\end{cases}$$

讨论 $f(x,y)$ 在点 $(0,0)$ 处的可偏导性与连续性.

解　由偏导数的定义，有

$$f'_x(0,0)=\lim_{\Delta x\to 0}\frac{f(0+\Delta x,0)-f(0,0)}{\Delta x}=\lim_{\Delta x\to 0}\frac{0-0}{\Delta x}=0,$$

$$f_y(0,0)=\lim_{\Delta y\to 0}\frac{f(0,0+\Delta y)-f(0,0)}{\Delta y}=\lim_{\Delta y\to 0}\frac{0-0}{\Delta y}=0.$$

可见函数 $f(x,y)$ 在点 $(0,0)$ 处可偏导，但函数 $f(x,y)$ 在点 $(0,0)$ 并不连续. 因为当点 $P(x,y)$ 沿直线 $y=kx$ 趋于点 $(0,0)$ 时，有

$$\lim_{\substack{(x,y)\to(0,0)\\ y=kx}}\frac{xy}{x^2+y^2}=\lim_{x\to 0}\frac{kx^2}{x^2+k^2x^2}=\frac{k}{1+k^2},$$

此极限随着 k 的变化而变化，因此 $\lim\limits_{(x,y)\to(0,0)}f(x,y)$ 不存在，故函数 $f(x,y)$ 在 $(0,0)$ 处不连续.

2. 偏导数的几何意义

设曲面的方程为 $z=f(x, y)$，$M_0(x_0, y_0, f(x_0, y_0))$ 是该曲面上一点，过点 M_0 作平面 $y=y_0$，截此曲面得一条曲线，其方程为

$$\begin{cases} z=f(x, y_0), \\ y=y_0, \end{cases}$$

则偏导数 $f'_x(x_0, y_0)$ 表示上述曲线在点 M_0 处的切线 M_0T_x 对 x 轴正向的斜率(见图 6-2-1)．同理，偏导数 $f'_y(x_0, y_0)$ 就是曲面被平面 $x=x_0$ 所截得的曲线在点 M_0 处的切线 M_0T_y 对 y 轴正向的斜率(见图 6-2-1)．

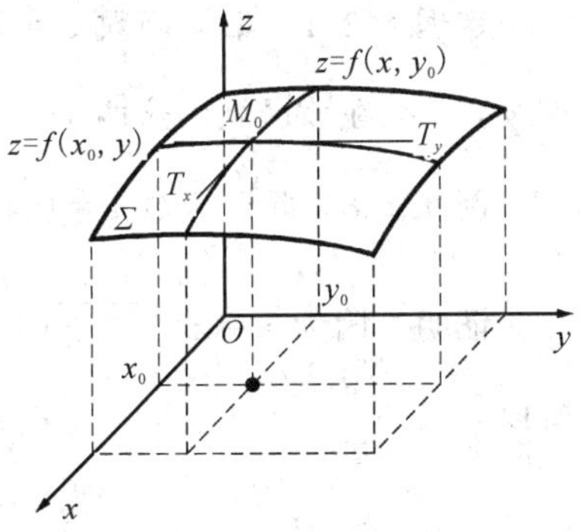

图 6-2-1

3. 高阶偏导数

设函数 $z=f(x, y)$ 在区域 D 内具有偏导数

$$\frac{\partial z}{\partial x}=f'_x(x, y), \quad \frac{\partial z}{\partial y}=f'_y(x, y),$$

那么在 D 内 $f'_x(x, y)$，$f'_y(x, y)$ 都是 x，y 的函数．若这两个函数的偏导数也存在，则称它们是函数 $z=f(x, y)$ 的二阶偏导数．按照对变量求导次序的不同有下列四个二阶偏导数：

(1) $\dfrac{\partial}{\partial x}\left(\dfrac{\partial z}{\partial x}\right)=\dfrac{\partial^2 z}{\partial x^2}=f''_{xx}(x, y)$；　(2) $\dfrac{\partial}{\partial y}\left(\dfrac{\partial z}{\partial x}\right)=\dfrac{\partial^2 z}{\partial x\partial y}=f''_{xy}(x, y)$；

(3) $\dfrac{\partial}{\partial x}\left(\dfrac{\partial z}{\partial y}\right)=\dfrac{\partial^2 z}{\partial y\partial x}=f''_{yx}(x, y)$；　(4) $\dfrac{\partial}{\partial y}\left(\dfrac{\partial z}{\partial y}\right)=\dfrac{\partial^2 z}{\partial y^2}=f''_{yy}(x, y)$．

其中第(2)、(3)两个偏导数称为混合偏导数．

类似地，可以定义三阶、四阶…以及 n 阶偏导数．我们把二阶及二阶以上的偏导数统称为高阶偏导数．

例 6.2.7　设 $z=x^3y^2-3xy^3-xy+1$，求 $\dfrac{\partial^2 z}{\partial x^2}$，$\dfrac{\partial^2 z}{\partial y^2}$，$\dfrac{\partial^2 z}{\partial x\partial y}$ 和 $\dfrac{\partial^2 z}{\partial y\partial x}$．

解　易得 $\dfrac{\partial z}{\partial x}=3x^2y^2-3y^3-y$，$\dfrac{\partial z}{\partial y}=2x^3y-9xy^2-x$．

因此

$$\frac{\partial^2 z}{\partial x^2}=6xy^2,$$

$$\frac{\partial^2 z}{\partial y^2}=2x^3-18xy,$$

$$\frac{\partial^2 z}{\partial x\partial y}=6x^2y-9y^2-1,$$

$$\frac{\partial^2 z}{\partial y\partial x}=6x^2y-9y^2-1.$$

由例 6.2.7 中有 $\dfrac{\partial^2 z}{\partial y\partial x}=\dfrac{\partial^2 z}{\partial x\partial y}$，这不是偶然的，下面的定理说明了原因．

定理 6.2.1 如果函数 $z=f(x,y)$ 的两个二阶混合偏导数 $\frac{\partial^2 z}{\partial y \partial x}$ 及 $\frac{\partial^2 z}{\partial x \partial y}$ 在区域 D 内连续，那么在该区域内这两个二阶混合偏导数必相等.

例 6.2.8 验证函数 $z=\ln\sqrt{x^2+y^2}$ 满足方程 $\frac{\partial^2 z}{\partial x^2}+\frac{\partial^2 z}{\partial y^2}=0$.

证明 因为 $z=\ln\sqrt{x^2+y^2}=\frac{1}{2}\ln(x^2+y^2)$，

所以

$$\frac{\partial z}{\partial x}=\frac{x}{x^2+y^2},$$

$$\frac{\partial z}{\partial y}=\frac{y}{x^2+y^2},$$

$$\frac{\partial^2 z}{\partial x^2}=\frac{(x^2+y^2)-x\cdot 2x}{(x^2+y^2)^2}=\frac{y^2-x^2}{(x^2+y^2)^2},$$

$$\frac{\partial^2 z}{\partial y^2}=\frac{(x^2+y^2)-y\cdot 2y}{(x^2+y^2)^2}=\frac{x^2-y^2}{(x^2+y^2)^2}.$$

因此

$$\frac{\partial^2 z}{\partial x^2}+\frac{\partial^2 z}{\partial y^2}=\frac{y^2-x^2}{(x^2+y^2)^2}+\frac{x^2-y^2}{(x^2+y^2)^2}=0.$$

例 6.2.9 证明：函数 $u=\frac{1}{r}$ 满足拉普拉斯方程

$$\frac{\partial^2 u}{\partial x^2}+\frac{\partial^2 u}{\partial y^2}+\frac{\partial^2 u}{\partial z^2}=0,$$

其中 $r=\sqrt{x^2+y^2+z^2}$.

证明

$$\frac{\partial u}{\partial x}=-\frac{1}{r^2}\cdot\frac{\partial r}{\partial x}=-\frac{1}{r^2}\cdot\frac{x}{r}=-\frac{x}{r^3},$$

$$\frac{\partial^2 u}{\partial x^2}=-\frac{1}{r^3}+\frac{3x}{r^4}\cdot\frac{\partial r}{\partial x}=-\frac{1}{r^3}+\frac{3x^2}{r^5}.$$

由函数关于自变量的对称性，得

$$\frac{\partial^2 u}{\partial y^2}=-\frac{1}{r^3}+\frac{3y^2}{r^5},\quad \frac{\partial^2 u}{\partial z^2}=-\frac{1}{r^3}+\frac{3z^2}{r^5}.$$

因此

$$\frac{\partial^2 u}{\partial x^2}+\frac{\partial^2 u}{\partial y^2}+\frac{\partial^2 u}{\partial z^2}=-\frac{3}{r^3}+\frac{3(x^2+y^2+z^2)}{r^5}=-\frac{3}{r^3}+\frac{3r^2}{r^5}=0.$$

二、全微分

1. 全微分的定义

对于一元函数 $y=f(x)$，函数的增量 $\Delta y=f(x+\Delta x)-f(x)$ 与微分 $\mathrm{d}y=f'(x)\Delta x$，当 $|\Delta x|$ 很小时，有 $\Delta y\approx \mathrm{d}y$，即

$$f(x+\Delta x)-f(x)\approx f'(x)\Delta x.$$

对于二元函数 $z=f(x,y)$，$f(x+\Delta x,y)-f(x,y)$ 和 $f(x,y+\Delta y)-f(x,y)$ 分别称为二元函数对变量 x 与 y 的偏增量，根据一元函数微分学中增量与微分的关系，有

$$f(x+\Delta x,y)-f(x,y)\approx f'_x(x,y)\Delta x,$$
$$f(x,y+\Delta y)-f(x,y)\approx f'_y(x,y)\Delta y,$$

$f'_x(x,y)\Delta x$ 和 $f'_y(x,y)\Delta y$ 为函数对变量 x 与 y 的偏微分.

一般地，如果函数 $z=f(x,y)$ 在点 $P(x,y)$ 的某邻域内有定义并设 $P'(x+\Delta x,y+\Delta y)$ 为该邻域内的任意一点，则称

$$f(x+\Delta x,y+\Delta y)-f(x,y)$$

在点 P 处对应于自变量 Δx，Δy 的全增量，记为 Δz，即

$$\Delta z=f(x+\Delta x,y+\Delta y)-f(x,y).$$

一般来说，计算全增量比较复杂，我们希望用 Δx，Δy 的线性函数来近似代替它. 由此引出二元函数全微分的定义.

定义 6.2.2　如果函数 $z=f(x,y)$ 在点 (x,y) 处的全增量

$$\Delta z=f(x+\Delta x,y+\Delta y)-f(x,y)$$

可表示为

$$\Delta z=A\Delta x+B\Delta y+o(\rho)\left(\rho=\sqrt{(\Delta x)^2+(\Delta y)^2}\right),$$

其中 A，B 不依赖于 Δx，Δy，而仅与 x，y 有关，则称函数 $z=f(x,y)$ 在点 (x,y) 处可微分，而称 $A\Delta x+B\Delta y$ 为函数 $z=f(x,y)$ 在点 (x,y) 处的全微分，记作 $\mathrm{d}z$，即

$$\mathrm{d}z=A\Delta x+B\Delta y.$$

如果函数在区域 D 内各点处都可微分，那么称此函数在 D 内可微分.

2. 函数可微的条件

在学习一元函数的微分时，我们得到这样的结论：如果函数在某一点处可微，则在该点处必连续，且在该点处可导，有 $\mathrm{d}y=f'(x)\mathrm{d}x$.

对二元函数也有类似的性质，即有：

定理 6.2.2(必要条件)　如果函数 $z=f(x,y)$ 在点 (x,y) 处可微分，则

(1) 函数 $z=f(x,y)$ 在点 (x,y) 处连续；

(2) 函数 $z=f(x,y)$ 的两个偏导数 $\dfrac{\partial z}{\partial x}$，$\dfrac{\partial z}{\partial y}$ 都存在，且函数 $z=f(x,y)$ 在点 (x,y) 处的全微分为

$$\mathrm{d}z=\frac{\partial z}{\partial x}\mathrm{d}x+\frac{\partial z}{\partial y}\mathrm{d}y.$$

证明　(1) 设 $z=f(x,y)$ 在点 (x,y) 处可微分，则有

$$\Delta z=f(x+\Delta x,y+\Delta y)-f(x,y)=A\Delta x+B\Delta y+o(\rho),$$

于是

$$\lim_{\rho\to 0}\Delta z=0,$$

从而

$$\lim_{(\Delta x,\Delta y)\to(0,0)}f(x+\Delta x,y+\Delta y)=\lim_{\rho\to 0}[f(x,y)+\Delta z]=f(x,y).$$

因此函数 $z=f(x, y)$ 在点 (x, y) 处连续.

(2) 设 $z=f(x, y)$ 在点 (x, y) 处可微分，则有

$$f(x+\Delta x, y+\Delta y)-f(x, y)=A\Delta x+B\Delta y+o(\rho).$$

在上式中令 $\Delta y=0$，即

$$f(x+\Delta x, y)-f(x, y)=A\Delta x+o(|\Delta x|),$$

两边同除以 Δx，再令 $\Delta x\to 0$，有

$$\lim_{\Delta x\to 0}\frac{f(x+\Delta x, y)-f(x, y)}{\Delta x}=A+\lim_{\Delta x\to 0}\frac{o(|\Delta x|)}{\Delta x}=A.$$

即

$$\frac{\partial z}{\partial x}=A.$$

同理可得

$$\frac{\partial z}{\partial y}=B.$$

一般地，自变量的改变量 Δx，Δy 分别为 $\mathrm{d}x$，$\mathrm{d}y$，故函数 $z=f(x, y)$ 在点 (x, y) 处的全微分可写成

$$\mathrm{d}z=\frac{\partial z}{\partial x}\mathrm{d}x+\frac{\partial z}{\partial y}\mathrm{d}y.$$

注：偏导数 $\frac{\partial z}{\partial x}$，$\frac{\partial z}{\partial y}$ 存在是可微分的必要条件，但不是充分条件. 例如，对二元函数 $f(x, y)=\begin{cases}\frac{xy}{x^2+y^2}, & x^2+y^2\neq 0,\\ 0, & x^2+y^2=0,\end{cases}$ 我们可以用定义求出 $f'_x(0, 0)=f'_y(0, 0)=0$. 即 $f(x, y)$ 在点 $(0, 0)$ 处的两个偏导数存在且相等，但函数 $f(x, y)$ 在点 $(0, 0)$ 处不连续，所以 $f(x, y)$ 在点 $(0, 0)$ 处不可微.

由此可见，对于多元函数而言，偏导数存在并不一定可微，因为函数的偏导数仅描述了函数在一点处沿坐标轴的变化率，而全微分描述了函数沿各个方向的变化情况，但如果对偏导数再加些条件，就可以保证函数的可微性.

定理 6.2.3(充分条件) 如果函数 $z=f(x, y)$ 的偏导数 $\frac{\partial z}{\partial x}$，$\frac{\partial z}{\partial y}$ 在点 (x, y) 处连续，则函数在该点处可微分.

定理 6.2.2 和定理 6.2.3 的结论可推广到三元及三元以上函数.

例 6.2.10 求函数 $z=\frac{x}{y}$ 在点 $(2, 1)$ 处的全微分.

解 因为

$$\frac{\partial z}{\partial x}=\frac{1}{y},\ \frac{\partial z}{\partial y}=-\frac{x}{y^2},$$

$$\left.\frac{\partial z}{\partial x}\right|_{\substack{x=2\\y=1}}=1,\ \left.\frac{\partial z}{\partial y}\right|_{\substack{x=2\\y=1}}=-2,$$

所以

$$\mathrm{d}z\Big|_{\substack{x=2\\y=1}}=\mathrm{d}x-2\mathrm{d}y.$$

例 6.2.11　求函数 $z=x^2y+\tan(x+y)$的全微分.

解　因为

$$\frac{\partial z}{\partial x}=2xy+\sec^2(x+y),$$

$$\frac{\partial z}{\partial y}=x^2+\sec^2(x+y),$$

所以

$$\mathrm{d}z=[2xy+\sec^2(x+y)]\mathrm{d}x+[x^2+\sec^2(x+y)]\mathrm{d}y.$$

例 6.2.12　求函数 $u=\sqrt{x^2+y^2+z^2}$的全微分.

解　因为

$$\frac{\partial u}{\partial x}=\frac{x}{\sqrt{x^2+y^2+z^2}},\ \frac{\partial u}{\partial y}=\frac{y}{\sqrt{x^2+y^2+z^2}},\ \frac{\partial u}{\partial z}=\frac{z}{\sqrt{x^2+y^2+z^2}},$$

所以

$$\mathrm{d}u=\frac{1}{\sqrt{x^2+y^2+z^2}}(x\mathrm{d}x+y\mathrm{d}y+z\mathrm{d}z).$$

★ 习题 6－2

(A)

1. 求下列函数偏导数：

(1) $z=x^3+3xy+y^3$；　(2) $z=\dfrac{\sin y^2}{x}$；

(3) $z=\ln(x-3y)$；　(4) $z=x^y+\ln xy(x>0,\ y>0,\ x\neq 1)$；

(5) $u=x^{\frac{z}{y}}$；　(6) $u=\cos(x^2-y^2+\mathrm{e}^{-z})$.

2. 求下列函数在指定点处的偏导数：

(1) $f(x,y)=x^2-xy+y^2$，求 $f'_x(1,2)$，$f'_y(1,2)$；

(2) $f(x,y)=\arctan\dfrac{x^2+y^2}{x-y}$，求 $f'_x(1,0)$；

(3) $f(x,y)=\ln\sqrt{x^2+y^2}+\sin(x^2-1)\mathrm{e}^{\arctan(x^2+\sqrt{x^2+y^2})}$，求 $f'_x(1,2)$；

(4) $f(x,y,z)=\ln(x-yz)$，求 $f'_x(2,0,1)$，$f'_y(2,0,1)$，$f'_z(2,0,1)$.

3. 求下列函数的二阶偏导数$\dfrac{\partial^2 z}{\partial x^2}$，$\dfrac{\partial^2 z}{\partial y^2}$：

(1) $z=4x^3+3x^2y-3xy^2-x+y$；　(2) $z=x\ln(x+y)$.

4. 求下列函数的全微分：

(1) $z=4xy^3+5x^2y^6$；　(2) $z=\sqrt{1-x^2-y^2}$；

(3) $u=\ln(x-yz)$; (4) $u=x+\sin\dfrac{y}{2}+e^{yz}$.

5. 计算函数 $z=x^y$ 在点(3, 1)处的全微分.

6. 求函数 $z=xy$ 在点(2, 3)处关于 $\Delta x=0.1$, $\Delta y=0.2$ 的全增量与全微分.

(B)

1. 若 $z=5x^2y^3$, 则 $\left.\dfrac{\partial z}{\partial x}\right|_{(1,\,-1)}=($ $)$.

A. 10 B. -10 C. 15 D. -15

2. 设 $z=\cos(x^2y)$, 则 $\dfrac{\partial z}{\partial y}=($ $)$.

A. $-\sin(x^2y)$ B. $-x^2\sin(x^2y)$ C. $\sin(x^2y)$ D. $x^2\sin(x^2y)$

3. 设 $z=f(x, y)$在(x_0, y_0)处的全增量为 Δz, 若 $z=f(x, y)$在(x_0, y_0)处可微, 则在(x_0, y_0)处( ).

A. $\Delta z=dz$ B. $\Delta z=f'_x\Delta x+f'_y\Delta y$

C. $\Delta z=f'_x dx+f'_y dy$ D. $\Delta z=dz+o(\sqrt{x^2+y^2})$

4. 设 $f(x, y)=\sqrt{xy}$, 则 $f'_x(1, 1)=($ $)$.

A. 0 B. $\dfrac{1}{2}$ C. -1 D. 1

5. 已知 $z=x^y$, 则 $dz=($ $)$.

A. $yx^{y-1}dx$ B. $x^y\ln x dy$

C. $yx^{y-1}dx+x^y\ln x dy$ D. $x^y\ln x dx+yx^{y-1}dy$

6. 设 $z=\ln(1+x^2+y^2)$, 则 $dz|_{(1,\,2)}=($ $)$.

A. $\dfrac{1}{6}dx+\dfrac{1}{3}dy$ B. $\dfrac{2}{3}(dx+dy)$

C. $\dfrac{1}{3}dx+\dfrac{2}{3}dy$ D. $\dfrac{1}{3}(dx+dy)$

7. 已知 $z=x^2+3xy+y^2$, 则 $\dfrac{\partial^2 z}{\partial x^2}=($ $)$.

A. 2 B. $2x+3y$ C. 3 D. $3x+2y$

8. 已知 $u=\left(\dfrac{x}{y}\right)^z$, 则 $du|_{(1,\,1,\,1)}=($ $)$.

A. $dx+dy+dz$ B. $dx+dy$

C. $dx-dy+dz$ D. $dx-dy$

9. 二元函数 $z=f(x, y)$在(x_0, y_0)处满足关系( ).

A. 可微⇔可导⇒连续 B. 可微⇒可导⇒连续

C. 可微⇒可导, 可微⇒连续 D. 可导⇒连续, 反之不行

10. 已知 $z=x^4+y^4-4x^2y^2$, 则 $\dfrac{\partial^2 z}{\partial x\partial y}=($ $)$.

A. $12x^2-8y^2$ B. $4y^3-8x^2y$ C. $4x^3-8xy^2$ D. $-16xy$

6.3　复合函数求导与隐函数求导

一、复合函数求导

1. 复合函数的中间变量均为一元函数的情形

定理 6.3.1　如果函数 $u=u(t)$及 $v=v(t)$都在点 t 处可导，函数 $z=f(u, v)$在对应点(u, v)处具有连续偏导数，则复合函数 $z=f[u(t), v(t)]$在点 t 处可导，且有

$$\frac{\mathrm{d}z}{\mathrm{d}t}=\frac{\partial z}{\partial u}\cdot\frac{\mathrm{d}u}{\mathrm{d}t}+\frac{\partial z}{\partial v}\cdot\frac{\mathrm{d}v}{\mathrm{d}t}. \qquad (6-3-1)$$

公式(6－3－1)中的导数$\frac{\mathrm{d}z}{\mathrm{d}t}$称为全导数.

此定理证明略. 函数的结构图见图 6－3－1.

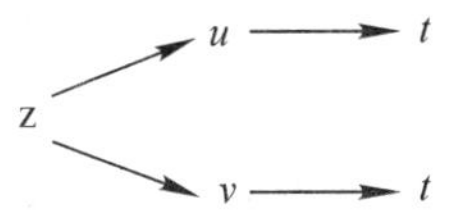

图 6－3－1

定理 6.3.1 的结论可推广到三元函数的情形. 例如，设 $u=u(t)$，$v=v(t)$，$w=w(t)$都在点 t 处可导，$z=f(u, v, w)$在对应点处具有连续的偏导数，则复合函数 $z=f[u(t), v(t), w(t)]$在点 t 处可导，且有

$$\frac{\mathrm{d}z}{\mathrm{d}t}=\frac{\partial z}{\partial u}\cdot\frac{\mathrm{d}u}{\mathrm{d}t}+\frac{\partial z}{\partial v}\cdot\frac{\mathrm{d}v}{\mathrm{d}t}+\frac{\partial z}{\partial w}\cdot\frac{\mathrm{d}w}{\mathrm{d}t}. \qquad (6-3-2)$$

函数的结构图见图 6－3－2.

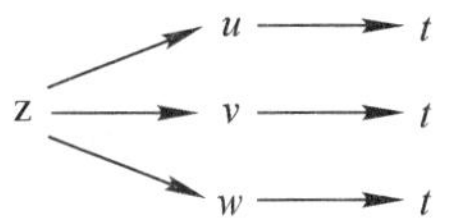

图 6－3－2

例 6.3.1　设 $z=uv$，而 $u=\mathrm{e}^t$，$v=\cos t$，求导数$\frac{\mathrm{d}z}{\mathrm{d}t}$.

解　由公式(6－3－1)知

$$\frac{\mathrm{d}z}{\mathrm{d}t}=\frac{\partial z}{\partial u}\cdot\frac{\mathrm{d}u}{\mathrm{d}t}+\frac{\partial z}{\partial v}\cdot\frac{\mathrm{d}v}{\mathrm{d}t}=v\mathrm{e}^t-u\sin t$$
$$=\mathrm{e}^t\cos t-\mathrm{e}^t\sin t=\mathrm{e}^t(\cos t-\sin t).$$

例 6.3.2　设 $z=\ln(u+v)+\mathrm{e}^t$，而 $u=2t$，$v=t^2$，求导数$\frac{\mathrm{d}z}{\mathrm{d}t}$.

解　函数的结构图见图 6－3－3.

$$\frac{\mathrm{d}z}{\mathrm{d}t}=\frac{\partial z}{\partial u}\cdot\frac{\mathrm{d}u}{\mathrm{d}t}+\frac{\partial z}{\partial v}\cdot\frac{\mathrm{d}v}{\mathrm{d}t}+\frac{\partial z}{\partial t}\cdot\frac{\mathrm{d}t}{\mathrm{d}t}$$
$$=\frac{1}{u+v}\cdot 2+\frac{1}{u+v}\cdot 2t+\mathrm{e}^t$$
$$=\frac{2+2t}{2t+t^2}+\mathrm{e}^t.$$

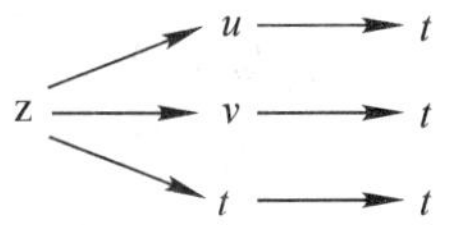

图 6－3－3

2. 复合函数的中间变量均为多元函数的情形

定理 6.3.2　如果函数 $u=u(x, y)$，$v=v(x, y)$都在点(x, y)具有对 x 及 y 的偏导数，函数 $z=f(u, v)$在对应点(u, v)处具有连续偏导数，则复合函数 $z=f[u(x, y), v(x, y)]$在点(x, y)处的两个偏导数存在，且有

$$\frac{\partial z}{\partial x}=\frac{\partial z}{\partial u}\cdot\frac{\partial u}{\partial x}+\frac{\partial z}{\partial v}\cdot\frac{\partial v}{\partial x},\qquad(6-3-3)$$

$$\frac{\partial z}{\partial y}=\frac{\partial z}{\partial u}\cdot\frac{\partial u}{\partial y}+\frac{\partial z}{\partial v}\cdot\frac{\partial v}{\partial y}.\qquad(6-3-4)$$

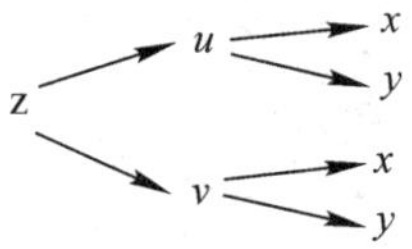

图 6-3-4

函数的结构图见图 6-3-4.

例 6.3.3　设 $z=e^u\sin v$，而 $u=xy$，$v=x+y$，求$\frac{\partial z}{\partial x}$和$\frac{\partial z}{\partial y}$.

解

$$\frac{\partial z}{\partial x}=\frac{\partial z}{\partial u}\cdot\frac{\partial u}{\partial x}+\frac{\partial z}{\partial v}\cdot\frac{\partial v}{\partial x}=e^u\sin v\cdot y+e^u\cos v\cdot 1$$
$$=e^u(y\sin v+\cos v)=e^{xy}[y\sin(x+y)+\cos(x+y)],$$
$$\frac{\partial z}{\partial y}=\frac{\partial z}{\partial u}\cdot\frac{\partial u}{\partial y}+\frac{\partial z}{\partial v}\cdot\frac{\partial v}{\partial y}=e^u\sin v\cdot x+e^u\cos v\cdot 1$$
$$=e^u(x\sin v+\cos v)=e^{xy}[x\sin(x+y)+\cos(x+y)].$$

例 6.3.4　求 $z=(3x^2+y^2)^{4x+2y}$ 的偏导数.

解　设 $u=3x^2+y^2$，$v=4x+2y$，则 $z=u^v$.

因为

$$\frac{\partial z}{\partial u}=v\cdot u^{v-1},\ \frac{\partial z}{\partial v}=u^v\cdot\ln u,$$

$$\frac{\partial u}{\partial x}=6x,\ \frac{\partial u}{\partial y}=2y,\ \frac{\partial v}{\partial x}=4,\ \frac{\partial v}{\partial y}=2,$$

所以

$$\frac{\partial z}{\partial x}=\frac{\partial z}{\partial u}\cdot\frac{\partial u}{\partial x}+\frac{\partial z}{\partial v}\cdot\frac{\partial v}{\partial x}=v\cdot u^{v-1}\cdot 6x+u^v\cdot\ln u\cdot 4$$
$$=6x(4x+2y)(3x^2+y^2)^{4x+2y-1}+4(3x^2+y^2)^{4x+2y}\ln(3x^2+y^2),$$
$$\frac{\partial z}{\partial y}=\frac{\partial z}{\partial u}\cdot\frac{\partial u}{\partial y}+\frac{\partial z}{\partial v}\cdot\frac{\partial v}{\partial y}=v\cdot u^{v-1}\cdot 2y+u^v\cdot\ln u\cdot 2$$
$$=2y(4x+2y)(3x^2+y^2)^{4x+2y-1}+2(3x^2+y^2)^{4x+2y}\ln(3x^2+y^2).$$

3. 复合函数的中间变量既有一元函数，又有多元函数的情形

定理 6.3.3　如果函数 $u=u(x,y)$在点(x,y)处具有对 x 和 y 的偏导数，函数 $v=v(y)$在点 y 处可导，函数 $z=f(u,v)$在对应点(u,v)处具有连续偏导数，则复合函数 $z=f[u(x,y),v(y)]$在点(x,y)处的两个偏导数存在，且有

$$\frac{\partial z}{\partial x}=\frac{\partial z}{\partial u}\cdot\frac{\partial u}{\partial x},\qquad(6-3-5)$$

$$\frac{\partial z}{\partial y}=\frac{\partial z}{\partial u}\cdot\frac{\partial u}{\partial y}+\frac{\partial z}{\partial v}\cdot\frac{dv}{dy}.\qquad(6-3-6)$$

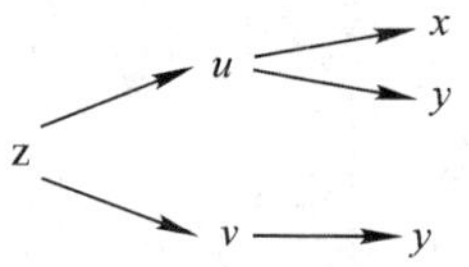

图 6-3-5

函数的结构图见图 6-3-5.

在第三种情形中，一种常见的情形是：复合函数的某些中间变量本身又是复合函数的自变量的情形. 例如，设函数 $z=f(x,y,u)$，$u=u(x,y)$构成复合函数 $z=f[x,y,$

$u(x, y)]$，函数的结构图见图 6-3-6.

$$\frac{\partial z}{\partial x}=\frac{\partial f}{\partial x}+\frac{\partial f}{\partial u}\cdot\frac{\partial u}{\partial x},\qquad (6-3-7)$$

$$\frac{\partial z}{\partial y}=\frac{\partial f}{\partial y}+\frac{\partial f}{\partial u}\cdot\frac{\partial u}{\partial y}.\qquad (6-3-8)$$

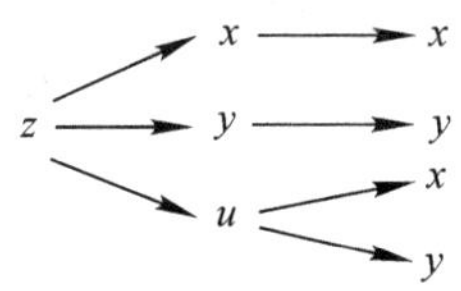

图 6-3-6

注：这里$\frac{\partial z}{\partial x}$与$\frac{\partial f}{\partial x}$是不同的，$\frac{\partial z}{\partial x}$是把复合函数 $z=f[u(x, y), x, y]$ 中的 y 看作不变而对 x 的偏导数，是对自变量 x 求偏导数；$\frac{\partial f}{\partial x}$是把函数 $z=f(u, x, y)$ 中的 u 及 y 看作不变而对 x 的偏导数，是对中间变量 x 求偏导数. $\frac{\partial z}{\partial y}$与$\frac{\partial f}{\partial y}$也有类似的区别.

例 6.3.5　设 $z=f(x, y, u)=e^{x^2+y^2+u^2}$，而 $u=x^2\sin y$，求$\frac{\partial z}{\partial x}$和$\frac{\partial z}{\partial y}$.

解

$$\begin{aligned}\frac{\partial z}{\partial x}&=\frac{\partial f}{\partial x}+\frac{\partial f}{\partial u}\cdot\frac{\partial u}{\partial x}\\&=2xe^{x^2+y^2+u^2}+2ue^{x^2+y^2+u^2}\cdot 2x\sin y\\&=2x(1+2x^2\sin^2 y)e^{x^2+y^2+x^4\sin^2 y},\end{aligned}$$

$$\begin{aligned}\frac{\partial z}{\partial y}&=\frac{\partial f}{\partial y}+\frac{\partial f}{\partial u}\cdot\frac{\partial u}{\partial y}\\&=2ye^{x^2+y^2+u^2}+2ue^{x^2+y^2+u^2}\cdot x^2\cos y\\&=2(y+x^4\sin y\cos y)e^{x^2+y^2+x^4\sin^2 y}.\end{aligned}$$

例 6.3.6　设 $z=f(\sin x, x^2-y^2)$，f 具有一阶连续偏导数，求$\frac{\partial z}{\partial x}$和$\frac{\partial z}{\partial y}$.

解　设 $u=\sin x$，$v=x^2-y^2$，函数的结构图见图 6-3-7.

引入记号：$f'_1=\frac{\partial f}{\partial u}$，$f'_2=\frac{\partial f}{\partial v}$，则

$$\frac{\partial z}{\partial x}=\frac{\partial f}{\partial u}\cdot\frac{du}{dx}+\frac{\partial f}{\partial v}\cdot\frac{\partial v}{\partial x}=\cos x f'_1+2xf'_2,$$

$$\frac{\partial z}{\partial y}=\frac{\partial f}{\partial v}\cdot\frac{\partial v}{\partial y}=-2yf'_2.$$

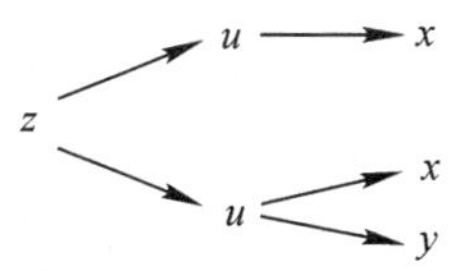

图 6-3-7

同理也可引入 $f''_{11}=\frac{\partial^2 f}{\partial u^2}$，$f''_{12}=\frac{\partial^2 f}{\partial u\partial v}$等记号.

例 6.3.7　设 $w=f(x+y+z, xyz)$，f 具有二阶连续偏导数，求$\frac{\partial w}{\partial x}$和$\frac{\partial^2 w}{\partial x\partial z}$.

解

$$\frac{\partial w}{\partial x}=f'_1+yzf'_2,$$

$$\frac{\partial^2 w}{\partial x\partial z}=f''_{11}+xyf''_{12}+yf'_2+yzf''_{21}+xy^2zf''_{22}=f''_{11}+y(x+z)f''_{12}+yf'_2+xy^2zf''_{22}.$$

注：本题条件中二阶偏导数连续，因此 $f''_{12}=f''_{21}$.

二、隐函数求导

在一元微分学中，我们曾引入了隐函数的概念，并介绍了不经过显化而直接由方程

$$F(x, y)=0$$

来求它所确定的隐函数的导数的方法. 这里将进一步从理论上阐明隐函数的存在性，并通过多元复合函数求导的链式法则建立隐函数的求导公式.

定理 6.3.4(隐函数存在定理 1)　设函数 $F(x, y)$ 在点 $P(x_0, y_0)$ 处的某一邻域内具有连续偏导数，且

$$F(x_0, y_0)=0, F'_y(x_0, y_0)\neq 0,$$

则方程 $F(x, y)=0$ 在点 $P(x_0, y_0)$ 处的某一邻域内恒能唯一确定一个连续且具有连续导数的函数 $y=f(x)$，它满足条件 $y_0=f(x_0)$，并有

$$\frac{dy}{dx}=-\frac{F'_x}{F'_y}.$$

求导公式推导：将 $y=f(x)$ 代入 $F(x, y)=0$，得 $F[x, f(x)]=0$，等式左边的函数 $F[x, f(x)]$ 的结构图见图 6-3-8.

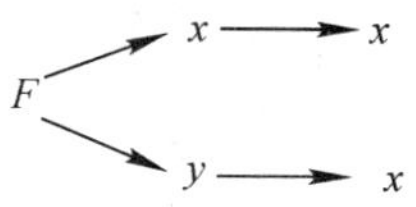

图 6-3-8

上述方程两边对 x 求导得 $F'_x+F'_y\cdot\frac{dy}{dx}=0$，由于 F'_y 连续，且 $F'_y(x_0, y_0)\neq 0$，故存在 (x_0, y_0) 的一个邻域，在这个邻域内 $F'_y\neq 0$，于是得

$$\frac{dy}{dx}=-\frac{F'_x}{F'_y}.$$

例 6.3.8　求由方程 $xy-e^x+e^y=0$ 所确定的隐函数的导数 $\frac{dy}{dx}$，$\left.\frac{dy}{dx}\right|_{x=0}$.

解　令 $F(x, y)=xy-e^x+e^y$，则 $F'_x=y-e^x$，$F'_y=x+e^y$，因此

$$\frac{dy}{dx}=-\frac{F'_x}{F'_y}=\frac{e^x-y}{x+e^y},$$

由原方程知 $x=0$ 时，$y=0$，所以

$$\left.\frac{dy}{dx}\right|_{x=0}=\left.\frac{e^x-y}{x+e^y}\right|_{\substack{x=0\\y=0}}=1.$$

例 6.3.9　求由方程 $x-y-e^y=0$ 所确定的隐函数的导数 $\frac{dy}{dx}$，$\frac{d^2y}{dx^2}$.

解　令 $F(x, y)=x-y-e^y$，则 $F'_x=1$，$F'_y=-1-e^y$，因此

$$\frac{dy}{dx}=-\frac{F'_x}{F'_y}=\frac{1}{1+e^y},$$

$$\frac{d^2y}{dx^2}=\frac{d}{dx}\left(\frac{1}{1+e^y}\right)=-\frac{e^y y'}{(1+e^y)^2}=-\frac{e^y}{(1+e^y)^3}.$$

隐函数存在定理还可以推广到三元及三元以上的方程的情形.

定理 6.3.5(隐函数存在定理 2)　设函数 $F(x, y, z)$ 在点 $P(x_0, y_0, z_0)$ 处的某一邻域内具有连续的偏导数，且

$$F(x_0, y_0, z_0)=0, F'_z(x_0, y_0, z_0)\neq 0,$$

则方程 $F(x, y, z)=0$ 在点 (x_0, y_0, z_0) 处的某一邻域内恒能唯一确定一个连续且具有连续偏导数的函数 $z=f(x, y)$，它满足条件 $z_0=f(x_0, y_0)$，并有

$$\frac{\partial z}{\partial x}=-\frac{F'_x}{F'_z}, \frac{\partial z}{\partial y}=-\frac{F'_y}{F'_z}.$$

求导公式推导：将 $z=f(x, y)$ 代入 $F(x, y, z)=0$，得 $F(x, y, f(x, y))\equiv 0$，将上式两端分别对 x 和 y 求导，得

$$F'_x+F'_z\cdot\frac{\partial z}{\partial x}=0, F'_y+F'_z\cdot\frac{\partial z}{\partial y}=0.$$

于是有

$$\frac{\partial z}{\partial x}=-\frac{F'_x}{F'_z}, \frac{\partial z}{\partial y}=-\frac{F'_y}{F'_z}.$$

例 6.3.10　设 $x^2+y^2+z^2-4z=0$，求 $\frac{\partial z}{\partial x}, \frac{\partial z}{\partial y}, \frac{\partial^2 z}{\partial x^2}$.

解　令 $F(x, y, z)=x^2+y^2+z^2-4z$，则 $F'_x=2x$，$F_y=2y$，$F_z=2z-4$，

所以 $\frac{\partial z}{\partial x}=-\frac{F'_x}{F'_z}=\frac{x}{2-z}$，$\frac{\partial z}{\partial y}=-\frac{F'_y}{F'_z}=\frac{y}{2-z}$.

$$\frac{\partial^2 z}{\partial x^2}=\frac{(2-z)+x\frac{\partial z}{\partial x}}{(2-z)^2}=\frac{(2-z)+x\left(\frac{x}{2-z}\right)}{(2-z)^2}=\frac{(2-z)^2+x^2}{(2-z)^3}.$$

★ 习题 6 - 3

(A)

1. 求下列函数的全导数：

(1) 设 $z=e^{3u+2v}$，而 $u=t^2$，$v=\cos t$，求导数 $\frac{dz}{dt}$；

(2) 设 $z=\arctan(u-v)$，而 $u=3x$，$v=4x^3$，求导数 $\frac{dz}{dx}$；

(3) 设 $z=xy+\sin t$，而 $x=e^t$，$y=\cos t$，求导数 $\frac{dz}{dt}$.

2. 求下列函数的偏导数(其中 f 具有一阶连续偏导数)：

(1) 设 $z=u^2v-uv^2$，而 $u=x\sin y$，$v=x\cos y$，求 $\frac{\partial z}{\partial x}$ 和 $\frac{\partial z}{\partial y}$；

(2) 设 $u=f(x, y, z)=e^{x+2y+3z}$，$z=x^2\cos y$，求 $\frac{\partial u}{\partial x}$ 和 $\frac{\partial u}{\partial y}$；

(3) 设 $w=f(x, x^2y, xy^2z)$，求 $\frac{\partial w}{\partial x}, \frac{\partial w}{\partial y}, \frac{\partial w}{\partial z}$.

3. 求由下列方程所确定的隐函数 $z=f(x, y)$ 的偏导数 $\frac{\partial z}{\partial x}, \frac{\partial z}{\partial y}$：

(1) $\frac{x}{z}=\ln\frac{z}{y}$；　　(2) $z^3-3xyz=1$.

4. 设方程 $x+y+z=e^z$ 确定了隐函数 $z=z(x, y)$，求 $\frac{\partial^2 z}{\partial x^2}$，$\frac{\partial^2 z}{\partial x\partial y}$，$\frac{\partial^2 z}{\partial y^2}$.

(B)

1. 设 $z=e^{uv}$，$u=\sin t$，$v=\cos t$，则 $\frac{dz}{dt}=$(　　).

A. $e^{\sin t\cos t}(\sin t-\cos t)$　　B. $e^{\sin t\cos t}(\cos t-\sin t)$

C. $e^{\sin t\cos t}(\sin^2 t-\cos^2 t)$　　D. $e^{\sin t\cos t}(\cos^2 t-\sin^2 t)$

2. 设 $z=\arctan xy$，$y=e^x$，则 $\frac{dz}{dt}=$(　　).

A. $\frac{e^x(1-x)}{1+x^2e^{2x}}$　　B. $\frac{e^x(1+x)}{1+x^2e^{2x}}$　　C. $\frac{e^x(1+x)}{1+xe^x}$　　D. $\frac{e^x(1-x)}{1+xe^x}$

3. 设 $z=u^2+v^2$，而 $u=x+y$，$v=x-y$，则 $\frac{\partial z}{\partial x}+\frac{\partial z}{\partial y}=$(　　).

A. $4(x+y)$　　B. $4(x-y)$　　C. $2(x+y)$　　D. $2(x-y)$

4. 设 $z=xy+xF(u)$，而 $u=\frac{y}{x}$ 为可导函数，则 $x\frac{\partial z}{\partial x}+y\frac{\partial z}{\partial y}=$(　　).

A. $z-xy$　　B. $z+xy$　　C. $xy-z$　　D. $z+2xy$

5. 设 $u=\sin x+F(\sin y-\sin x)$，其中 F 为可微函数，则 $\frac{\partial u}{\partial x}\cos y+\frac{\partial u}{\partial y}\cos x=$(　　).

A. $\sin x\cdot\sin y$　　B. $-\sin x\cdot\sin y$　　C. $\cos x\cdot\cos y$　　D. $-\cos x\cdot\cos y$

6. 求方程 $xy-e^x+e^y=0$ 所确定的隐函数 y 的导数 $\frac{dy}{dx}\Big|_{x=0}=$(　　).

A. -1　　B. 1　　C. -2　　D. 2

7. 求方程 $xy-e^x+e^y=0$ 所确定的隐函数 y 的导数 $\frac{d^2y}{dx^2}\Big|_{x=0}=$(　　).

A. -1　　B. 1　　C. -2　　D. 2

8. 设 $z=z(x, y)$ 是由方程 $F(x-az, y-bz)=0$ 所定义的隐函数，其中 $F(u, v)=0$ 是变量 u、v 的可微函数，a、b 为常数，则必有(　　).

A. $a\frac{\partial z}{\partial x}-b\frac{\partial z}{\partial y}=1$　　B. $b\frac{\partial z}{\partial x}-a\frac{\partial z}{\partial y}=1$

C. $a\frac{\partial z}{\partial x}+b\frac{\partial z}{\partial y}=1$　　D. $b\frac{\partial z}{\partial x}+a\frac{\partial z}{\partial y}=1$

9. 设 $x^2+y^2+z^2=3xyz$ (*)，$f(x, y, z)=xy^2z^3$，若 $z=z(x, y)$ 是由方程(*)所确定的隐函数，则 $f'_x(1, 1, 1)=$(　　).

A. -2　　B. 0　　C. 1　　D. 2

10. 设 $x^2+y^2+z^2=3xyz$ (*)，$f(x, y, z)=xy^2z^3$，若 $y=y(x, z)$ 是由方程(*)所确定的隐函数，则 $f'_x(1, 1, 1)=$(　　).

A. -3　　B. -2　　C. -1　　D. 0

6.4　多元函数的极值及其求法

在实际问题中，我们会大量遇到求多元函数的最大值、最小值的问题. 与一元函数的情形类似，多元函数的最大值、最小值与极大值、极小值有密切的联系. 下面我们以二元函数为例来讨论多元函数的极值问题.

一、二元函数的极值

定义 6.4.1　设函数 $z=f(x, y)$ 在点 (x_0, y_0) 的某个邻域内有定义，对于该邻域内任何异于 (x_0, y_0) 的点 (x, y)，如果

$$f(x, y)<f(x_0, y_0),$$

则称函数在点 (x_0, y_0) 有极大值 $f(x_0, y_0)$；如果

$$f(x, y)>f(x_0, y_0),$$

则称函数在点 (x_0, y_0) 有极小值 $f(x_0, y_0)$；极大值、极小值统称为极值，使函数取得极值的点称为极值点.

例如，函数 $z=\sqrt{x^2+y^2}$ 在点 $(0, 0)$ 处有极小值 $z(0, 0)=0$，而函数 $z=1-x^2-y^2$ 在点 $(0, 0)$ 处有极大值 $z(0, 0)=1$（见图 6-4-1）.

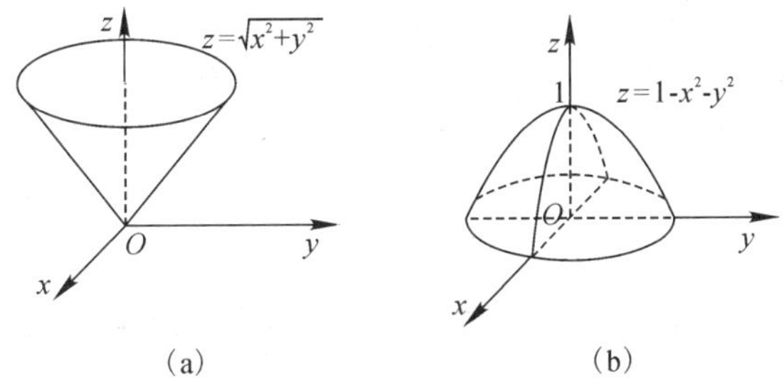

图 6-4-1

二元函数的极值问题，一般可用偏导数来解决. 下面给出二元函数有极值的必要条件.

定理 6.4.1(必要条件)　设函数 $z=f(x, y)$ 在点 (x_0, y_0) 处具有偏导数，且在点 (x_0, y_0) 处有极值，则它在该点的偏导数必然为零. 即

$$f'_x(x_0, y_0)=0,\ f'_y(x_0, y_0)=0.$$

类似地可推得，如果三元函数 $u=f(x, y, z)$ 在点 (x_0, y_0, z_0) 处具有偏导数，则它在点 (x_0, y_0, z_0) 处具有极值的必要条件为

$$f'_x(x_0, y_0, z_0)=0,\ f'_y(x_0, y_0, z_0)=0,\ f'_z(x_0, y_0, z_0)=0.$$

与一元函数情形类似，对于多元函数，凡是能使 $f'_x(x_0, y_0)=0$，$f'_y(x_0, y_0)=0$ 同时成立的点 (x_0, y_0) 称为函数 $z=f(x, y)$ 的驻点.

从定理 6.4.1 可知，具有偏导数的函数的极值点必定是驻点，但函数的驻点不一定是极值点.

例如，点 $(0, 0)$ 是函数 $z=xy$ 的驻点，但函数在该点并无极值.

怎样判定驻点是否为极值点呢？下面的定理给出了答案.

定理 6.4.2(充分条件)　设函数 $z=f(x, y)$ 在点 (x_0, y_0) 的某邻域内有直到二阶的连续偏导数，又 $f'_x(x_0, y_0)=0$，$f'_y(x_0, y_0)=0$，令

$$f''_{xx}(x_0, y_0)=A,\ f''_{xy}(x_0, y_0)=B,\ f''_{yy}(x_0, y_0)=C.$$

(1) $AC-B^2>0$ 时，函数 $f(x, y)$ 在点 (x_0, y_0) 处有极值，且当 $A>0$ 时有极小值，当 $A<0$ 时有极大值；

(2) $AC-B^2<0$ 时，函数 $f(x, y)$ 在点 (x_0, y_0) 处没有极值；

(3) $AC-B^2=0$ 时，函数 $f(x, y)$ 在点 (x_0, y_0) 处可能有极值，也可能没有极值.

根据定理 6.4.1 与定理 6.4.2，如果函数 $f(x, y)$ 具有二阶的连续偏导数，则求 $f(x, y)$ 的极值的一般步骤如下：

第一步，解方程组 $f'_x(x, y)=0$，$f'_y(x, y)=0$，求出函数 $f(x, y)$ 的所有驻点；

第二步，求出函数 $f(x, y)$ 的二阶偏导数，依次确定各驻点处 A、B、C 的值. 根据 $AC-B^2$ 的符号，判定驻点是否为极值点，求出函数的极值点处的极值.

例 6.4.1　求函数 $f(x, y)=x^3-y^3+3x^2+3y^2-9x$ 的极值.

解　先解方程组 $\begin{cases} f_x(x, y)=3x^2+6x-9=0, \\ f_y(x, y)=-3y^2+6y=0, \end{cases}$ 得驻点为 $(1, 0)$，$(1, 2)$，$(-3, 0)$，$(-3, 2)$.

再求出二阶偏导数 $f''_{xx}(x, y)=6x+6$，$f''_{xy}(x, y)=0$，$f''_{yy}(x, y)=-6y+6$.

在点 $(1, 0)$ 处，$AC-B^2=12\times 6>0$，又 $A>0$，故函数在该点处有极小值 $f(1, 0)=-5$.

在点 $(1, 2)$ 和 $(-3, 0)$ 处，$AC-B^2=-12\times 6<0$，故函数在这两点处没有极值.

在点 $(-3, 2)$ 处，$AC-B^2=-12\times(-6)>0$，又 $A<0$，故函数在该点处有极大值 $f(-3, 2)=31$.

注：讨论函数的极值时，驻点可能是极值点，不是驻点也可能是极值点. 例如，函数 $z=\sqrt{x^2+y^2}$ 在点 $(0, 0)$ 处偏导数不存在，但在该点处有极小值. 因此，在考虑函数的极值问题时，除了考虑函数的驻点外，如果有偏导数不存在的点，那么对这些点也应当考虑.

二、二元函数的最大值与最小值

如果函数 $z=f(x, y)$ 在有界闭区域 D 上连续，则 $f(x, y)$ 在 D 上必定能取得最大值和最小值. 函数最大值和最小值的求法与一元函数的解法类似，可以利用函数的极值来求.

求函数 $f(x, y)$ 在有界闭区域 D 上的最大值和最小值的一般步骤如下：

(1) 求函数 $f(x, y)$ 在 D 内的所有驻点和不可导点的函数值；

(2) 求函数 $f(x, y)$ 在 D 的边界上的最大值和最小值；

(3) 将前两步得到的函数值进行比较，其中最大的就是最大值，最小的就是最小值.

在通常遇到的实际问题中，如果根据问题的性质，可以判断出函数 $f(x, y)$ 的最大值(最小值)点在 D 的内部取得，而函数 $f(x, y)$ 在 D 内只有一个驻点，则可以肯定该驻点处的函数值就是函数 $f(x, y)$ 在 D 上的最大值(最小值).

例 6.4.2　某厂要用铁板做成一个体积为 8 m^3 的有盖长方体水箱．问当长、宽、高各取多少时，才能使用料最省．

解　设水箱的长为 x m，宽为 y m，则其高应为$\frac{8}{xy}$m．此水箱所用材料的面积为

$$A=2\left(xy+y\cdot\frac{8}{xy}+x\cdot\frac{8}{xy}\right)=2\left(xy+\frac{8}{x}+\frac{8}{y}\right)(x>0,\ y>0).$$

令

$$A'_x=2\left(y-\frac{8}{x^2}\right)=0,\ A'_y=2\left(x-\frac{8}{y^2}\right)=0,$$

解方程组，得唯一驻点 $x=2$，$y=2$．

根据题意可断定，水箱所用材料面积的最小值一定存在，并在区域 $D=\{(x,\ y)\,|\,x>0,\ y>0\}$内取得．又函数在 D 内有唯一驻点，因此该驻点即为所求最小值点．从而当水箱的长为 2 m、宽为 2 m、高为$\frac{8}{2\times 2}=2$ m 时，水箱所用的材料最省．

从这个例子还可看出，在体积一定的长方体中，以立方体的表面积为最小．

三、条件极值与拉格朗日乘数法

前面所讨论的极值问题，对于函数的自变量一般只要求落在定义域内，并无其他限制条件，这类极值我们称为无条件极值．但在实际问题中，常会遇到对函数的自变量有附加条件的极值问题，对自变量有附加条件的极值称为条件极值．下面介绍一种求条件极值的方法——拉格朗日乘数法．

设二元函数 $f(x,\ y)$和 $\varphi(x,\ y)$在区域 D 内有一阶连续偏导数，则求 $z=f(x,\ y)$在 D 内满足条件 $\varphi(x,\ y)=0$ 的极值问题，可以转化为求拉格朗日函数

$$L(x,\ y,\ \lambda)=f(x,\ y)+\lambda\varphi(x,\ y)\quad(\text{其中 }\lambda\text{ 为某一常数})$$

的无条件极值问题．

在很多情形下，将条件极值化为无条件极值并不容易，需要另一种求条件极值的专用方法，这就是拉格朗日乘数法．

设点 $P_0(x_0,\ y_0)$是函数 $z=f(x,\ y)$在条件 $\varphi(x,\ y)=0$ 下的极值点，即函数 $z=f(x,\ y)$在点 P_0 处有极值，且 $\varphi(x_0,\ y_0)=0$，我们现在讨论取得极值的必要条件．

设函数 $f(x,\ y)$和 $\varphi(x,\ y)$在点 P_0 具有连续偏导数，且 $\varphi'_y(x_0,\ y_0)\neq 0$，再设 $y=g(x)$是由方程 $\varphi(x,\ y)=0$ 所确定的隐函数，则有 $y_0=g(x_0)$．将它代入方程 $z=f(x,\ y)$中，

$$z=f[x,\ g(x)],$$

由点 $P_0(x_0,\ y_0)$是函数 $z=f(x,\ y)$的极值点可知，点 $x=x_0$ 是一元函数 $z=f[x,\ g(x)]$的极值点．

由取得极值的必要条件，有

$$\left.\frac{\mathrm{d}z}{\mathrm{d}x}\right|_{x=x_0}=f'_x(x_0,\ y_0)+f'_y(x_0,\ y_0)g'(x_0)=0,$$

又由隐函数求导公式，知

$$g'(x_0)=-\frac{\varphi'_x(x_0,y_0)}{\varphi'_y(x_0,y_0)},$$

即

$$f'_x(x_0,y_0)-f'_y(x_0,y_0)\frac{\varphi'_x(x_0,y_0)}{\varphi'_y(x_0,y_0)}=0.$$

所以函数 $z=f(x,y)$ 在条件 $\varphi(x,y)=0$ 下，在 $P_0(x_0,y_0)$ 处取得极值的必要条件是

$$\begin{cases}f'_x(x_0,y_0)-f'_y(x_0,y_0)\dfrac{\varphi'_x(x_0,y_0)}{\varphi'_y(x_0,y_0)}=0,\\ \varphi(x_0,y_0)=0.\end{cases}$$

引入比例系数 $\lambda=-\dfrac{f'_y(x_0,y_0)}{\varphi'_y(x_0,y_0)}$，那么，上述必要条件变为

$$\begin{cases}f'_x(x_0,y_0)+\lambda\varphi'_x(x_0,y_0)=0,\\ f'_y(x_0,y_0)+\lambda\varphi'_y(x_0,y_0)=0,\\ \varphi(x_0,y_0)=0.\end{cases}$$

于是，求函数 $z=f(x,y)$ 在条件 $\varphi(x,y)=0$ 的极值的拉格朗日乘数法的基本步骤为：

(1) 构造拉格朗日函数：

$$L(x,y,\lambda)=f(x,y)+\lambda\varphi(x,y),$$

其中 λ 为某一常数.

(2) 由方程组

$$\begin{cases}L'_x=f'_x(x,y)+\lambda\varphi'_x(x,y)=0,\\ L'_y=f'_y(x,y)+\lambda\varphi'_y(x,y)=0,\\ L_\lambda=\varphi(x,y)=0\end{cases}$$

解出 x，y，λ，其中 x，y 就是所求条件极值的可能的极值点.

注：拉格朗日乘数法只给出函数取极值的必要条件，因此按照这种方法求出来的点是否为极值点，还需要加以讨论. 不过在实际问题中，往往可以根据问题本身的性质来判定所求的点是不是极值点.

拉格朗日乘数法可推广到自变量多于两个而条件多于一个的情形.

例 6.4.3 求表面积为 a^2 而体积为最大的长方体的体积.

解 设长方体的三棱长为 x，y，z，则问题就是在条件

$$\varphi(x,y,z)=2xy+2yz+2xz-a^2=0 \tag{6-4-1}$$

下，求函数 $V=xyz(x>0,\ y>0,\ z>0)$ 的最大值.

构造拉格朗日函数：

$$L(x,y,z,\lambda)=xyz+\lambda(2xy+2yz+2xz-a^2),$$

由

$$\begin{cases}L'_x=yz+2\lambda(y+z)=0,\\ L'_y=xz+2\lambda(x+z)=0,\\ L'_z=xy+2\lambda(y+x)=0,\end{cases}$$

解得

$$\frac{x}{y}=\frac{x+z}{y+z},\ \frac{y}{z}=\frac{x+y}{x+z},$$

即

$$x=y=z.$$

代入式(6-4-1)，得唯一可能的极值点：

$$x=y=z=\frac{\sqrt{6}}{6}a.$$

由问题本身意义知，此点就是所求最大值点. 即表面积为 a^2 的长方体中，以棱长为$\frac{\sqrt{6}}{6}a$ 的正方体的体积为最大，最大体积 $V=\frac{\sqrt{6}}{36}a^3$.

★ 习题 6-4

(A)

1. 求下列函数的极值：

(1) $f(x, y)=x^2+y^3-6xy+18x-39y+16$；

(2) $f(x, y)=3xy-x^3-y^3+1$.

2. 求函数 $f(x, y)=x^2-2xy+2y$ 在矩形域 $D=\{(x, y)|0\leqslant x\leqslant 3, 0\leqslant y\leqslant 2\}$上的最大值和最小值.

3. 某公司通过电视和报纸两种媒体做广告，已知销售收入 R(单位：万元)与电视广告费 x(单位：万元)和报纸广告费 y(单位：万元)之间的关系为

$$R(x, y)=15+14x+32y-8xy-2x^2-10y^2.$$

(1) 若广告费用不设限，求最佳广告策略；

(2) 若广告费用总预算是 2 万元，分别用求条件极值和无条件极值的方法求最佳广告策略.

4. 求内接于半径为 a 的球且有最大体积的长方体.

(B)

1. 设 $f(x, y)$在点(x_0, y_0)处满足 $f'_x(x_0, y_0)=f'_y(x_0, y_0)=0$，则点$(x_0, y_0)$是 $f(x, y)$的(　　).

A. 驻点　　B. 非极值点　　C. 极大值点　　D. 极小值点

2. 函数 $f(x, y)=2(x-y)+x^2-y^2$ 的驻点是(　　).

A. (1, 1)　　B. (−1, 1)　　C. (1, −1)　　D. (−1, −1)

3. 设 $f(x, y)$的驻点为(x_0, y_0)，$f''_{xx}(x_0, y_0)=A$，$f''_{xy}(x_0, y_0)=B$，$f''_{yy}(x_0, y_0)=C$，$\Delta=AC-B^2$，则(x_0, y_0)为极大值点的充分条件是(　　).

A. $\Delta>0, A>0$　　B. $\Delta>0, A<0$　　C. $\Delta<0, A>0$　　D. $\Delta<0, A<0$

4. 设函数 $z=x^2+y^2-2x-4y$，则(　　).

A. z 在点(1, 2)处取得最大值 5　　B. z 在点(1, 2)处取得最小值 −5

C. z 在点(0, 0)处取得最大值 0　　D. z 在点(0, 0)处取得最小值 0

5. 设函数 $f(x, y)$ 在点 (x_0, y_0) 处满足条件 $f'_x(x_0, y_0)=f'_y(x_0, y_0)=0$，则下列各结论中正确的是(　　).

A. $f(x, y)$ 在点 (x_0, y_0) 处取得极大值

B. $f(x, y)$ 在点 (x_0, y_0) 处取得极小值

C. $f(x, y)$ 在点 (x_0, y_0) 处不取极值

D. $f(x, y)$ 在点 (x_0, y_0) 处不一定取得极值

6. 设 $z=f(x, y)$ 在有界闭区域 D 上连续，则 $f(x, y)$ 在 D 上(　　).

A. 必有使 $f(x, y)=0$ 的点　　B. 必然可微分

C. 必然有偏导数　　D. 必有最大值和最小值

7. 函数 $z=xy$ 在点(0, 0)处(　　).

A. 无极值　　B. 有极小值　　C. 不是驻点　　D. 有极大值

8. 设函数 $z=x^3-3x-y$，则它在点(1, 0)处(　　).

A. 取得极大值　　B. 取得极小值

C. 无法判断是否有极值　　D. 无极值

9. 函数 $z=x^2+y^2$ 在点(0, 0)处(　　).

A. 无极值　　B. 有极小值　　C. 不是驻点　　D. 有极大值

10. 二元函数 $f(x, y)=e^{2x}(x+y^2+2y)$ 的驻点是(　　).

A. (0, 1)　　B. $\left(-\frac{7}{2}, 1\right)$　　C. $\left(\frac{1}{2}, -1\right)$　　D. (0, −1)

6.5　二重积分的概念与性质

与定积分类似，二重积分的概念也是从实践中抽象出来的，它是定积分的推广，其中的数学思想与定积分一样，也是一种“和式的极限”. 所不同的是：定积分的被积函数是一元函数，积分范围是一个区间；而二重积分的被积函数是二元函数，积分范围是平面上的一个区域. 它们之间存在着密切的联系，二重积分可以通过定积分来计算.

一、二重积分的概念

1. 曲顶柱体的体积

曲面 $z=f(x, y)$ 在平面闭区域 D 上连续，且有 $f(x, y)\geqslant 0$. 过 D 的边界作垂直于 xOy 面的柱面 S，则区域 D 和柱面 S 以及曲面 $z=f(x, y)$ 构成一个封闭的立体，称为以 D 为底，以 $z=f(x, y)$ 为顶的曲顶柱体(见图 6-5-1). 类似于曲边梯形面积的求法，下面我们来求曲顶柱体的体积.

(1) 分割：将闭区域 D 任意分为 n 个小闭区域

$$\Delta\sigma_1, \Delta\sigma_2, \cdots, \Delta\sigma_n,$$

同时也用 $\Delta\sigma_i$ 表示第 i 个小闭区域，也表示它的面积，相应地此曲顶柱体被分为 n 个小曲顶柱体.

(2) 近似：在每个小闭区域 $\Delta\sigma_i$ 上任取一点

$$(\xi_1, \eta_1), (\xi_2, \eta_2), \cdots, (\xi_n, \eta_n),$$

记第 i 个小曲顶柱体的体积为 ΔV_i，则 ΔV_i 近似等于以 $\Delta\sigma_i$ 为底，以 $f(\xi_i, \eta_i)$为高的平顶柱体的体积(见图 6－5－2). 即

$$\Delta V_i \approx f(\xi_i, \eta_i)\Delta\sigma_i \quad (i=1, 2, \cdots, n).$$

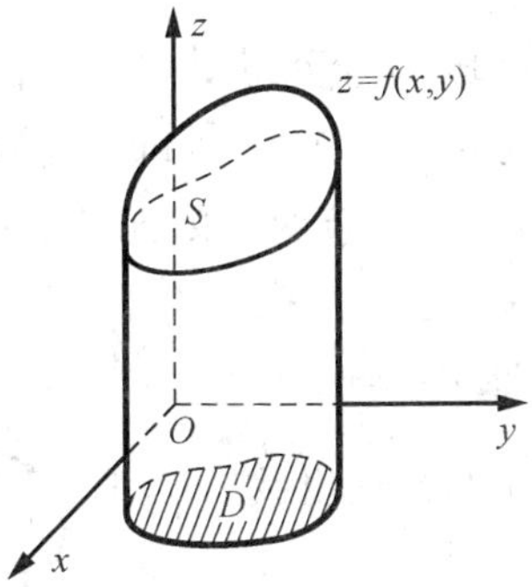

图 6－5－1

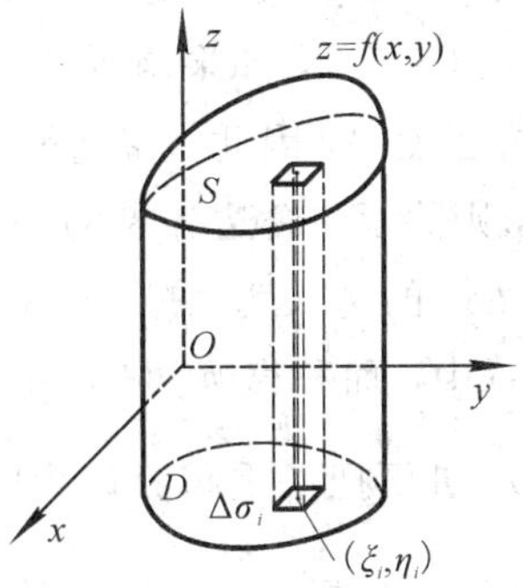

图 6－5－2

(3) 求和：对 n 个小曲顶柱体的体积求和，得所求曲顶柱体体积 V 的近似值.

$$V = \sum_{i=1}^{n} \Delta V_i \approx \sum_{i=1}^{n} f(\xi_i, \eta_i)\Delta\sigma_i.$$

(4) 取极限：让分割越来越细，取极限得所求曲顶柱体的体积的精确值.

$$V = \lim_{\lambda \to 0} \sum_{i=1}^{n} f(\xi_i, \eta_i)\Delta\sigma_i,$$

其中 λ 是各小闭区域 $\Delta\sigma_i$ 的直径的最大值(即该小闭区域上任意两点间距离的最大值，$\lambda \to 0$，可理解为 $\Delta\sigma_i$ 收缩为一点).

2. 二重积分的概念

定义 6.5.1　设 $f(x, y)$是平面闭区域 D 上的有界函数，将闭区域 D 任意分为 n 个小闭区域 $\Delta\sigma_1, \Delta\sigma_2, \cdots, \Delta\sigma_n$，其中 $\Delta\sigma_i$ 表示第 i 个小闭区域，也表示它的面积，在每个小闭区域 $\Delta\sigma_i$ 上任取一点(ξ_i, η_i)，作乘积

$$f(\xi_i, \eta_i)\Delta\sigma_i \quad (i=1, 2, \cdots, n),$$

并作和

$$\sum_{i=1}^{n} f(\xi_i, \eta_i)\Delta\sigma_i,$$

如果当各小闭区域的直径中的最大值 λ 趋近于零时，该和式的极限存在，则称此极限为函数 $f(x, y)$ 在闭区域 D 上的二重积分，记为$\iint\limits_D f(x, y)\mathrm{d}\sigma$，即

$$\iint\limits_D f(x, y)\mathrm{d}\sigma = \lim_{\lambda \to 0} \sum_{i=1}^{n} f(\xi_i, \eta_i)\Delta\sigma_i,$$

其中 $f(x, y)$ 称为被积函数，$f(x, y)\mathrm{d}\sigma$ 称为被积表达式，$\mathrm{d}\sigma$ 称为面积微元，x 和 y 称为积分变量，D 称为积分区域，并称$\sum\limits_{i=1}^{n} f(\xi_i, \eta_i)\Delta\sigma_i$ 为积分和.

对二重积分定义的说明：

(1) 如果二重积分$\iint\limits_D f(x, y)\mathrm{d}\sigma$ 存在，则称函数 $f(x, y)$ 在区域 D 上是可积的. 可以证明，如果函数 $f(x, y)$ 在区域 D 上连续，则 $f(x, y)$ 在区域 D 上是可积的. 今后，我们总假定被积函数 $f(x, y)$ 在积分区域 D 上是连续的；

(2) 根据定义 6.5.1，如果函数 $f(x, y)$在闭区域 D 上可积，则二重积分的值与对积分区域的分割方法无关，因此，在直角坐标系中，常用平行于 x 轴和 y 轴的两组直线来分割积分区域 D，则除了包含边界点的一些小闭区域外，其余的小闭区域都是矩形闭区域. 设矩形闭区域 $\Delta\sigma_i$ 的边长为 Δx_i 和 Δy_j，于是 $\Delta\sigma_i=\Delta x_i\Delta y_j$. 故在直角坐标系中，面积微元 $\mathrm{d}\sigma$ 可记为 $\mathrm{d}x\mathrm{d}y$. 即 $\mathrm{d}\sigma=\mathrm{d}x\mathrm{d}y$（见图 6-5-3). 进而把二重积分记为$\iint\limits_D f(x, y)\mathrm{d}x\mathrm{d}y$，这里我们把 $\mathrm{d}x\mathrm{d}y$ 称为直角坐标系下的面积微元.

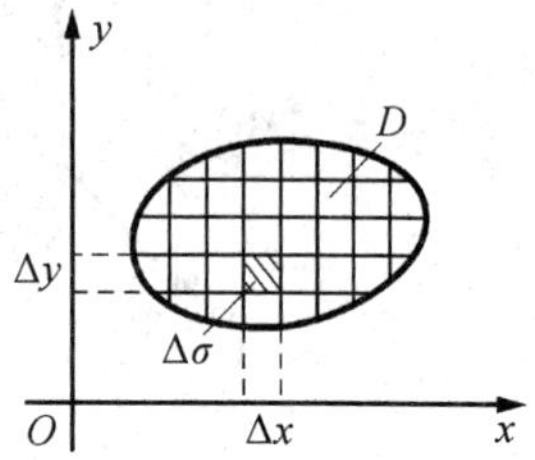

图 6-5-3

有了二重积分的定义，前面的曲顶柱体的体积可以用二重积分来表示. 曲顶柱体的体积 V 是函数 $z=f(x, y)$在闭区域 D 上的二重积分

$$V=\iint\limits_D f(x, y)\mathrm{d}x\mathrm{d}y.$$

3. 二重积分的几何意义

(1) 如果在闭区域 D 上 $f(x, y)\geqslant 0$ 时，二重积分的几何意义就是曲顶柱体的体积，即

$$\iint\limits_D f(x, y)\mathrm{d}x\mathrm{d}y=V;$$

(2) 如果在闭区域 D 上 $f(x, y)<0$ 时，上述曲顶柱体就在 xOy 面下方，二重积分就是曲顶柱体体积的负值，即

$$\iint\limits_D f(x, y)\mathrm{d}x\mathrm{d}y=-V;$$

(3) 如果在闭区域 D 上 $f(x, y)$在某部分区域上是正的，而在其余的部分区域上是负的，二重积分就等于这些部分区域上曲顶柱体的体积的代数和.

二、二重积分的性质

二重积分有着和定积分相似的性质，以下性质均假设被积函数在所在区域上可积.

性质 6.5.1　$\iint\limits_D [f(x, y)+g(x, y)]\mathrm{d}\sigma=\iint\limits_D f(x, y)\mathrm{d}\sigma+\iint\limits_D g(x, y)\mathrm{d}\sigma.$

性质 6.5.2　$\iint\limits_D kf(x, y)\mathrm{d}\sigma=k\iint\limits_D f(x, y)\mathrm{d}\sigma$，其中 k 是常数.

性质 6.5.3　设闭区域 D 由 D_1、D_2 组成，则

$$\iint\limits_{D=D_1+D_2} f(x, y)\mathrm{d}\sigma = \iint\limits_{D_1} f(x, y)\mathrm{d}\sigma + \iint\limits_{D_2} f(x, y)\mathrm{d}\sigma.$$

性质 6.5.4　设在闭区域 D 上 $f(x, y)\equiv 1$，σ 为 D 的面积，则

$$\iint\limits_D 1\mathrm{d}\sigma = \iint\limits_D \mathrm{d}\sigma = \sigma.$$

这个性质表明：以 D 为底、高为 1 的平顶柱体的体积在数值上就等于柱体的底面积.

性质 6.5.5　设在闭区域 D 上有 $f(x, y)\leqslant g(x, y)$，则

$$\iint\limits_D f(x, y)\mathrm{d}\sigma \leqslant \iint\limits_D g(x, y)\mathrm{d}\sigma.$$

特别地，有

$$\left|\iint\limits_D f(x, y)\mathrm{d}\sigma\right| \leqslant \iint\limits_D |f(x, y)|\mathrm{d}\sigma.$$

性质 6.5.6　设 σ 为 D 的面积，如果函数 $f(x, y)$ 在闭区域 D 上有最大值 M 和最小值 m，则

$$m\sigma \leqslant \iint\limits_D f(x, y)\mathrm{d}\sigma \leqslant M\sigma.$$

这个不等式称为二重积分的估值不等式.

性质 6.5.7　设函数 $f(x, y)$ 在闭区域 D 上连续，σ 为 D 的面积，则在 D 上至少存在一点 (ξ, η)，使得

$$\iint\limits_D f(x, y)\mathrm{d}\sigma = f(\xi, \eta)\sigma.$$

这个性质称为二重积分的中值定理. 其几何意义为：当 $f(x, y)\geqslant 0$ 时，在闭区域 D 上以曲面 $f(x, y)$ 为顶的曲顶柱体的体积，等于以闭区域 D 内某一点 (ξ, η) 的函数值 $f(\xi, \eta)$ 为高的平顶柱体的体积.

例 6.5.1　比较积分 $\iint\limits_D \ln(x+y)\mathrm{d}\sigma$ 与 $\iint\limits_D [\ln(x+y)]^2\mathrm{d}\sigma$ 的大小，其中区域 D 是三角形闭区域，三顶点分别为 $(1, 0)$，$(1, 1)$，$(2, 0)$（见图 6-5-4）.

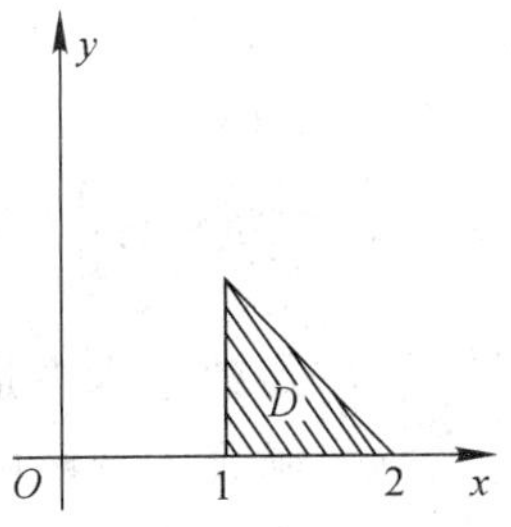

图 6-5-4

解　三角形斜边方程 $x+y=2$，在 D 内有 $1\leqslant x+y\leqslant 2<\mathrm{e}$，故

$$0\leqslant \ln(x+y)<1,$$

于是 $\ln(x+y)>[\ln(x+y)]^2$，因此

$$\iint\limits_D \ln(x+y)\mathrm{d}\sigma > \iint\limits_D [\ln(x+y)]^2\mathrm{d}\sigma.$$

例 6.5.2　估计二重积分 $I=\iint\limits_D \dfrac{\mathrm{d}\sigma}{\sqrt{x^2+y^2+2xy+16}}$ 的值，其中积分区域 D 为矩形闭区域 $\{(x, y) \mid 0\leqslant x\leqslant 1, 0\leqslant y\leqslant 2\}$.

解　因为 $f(x, y)=\dfrac{1}{\sqrt{(x+y)^2+16}}$，积分区域 D 的面积 $\sigma=2$，在 D 上 $f(x, y)$ 的最

大值 $M=\frac{1}{4}(x=y=0)$，最小值 $m=\frac{1}{\sqrt{3^2+4^2}}=\frac{1}{5}(x=1,\ y=2)$，所以 $\frac{1}{5}\times 2\leqslant I\leqslant\frac{1}{4}\times 2$，即 $\frac{2}{5}\leqslant I\leqslant\frac{1}{2}$.

★ 习题 6-5

(A)

1. 设 $I_1=\iint\limits_{D_1}(x^2+y^2)^3\mathrm{d}\sigma$，其中 $D_1=\{(x,\ y)\mid -1\leqslant x\leqslant 1,\ -2\leqslant y\leqslant 2\}$；

$I_2=\iint\limits_{D_2}(x^2+y^2)^3\mathrm{d}\sigma$，其中 $D_2=\{(x,\ y)\mid 0\leqslant x\leqslant 1,\ 0\leqslant y\leqslant 2\}$，

根据二重积分的几何意义说明 I_1 与 I_2 之间的关系.

2. 根据二重积分的性质，比较下列积分的大小：

(1) $I_1=\iint\limits_{D}(x+y)^2\mathrm{d}\sigma$ 与 $I_2=\iint\limits_{D}(x+y)^3\mathrm{d}\sigma$，其中 D 是由 x 轴、y 轴与直线 $x+y=1$ 所围成；

(2) $I_1=\iint\limits_{D}\ln(x+y)\mathrm{d}\sigma$ 与 $I_2=\iint\limits_{D}[\ln(x+y)]^2\mathrm{d}\sigma$，其中 $D=\{(x,\ y)\mid 3\leqslant x\leqslant 5,\ 0\leqslant y\leqslant 1\}$.

3. 根据二重积分的性质，估计下列积分的值：

(1) $I=\iint\limits_{D}\sin^2 x\sin^2 y\,\mathrm{d}\sigma$，其中积分区域 D 为矩形闭区域：$0\leqslant x\leqslant\pi,\ 0\leqslant y\leqslant\pi$；

(2) $I=\iint\limits_{D}(x+y+1)\mathrm{d}\sigma$，其中积分区域 D 为矩形闭区域：$0\leqslant x\leqslant 1,\ 0\leqslant y\leqslant 2$.

(B)

1. 二重积分 $\iint\limits_{D}f(x,\ y)\mathrm{d}x\mathrm{d}y$ 的值与(　　).

A. 函数 f 及变量 x，y 有关　　B. 区域 D 及变量 x，y 无关

C. 函数 f 及区域 D 有关　　D. 函数 f 无关，区域 D 有关

2. 设 D_1：$-1\leqslant x\leqslant 1,\ -2\leqslant y\leqslant 2$；$D_2$：$0\leqslant x\leqslant 1,\ 0\leqslant y\leqslant 2$；

$I_1=\iint\limits_{D_1}(x^2+y^2)\mathrm{d}\sigma$，$I_2=\iint\limits_{D_2}(x^2+y^2)\mathrm{d}\sigma$，

则 I_1 与 I_2 的关系是(　　).

A. $I_1=I_2$　　B. $I_1=2I_2$　　C. $I_1=3I_2$　　D. $I_1=4I_2$

3. 设 D 是区域 $|x|\leqslant 1,\ |y|\leqslant 2$，则 $\iint\limits_{D}\mathrm{d}x\mathrm{d}y=$(　　).

A. 2　　B. 4　　C. 8　　D. 16

4. 设 D：$x^2+y^2\leqslant 4(y>0)$，则 $\iint\limits_D \mathrm{d}x\,\mathrm{d}y=($　　$)$.

A. 2π　　B. 4π　　C. 8π　　D. 16π

5. 比较 $I_1=\iint\limits_D(x^2+y^2)\mathrm{d}\sigma$ 与 $I_2=\iint\limits_D(x^2+y^2)^2\mathrm{d}\sigma$ 的大小，其中区域 D：$x^2+y^2\leqslant 1$(　　).

A. $I_1=I_2$　　B. $I_1<I_2$　　C. $I_1>I_2$　　D. 无法比较

6.6　二重积分的计算

一、直角坐标系下二重积分的计算

按照二重积分的定义和性质来计算二重积分一般是困难的，本节介绍的二重积分的计算方法，其基本思想是将二重积分转化为两次定积分来计算，转化后的这种两次定积分常称为二次积分或累次积分. 下面先在直角坐标系下讨论二重积分的计算.

在具体讨论二重积分的计算之前，先要介绍 X－型区域和 Y－型区域的概念.

X－型区域：$\{(x,y)\mid a\leqslant x\leqslant b,\varphi_1(x)\leqslant y\leqslant\varphi_2(x)\}$. 其中函数 $\varphi_1(x)$，$\varphi_2(x)$ 在区间 $[a,b]$ 上连续. 这种区域的特点是：穿过区域且平行于 y 轴的直线与区域的边界相交不多于两个交点(见图 6－6－1).

Y－型区域：$\{(x,y)\mid c\leqslant y\leqslant d,\psi_1(y)\leqslant x\leqslant\psi_2(y)\}$. 其中函数 $\psi_1(y)$，$\psi_2(y)$ 在区间 $[c,d]$ 上连续. 这种区域的特点是：穿过区域且平行于 x 轴的直线与区域的边界相交不多于两个交点(见图 6－6－2).

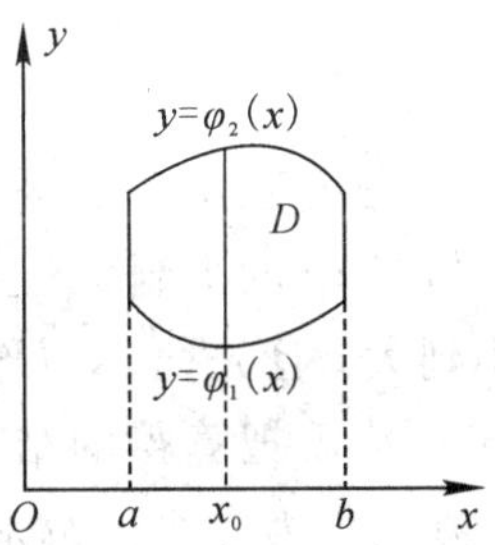

图 6－6－1

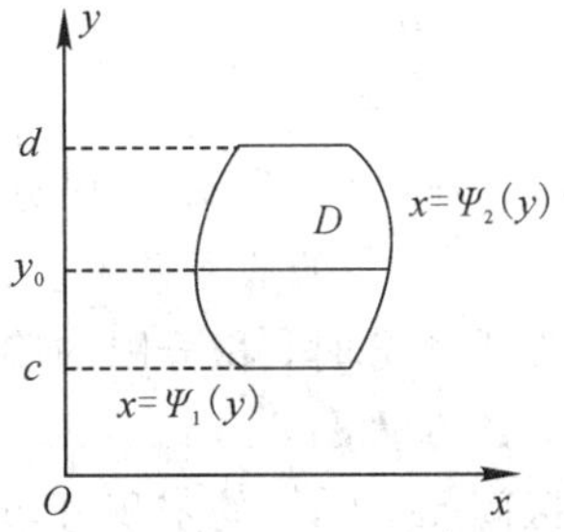

图 6－6－2

许多常见的区域都可以用平行于坐标轴的直线把 D 分解为有限个除边界外无公共点的 X－型区域或 Y－型区域. 如图 6－6－3 表示将区域 D 分为 3 个这样的区域，因而一般区域上的二重积分计算问题就转化为 X－型及 Y－型区域上二重积分的计算问题.

假定积分区域 D 为如下 X－型区域：

$$\{(x,y)\mid a\leqslant x\leqslant b,\varphi_1(x)\leqslant y\leqslant\varphi_2(x)\},$$

按照二重积分的几何意义，当被积函数 $f(x,y)\geqslant 0$ 时，二重积分 $\iint\limits_D f(x,y)\mathrm{d}\sigma$ 的值等于以 D 为底，以曲面 $z=f(x,y)$ 为顶的曲顶柱体的体积. 下面应用定积分的几何应用中平行截面面积为已知的立体的体积公式来求这个曲顶柱体的体积 V.

在 $[a, b]$ 上任意取定一点 x，过 x 作平行于 yOz 面的平面，此平面截曲顶柱体，得到一个以区间 $[\varphi_1(x), \varphi_2(x)]$ 为底，曲线 $z=f(x, y)$（当 x 固定时，z 是 y 的一元函数）为曲边的曲边梯形（见图 6－6－4 中阴影部分），其面积为

$$A(x)=\int_{\varphi_1(x)}^{\varphi_2(x)} f(x, y)\mathrm{d}y.$$

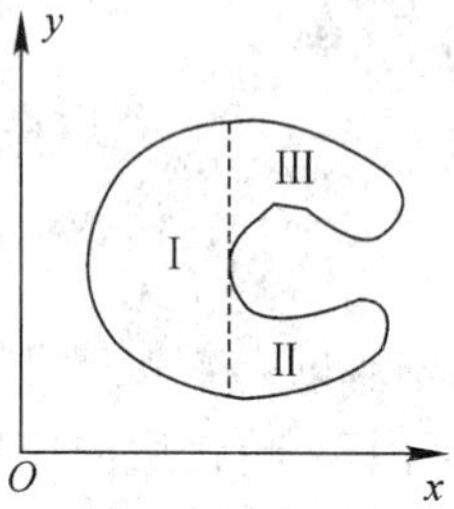

图 6－6－3

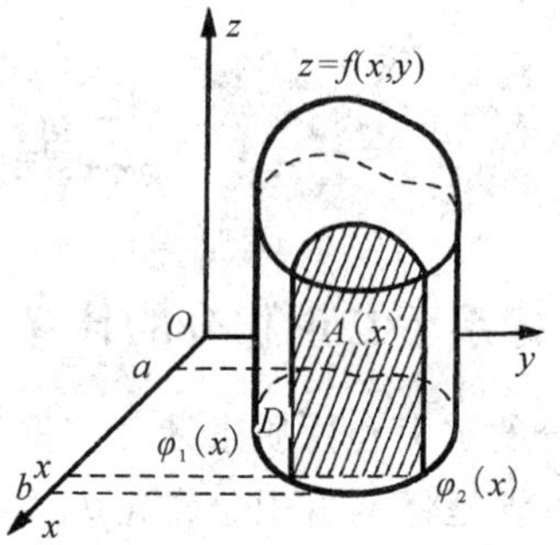

图 6－6－4

应用平行截面面积为已知的立体的体积公式，得到曲顶柱体的体积为

$$V=\int_a^b A(x)\mathrm{d}x=\int_b^a \left[\int_{\varphi_1(x)}^{\varphi_2(x)} f(x, y)\mathrm{d}y\right]\mathrm{d}x.$$

从而有

$$\iint_D f(x, y)\mathrm{d}x\mathrm{d}y=\int_a^b \left[\int_{\varphi_1(x)}^{\varphi_2(x)} f(x, y)\mathrm{d}y\right]\mathrm{d}x. \tag{6-6-1}$$

这个公式通常也写成

$$\iint_D f(x, y)\mathrm{d}x\mathrm{d}y=\int_a^b \mathrm{d}x\int_{\varphi_1(x)}^{\varphi_2(x)} f(x, y)\mathrm{d}y. \tag{6-6-1'}$$

这就是把二重积分转化为先对 y 积分，后对 x 积分的二次积分公式，实际上，公式(6－6－1)及公式(6－6－1′)的成立并不受条件 $f(x, y)\geqslant 0$ 的限制，用公式(6－6－1)及公式(6－6－1′)计算二重积分时，积分限的确定应从小到大，且先把 x 看作常数（$f(x, y)$ 看作 y 的函数），对 y 计算从 $\varphi_1(x)$ 到 $\varphi_2(x)$ 的定积分，然后把算得的结果（一般是 x 的函数）再对 x 计算在区间 $[a, b]$ 上的定积分，这种计算方法称为先对 y 后对 x 的二次积分.

如果区域 D 是 Y－型的（见图 6－6－2），类似地，得

$$\iint_D f(x, y)\mathrm{d}x\mathrm{d}y=\int_c^d \left[\int_{\psi_1(y)}^{\psi_2(y)} f(x, y)\mathrm{d}x\right]\mathrm{d}y, \tag{6-6-2}$$

或记为

$$\iint_D f(x, y)\mathrm{d}x\mathrm{d}y=\int_c^d \mathrm{d}y\int_{\psi_1(y)}^{\psi_2(y)} f(x, y)\mathrm{d}x, \tag{6-6-2'}$$

称为先对 x 后对 y 的二次积分.

注意几点：

(1) 在计算二重积分时，首先要根据已知条件确定积分区域 D 是 X－型还是 Y－型，由此确定将二重积分化为先 y 后 x 的二次积分还是先 x 后 y 的二次积分.

(2) 当积分区域 D 既是 X—型，又是 Y—型时，把二重积分化为二次积分就有两种积分顺序：

$$\iint_D f(x, y)\mathrm{d}x\mathrm{d}y = \int_a^b \mathrm{d}x \int_{\varphi_1(x)}^{\varphi_2(x)} f(x, y)\mathrm{d}y = \int_c^d \mathrm{d}y \int_{\psi_1(y)}^{\psi_2(y)} f(x, y)\mathrm{d}x.$$

(3) 如果平行于坐标轴的直线与积分区域 D 的交点多于两个(见图 6-6-3)，此时可以用平行坐标轴的直线把 D 分为若干个 X—型或 Y—型的区域，这样 D 上的积分就化为各部分区域上的积分和.

例 6.6.1　计算二重积分 $\iint_D xy\mathrm{d}\sigma$，其中 D 为直线 $y=x$ 与抛物线 $y=x^2$ 所包围的闭区域.

解　先画出区域 D 的图形(见图 6-6-5)，再求出 $y=x$ 与 $y=x^2$ 的交点，它们是 (0, 0) 及 (1, 1). 将 D 视为 X—型区域，得 $D=\{(x, y)\,|\,0\leqslant x\leqslant 1, x^2\leqslant y\leqslant x\}$，则二重积分为

$$\iint_D xy\mathrm{d}\sigma = \int_0^1 \mathrm{d}x \int_{x^2}^{x} xy\mathrm{d}y = \int_0^1 \left(x\,\frac{y^2}{2}\right)\Big|_{x^2}^{x} \mathrm{d}x$$

$$= \frac{1}{2}\int_0^1 (x^3 - x^5)\mathrm{d}x = \frac{1}{24}.$$

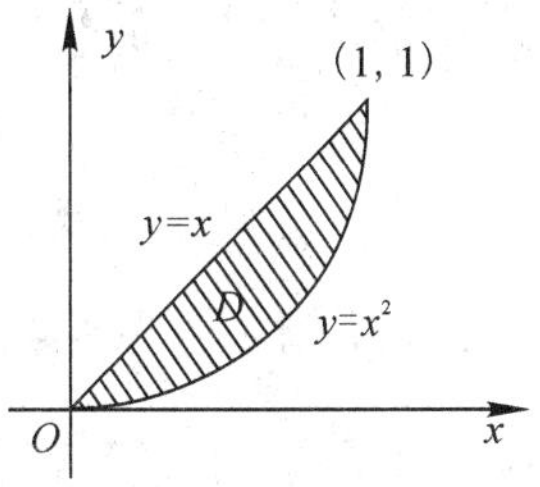

图 6-6-5

将 D 视为 Y—型区域，得

$$D=\{(x, y)\,|\,0\leqslant y\leqslant 1, y\leqslant x\leqslant \sqrt{y}\},$$

则二重积分为

$$\iint_D xy\mathrm{d}\sigma = \int_0^1 \mathrm{d}y \int_{y}^{\sqrt{y}} xy\mathrm{d}x = \int_0^1 \left(y\,\frac{x^2}{2}\right)\Big|_{y}^{\sqrt{y}} \mathrm{d}y$$

$$= \frac{1}{2}\int_0^1 (y^2 - y^3)\mathrm{d}y = \frac{1}{24}.$$

积分后与上面结果相同.

例 6.6.2　计算二重积分 $\iint_D \mathrm{e}^{x+y}\mathrm{d}x\mathrm{d}y$，其中区域 D 是由 $x=-1$、$x=1$、$y=0$、$y=1$ 围成的矩形.

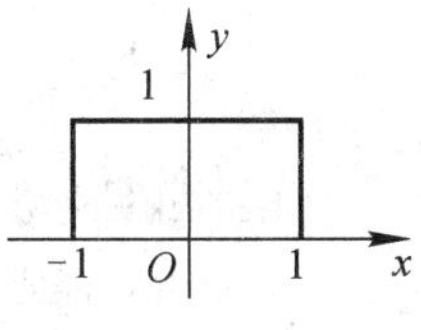

图 6-6-6

解　画出区域 D 的图形(见图 6-6-6)，得

$$D=\{(x, y)\,|\,-1\leqslant x\leqslant 1, 0\leqslant y\leqslant 1\},$$

因为 D 是矩形区域，且 $\mathrm{e}^{x+y}=\mathrm{e}^x\cdot\mathrm{e}^y$，所以将 D 视为 X—型区域或者 Y—型区域都可以，从而

$$\iint_D \mathrm{e}^{x+y}\mathrm{d}x\mathrm{d}y = \left(\int_{-1}^1 \mathrm{e}^x\mathrm{d}x\right)\left(\int_0^1 \mathrm{e}^y\mathrm{d}y\right) = \left(\mathrm{e}^x\Big|_{-1}^{1}\right)\left(\mathrm{e}^y\Big|_0^1\right) = (\mathrm{e}-\mathrm{e}^{-1})(\mathrm{e}-1).$$

例 6.6.3　计算 $\iint_D \mathrm{e}^{y^2}\mathrm{d}x\mathrm{d}y$，其中 D 由 $y=x$、$y=1$ 及 y 轴所围成.

解　画出区域 D 的图形(见图 6-6-7). 将 D 视为 X—型区域，即

$$D=\{(x, y)\,|\,0\leqslant x\leqslant 1, x\leqslant y\leqslant 1\},$$

则二重积分为

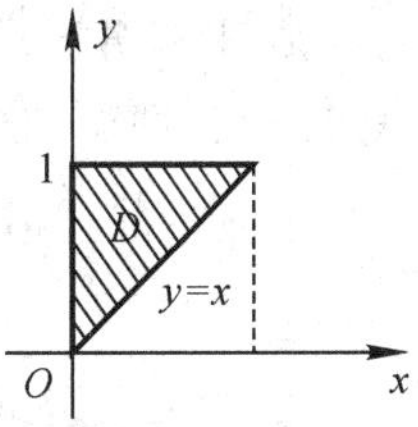

图 6-6-7

$$\iint\limits_D e^{y^2}\,dx\,dy=\int_0^1 dx\int_x^1 e^{y^2}\,dy.$$

因为$\int e^{y^2}\,dy$ 的原函数不能用初等函数表示，所以我们要变换积分次序.

将 D 视为 Y－型区域，即

$$D=\{(x,\ y)\,|\,0\leqslant y\leqslant 1,\ 0\leqslant x\leqslant y\},$$

则二重积分为

$$\iint\limits_D e^{y^2}\,dx\,dy=\int_0^1 dy\int_0^y e^{y^2}\,dx=\int_0^1 y e^{y^2}\,dy=\frac{1}{2}\int_0^1 e^{y^2}\,d(y^2)=\frac{1}{2}(e-1).$$

由此题可见，将二重积分化为二次积分进行计算，在选取积分次序时，不但要顾及积分区域，还要顾及被积函数的特征. 其中关于 X－型的积分计算无法进行，故合理选择积分次序对二重积分的计算非常重要.

例 6.6.4 计算二重积分$\iint\limits_D \frac{x^2}{y^2}d\sigma$，其中 D 是直线 $x=2$、$y=x$ 和双曲线 $xy=1$ 所围的闭区域.

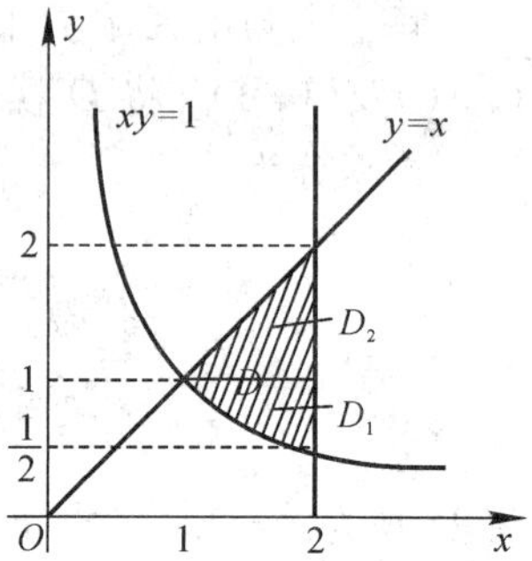

图 6－6－8

解 先画出区域 D 的图形(见图 6－6－8). 将 D 视为 X－型区域，即 $D=\left\{(x,\ y)\,\middle|\,1\leqslant x\leqslant 2,\ \frac{1}{x}\leqslant y\leqslant x\right\}$，则

$$\iint\limits_D \frac{x^2}{y^2}dx\,dy=\int_1^2 dx\int_{\frac{1}{x}}^{x}\frac{x^2}{y^2}dy$$

$$=\int_1^2\left[x^2\left(-\frac{1}{y}\right)\right]\Bigg|_{\frac{1}{x}}^{x}dx=\int_1^2(x^3-x)\,dx=2\,\frac{1}{4}.$$

若将 D 视为 Y－型区域，得 $D=D_1+D_2$，

D_1：$\frac{1}{2}\leqslant x\leqslant 1$，$\frac{1}{x}\leqslant y\leqslant 2$；$D_2$：$1\leqslant x\leqslant 2$，$x\leqslant y\leqslant 2$，

则二重积分为

$$\iint\limits_D \frac{x^2}{y^2}dx\,dy=\iint\limits_{D_1}\frac{x^2}{y^2}dx\,dy+\iint\limits_{D_2}\frac{x^2}{y^2}dx\,dy=\int_{\frac{1}{2}}^{1}dy\int_{\frac{1}{y}}^{2}\frac{x^2}{y^2}dx+\int_1^2 dy\int_y^2\frac{x^2}{y^2}dx=2\,\frac{1}{4}.$$

由此可见，积分次序选择不同，二重积分计算的难易程度不同. 所以把二重积分化为二次积分时，需要根据区域 D 和被积函数的特点，选择适当的次序进行积分.

例 6.6.5 交换积分$\int_{-1}^{1}dx\int_{-\sqrt{1-x^2}}^{1-x^2}f(x,\ y)\,dy$ 的积分顺序.

解 先将积分区域用不等式组表示为

$$D:\ -1\leqslant x\leqslant 1,\ -\sqrt{1-x^2}\leqslant y\leqslant 1-x^2.$$

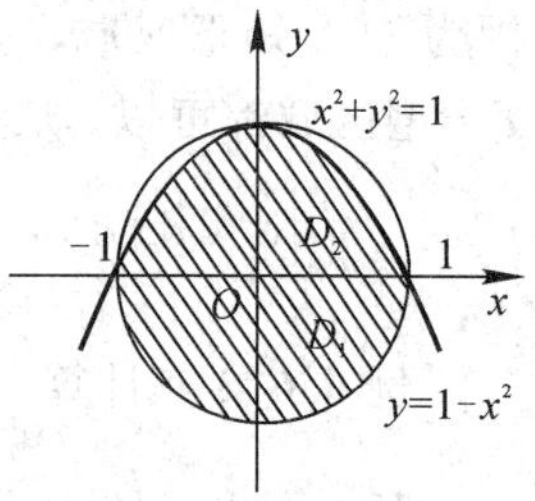

图 6－6－9

画出积分区域 D(见图 6－6－9). 若要变更积分顺序，则必须把 D 分为两个 Y－型区域 D_1 和 D_2.

D_1：$-1\leqslant y\leqslant 0$，$-\sqrt{1-y^2}\leqslant x\leqslant\sqrt{1-y^2}$；

D_2：$0\leqslant y\leqslant 1$，$-\sqrt{1-y}\leqslant x\leqslant\sqrt{1-y}$.

由二重积分的可加性，有

$$\int_{-1}^{1}\mathrm{d}x\int_{-\sqrt{1-x^2}}^{1-x^2}f(x, y)\mathrm{d}y=\iint\limits_{D_1}f(x, y)\mathrm{d}\sigma+\iint\limits_{D_2}f(x, y)\mathrm{d}\sigma$$

$$=\int_{-1}^{0}\mathrm{d}y\int_{-\sqrt{1-y^2}}^{\sqrt{1-y^2}}f(x, y)\mathrm{d}x+\int_{0}^{1}\mathrm{d}y\int_{-\sqrt{1-y}}^{\sqrt{1-y}}f(x, y)\mathrm{d}x.$$

交换二次积分的积分次序的一般步骤如下：

(1) 根据已给的二次积分的积分限，用不等式表示区域 D 并画出区域 D 的图形；

(2) 根据区域 D 的图形，把 D 改用另一种不等式来表示，以确定改变积分次序后的积分限，把所给的二次积分化为另一种次序的二次积分.

二、极坐标系下二重积分的计算

有些二重积分，其积分区域的边界曲线用极坐标方程来表示比较简洁，如圆形区域、环形区域或扇形区域的边界等. 有些二重积分的被积函数用极坐标表示时也比较简洁，比如 $f\left(\sqrt{x^2+y^2}, \arctan\dfrac{y}{x}\right)$ 等，均可考虑用极坐标计算二重积分.

直角坐标系与极坐标系的转换公式为 $\begin{cases}x=r\cos\theta,\\ y=r\sin\theta,\end{cases}$ 或 $\begin{cases}r=\sqrt{x^2+y^2},\\ \theta=\arctan\dfrac{y}{x}.\end{cases}$

下面我们介绍极坐标系下的二重积分计算方法.

在直角坐标系下，面积微元 $\mathrm{d}\sigma$ 可以写出 $\mathrm{d}x\mathrm{d}y$，那么在极坐标系下，面积微元怎么表示呢？假定区域 D 的边界与过极点的射线相交不多于两点，函数 $f(x, y)$ 在 D 上连续. 我们采用以极点为中心的一族同心圆：$r=$ 常数，以及从极点出发的一族射线：$\theta=$ 常数，把区域划分成 n 个小闭区域(见图 6-6-10)，设其中一个典型小闭区域 $\Delta\sigma$($\Delta\sigma$ 同时也表示该小区域的面积)是由半径分别为 r、$r+\Delta r$ 的同心圆和极角分别为 θ、$\theta+\Delta\theta$ 的射线所确定，则

$$\begin{aligned}\Delta\sigma&=\frac{1}{2}(r+\Delta r)^2\Delta\theta-\frac{1}{2}r^2\Delta\theta\\&=\frac{1}{2}(2r+\Delta r)\Delta r\Delta\theta\\&=\frac{r+(r+\Delta r)}{2}\Delta r\Delta\theta\\&\approx r\Delta r\Delta\theta.\end{aligned}$$

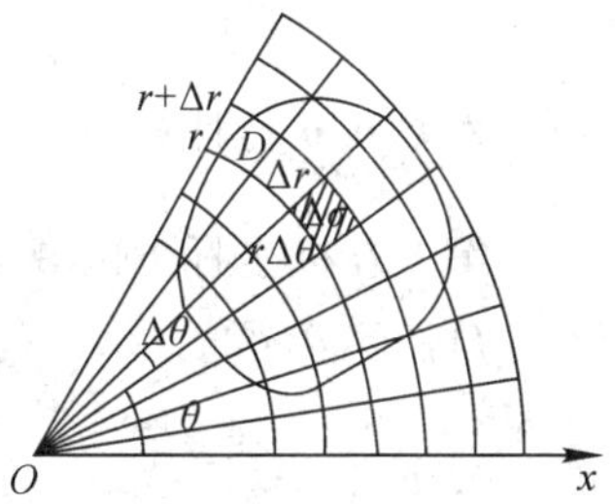

图 6-6-10

于是，根据微元法可得到极坐标系下的面积微元

$$\mathrm{d}\sigma\approx r\mathrm{d}r\mathrm{d}\theta.$$

从而就得到在直角坐标系与极坐标系下二重积分转换公式为

$$\iint\limits_{D}f(x, y)\mathrm{d}x\mathrm{d}y=\iint\limits_{D}f(r\cos\theta, r\sin\theta)r\mathrm{d}r\mathrm{d}\theta.$$

把极坐标系下的二重积分化成二次积分，一般是先对 r 后对 θ 积分. 具体有以下几种情况：

(1) 极点是区域 D 外的点(见图 6-6-11).

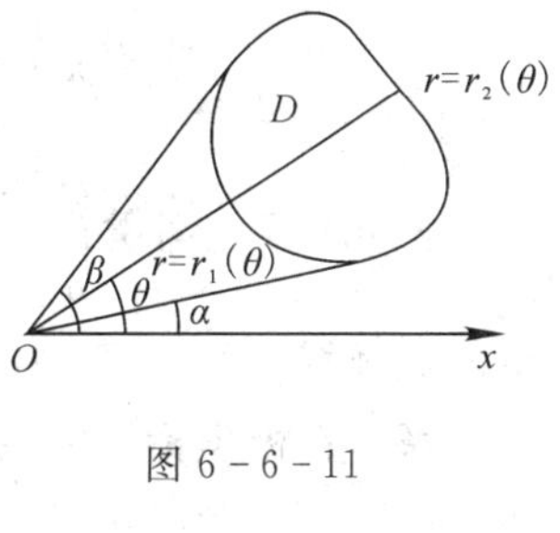

图 6-6-11

如果积分区域 D 介于两条射线 $\theta=\alpha$，$\theta=\beta$ 之间，而对 D 内任一点 (r, θ)，其极径总是介于曲线 $r=r_1(\theta)$，$r=r_2(\theta)$ 之

间，则积分区域 D 的表达式为

$D: \alpha\leqslant\theta\leqslant\beta,\ r_1(\theta)\leqslant r\leqslant r_2(\theta).$

于是

$$\iint_D f(x,y)\mathrm{d}x\mathrm{d}y=\iint_D f(r\cos\theta, r\sin\theta)r\mathrm{d}r\mathrm{d}\theta$$
$$=\int_\alpha^\beta \mathrm{d}\theta\int_{r_1(\theta)}^{r_2(\theta)} f(r\cos\theta, r\sin\theta)r\mathrm{d}r.$$

(2) 极点是区域 D 上的点(见图 6-6-12).

积分区域 D 是曲边扇形，则可以把它看作是(1)中当 $r_1(\theta)=0$，$r_2(\theta)=r(\theta)$ 的特例，此时积分区域 D 的表达式为

$D: \alpha\leqslant\theta\leqslant\beta,\ 0\leqslant r\leqslant r(\theta).$

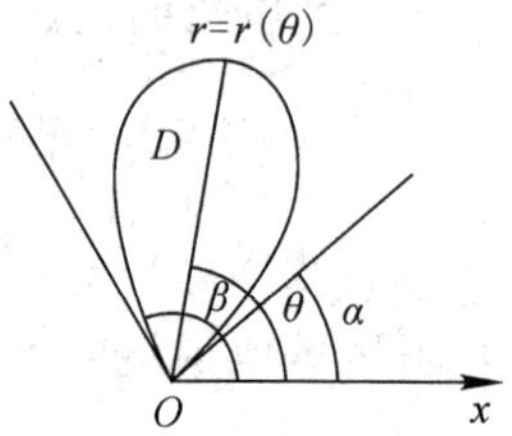

图 6-6-12

于是

$$\iint_D f(x,y)\mathrm{d}x\mathrm{d}y=\iint_D f(r\cos\theta, r\sin\theta)r\mathrm{d}r\mathrm{d}\theta$$
$$=\int_\alpha^\beta \mathrm{d}\theta\int_0^{r(\theta)} f(r\cos\theta, r\sin\theta)r\mathrm{d}r.$$

(3) 极点是区域 D 内的点(见图 6-6-13).

可以把它看作是(2)中当 $\alpha=0$，$\beta=2\pi$ 的特例，此时积分区域 D 的表达式为

$D: 0\leqslant\theta\leqslant 2\pi,\ 0\leqslant r\leqslant r(\theta).$

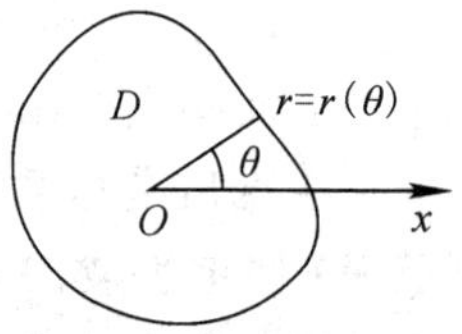

图 6-6-13

于是

$$\iint_D f(x,y)\mathrm{d}x\mathrm{d}y=\iint_D f(r\cos\theta, r\sin\theta)r\mathrm{d}r\mathrm{d}\theta$$
$$=\int_0^{2\pi} \mathrm{d}\theta\int_0^{r(\theta)} f(r\cos\theta, r\sin\theta)r\mathrm{d}r.$$

例 6.6.6 计算 $\iint_D \mathrm{e}^{x^2+y^2}\mathrm{d}x\mathrm{d}y$，其中 D 是由圆周 $x^2+y^2=1$ 所围成的闭区域.

解 在极坐标下区域 D 可表示为

$D: 0\leqslant\theta\leqslant 2\pi,\ 0\leqslant r\leqslant 1$(见图 6-6-14).

于是

$$\iint_D \mathrm{e}^{x^2+y^2}\mathrm{d}x\mathrm{d}y=\iint_D \mathrm{e}^{r^2}r\mathrm{d}r\mathrm{d}\theta$$
$$=\int_0^{2\pi}\mathrm{d}\theta\int_0^1 \mathrm{e}^{r^2}r\mathrm{d}r=\left(\int_0^{2\pi}\mathrm{d}\theta\right)\left(\int_0^1 \mathrm{e}^{r^2}r\mathrm{d}r\right)$$
$$=2\pi\cdot\frac{1}{2}\int_0^1 \mathrm{e}^{r^2}\mathrm{d}r^2=2\pi\cdot\frac{1}{2}\mathrm{e}^{r^2}\bigg|_0^1=\pi(\mathrm{e}-1).$$

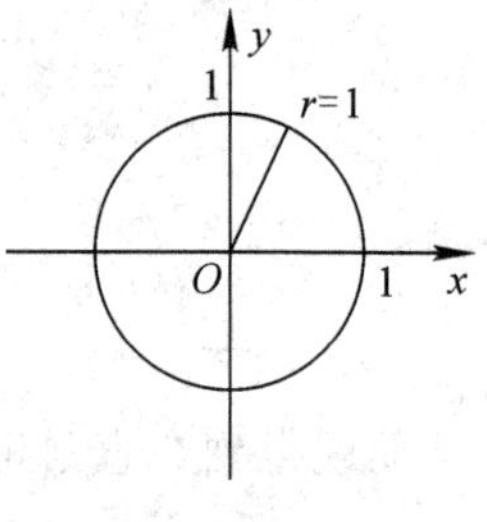

图 6-6-14

例 6.6.7 计算 $\iint_D \frac{\sin(\pi\sqrt{x^2+y^2})}{\sqrt{x^2+y^2}}\mathrm{d}x\mathrm{d}y$，其中积分区域 D 是由 $1\leqslant x^2+y^2\leqslant 4$ 所确定的圆环域.

解 在极坐标下区域 D 可表示为

D：$0\leqslant\theta\leqslant 2\pi$，$1\leqslant r\leqslant 2$(见图 6－6－15)．

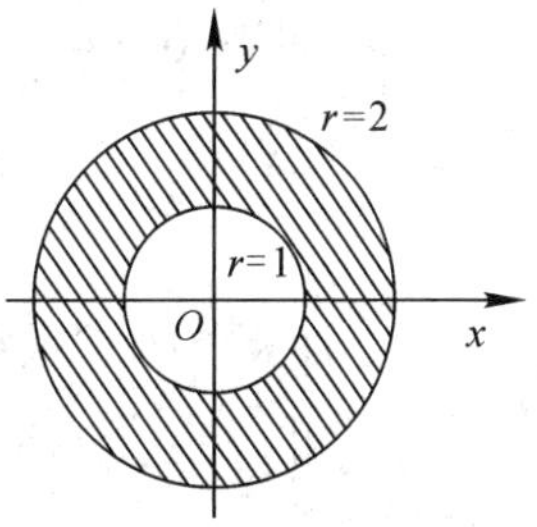

图 6－6－15

于是

$$\iint_D \frac{\sin(\pi\sqrt{x^2+y^2})}{\sqrt{x^2+y^2})}dxdy=\iint_D \frac{\sin(\pi r)}{r}r\,dr\,d\theta$$
$$=\int_0^{2\pi}d\theta\int_1^2\frac{\sin\pi r}{r}r\,dr$$
$$=\left(\int_0^{2\pi}d\theta\right)\left(\int_1^2\sin\pi r\,dr\right)$$
$$=2\pi\left(-\frac{1}{\pi}\cos\pi r\right)\Big|_1^2=-4.$$

例 6.6.8　计算$\iint\limits_D\frac{y^2}{x^2}dxdy$，其中 D 是由曲线 $x^2+y^2=2ax(a>0)$ 所围成的平面区域．

解　积分区域 D 是以点$(a,0)$为圆心，以 a 为半径的圆域(见图 6－6－16)．其边界曲线的极坐标方程为 $r=2a\cos\theta$．于是在极坐标下区域 D 可表示为

$$D：-\frac{\pi}{2}\leqslant\theta\leqslant\frac{\pi}{2},\ 0\leqslant r\leqslant 2a\cos\theta.$$

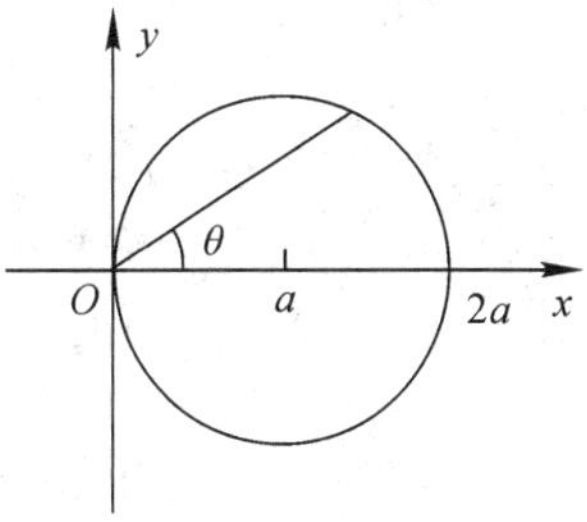

图 6－6－16

于是

$$\iint_D\frac{y^2}{x^2}dxdy=\iint_D\frac{r^2\sin^2\theta}{r^2\cos^2\theta}r\,dr\,d\theta=\int_{-\frac{\pi}{2}}^{\frac{\pi}{2}}d\theta\int_0^{2a\cos\theta}\frac{\sin^2\theta}{\cos^2\theta}r\,dr$$
$$=\int_{-\frac{\pi}{2}}^{\frac{\pi}{2}}2a^2\sin^2\theta\,d\theta=4a^2\int_0^{\frac{\pi}{2}}\sin^2\theta\,d\theta$$
$$=\pi a^2.$$

例 6.6.9　写出在极坐标系下二重积分$\iint\limits_D f(x,y)dxdy$ 的二次积分，其中区域

$$D=\{(x,y)\mid 1-x\leqslant y\leqslant\sqrt{1-x^2},\ 0\leqslant x\leqslant 1\}.$$

解　利用极坐标变换 $x=r\cos\theta$，$y=r\sin\theta$，易见直线方程 $x+y=1$ 的极坐标形式为

$$r=\frac{1}{\sin\theta+\cos\theta},$$

在极坐标下区域 D 可表示为

$$D：0\leqslant\theta\leqslant\frac{\pi}{2},\ \frac{1}{\sin\theta+\cos\theta}\leqslant r\leqslant 1,$$

于是

$$\iint_D f(x,y)dxdy=\int_0^{\frac{\pi}{2}}d\theta\int_{\frac{1}{\sin\theta+\cos\theta}}^1 f(r\cos\theta,r\sin\theta)r\,dr.$$

★ 习题 6－6

(A)

1. 计算下列二重积分：

(1) $\iint\limits_D (x^2+y^2)\mathrm{d}\sigma$，其中 D 是矩形区域：$|x|\leqslant 1$，$|y|\leqslant 1$；

(2) $\iint\limits_D xy\mathrm{e}^{x^2+y^2}\mathrm{d}\sigma$，其中 $D=\{(x,y)\mid a\leqslant x\leqslant b,c\leqslant y\leqslant d\}$；

(3) $\iint\limits_D (3x+2y)\mathrm{d}\sigma$，其中 D 是由两坐标轴及直线 $x+y=2$ 所围成的闭区域；

(4) $\iint\limits_D x\cos(x+y)\mathrm{d}\sigma$，其中 D 是顶点分别为 $(0,0)$、$(\pi,0)$ 和 (π,π) 的三角形闭区域.

2. 画出积分区域，并计算下列二重积分：

(1) $\iint\limits_D x\sqrt{y}\,\mathrm{d}\sigma$，其中 D 是由两条抛物线 $y=\sqrt{x}$、$y=x^2$ 所围成的闭区域；

(2) $\iint\limits_D \frac{y}{x}\mathrm{d}\sigma$，其中 D 是由直线 $y=x$、$y=2x$ 及 $x=1$、$x=2$ 所围成的闭区域；

(3) $\iint\limits_D (2x+y)\mathrm{d}\sigma$，其中 D 是由 $y=x$、$y=\frac{1}{x}$ 及 $y=2$ 所围成的闭区域；

(4) $\iint\limits_D \mathrm{e}^{x+y}\mathrm{d}\sigma$，其中 D 是由 $|x|+|y|\leqslant 1$ 所确定的闭区域.

3. 化二重积分 $\iint\limits_D f(x,y)\mathrm{d}\sigma$ 为极坐标形式的二重积分，其中积分区域 D 为

(1) $x^2+y^2\leqslant R^2$；　　(2) $a^2\leqslant x^2+y^2\leqslant b^2$；　　(3) $x^2+y^2\leqslant 2y$.

4. 利用极坐标计算下列二重积分：

(1) $\iint\limits_D \sqrt{R^2-x^2-y^2}\,\mathrm{d}\sigma$，其中 D 为圆域 $x^2+y^2\leqslant Rx\,(R>0)$；

(2) $\iint\limits_D \ln(1+x^2+y^2)\mathrm{d}\sigma$，其中 D 为圆 $x^2+y^2=1$ 及坐标轴所围成的在第一象限内的闭区域；

(3) $\iint\limits_D (x^2+y^2)\mathrm{d}\sigma$，其中 D 是由 $x^2+y^2=2x$ 所围成的闭区域；

(4) $\iint\limits_D x^2\mathrm{d}\sigma$，其中 D 是由 $1\leqslant x^2+y^2\leqslant 4$ 所确定的环形闭区域.

5. 选用适当的坐标计算下列积分：

(1) $\iint\limits_D xy\mathrm{d}\sigma$，其中 D 为直线 $y=1$、$x=2$ 与 $y=x$ 所围成的闭区域；

(2) $\iint\limits_D \frac{1}{\sqrt{x^2+y^2}}\mathrm{d}\sigma$，其中 D 为直线 $y=x$ 与抛物线 $y=x^2$ 所围成的闭区域；

(3) $\iint\limits_D \arctan\dfrac{y}{x}\mathrm{d}\sigma$，其中 D 是由 $x^2+y^2=2$ 与 $y=x$ 及 y 轴正向所围成的闭区域；

(4) $\iint\limits_D xy\mathrm{d}\sigma$，其中 D 是由 $x^2+y^2\leqslant 1$ 与 $x+y\geqslant 1$ 所围成的闭区域.

(B)

1. 设 D 是由直线 $y=x$，$y=2x$，$y=1$ 所围成的区域，则 $\iint\limits_D \mathrm{d}x\mathrm{d}y=$(　　).

A. $\dfrac{1}{2}$　　B. $\dfrac{1}{4}$　　C. $\dfrac{3}{2}$　　D. 1

2. 设 $D=\{(x, y)\mid 0\leqslant x\leqslant 1, 1\leqslant y\leqslant \mathrm{e}\}$，则 $\iint\limits_D \dfrac{x}{y}\mathrm{d}x\mathrm{d}y=$(　　).

A. $\dfrac{\mathrm{e}}{2}$　　B. $\dfrac{1}{2}$　　C. e　　D. 1

3. 二次积分 $\int_0^1\mathrm{d}y\int_y^{\sqrt{y}}f(x, y)\mathrm{d}x=$(　　).

A. $\int_0^1\mathrm{d}x\int_x^{x^2}f(x, y)\mathrm{d}y$　　B. $\int_0^1\mathrm{d}x\int_{x^2}^{x}f(x, y)\mathrm{d}y$

C. $\int_{y^2}^{\sqrt{y}}\mathrm{d}x\int_0^1 f(x, y)\mathrm{d}y$　　D. $\int_0^1\mathrm{d}x\int_{y^2}^{\sqrt{y}}f(x, y)\mathrm{d}y$

4. 设 $D=\{(x, y)\mid 0\leqslant x\leqslant 1, 0\leqslant y\leqslant 1\}$，则 $\iint\limits_D x\mathrm{e}^{-2y}\mathrm{d}x\mathrm{d}y=$(　　).

A. $\dfrac{1-\mathrm{e}^{-2}}{4}$　　B. $\dfrac{1-\mathrm{e}^{-2}}{2}$　　C. $\dfrac{\mathrm{e}^{-2}-1}{2}$　　D. $1-\mathrm{e}^{-2}$

5. 改变二次积分的次序 $\int_1^{\mathrm{e}}\mathrm{d}x\int_0^{\ln x}f(x, y)\mathrm{d}y=$(　　).

A. $\int_1^{\mathrm{e}}\mathrm{d}y\int_0^{\ln x}f(x, y)\mathrm{d}x$　　B. $\int_{\mathrm{e}^y}^{\mathrm{e}}\mathrm{d}y\int_0^1 f(x, y)\mathrm{d}x$

C. $\int_0^{\ln x}\mathrm{d}y\int_1^{\mathrm{e}}f(x, y)\mathrm{d}x$　　D. $\int_0^1\mathrm{d}y\int_{\mathrm{e}^y}^{\mathrm{e}}f(x, y)\mathrm{d}x$

6. 改变二次积分的次序 $\int_0^1\mathrm{d}x\int_{x^2}^{x}f(x, y)\mathrm{d}y=$(　　).

A. $\int_0^1\mathrm{d}y\int_{y^2}^{y}f(x, y)\mathrm{d}x$　　B. $\int_0^1\mathrm{d}y\int_y^{y^2}f(x, y)\mathrm{d}x$

C. $\int_0^1\mathrm{d}y\int_0^1 f(x, y)\mathrm{d}x$　　D. $\int_0^1\mathrm{d}y\int_y^{\sqrt{y}}f(x, y)\mathrm{d}x$

7. 设 f 是连续函数而 D：$x^2+y^2\leqslant 1$ 且 $y>0$，则 $\iint\limits_D f(\sqrt{x^2+y^2})\mathrm{d}x\mathrm{d}y=$(　　).

A. $\pi\int_0^1 rf(r)\mathrm{d}r$　　B. $2\pi\int_0^1 rf(r)\mathrm{d}r$　　C. $2\pi\int_0^1 f(r)\mathrm{d}r$　　D. $\pi\int_0^1 f(r)\mathrm{d}r$

8. 设积分区域 D：$x^2+y^2\leqslant a^2$，又有 $\iint\limits_D (x^2+y^2)\mathrm{d}\sigma=8\pi$，则 $a=$(　　).

A. 2　　B. 4　　C. 8　　D. 1

9. 设积分区域 D：$1\leqslant x^2+y^2\leqslant 4$，则$\iint\limits_D \sqrt{x^2+y^2}\,\mathrm{d}x\,\mathrm{d}y=$（　　）.

A. $\int_0^{2\pi}\mathrm{d}\theta\int_1^4 r^2\mathrm{d}r$　B. $\int_0^{2\pi}\mathrm{d}\theta\int_1^4 r\mathrm{d}r$　C. $\int_0^{2\pi}\mathrm{d}\theta\int_1^2 r^2\mathrm{d}r$　D. $\int_0^{2\pi}\mathrm{d}\theta\int_1^2 r\mathrm{d}r$

10. 设积分区域 D 是由圆 $x^2+y^2=Ry$ 围成，则二重积分$\iint\limits_D \sqrt{R^2-x^2-y^2}\,\mathrm{d}x\,\mathrm{d}y=$（　　）.

A. $\int_0^{\pi}\mathrm{d}\theta\int_0^{R\sin\theta}\sqrt{R^2-r^2}\,r\mathrm{d}r$　B. $\int_0^{2\pi}\mathrm{d}\theta\int_0^{R\sin\theta}\sqrt{R^2-r^2}\,r\mathrm{d}r$

C. $\int_0^{\pi}\mathrm{d}\theta\int_0^{R\cos\theta}\sqrt{R^2-r^2}\,r\mathrm{d}r$　D. $\int_0^{2\pi}\mathrm{d}\theta\int_0^{R\cos\theta}\sqrt{R^2-r^2}\,r\mathrm{d}r$

章节测试六

一、填空题：

1. 函数 $z=\dfrac{\sqrt{4x-y^2}}{\ln(1-x^2-y^2)}$的定义域为________.

2. $\lim\limits_{(x,y)\to(0,0)}\dfrac{\ln(1+x^2+y^2)}{\arcsin(x^2+y^2)}=$________.

3. 积分$\int_0^2\mathrm{d}x\int_x^2 \mathrm{e}^{-y^2}\mathrm{d}y=$________.

4. 若 $z=\ln(x-y)+\tan t$，$x=2t^2$，$y=2t$，则$\dfrac{\mathrm{d}z}{\mathrm{d}t}=$________.

5. $f(x,y)$具有二阶连续偏导数，该函数在点(x_0,y_0)取得极值的必要条件________，在驻点(x_0,y_0)处取得极大值的充分条件是________.

二、计算题：

1. 已知 $z=\ln(1+x^2+y^2)$，求点(2，4)处的全微分.

2. 已知函数 $\mathrm{e}^z-z^2=x^2+y^2$，求$\dfrac{\partial z}{\partial x}$，$\dfrac{\partial z}{\partial y}$.

3. 设 $u=f\left(\dfrac{x}{y},\dfrac{y}{z}\right)$，其中函数 f 有二阶连续偏导数，求$\dfrac{\partial u}{\partial x}$，$\dfrac{\partial u}{\partial y}$，$\dfrac{\partial u}{\partial z}$.

三、计算下列二重积分：

1. 计算$\iint\limits_D(x+y)\mathrm{d}\sigma$，其中 D 由 $x=1$，$x=2$，$y=x$，$y=3x$ 所围成的闭区域.

2. 计算$\iint\limits_D(x^2+y^2)\mathrm{d}\sigma$，其中 D 为由圆 $x^2+y^2=2y$，$x^2+y^2=4y$ 及直线 $x-\sqrt{3}y=0$，$y-\sqrt{3x}=0$ 所围成的平面闭区域.

四、设 $f(x,y)$ 连续，求证：$\int_a^b\mathrm{d}x\int_a^x f(x,y)\mathrm{d}y=\int_a^b\mathrm{d}y\int_y^b f(x,y)\mathrm{d}x$.

五、求 $z=x^2+y^2+5$ 在约束条件 $y=1-x$ 下的极值，并说明是极小值还是极大值.

六、在椭球面$\dfrac{x^2}{a^2}+\dfrac{y^2}{b^2}+\dfrac{z^2}{c^2}=1$ 内作内接直角平行六面体，求其最大体积.

第 7 章　无 穷 级 数

无穷级数是高等数学课程的重要内容，它以极限理论为基础，是研究函数的性质及进行数值计算的重要工具. 本章首先讨论常数项级数，介绍无穷级数的一些基本内容，然后讨论函数项级数，着重讨论如何求幂级数的收敛域和求幂级数的和函数，以及如何将函数展开成幂级数等问题.

7.1　常数项级数的概念与性质

一、常数项级数的概念

定义 7.1.1　设有一个数列

$$u_1,\ u_2,\ u_3,\ \cdots,\ u_n,\ \cdots,$$

把它们的各项依次用加号连接起来的表达式记作

$$\sum_{n=1}^{\infty} u_n = u_1 + u_2 + u_3 + \cdots + u_n + \cdots,$$

则称此表达式为常数项无穷级数，简称级数，其中，u_1，u_2，u_3，…，u_n，…称为级数的项，第 n 项 u_n 称为级数的一般项或通项.

级数 $\sum\limits_{n=1}^{\infty} u_n$ 的前 n 项和

$$s_n = \sum_{i=1}^{n} u_i = u_1 + u_2 + u_3 + \cdots + u_n$$

称为级数 $\sum\limits_{n=1}^{\infty} u_n$ 的部分和. 当 n 依次取 1，2，3，… 时，它们构成一个新的数列 $\{s_n\}$，即

$$s_1 = u_1,\ s_2 = u_1 + u_2,\ s_3 = u_1 + u_2 + u_3,\ \cdots,\ s_n = u_1 + u_2 + \cdots + u_n,\ \cdots.$$

数列 $\{s_n\}$ 称为部分和数列. 根据这个数列有没有极限，我们引入无穷级数的收敛与发散的概念.

定义 7.1.2　如果级数 $\sum\limits_{n=1}^{\infty} u_n$ 的部分和数列 $\{s_n\}$ 有极限 s，即

$$\lim_{n\to\infty} s_n = s,$$

则称无穷级数 $\sum\limits_{n=1}^{\infty} u_n$ 收敛，这时极限 s 称为该级数的和，并写成

$$s = \sum_{n=1}^{\infty} u_n = u_1 + u_2 + u_3 + \cdots + u_n + \cdots;$$

如果部分和数列 $\{s_n\}$ 没有极限，则称无穷级数 $\sum\limits_{n=1}^{\infty} u_n$ 发散.

当级数$\sum_{n=1}^{\infty}u_n$收敛时，其部分和s_n是级数$\sum_{n=1}^{\infty}u_n$的和s的近似值，它们之间的差值

$$r_n=s-s_n=u_{n+1}+u_{n+2}+\cdots$$

称为级数$\sum_{n=1}^{\infty}u_n$的余项.

例 7.1.1 讨论几何级数(等比级数)$\sum_{n=0}^{\infty}aq^n$($a\neq 0$)的敛散性.

解 (1) 如果$q\neq 1$，则部分和

$$s_n=a+aq+aq^2+\cdots+aq^{n-1}=\frac{a-aq^n}{1-q}=\frac{a}{1-q}-\frac{aq^n}{1-q}.$$

当$|q|<1$时，因为$\lim_{n\to\infty}s_n=\frac{a}{1-q}$，所以此时级数$\sum_{n=0}^{\infty}aq^n$收敛，其和为$\frac{a}{1-q}$；

当$|q|>1$时，因为$\lim_{n\to\infty}s_n=\infty$，所以此时级数$\sum_{n=0}^{\infty}aq^n$发散.

(2) 如果$|q|=1$，则当$q=1$时，$s_n=na\to\infty$，因此级数$\sum_{n=0}^{\infty}aq^n$发散；

当$q=-1$时，

$$s_n=a-a+a-a+\cdots+(-1)^{n-1}a,$$

因为s_n随着n为奇数或偶数而等于a或0，所以s_n的极限不存在，从而级数$\sum_{n=0}^{\infty}aq^n$发散.

综上所述，如果$|q|<1$，则级数$\sum_{n=0}^{\infty}aq^n$收敛，且其和为$\frac{a}{1-q}$；如果$|q|\geqslant 1$，则级数$\sum_{n=0}^{\infty}aq^n$发散.

例 7.1.2 证明：级数$1+2+3+\cdots+n+\cdots$是发散的.

证明 级数的部分和为

$$s_n=1+2+3+\cdots+n=\frac{n(n+1)}{2},$$

显然，$\lim_{n\to\infty}s_n=\infty$，故题设级数发散.

例 7.1.3 判别级数$\sum_{n=1}^{\infty}\frac{1}{n(n+1)}$的敛散性.

解 因为

$$u_n=\frac{1}{n(n+1)}=\frac{1}{n}-\frac{1}{n+1},$$

所以

$$\begin{aligned}s_n&=\frac{1}{1\times 2}+\frac{1}{2\times 3}+\frac{1}{3\times 4}+\cdots+\frac{1}{n(n+1)}\\&=\left(1-\frac{1}{2}\right)+\left(\frac{1}{2}-\frac{1}{3}\right)+\cdots+\left(\frac{1}{n}-\frac{1}{n+1}\right)=1-\frac{1}{n+1},\end{aligned}$$

从而

$$\lim_{n\to\infty}s_n=\lim_{n\to\infty}\left(1-\frac{1}{n+1}\right)=1,$$

由此可知题设级数收敛，它的和是 1.

二、收敛级数的基本性质

根据无穷级数收敛、发散的概念，可以得到收敛级数的基本性质.

性质 7.1.1(数乘性)　如果级数 $\sum\limits_{n=1}^{\infty}u_n$ 收敛于和 s，则它的各项同乘一个常数 k 所得的级数 $\sum\limits_{n=1}^{\infty}ku_n$ 也收敛，且其和为 ks.

证明　设 $\sum\limits_{n=1}^{\infty}u_n$ 与 $\sum\limits_{n=1}^{\infty}ku_n$ 的部分和分别为 s_n 与 σ_n，则

$$\lim_{n\to\infty}\sigma_n=\lim_{n\to\infty}(ku_1+ku_2+\cdots+ku_n)=k\lim_{n\to\infty}(u_1+u_2+\cdots+u_n)=k\lim_{n\to\infty}s_n=ks,$$

这表明级数 $\sum\limits_{n=1}^{\infty}ku_n$ 收敛，且其和为 ks.

性质 7.1.2(和差性)　如果级数 $\sum\limits_{n=1}^{\infty}u_n$、$\sum\limits_{n=1}^{\infty}v_n$ 分别收敛于和 s、σ，则级数 $\sum\limits_{n=1}^{\infty}(u_n\pm v_n)$ 也收敛，且其和为 $s\pm\sigma$.

证明　如果 $\sum\limits_{n=1}^{\infty}u_n$、$\sum\limits_{n=1}^{\infty}v_n$、$\sum\limits_{n=1}^{\infty}(u_n\pm v_n)$ 的部分和分别为 s_n、σ_n、τ_n，则

$$\begin{aligned}\lim_{n\to\infty}\tau_n&=\lim_{n\to\infty}[(u_1\pm v_1)+(u_2\pm v_2)+\cdots+(u_n\pm v_n)]\\&=\lim_{n\to\infty}[(u_1+u_2+\cdots+u_n)\pm(v_1+v_2+\cdots+v_n)]\\&=\lim_{n\to\infty}(s_n\pm\sigma_n)=s\pm\sigma.\end{aligned}$$

性质 7.1.3　在级数中去掉、加上或改变有限项，不会改变级数的收敛性.

比如，级数 $\frac{1}{1\times2}+\frac{1}{2\times3}+\frac{1}{3\times4}+\cdots+\frac{1}{n(n+1)}+\cdots$ 是收敛的；级数 $10\ 000+\frac{1}{1\times2}+\frac{1}{2\times3}+\frac{1}{3\times4}+\cdots+\frac{1}{n(n+1)}+\cdots$ 也是收敛的；级数 $\frac{1}{3\times4}+\frac{1}{4\times5}+\cdots+\frac{1}{n(n+1)}+\cdots$ 也是收敛的.

性质 7.1.4　如果级数 $\sum\limits_{n=1}^{\infty}u_n$ 收敛，则对该级数的项任意加括号后所成的级数仍收敛，且其和不变.

应注意的问题：如果加括号后所成的级数收敛，则不能断定去括号后原来的级数也收敛. 例如，级数 $(1-1)+(1-1)+\cdots$ 收敛于零，但级数 $1-1+1-1+\cdots$ 却是发散的.

推论 7.1.1　如果加括号后所成的级数发散，则原来的级数也发散.

性质 7.1.5(级数收敛的必要条件)　如果级数 $\sum\limits_{n=1}^{\infty}u_n$ 收敛，则它的一般项 u_n 趋于零，即 $\lim\limits_{n\to\infty}u_n=0$.

证明　设级数 $\sum\limits_{n=1}^{\infty}u_n$ 的部分和为 s_n，且 $\lim\limits_{n\to\infty}s_n=s$，则

$$\lim_{n\to\infty}u_n=\lim_{n\to\infty}(s_n-s_{n-1})=\lim_{n\to\infty}s_n-\lim_{n\to\infty}s_{n-1}=s-s=0.$$

推论 7.1.2 如果当 n 无限增大时，级数的一般项 u_n 不趋于零，那么该级数必定发散.

例 7.1.4 判别级数 $\sum\limits_{n=1}^{\infty}\dfrac{n-1}{n+1}$ 的敛散性.

解 级数的一般项为 $u_n=\dfrac{n-1}{n+1}$，因为

$$\lim_{n\to\infty}u_n=\lim_{n\to\infty}\frac{n-1}{n+1}=1\neq 0,$$

所以由推论 7.1.2 知该级数发散.

例 7.1.5 证明：调和级数

$$\sum_{n=1}^{\infty}\frac{1}{n}=1+\frac{1}{2}+\frac{1}{3}+\cdots+\frac{1}{n}+\cdots$$

是发散的.

证明 假若级数 $\sum\limits_{n=1}^{\infty}\dfrac{1}{n}$ 收敛，且其和为 s，s_n 是它的部分和. 显然有 $\lim\limits_{n\to\infty}s_n=s$ 及 $\lim\limits_{n\to\infty}s_{2n}=s$，于是 $\lim\limits_{n\to\infty}(s_{2n}-s_n)=0$.

但另一方面，

$$s_{2n}-s_n=\frac{1}{n+1}+\frac{1}{n+2}+\cdots+\frac{1}{2n}>\frac{1}{2n}+\frac{1}{2n}+\cdots+\frac{1}{2n}=\frac{1}{2},$$

故 $\lim\limits_{n\to\infty}(s_{2n}-s_n)\neq 0$，矛盾. 这说明级数 $\sum\limits_{n=1}^{\infty}\dfrac{1}{n}$ 必定发散.

例 7.1.6 判别级数

$$\frac{1}{4}+\frac{1}{6}+\frac{1}{8}\cdots+\frac{1}{2(n+1)}+\cdots$$

的敛散性.

解 级数的一般项为 $u_n=\dfrac{1}{2(n+1)}$，由于级数 $\sum\limits_{n=1}^{\infty}\dfrac{1}{n+1}$ 是调和级数去掉首项，由性质 7.1.3 知，它是发散的. 再由性质 7.1.1 知，级数 $\sum\limits_{n=1}^{\infty}\dfrac{1}{2(n+1)}$ 也发散.

例 7.1.7 求级数 $\sum\limits_{n=1}^{\infty}\left[\dfrac{1}{2^n}+\dfrac{3}{n(n+1)}\right]$ 的和.

解 根据等比级数知，$\sum\limits_{n=1}^{\infty}\dfrac{1}{2^n}=\dfrac{\frac{1}{2}}{1-\frac{1}{2}}=1$，而由例 7.1.3 知 $\sum\limits_{n=1}^{\infty}\dfrac{1}{n(n+1)}=1$，所以

$$\sum_{n=1}^{\infty}\left[\frac{1}{2^n}+\frac{3}{n(n+1)}\right]=\sum_{n=1}^{\infty}\frac{1}{2^n}+3\sum_{n=1}^{\infty}\frac{1}{n(n+1)}=4.$$

例 7.1.8 设级数 $\sum\limits_{n=1}^{\infty}u_n$ 收敛，$\sum\limits_{n=1}^{\infty}v_n$ 发散，证明：级数 $\sum\limits_{n=1}^{\infty}(u_n+v_n)$ 发散.

证明 用反证法. 已知 $\sum\limits_{n=1}^{\infty}u_n$ 收敛，假定 $\sum\limits_{n=1}^{\infty}(u_n+v_n)$ 收敛，由 $v_n=(u_n+v_n)-u_n$ 与

级数性质知 $\sum_{n=1}^{\infty} v_n$ 收敛，这与题设矛盾，所以级数 $\sum_{n=1}^{\infty}(u_n + v_n)$ 发散.

例 7.1.9　判别级数 $\frac{1}{2}+\frac{1}{10}+\frac{1}{2^2}+\frac{1}{2\times 10}+\cdots+\frac{1}{2^n}+\frac{1}{10n}+\cdots$ 是否收敛.

解　将所给级数每相邻两项加括号得到新级数 $\sum_{n=1}^{\infty}\left(\frac{1}{2^n}+\frac{1}{10n}\right)$. 因为级数 $\sum_{n=1}^{\infty}\frac{1}{2^n}$ 收敛，而级数 $\sum_{n=1}^{\infty}\frac{1}{10n}=\frac{1}{10}\sum_{n=1}^{\infty}\frac{1}{n}$ 发散，所以级数 $\sum_{n=1}^{\infty}\left(\frac{1}{2^n}+\frac{1}{10n}\right)$ 发散，由推论 7.1.1 知，去括号后的级数 $\frac{1}{2}+\frac{1}{10}+\frac{1}{2^2}+\frac{1}{2\times 10}+\cdots+\frac{1}{2^n}+\frac{1}{10n}+\cdots$ 也发散.

★ 习题 7－1

(A)

1. 写出下列级数的一般项：

(1) $1-\frac{1}{3}+\frac{1}{5}-\frac{1}{7}+\cdots$；

(2) $1+\frac{3}{4}+\frac{5}{9}+\frac{7}{16}+\frac{9}{25}+\frac{11}{36}\cdots$；

(3) $-\frac{\sqrt{x}}{2}+\frac{x}{2\times 4}-\frac{x\sqrt{x}}{2\times 4\times 6}+\frac{x^2}{2\times 4\times 6\times 8}-\frac{x^2\sqrt{x}}{2\times 4\times 6\times 8\times 10}+\cdots$；

(4) $\frac{1}{1\times 4}+\frac{2}{4\times 7}+\frac{2^2}{7\times 10}+\frac{2^3}{10\times 13}+\frac{2^4}{13\times 16}+\cdots$.

2. 判定下列级数的敛散性：

(1) $\frac{1}{4}+\frac{1}{8}+\frac{1}{12}+\cdots+\frac{1}{4n}+\cdots$；

(2) $\sum_{n=1}^{\infty}(\sqrt{3n-1}-\sqrt{3n+2})$；

(3) $\sum_{n=1}^{\infty}\frac{1}{(2n+1)(2n-1)}$；

(4) $\sum_{n=1}^{\infty}\frac{2n-1}{2n+1}$；

(5) $\sum_{n=1}^{\infty}\frac{(-1)^{n-1}a^n}{(1+a)^n}\ (a>0)$；

(6) $\sum_{n=2}^{\infty}\sqrt[n]{\frac{n+1}{2n}}$.

3. 讨论级数 $\sum_{n=1}^{\infty}\frac{(a-1)^n}{3^n}$ 的敛散性.

4. 求下列级数的和：

(1) $\frac{4}{5}-\frac{4^2}{5^2}+\frac{4^3}{5^3}-\frac{4^4}{5^4}+\cdots$；

(2) $\frac{3a}{4}+\frac{3^2a}{4^2}+\frac{3^3a}{4^3}+\frac{3^4a}{4^4}+\cdots+\frac{3^na}{4^n}+\cdots$；

(3) $\frac{1}{2}+\frac{1}{3}+\left(\frac{1}{2^2}+\frac{1}{3^2}\right)+\left(\frac{1}{2^3}+\frac{1}{3^3}\right)+\cdots+\left(\frac{1}{2^n}+\frac{1}{3^n}\right)+\cdots$；

(4) $\sum_{n=1}^{\infty}(\sqrt{n}-2\sqrt{n+1}+\sqrt{n+2})$.

(B)

1. 已知级数$\sum_{n=1}^{\infty}u_n$收敛，s_n是它的前n项部分和，则级数的和是(　　).

A. s_n　　B. $\lim_{n\to\infty}s_n$　　C. u_n　　D. $\lim_{n\to\infty}u_n$

2. $\lim_{n\to\infty}u_n=0$是级数$\sum_{n=1}^{\infty}u_n$收敛的(　　).

A. 充分条件　　B. 必要条件

C. 充分必要条件　　D. 无关条件

3. 级数$\sum_{n=1}^{\infty}\frac{2}{10^n}$的和是(　　).

A. $\frac{5}{9}$　　B. $\frac{1}{3}$　　C. $\frac{2}{9}$　　D. 不存在的

4. 级数$\sum_{n=1}^{\infty}(-1)^{n+1}a(a\neq 0)$的和是(　　).

A. 0　　B. $-a$　　C. a　　D. 不存在的

5. 级数$\sum_{n=1}^{\infty}\frac{2}{n(n+1)}$的和是(　　).

A. 2　　B. $\frac{1}{2}$　　C. 1　　D. 不存在的

6. 级数$\sum_{n=1}^{\infty}u_n$与$\sum_{n=1}^{\infty}v_n$分别收敛于s_1与s_2，则不一定成立的是(　　).

A. $\sum_{n=1}^{\infty}ku_n=ks_1$　　B. $\sum_{n=1}^{\infty}\frac{u_n}{v_n}=\frac{s_1}{s_2}$

C. $\sum_{n=1}^{\infty}kv_n=ks_2$　　D. $\sum_{n=1}^{\infty}(u_n\pm v_n)=s_1\pm s_2$

7. 级数$\sum_{n=1}^{\infty}aq^{n-1}(a\neq 0)$收敛的条件是(　　).

A. $|q|<1$　　B. $|q|>1$　　C. $q<1$　　D. $q>1$

8. 下列级数中，发散的是(　　).

A. $\sum_{n=1}^{\infty}\frac{1}{n^2}$　　B. $\sum_{n=1}^{\infty}\cos\frac{1}{n}$　　C. $\sum_{n=1}^{\infty}\left(\frac{1}{2}\right)^n$　　D. $\sum_{n=1}^{\infty}\left(\frac{2}{3}\right)^{n-1}$

9. 设级数$\sum_{n=1}^{\infty}u_n=s$，则按某一规律对级数添加括号后，所得的级数(　　).

A. 仍收敛于s　　B. 不一定收敛

C. 仍收敛，但不一定为s　　D. 必发散

10. 若一级数按某一规律添加括号后为收敛级数，且收敛于s，则原级数(　　).

A. 必收敛于s　　B. 必发散

C. 必收敛，但不一定为s　　D. 不能判断

7.2 正项级数的审敛法

利用定义和性质判断级数的收敛性是很困难的，能否找到更简单更有效的判别方法呢？我们先从最简单的一类级数找到突破口，那就是正项级数.

一、正项级数及其收敛的充要条件

如果 $u_n \geqslant 0(n=1, 2, \cdots)$，则称级数

$$\sum_{n=1}^{\infty} u_n = u_1 + u_2 + u_3 + \cdots + u_n + \cdots \qquad (7-2-1)$$

为正项级数. 其部分和数列 $\{s_n\}$ 为

$$s_1 = u_1,\ s_2 = u_1 + u_2,\ s_3 = u_1 + u_2 + u_3,\ \cdots,\ s_n = u_1 + u_2 + \cdots + u_n.$$

显然，数列 $\{s_n\}$ 是一个单调增加数列，即

$$s_1 \leqslant s_2 \leqslant \cdots \leqslant s_n \leqslant \cdots.$$

如果数列 $\{s_n\}$ 有界，即 s_n 总不大于某一常数 M，根据单调有界的数列必有极限的准则，级数(7-2-1)必收敛于和 s，且 $s_n \leqslant s \leqslant M$. 反之，如果正项级数(7-2-1)收敛于和 s，则根据有极限的数列是有界数列的性质可知，数列 $\{s_n\}$ 有界. 因此，有如下重要结论：

定理 7.2.1 正项级数 $\sum_{n=1}^{\infty} u_n$ 收敛的充分必要条件是它的部分和数列 $\{s_n\}$ 有界.

二、比较审敛法及其极限形式

定理 7.2.2(比较审敛法) 设 $\sum_{n=1}^{\infty} u_n$ 和 $\sum_{n=1}^{\infty} v_n$ 都是正项级数，且 $u_n \leqslant v_n(n=1, 2, \cdots)$. 若级数 $\sum_{n=1}^{\infty} v_n$ 收敛，则级数 $\sum_{n=1}^{\infty} u_n$ 收敛；反之，若级数 $\sum_{n=1}^{\infty} u_n$ 发散，则级数 $\sum_{n=1}^{\infty} v_n$ 发散.

证明 设级数 $\sum_{n=1}^{\infty} v_n$ 收敛于和 σ，则级数 $\sum_{n=1}^{\infty} u_n$ 的部分和

$$s_n = u_1 + u_2 + \cdots + u_n \leqslant v_1 + v_2 + \cdots + v_n \leqslant \sigma \quad (n=1, 2, \cdots),$$

即部分和数列 $\{s_n\}$ 有界，由定理 7.2.1 知级数 $\sum_{n=1}^{\infty} u_n$ 收敛.

反之，设级数 $\sum_{n=1}^{\infty} u_n$ 发散，则级数 $\sum_{n=1}^{\infty} v_n$ 必发散. 因为若级数 $\sum_{n=1}^{\infty} v_n$ 收敛，由以上已证明的结论，将有级数 $\sum_{n=1}^{\infty} u_n$ 也收敛，与假设矛盾.

例 7.2.1 讨论 p—级数

$$\sum_{n=1}^{\infty} \frac{1}{n^p} = 1 + \frac{1}{2^p} + \frac{1}{3^p} + \frac{1}{4^p} + \cdots + \frac{1}{n^p} + \cdots$$

的敛散性，其中常数 $p>0$.

解 设 $p \leqslant 1$，这时 $\frac{1}{n^p} \geqslant \frac{1}{n}$，而调和级数 $\sum_{n=1}^{\infty} \frac{1}{n}$ 发散，由比较审敛法知，当 $p \leqslant 1$ 时

级数$\sum\limits_{n=1}^{\infty}\dfrac{1}{n^p}$发散.

设 $p>1$，此时有

$$\frac{1}{n^p}=\int_{n-1}^{n}\frac{1}{n^p}\mathrm{d}x\leqslant\int_{n-1}^{n}\frac{1}{x^p}\mathrm{d}x=\frac{1}{p-1}\left[\frac{1}{(n-1)^{p-1}}-\frac{1}{n^{p-1}}\right]\quad(n=2,3,\cdots).$$

对于级数$\sum\limits_{n=2}^{\infty}\left[\dfrac{1}{(n-1)^{p-1}}-\dfrac{1}{n^{p-1}}\right]$，其部分和

$$s_n=\left(1-\frac{1}{2^{p-1}}\right)+\left(\frac{1}{2^{p-1}}-\frac{1}{3^{p-1}}\right)+\cdots+\left[\frac{1}{n^{p-1}}-\frac{1}{(n+1)^{p-1}}\right]=1-\frac{1}{(n+1)^{p-1}}.$$

因为$\lim\limits_{n\to\infty}s_n=\lim\limits_{n\to\infty}\left[1-\dfrac{1}{(n+1)^{p-1}}\right]=1$，所以级数$\sum\limits_{n=2}^{\infty}\left[\dfrac{1}{(n-1)^{p-1}}-\dfrac{1}{n^{p-1}}\right]$收敛，从而根据比较审敛法可知，级数$\sum\limits_{n=1}^{\infty}\dfrac{1}{n^p}$当 $p>1$ 时收敛.

综上所述，$p-$级数$\sum\limits_{n=1}^{\infty}\dfrac{1}{n^p}$当 $p>1$ 时收敛，当 $p\leqslant 1$ 时发散.

例 7.2.2 判定下列级数的敛散性：

(1) $\sum\limits_{n=1}^{\infty}\dfrac{1}{\sqrt{n(n+1)}}$；　　(2) $\sum\limits_{n=1}^{\infty}\dfrac{1}{n2^n}$.

解 (1) 因为所给级数为正项级数，且

$$\frac{1}{\sqrt{n(n+1)}}>\frac{1}{\sqrt{(n+1)^2}}=\frac{1}{n+1},$$

而级数$\sum\limits_{n=1}^{\infty}\dfrac{1}{n+1}$发散，故根据比较审敛法可知所给级数发散.

(2) 因为所给级数为正项级数，且

$$\frac{1}{n2^n}\leqslant\frac{1}{2^n},$$

而级数$\sum\limits_{n=1}^{\infty}\dfrac{1}{2^n}$收敛，故根据比较审敛法可知所给级数收敛.

定理 7.2.3(极限形式的比较审敛法) 设$\sum\limits_{n=1}^{\infty}u_n$和$\sum\limits_{n=1}^{\infty}v_n$都是正项级数，且$\lim\limits_{n\to\infty}\dfrac{u_n}{v_n}=l$.

(1) 若 $0<l<+\infty$，则$\sum\limits_{n=1}^{\infty}u_n$与$\sum\limits_{n=1}^{\infty}v_n$同敛散；

(2) 若 $l=0$，且$\sum\limits_{n=1}^{\infty}v_n$收敛，则$\sum\limits_{n=1}^{\infty}u_n$也收敛；

(3) 若 $l=+\infty$，且$\sum\limits_{n=1}^{\infty}v_n$发散，则$\sum\limits_{n=1}^{\infty}u_n$也发散.

用比较审敛法审敛时，需要适当地选取一个已知其收敛性的级数$\sum\limits_{n=1}^{\infty}v_n$作为比较的基准. 最常选作基准级数的是等比级数和 $p-$级数.

例 7.2.3 判定下列级数的敛散性：

(1) $\sum_{n=1}^{\infty}\sin\frac{\pi}{3^n}$；　　(2) $\sum_{n=1}^{\infty}\frac{n+1}{2n^2+2}$.

解　(1) 因为所给级数为正项级数，且

$$\lim_{n\to\infty}\frac{\sin\frac{\pi}{3^n}}{\frac{\pi}{3^n}}=1,$$

而级数 $\sum_{n=1}^{\infty}\frac{\pi}{3^n}$ 收敛，故根据极限形式的比较审敛法可知级数 $\sum_{n=1}^{\infty}\sin\frac{\pi}{3^n}$ 收敛.

(2) 因为所给级数为正项级数，且

$$\lim_{n\to\infty}\frac{\frac{n+1}{2n^2+2}}{\frac{1}{n}}=\lim_{n\to\infty}\frac{n^2+n}{2n^2+2}=\frac{1}{2},$$

而级数 $\sum_{n=1}^{\infty}\frac{1}{n}$ 发散，故根据极限形式的比较审敛法可知级数 $\sum_{n=1}^{\infty}\frac{n+1}{2n^2+2}$ 发散.

三、比值审敛法(达朗贝尔判别法)

定理 7.2.4(比值审敛法或达朗贝尔判别法)　设 $\sum_{n=1}^{\infty}u_n$ 是正项级数，且 $\lim_{n\to\infty}\frac{u_{n+1}}{u_n}=\rho$.

(1) 当 $\rho<1$ 时，级数收敛；

(2) 当 $\rho>1\left(或\lim_{n\to\infty}\frac{u_{n+1}}{u_n}=\infty\right)$ 时，级数发散；

(3) 当 $\rho=1$ 时，级数可能收敛，也可能发散.

例 7.2.4　判定下列级数的敛散性：

(1) $\sum_{n=1}^{\infty}\frac{1}{n!}$；　　(2) $\sum_{n=1}^{\infty}\frac{n!}{3^n}$.

解　(1) 因为所给级数为正项级数，且一般项含有指数函数或阶乘函数，故可采用比值审敛法.

因为

$$\lim_{n\to\infty}\frac{u_{n+1}}{u_n}=\lim_{n\to\infty}\frac{\frac{1}{(n+1)!}}{\frac{1}{n!}}=\lim_{n\to\infty}\frac{1}{n+1}=0<1,$$

故根据比值审敛法可知所给级数收敛.

(2) 因为所给级数为正项级数，且一般项含有指数函数或阶乘函数，故可采用比值审敛法.

因为

$$\lim_{n\to\infty}\frac{u_{n+1}}{u_n}=\lim_{n\to\infty}\frac{\frac{(n+1)!}{3^{n+1}}}{\frac{n!}{3^n}}=\lim_{n\to\infty}\frac{n+1}{3}=\infty,$$

故根据比值审敛法可知所给级数发散.

四、根值审敛法(柯西判别法)

定理 7.2.5(根值审敛法或柯西判别法)　设$\sum_{n=1}^{\infty} u_n$是正项级数，且$\lim_{n\to\infty}\sqrt[n]{u_n}=\rho$.

(1) 当$\rho<1$时，级数收敛；

(2) 当$\rho>1$(或$\lim_{n\to\infty}\sqrt[n]{u_n}=+\infty$)时，级数发散；

(3) 当$\rho=1$时，级数可能收敛，也可能发散.

例 7.2.5　判定下列级数的敛散性：

(1) $\sum_{n=1}^{\infty}\left(1-\frac{1}{n}\right)^{n^2}$；　　(2) $\sum_{n=1}^{\infty}\left(\frac{2n}{n+1}\right)^{n}$.

解　(1) 一般项含有 n 次方，故可采用根值审敛法.

因为

$$\lim_{n\to\infty}\sqrt[n]{u_n}=\lim_{n\to\infty}\sqrt[n]{\left(1-\frac{1}{n}\right)^{n^2}}=\lim_{n\to\infty}\left(1-\frac{1}{n}\right)^{n}=\frac{1}{\mathrm{e}}<1,$$

故所给级数收敛.

(2) 一般项含有 n 次方，故可采用根值审敛法.

因为

$$\lim_{n\to\infty}\sqrt[n]{u_n}=\lim_{n\to\infty}\sqrt[n]{\left(\frac{2n}{n+1}\right)^{n}}=\lim_{n\to\infty}\frac{2n}{n+1}=2>1,$$

故所给级数发散.

★ 习题 7-2

(A)

1. 用比较审敛法判定下列级数的敛散性：

(1) $\sum_{n=1}^{\infty}\frac{1}{3n^2+2}$；　　(2) $\sum_{n=1}^{\infty}\frac{n+2}{n^2+1}$；

(3) $\sum_{n=1}^{\infty}2^n\sin\frac{\pi}{3^n}$；　　(4) $\sum_{n=1}^{\infty}\frac{1}{\sqrt{n+1}+\sqrt{n}}$.

2. 判定下列级数的敛散性：

(1) $\sum_{n=1}^{\infty}\frac{n+1}{n(n+2)}$；　　(2) $\sum_{n=1}^{\infty}\frac{n!}{2^n+1}$；

(3) $\sum_{n=1}^{\infty}\frac{1}{na+b}(a>0,\ b>0)$；　　(4) $\sum_{n=1}^{\infty}\sin\frac{1}{2^n}\sin\frac{1}{3^n}$；

(5) $\sum_{n=1}^{\infty}\frac{1}{\ln(n+1)}$；　　(6) $\sum_{n=1}^{\infty}\frac{n}{3^n}\sin^2\frac{n\pi}{4}$.

(B)

1. 正项级数 $\sum_{n=1}^{\infty} u_n$ 收敛是前 n 项部分和数列 $\{s_n\}$ 有界的(　　).

A. 必要条件　　B. 充分条件　　C. 充要条件　　D. 无关条件

2. 下列级数中，收敛级数是(　　).

A. $\sum_{n=1}^{\infty} \frac{10}{n^{\frac{3}{2}}}$　　B. $\sum_{n=1}^{\infty} \frac{1}{10n}$　　C. $\sum_{n=1}^{\infty} \frac{3^n}{10 \cdot 2^n}$　　D. $\sum_{n=1}^{\infty} \frac{1}{n^{\frac{1}{2}}}$

3. 正项级数 $\sum_{n=1}^{\infty} u_n$ 的部分和数列 $\{s_n\}$ 一定(　　).

A. 单调增加　　B. 无界　　C. 有界　　D. 单调减少

4. 若级数 $\sum_{n=1}^{\infty} \frac{1}{n^{p+1}}$ 发散，则(　　).

A. $p \leqslant 0$　　B. $p > 0$　　C. $p \leqslant 1$　　D. $p < 1$

5. 级数 $1+\left(\frac{1}{2}\right)^2+\left(\frac{1}{3}\right)^2+\cdots+\left(\frac{1}{n}\right)^2+\cdots$ 是(　　).

A. 等比级数　　B. 等差级数　　C. 调和级数　　D. p-级数

6. 下列级数收敛的是(　　).

A. $\sum_{n=1}^{\infty} \frac{1}{\sqrt{2n+1}}$　　B. $\sum_{n=1}^{\infty} \frac{n}{3n+1}$　　C. $\sum_{n=1}^{\infty} \frac{1}{q^n}(|q|<1)$　　D. $\sum_{n=1}^{\infty} \frac{2^{n-1}}{3^n}$

7. 下列级数收敛的是(　　).

A. $\sum_{n=1}^{\infty} \frac{2^n-1}{5^n}$　　B. $\sum_{n=1}^{\infty} \sin \frac{1}{n}$　　C. $\sum_{n=1}^{\infty} \sin \frac{1}{\sqrt{n}}$　　D. $\sum_{n=1}^{\infty} \left(\frac{5}{3}\right)^n$

8. 设 $\sum_{n=1}^{\infty} u_n$ 是正项级数，如果 $\lim_{n \to \infty} \frac{u_{n+1}}{u_n} = \rho$，则(　　).

A. $\rho < 1$ 时 $\sum_{n=1}^{\infty} u_n$ 收敛　　B. $\rho > 1$ 时 $\sum_{n=1}^{\infty} u_n$ 发散

C. $\rho \leqslant 1$ 时 $\sum_{n=1}^{\infty} u_n$ 发散　　D. $\rho \geqslant 1$ 时 $\sum_{n=1}^{\infty} u_n$ 发散

9. 下列级数发散的是(　　).

A. $\sum_{n=1}^{\infty} \frac{1}{\sqrt{n^3}}$　　B. $\frac{1}{2}+\frac{1}{4}+\frac{1}{8}+\frac{1}{16}+\cdots$

C. $0.001+\sqrt{0.001}+\sqrt[3]{0.001}+\cdots$　　D. $\frac{3}{5}-\frac{3^2}{5^2}+\frac{3^3}{5^3}-\frac{3^4}{5^4}+\cdots$

10. 下列正项级数发散的是(　　).

A. $\sum_{n=1}^{\infty} \frac{1}{\sqrt[3]{n+n^2}}$　　B. $\sum_{n=1}^{\infty} \frac{n}{(3n+2)(n^2+1)}$

C. $\sum_{n=1}^{\infty} \sin \frac{1}{n^2}$　　D. $\sum_{n=1}^{\infty} \ln\left(1+\frac{1}{n^2}\right)$

7.3 任意项级数的审敛法

上节我们讨论了正项级数的几种审敛法，本节进一步讨论既含有正值项也含有负值项的任意项级数的审敛法.

一、交错级数及其审敛法

设 $u_n>0(n=1, 2, 3, \cdots)$，级数 $\sum\limits_{n=1}^{\infty}(-1)^{n-1}u_n$ 或 $\sum\limits_{n=1}^{\infty}(-1)^{n}u_n$ 称为交错级数.

$$\sum_{n=1}^{\infty}(-1)^{n-1}u_n=u_1-u_2+u_3-u_4+\cdots+(-1)^{n-1}u_n+\cdots, \tag{7-3-1}$$

$$\sum_{n=1}^{\infty}(-1)^{n}u_n=-u_1+u_2-u_3+u_4-\cdots+(-1)^{n}u_n+\cdots, \tag{7-3-2}$$

由常数项级数的性质可知，式(7-3-1)和式(7-3-2)的敛散性相同，故我们只需讨论首项为正的交错级数 $\sum\limits_{n=1}^{\infty}(-1)^{n-1}u_n$ 的性质.

定理 7.3.1(莱布尼茨定理) 如果交错级数 $\sum\limits_{n=1}^{\infty}(-1)^{n-1}u_n$ 满足条件：

(1) $u_n \geqslant u_{n+1}$ $(n=1, 2, 3, \cdots)$；

(2) $\lim\limits_{n\to\infty}u_n=0$，

则交错级数收敛，且其和 $s\leqslant u_1$，余项 r_n 的绝对值 $|r_n|\leqslant u_{n+1}$.

证明 设前 n 项部分和为 s_n，由

$$s_{2n}=(u_1-u_2)+(u_3-u_4)+\cdots+(u_{2n-1}-u_{2n}),$$

及

$$s_{2n}=u_1-(u_2-u_3)-(u_4-u_5)-\cdots-(u_{2n-2}-u_{2n-1})-u_{2n},$$

看出数列 $\{s_{2n}\}$ 单调增加且有界 $(s_{2n}\leqslant u_1)$，所以级数收敛.

设 $s_{2n}\to s(n\to\infty)$，则也有 $s_{2n+1}=s_{2n}+u_{2n+1}\to s(n\to\infty)$，所以 $s_n\to s(n\to\infty)$，从而级数是收敛的，且 $s<u_1$.

因为 $|r_n|\leqslant u_{n+1}-u_{n+2}+\cdots$ 也是收敛的交错级数，所以 $|r_n|\leqslant u_{n+1}$.

例 7.3.1 判定下列级数的敛散性：

(1) $\sum\limits_{n=1}^{\infty}\dfrac{(-1)^{n-1}}{n}$；　　(2) $\sum\limits_{n=1}^{\infty}(-1)^{n-1}\dfrac{n}{2^n}$.

解 (1) 所给级数是交错级数，且 $u_n=\dfrac{1}{n}$. 因为

$$u_n=\frac{1}{n}>\frac{1}{n+1}=u_{n+1},$$

$$\lim_{n\to\infty}u_n=\lim_{n\to\infty}\frac{1}{n}=0,$$

所以由莱布尼茨定理知所给交错级数收敛.

(2) 所给级数是交错级数，且 $u_n=\dfrac{n}{2^n}$. 因为

$$u_n-u_{n+1}=\frac{n}{2^n}-\frac{n+1}{2^{n+1}}=\frac{n-1}{2^{n+1}}\geqslant 0,\text{ 即 } u_n\geqslant u_{n+1},$$

$$\lim_{n\to\infty}u_n=\lim_{n\to\infty}\frac{n}{2^n}=0,$$

所以由莱布尼茨定理知所给交错级数收敛.

二、任意项级数的收敛性——绝对收敛与条件收敛

设有级数 $\sum\limits_{n=1}^{\infty}u_n=u_1+u_2+u_3+\cdots+u_n+\cdots$，其中 $u_n(n=1, 2, 3, \cdots)$ 为任意实数，则该级数称为任意项级数. 可见，交错级数是任意项级数的一种特殊形式.

对任意项级数，我们给每项加上绝对值符号构造一个正项级数，即

$$\sum_{n=1}^{\infty}|u_n|=|u_1|+|u_2|+|u_3|+\cdots+|u_n|+\cdots.$$

任意项级数 $\sum\limits_{n=1}^{\infty}u_n$ 的收敛性和 $\sum\limits_{n=1}^{\infty}|u_n|$ 的收敛性的关系如下：

定理 7.3.2　如果级数 $\sum\limits_{n=1}^{\infty}|u_n|$ 收敛，则级数 $\sum\limits_{n=1}^{\infty}u_n$ 必定收敛.

证明　令 $v_n=\dfrac{1}{2}(u_n+|u_n|)$，则 $v_n\geqslant 0$，故 $\sum\limits_{n=1}^{\infty}v_n$ 是正项级数，且满足 $v_n\leqslant|u_n|$. 因正项级数 $\sum\limits_{n=1}^{\infty}|u_n|$ 收敛，故由比较审敛法知级数 $\sum\limits_{n=1}^{\infty}v_n$ 收敛，从而级数 $\sum\limits_{n=1}^{\infty}2v_n$ 也收敛. 又 $u_n=2v_n-|u_n|(n=1, 2, 3, \cdots)$，$\sum\limits_{n=1}^{\infty}u_n=\sum\limits_{n=1}^{\infty}(2v_n-|u_n|)$，所以级数 $\sum\limits_{n=1}^{\infty}u_n$ 必收敛.

定理 7.3.2 表明，对于一般的级数 $\sum\limits_{n=1}^{\infty}u_n$，如果我们用正项级数的审敛法判定级数 $\sum\limits_{n=1}^{\infty}|u_n|$ 收敛，则此级数收敛. 我们可以将许多一般常数项级数的收敛性问题转化为正项级数的收敛性问题.

定义 7.3.1　若级数 $\sum\limits_{n=1}^{\infty}|u_n|$ 收敛，则称级数 $\sum\limits_{n=1}^{\infty}u_n$ 绝对收敛；若级数 $\sum\limits_{n=1}^{\infty}|u_n|$ 发散，而级数 $\sum\limits_{n=1}^{\infty}u_n$ 收敛，则称级数 $\sum\limits_{n=1}^{\infty}u_n$ 条件收敛.

例 7.3.2　判定下列级数的敛散性，如果收敛，则指出是绝对收敛还是条件收敛：

(1) $\sum\limits_{n=1}^{\infty}\dfrac{(-1)^{n-1}}{n^p}$　$(p>0)$；　　(2) $\sum\limits_{n=1}^{\infty}\dfrac{\sin na}{n^2}$；

(3) $\sum\limits_{n=1}^{\infty}(-1)^n\dfrac{n^{n+1}}{(n+1)!}$；　　(4) $\sum\limits_{n=1}^{\infty}\dfrac{a^n}{n}$　(a 为常数).

解　(1) 由 $\sum\limits_{n=1}^{\infty}\left|\dfrac{(-1)^{n-1}}{n^p}\right|=\sum\limits_{n=1}^{\infty}\dfrac{1}{n^p}$，易见当 $p>1$ 时，级数 $\sum\limits_{n=1}^{\infty}\dfrac{1}{n^p}$ 收敛，故题设级数绝

对收敛；当 $0<p\leqslant 1$ 时，$\sum\limits_{n=1}^{\infty}\frac{1}{n^p}$ 发散，而由莱布尼茨定理知 $\sum\limits_{n=1}^{\infty}\frac{(-1)^{n-1}}{n^p}$ 收敛，故题设级数条件收敛；

(2) 因为 $\left|\frac{\sin na}{n^2}\right|\leqslant\frac{1}{n^2}$，而级数 $\sum\limits_{n=1}^{\infty}\frac{1}{n^2}$ 收敛，所以级数 $\sum\limits_{n=1}^{\infty}\left|\frac{\sin na}{n^2}\right|$ 收敛，故题设级数绝对收敛；

(3) 由 $\sum\limits_{n=1}^{\infty}|u_n|=\sum\limits_{n=1}^{\infty}\frac{n^{n+1}}{(n+1)!}$，考察级数 $\sum\limits_{n=1}^{\infty}|u_n|$ 是否绝对收敛，采用比值审敛法.

$\lim\limits_{n\to\infty}\frac{|u_{n+1}|}{|u_n|}=\lim\limits_{n\to\infty}\frac{(n+1)^{n+2}}{[(n+1)+1]!}\cdot\frac{(n+1)!}{n^{n+1}}=\lim\limits_{n\to\infty}\left(\frac{n+1}{n}\right)^n\cdot\frac{(n+1)^2}{n(n+2)}=\lim\limits_{n\to\infty}\left(1+\frac{1}{n}\right)^n=$ $\mathrm{e}>1$，所以原级数非绝对收敛.

由 $\lim\limits_{n\to\infty}\frac{|u_{n+1}|}{|u_n|}>1$ 可知，当 n 充分大时，有 $|u_{n+1}|>|u_n|$，故 $\lim\limits_{n\to\infty}u_n\neq 0$，所以原级数发散；

(4) 因为

$$\lim_{n\to\infty}\frac{|u_{n+1}|}{|u_n|}=\lim_{n\to\infty}\frac{|a|^{n+1}n}{|a|^n(n+1)}=\lim_{n\to\infty}\left(\frac{n}{n+1}\right)|a|=|a|,$$

所以当 $a=1$ 时，$\sum\limits_{n=1}^{\infty}\frac{1}{n}$ 发散；当 $a=-1$ 时，级数 $\sum\limits_{n=1}^{\infty}\frac{(-1)^n}{n}$ 条件收敛；当 $|a|<1$ 时，级数 $\sum\limits_{n=1}^{\infty}\frac{a^n}{n}$ 绝对收敛；当 $|a|>1$ 时，级数 $\sum\limits_{n=1}^{\infty}\frac{a^n}{n}$ 发散.

一般来说，如果级数 $\sum\limits_{n=1}^{\infty}|u_n|$ 发散，我们不能断定级数 $\sum\limits_{n=1}^{\infty}u_n$ 也发散. 但是，如果用比值审敛法或根值审敛法判定级数 $\sum\limits_{n=1}^{\infty}|u_n|$ 发散，则可以断定级数 $\sum\limits_{n=1}^{\infty}u_n$ 必定发散. 这是因为此时 $|u_n|$ 不趋向于零，从而 u_n 也不趋向于零，因此级数 $\sum\limits_{n=1}^{\infty}u_n$ 也是发散的.

★ 习题 7－3

(A)

1. 判定下列级数的敛散性，如果收敛，则指出是绝对收敛还是条件收敛：

(1) $\sum\limits_{n=1}^{\infty}(-1)^{n-1}\frac{1}{\sqrt{n}}$；　　(2) $\sum\limits_{n=1}^{\infty}(-1)^{n+1}\frac{n}{3^n}$；

(3) $\sum\limits_{n=1}^{\infty}(-1)^n\frac{1}{\ln n}$；　　(4) $\sum\limits_{n=1}^{\infty}\frac{(-1)^n}{(2n-1)^2}$；

(5) $\sum\limits_{n=1}^{\infty}(-1)^{\frac{n(n+1)}{2}}\sin\frac{\pi}{n^2+n}$；　　(6) $\sum\limits_{n=1}^{\infty}\frac{\sin nx}{n^2}$.

2. 已知级数 $\sum\limits_{n=1}^{\infty}\frac{(-1)^n+a}{n}$ 收敛，求 a 的取值范围.

3. 已知级数 $\sum_{n=1}^{\infty}(-1)^{n-1}u_n=2$，$\sum_{n=1}^{\infty}u_{2n-1}=5$，求级数 $\sum_{n=1}^{\infty}u_n$ 的和.

(B)

1. 交错级数 $\sum_{n=1}^{\infty}(-1)^{n-1}u_n$ 满足(　　)，则交错级数收敛.

A. $u_n \geqslant u_{n+1}$ $(n=1, 2, 3, \cdots)$

B. $\lim\limits_{n\to\infty}u_n=0$

C. $\lim\limits_{n\to\infty}\dfrac{u_{n+1}}{u_n}\leqslant 1$

D. $u_n \geqslant u_{n+1}(n=1, 2, 3, \cdots)$，且$\lim\limits_{n\to\infty}u_n=0$

2. 设正项级数 $\sum_{n=1}^{\infty}u_n$ 收敛，则下列级数中一定收敛的是(　　).

A. $\sum_{n=1}^{\infty}(u_n+a)$ $(0\leqslant a<1)$

B. $\sum_{n=1}^{\infty}\sqrt{u_n}$

C. $\sum_{n=1}^{\infty}\dfrac{1}{u_n}$

D. $\sum_{n=1}^{\infty}(-1)^{n-1}u_n$

3. 下列级数中绝对收敛的是(　　).

A. $\sum_{n=1}^{\infty}(-1)^{n+1}\dfrac{1}{n}$

B. $\sum_{n=1}^{\infty}\dfrac{1}{n}$

C. $\sum_{n=1}^{\infty}\dfrac{\sin na}{n^2}$

D. $\sum_{n=1}^{\infty}(-1)^{n-1}2^{n-1}$

4. 下列级数中条件收敛的是(　　).

A. $\sum_{n=1}^{\infty}\dfrac{\sin na}{n^2}$　B. $\sum_{n=1}^{\infty}\dfrac{1}{n}$　C. $\sum_{n=1}^{\infty}(-1)^{n-1}2^{n-1}$　D. $\sum_{n=1}^{\infty}(-1)^{n+1}\dfrac{1}{n}$

5. 设 $\sum_{n=1}^{\infty}u_n$ 为任意项级数，那么(　　).

A. 如果 $\sum_{n=1}^{\infty}|u_n|$ 收敛，则 $\sum_{n=1}^{\infty}u_n$ 条件收敛

B. 如果 $\sum_{n=1}^{\infty}u_n$ 收敛，则 $\sum_{n=1}^{\infty}|u_n|$ 收敛

C. 如果 $\sum_{n=1}^{\infty}|u_n|$ 收敛，则 $\sum_{n=1}^{\infty}u_n$ 收敛

D. 如果 $\sum_{n=1}^{\infty}u_n$ 条件收敛，则 $\sum_{n=1}^{\infty}u_n$ 绝对收敛

6. 下列级数中绝对收敛的是(　　).

A. $\sum_{n=1}^{\infty}\dfrac{(-1)^n}{\sqrt{2n+1}}$

B. $\sum_{n=1}^{\infty}(-1)^n\left(\dfrac{3}{2}\right)^n$

C. $\sum_{n=1}^{\infty}(-1)^n\dfrac{1}{\sqrt{n^3}}$

D. $\sum_{n=1}^{\infty}(-1)^n\dfrac{n-1}{n}$

7. 判定级数 $\sum_{n=1}^{\infty}\dfrac{(-1)^n}{\sqrt{n}+1}$ 的敛散性，正确的方法是(　　).

A. 由莱布尼茨判别法得此级数收敛

B. 因为$\lim\limits_{n\to\infty}\dfrac{(-1)^n}{\sqrt{n}+1}=0$，所以原级数收敛

C. 添加括号后得级数发散，所以原级数发散

D. 各项取绝对值，判定原级数绝对收敛

8. 级数$\sum\limits_{n=1}^{\infty}\dfrac{1}{1+a^n}$的敛散情况是(　　).

A. 当$a>0$时收敛

B. 当$a>0$时发散

C. 当$0<|a|\leqslant 1$时发散，当$|a|>1$时收敛

D. 当$0<|a|\leqslant 1$时收敛，当$|a|>1$时发散

9. 级数$\sum\limits_{n=1}^{\infty}\dfrac{(-1)^{n+1}}{n^p}$的敛散情况是(　　).

A. 当$p>1$时绝对收敛，当$p\leqslant 1$时条件收敛

B. 当$p<1$时绝对收敛，当$p\geqslant 1$时条件收敛

C. 当$p\leqslant 1$时发散，当$p\geqslant 1$时条件收敛

D. 对任何$p>0$，都绝对收敛

10. 判定级数$\sum\limits_{n=1}^{\infty}\dfrac{1}{3^n}\sin\dfrac{\pi}{n}$的敛散性，结论是(　　).

A. 此为交错级数，条件收敛

B. $\lim\limits_{n\to\infty}\dfrac{1}{3^n}\sin\dfrac{\pi}{n}$不存在，此级数发散

C. 此级数绝对收敛

D. 由比值审敛法得$\rho>1$，此级数发散

7.4　幂　级　数

前面我们讨论了常数项级数，但在科学技术的理论与实践中，用得更多的是幂级数. 本节主要讨论函数项级数的一般概念及幂级数的收敛性.

一、函数项级数的概念

给定一个定义在区间I上的函数列$\{u_n(x)\}$，由此函数列构成的表达式

$$u_1(x)+u_2(x)+u_3(x)+\cdots+u_n(x)+\cdots$$

称为定义在区间I上的函数项级数，记为$\sum\limits_{n=1}^{\infty}u_n(x)$.

对于区间I内的一定点x_0，若常数项级数$\sum\limits_{n=1}^{\infty}u_n(x_0)$收敛，则称点$x_0$是级数$\sum\limits_{n=1}^{\infty}u_n(x)$的收敛点；若常数项级数$\sum\limits_{n=1}^{\infty}u_n(x_0)$发散，则称点$x_0$是级数$\sum\limits_{n=1}^{\infty}u_n(x)$的发散点.

函数项级数$\sum\limits_{n=1}^{\infty}u_n(x)$的所有收敛点的全体称为它的收敛域，所有发散点的全体称为

它的发散域.

在收敛域上，函数项级数 $\sum_{n=1}^{\infty}u_n(x)$ 的和是 x 的函数 $s(x)$，$s(x)$ 称为函数项级数 $\sum_{n=1}^{\infty}u_n(x)$ 的和函数，并写成 $s(x)=\sum_{n=1}^{\infty}u_n(x)$. 函数项级数 $\sum_{n=1}^{\infty}u_n(x)$ 的前 n 项的部分和记作 $s_n(x)$，即

$$s_n(x)=u_1(x)+u_2(x)+u_3(x)+\cdots+u_n(x).$$

在收敛域上有 $\lim\limits_{n\to\infty}s_n(x)=s(x)$.

函数项级数 $\sum_{n=1}^{\infty}u_n(x)$ 的和函数 $s(x)$ 与部分和 $s_n(x)$ 的差

$$r_n(x)=s(x)-s_n(x)$$

称为函数项级数 $\sum_{n=1}^{\infty}u_n(x)$ 的余项，并有 $\lim\limits_{n\to\infty}r_n(x)=0$.

二、幂级数及其收敛性

函数项级数中简单而常见的一类级数就是各项都是幂函数的函数项级数，这种形式的级数称为幂级数.

形如

$$\sum_{n=0}^{\infty}a_n(x-x_0)^n=a_0+a_1(x-x_0)+a_2(x-x_0)^2+\cdots+a_n(x-x_0)^n+\cdots \tag{7-4-1}$$

的函数项级数称为 $(x-x_0)$ 的幂级数，其中常数 a_0，a_1，a_2，…，a_n，…称为幂级数的系数.

当 $x_0=0$ 时，式(7-4-1)变为

$$\sum_{n=0}^{\infty}a_nx^n=a_0+a_1x+a_2x^2+\cdots+a_nx^n+\cdots, \tag{7-4-2}$$

称为 x 的幂级数.

注： 对于形如 $\sum_{n=0}^{\infty}a_n(x-x_0)^n$ 的幂级数，可通过作变量代换 $t=x-x_0$，转化为 $\sum_{n=0}^{\infty}a_nt^n$ 的形式，所以以后主要针对形如式(7-4-2)的级数展开讨论.

定理 7.4.1(阿贝尔定理)　对于幂级数 $\sum_{n=0}^{\infty}a_nx^n$，当 $x=x_0(x_0\neq 0)$ 时收敛，则适合不等式 $|x|<|x_0|$ 的一切 x 使该幂级数绝对收敛. 反之，如果幂级数 $\sum_{n=0}^{\infty}a_nx^n$ 当 $x=x_0$ 时发散，则适合不等式 $|x|>|x_0|$ 的一切 x 使该幂级数发散.

证明　先设 x_0 是幂级数 $\sum_{n=0}^{\infty}a_nx^n$ 的收敛点，即幂级数 $\sum_{n=0}^{\infty}a_nx^n$ 收敛. 根据级数收敛的必要条件，有 $\lim\limits_{n\to\infty}a_nx_0^n=0$，于是存在一个常数 M，使

$$|a_nx_0^n|\leqslant M\quad(n=1,2,\cdots).$$

这样幂级数 $\sum_{n=0}^{\infty}a_nx^n$ 的一般项的绝对值

$$|a_nx^n|=\left|a_nx_0^n\cdot\frac{x^n}{x_0^n}\right|=|a_nx_0^n|\cdot\left|\frac{x}{x_0}\right|^n\leqslant M\cdot\left|\frac{x}{x_0}\right|^n.$$

因为当 $|x|<|x_0|$ 时，等比级数 $\sum\limits_{n=0}^{\infty}M\cdot\left|\frac{x}{x_0}\right|^n$ 收敛，所以级数 $\sum\limits_{n=0}^{\infty}|a_nx^n|$ 收敛，也就是级数 $\sum\limits_{n=0}^{\infty}a_nx^n$ 绝对收敛.

定理 7.4.1 的第二部分可用反证法证明.

倘若幂级数当 $x=x_0$ 时发散，而有一点 x_1 适合 $|x_1|>|x_0|$ 使该幂级数收敛，则根据本定理的第一部分，幂级数当 $x=x_0$ 时应收敛，这与所设矛盾. 定理得证.

推论 7.4.1 如果幂级数 $\sum\limits_{n=0}^{\infty}a_nx^n$ 不是仅在点 $x=0$ 一点收敛，也不是在整个数轴上都收敛，则必有一个完全确定的正数 R 存在，使得

当 $|x|<R$ 时，幂级数绝对收敛；

当 $|x|>R$ 时，幂级数发散；

当 $x=R$ 与 $x=-R$ 时，幂级数可能收敛，也可能发散.

正数 R 通常称为幂级数 $\sum\limits_{n=0}^{\infty}a_nx^n$ 的收敛半径. 开区间 $(-R,R)$ 称为幂级数 $\sum\limits_{n=0}^{\infty}a_nx^n$ 的收敛区间. 由幂级数在 $x=\pm R$ 处的收敛性就可以确定它的收敛域. 幂级数 $\sum\limits_{n=0}^{\infty}a_nx^n$ 的收敛域是 $(-R,R)$ 或 $[-R,R)$、$(-R,R]$、$[-R,R]$ 之一.

若幂级数 $\sum\limits_{n=0}^{\infty}a_nx^n$ 只在 $x=0$ 收敛，则规定收敛半径 $R=0$；若幂级数 $\sum\limits_{n=0}^{\infty}a_nx^n$ 对一切 x 都收敛，则规定收敛半径 $R=+\infty$，这时收敛域为 $(-\infty,+\infty)$.

定理 7.4.2 如果 $\lim\limits_{n\to\infty}\left|\frac{a_{n+1}}{a_n}\right|=\rho$，其中 a_n 和 a_{n+1} 是幂级数 $\sum\limits_{n=0}^{\infty}a_nx^n$ 的相邻两项的系数，则该幂级数的收敛半径为

$$R=\begin{cases}+\infty, & \rho=0,\\ \dfrac{1}{\rho}, & \rho\neq 0,\\ 0, & \rho=+\infty.\end{cases}$$

证明

$$\lim_{n\to\infty}\left|\frac{a_{n+1}x^{n+1}}{a_nx^n}\right|=\lim_{n\to\infty}\left|\frac{a_{n+1}}{a_n}\right|\cdot|x|=\rho|x|.$$

① 如果 $0<\rho<+\infty$，则只当 $\rho|x|<1$ 时幂级数收敛，故 $R=\frac{1}{\rho}$.

② 如果 $\rho=0$，则幂级数总是收敛的，故 $R=+\infty$.

③ 如果 $\rho=+\infty$，则只当 $x=0$ 时幂级数收敛，故 $R=0$.

求幂级数 $\sum\limits_{n=0}^{\infty}a_nx^n$ 收敛域的基本步骤如下：

(1) 求出收敛半径 R；

(2) 判别常数项级数 $\sum\limits_{n=0}^{\infty} a_n R^n$ 和 $\sum\limits_{n=0}^{\infty} a_n(-R)^n$ 的收敛性；

(3) 写出幂级数的收敛域.

例 7.4.1　求下列幂级数的收敛域：

(1) $\sum\limits_{n=1}^{\infty} \dfrac{x^n}{n^2}$；　　(2) $\sum\limits_{n=0}^{\infty} \dfrac{1}{n!} x^n$；　　(3) $\sum\limits_{n=1}^{\infty} (-nx)^n$；

(4) $\sum\limits_{n=1}^{\infty} \dfrac{x^{2n-1}}{2^n}$；　　(5) $\sum\limits_{n=1}^{\infty} (-1)^n \dfrac{2^n}{\sqrt{n}}\left(x-\dfrac{1}{2}\right)^n$.

解　(1) 因为

$$\rho=\lim_{n\to\infty}\left|\frac{a_{n+1}}{a_n}\right|=\lim_{n\to\infty}\frac{n^2}{(n+1)^2}=1,$$

所以收敛半径 $R=\dfrac{1}{\rho}=1$，从而收敛区间为$(-1, 1)$.

当 $x=\pm 1$ 时，有 $\left|\dfrac{(\pm 1)^n}{n^2}\right|=\dfrac{1}{n^2}$，由于级数 $\sum\limits_{n=1}^{\infty}\dfrac{1}{n^2}$ 收敛，因此级数 $\sum\limits_{n=1}^{\infty}\dfrac{x^n}{n^2}$ 在 $x=\pm 1$ 时也收敛.

综上可知，该幂级数的收敛域为$[-1, 1]$.

(2) 因为

$$\rho=\lim_{n\to\infty}\left|\frac{a_{n+1}}{a_n}\right|=\lim_{n\to\infty}\frac{\dfrac{1}{(n+1)!}}{\dfrac{1}{n!}}=\lim_{n\to\infty}\frac{n!}{(n+1)!}=0,$$

所以收敛半径 $R=+\infty$，从而收敛域为$(-\infty,+\infty)$.

(3) 因为 $\rho=\lim\limits_{n\to\infty}\sqrt[n]{|a_n|}=\lim\limits_{n\to\infty} n=+\infty$，故收敛半径 $R=0$，即题设级数只在 $x=0$ 处收敛.

(4) 该级数缺少偶数次幂，不能用定理 7.4.2，此时可直接利用比值审敛法判别.

$$\lim_{n\to\infty}\left|\frac{u_{n+1}(x)}{u_n(x)}\right|=\lim_{n\to\infty}\frac{x^{2n+1}}{2^{n+1}}\cdot\frac{2^n}{x^{2n-1}}=\frac{1}{2}|x|^2.$$

当$\dfrac{1}{2}|x^2|<1$，即$|x|<\sqrt{2}$时，级数收敛；

当$\dfrac{1}{2}|x|^2>1$，即$|x|>\sqrt{2}$时，级数发散，所以收敛半径 $R=\sqrt{2}$.

当 $x=\sqrt{2}$ 时，级数成为$\sum\limits_{n=1}^{\infty}\dfrac{1}{\sqrt{2}}$，该级数发散；当 $x=-\sqrt{2}$ 时，级数成为$\sum\limits_{n=1}^{\infty}\dfrac{-1}{\sqrt{2}}$，该级数发散.

综上可知，所求收敛域为$(-\sqrt{2}, \sqrt{2})$.

注：如果幂级数有缺项，如缺少奇数次幂的项等，则应将幂级数视为函数项级数，并利用比值审敛法或根值审敛法判别其收敛域.

(5) 令 $t=x-\dfrac{1}{2}$，题设级数化为$\sum\limits_{n=1}^{\infty}(-1)^n\dfrac{2^n}{\sqrt{n}}t^n$. 因为

$$\rho=\lim_{n\to\infty}\left|\frac{a_{n+1}}{a_n}\right|=\lim_{n\to\infty}\frac{2^{n+1}}{\sqrt{n+1}}\cdot\frac{\sqrt{n}}{2^n}=2,$$

所以收敛半径 $R=\frac{1}{2}$，收敛区间为 $|t|<\frac{1}{2}$，即 $0<x<1$.

当 $x=0$ 时，级数成为 $\sum\limits_{n=1}^{\infty}\frac{1}{\sqrt{n}}$，该级数发散；当 $x=1$ 时，级数成为 $\sum\limits_{n=1}^{\infty}\frac{(-1)^n}{\sqrt{n}}$，该级数收敛.

综上可知，所求收敛域为(0，1].

三、幂级数的运算

设幂级数 $\sum\limits_{n=0}^{\infty}a_nx^n$ 及 $\sum\limits_{n=0}^{\infty}b_nx^n$ 分别在区间 $(-R,R)$ 及 $(-R',R')$ 内收敛，则在 $(-R,R)$ 与 $(-R',R')$ 中较小的区间内，有

加法：$\sum\limits_{n=0}^{\infty}a_nx^n+\sum\limits_{n=0}^{\infty}b_nx^n=\sum\limits_{n=0}^{\infty}(a_n+b_n)x^n$.

减法：$\sum\limits_{n=0}^{\infty}a_nx^n-\sum\limits_{n=0}^{\infty}b_nx^n=\sum\limits_{n=0}^{\infty}(a_n-b_n)x^n$.

乘法：
$$\left(\sum_{n=0}^{\infty}a_nx^n\right)\cdot\left(\sum_{n=0}^{\infty}b_nx^n\right)=a_0b_0+(a_0b_1+a_1b_0)x+(a_0b_2+a_1b_1+a_2b_0)x^2+\cdots$$
$$+(a_0b_n+a_1b_{n-1}+\cdots+a_nb_0)x^n+\cdots.$$

除法：
$$\frac{a_0+a_1x+a_2x^2+\cdots+a_nx^n+\cdots}{b_0+b_1x+b_2x^2+\cdots+b_nx^n+\cdots}=c_0+c_1x+c_2x^2+\cdots+c_nx^n+\cdots.$$

幂级数的和函数具有下列重要性质：

性质 7.4.1 幂级数 $\sum\limits_{n=0}^{\infty}a_nx^n$ 的和函数 $s(x)$ 在其收敛域 I 上连续.

性质 7.4.2 幂级数 $\sum\limits_{n=0}^{\infty}a_nx^n$ 的和函数 $s(x)$ 在其收敛域 I 上可积，并且有逐项积分公式

$$\int_0^x s(x)\mathrm{d}x=\int_0^x\left(\sum_{n=0}^{\infty}a_nx^n\right)\mathrm{d}x=\sum_{n=0}^{\infty}\int_0^x a_nx^n\mathrm{d}x=\sum_{n=0}^{\infty}\frac{a_n}{n+1}x^{n+1},\quad x\in I,$$

逐项积分后所得到的幂级数和原级数有相同的收敛半径.

性质 7.4.3 幂级数 $\sum\limits_{n=0}^{\infty}a_nx^n$ 的和函数 $s(x)$ 在其收敛域 $(-R,R)$ 内可导，并且有逐项求导公式

$$s'(x)=\left(\sum_{n=0}^{\infty}a_nx^n\right)'=\sum_{n=0}^{\infty}(a_nx^n)'=\sum_{n=1}^{\infty}na_nx^{n-1},\quad |x|<R,$$

逐项求导后所得到的幂级数和原级数有相同的收敛半径.

几何级数的和函数

$$\sum_{n=0}^{\infty}x^n=1+x+x^2+\cdots+x^n+\cdots=\frac{1}{1-x},\quad -1<x<1$$

$$\sum_{n=0}^{\infty}(-1)^n x^n = 1 - x + x^2 - \cdots + (-1)^n x^n + \cdots = \frac{1}{1+x}, \quad -1 < x < 1$$

是幂级数求和中的两个基本的结果. 我们所讨论的许多级数求和问题都可以利用幂级数的运算性质转化为几何级数的求和问题来解决.

例 7.4.2 求下列幂级数的收敛域及幂级数和函数:

(1) $\sum_{n=1}^{\infty}(-1)^{n-1}\frac{x^n}{n}$; (2) $\sum_{n=1}^{\infty} n x^{n-1}$; (3) $\sum_{n=0}^{\infty}\frac{1}{n+1}x^n$.

解 (1) $\rho = \lim_{n\to\infty}\left|\frac{a_{n+1}}{a_n}\right| = \lim_{n\to\infty}\frac{\frac{1}{n+1}}{\frac{1}{n}} = \lim_{n\to\infty}\frac{n}{n+1} = 1$, $R = \frac{1}{\rho} = 1$.

当 $x=-1$ 时, 级数 $\sum_{n=1}^{\infty}\left(-\frac{1}{n}\right)$ 发散; 当 $x=1$ 时, 级数 $\sum_{n=1}^{\infty}(-1)^{n-1}\frac{1}{n}$ 收敛. 故级数的收敛域为 $(-1, 1]$.

设和函数为 $s(x)$, 则

$$s(x) = \sum_{n=1}^{\infty}(-1)^{n-1}\frac{x^n}{n} = \sum_{n=1}^{\infty}\int_0^x (-1)^{n-1}x^{n-1}\,dx = \int_0^x \sum_{n=1}^{\infty}(-x)^{n-1}\,dx$$
$$= \int_0^x \frac{1}{1+x}\,dx = \ln(1+x), \ x \in (-1, 1].$$

(2) $\rho = \lim_{n\to\infty}\left|\frac{a_{n+1}}{a_n}\right| = \lim_{n\to\infty}\frac{n+1}{n} = 1$, $R = \frac{1}{\rho} = 1$.

当 $x=-1$ 时, 级数 $\sum_{n=1}^{\infty}(-1)^{n-1}n$ 发散; 当 $x=1$ 时, 级数 $\sum_{n=1}^{\infty}n$ 发散. 故级数的收敛域为 $(-1, 1)$.

设和函数为 $s(x)$, 则

$$s(x) = \sum_{n=1}^{\infty}nx^{n-1} = \sum_{n=1}^{\infty}(x^n)' = \left(\sum_{n=1}^{\infty}x^n\right)' = \left(\frac{x}{1-x}\right)' = \frac{1}{(1-x)^2}, \ x \in (-1, 1).$$

(3) $\rho = \lim_{n\to\infty}\left|\frac{a_{n+1}}{a_n}\right| = \lim_{n\to\infty}\frac{\frac{1}{n+2}}{\frac{1}{n+1}} = \lim_{n\to\infty}\frac{n+1}{n+2} = 1$, $R = \frac{1}{\rho} = 1$.

当 $x=-1$ 时, 级数 $\sum_{n=0}^{\infty}(-1)^n\frac{1}{n+1}$ 收敛; 当 $x=1$ 时, 级数 $\sum_{n=0}^{\infty}\frac{1}{n+1}$ 发散. 故级数的收敛域为 $[-1, 1)$.

设和函数为 $s(x)$, 则

当 $x=0$ 时, $s(0)=1$;

当 $x\neq 0$ 时,

$$s(x) = \sum_{n=0}^{\infty}\frac{1}{n+1}x^n = \frac{1}{x}\sum_{n=0}^{\infty}\frac{1}{n+1}x^{n+1} = \frac{1}{x}\sum_{n=0}^{\infty}\int_0^x x^n\,dx = \frac{1}{x}\int_0^x\left(\sum_{n=0}^{\infty}x^n\right)dx$$
$$= \frac{1}{x}\int_0^x \frac{1}{1-x}\,dx = \frac{1}{x}(-\ln|1-x|) = -\frac{1}{x}\ln|1-x|, \ x \in [-1, 0) \cup (0, 1).$$

所以

$$s(x)=\begin{cases}-\dfrac{1}{x}\ln|1-x|, & x\neq 0,\\ 1, & x=0,\end{cases}\quad x\in[-1,1].$$

★ 习题 7-4

(A)

1. 求下列幂级数的收敛域：

(1) $\sum\limits_{n=1}^{\infty} nx^n$；　(2) $\sum\limits_{n=1}^{\infty} \dfrac{n!}{n+1}x^n$；

(3) $\sum\limits_{n=1}^{\infty} \dfrac{(-1)^n}{(n+1)2^n}x^n$；　(4) $\sum\limits_{n=1}^{\infty} \dfrac{2^n}{n^2}x^n$；

(5) $\sum\limits_{n=1}^{\infty} \dfrac{3^n}{2^n}x^n$；　(6) $\sum\limits_{n=1}^{\infty} \dfrac{3^n}{n!}x^n$；

(7) $\sum\limits_{n=1}^{\infty} \dfrac{(-1)^n x^{2n}}{2n+1}$；　(8) $\sum\limits_{n=1}^{\infty} \dfrac{(x-3)^n}{n^2}$.

2. 求下列级数的和函数，并指出收敛域：

(1) $\sum\limits_{n=1}^{\infty} \dfrac{x^n}{n}$；　(2) $\dfrac{x^5}{5}+\dfrac{x^9}{9}+\dfrac{x^{13}}{13}+\dfrac{x^{17}}{17}+\dfrac{x^{21}}{21}+\cdots$.

3. 利用幂级数的和函数求下列级数的和：

(1) $\sum\limits_{n=1}^{\infty} \int_0^{\frac{\pi}{4}} \sin^n x\cos x\,dx$；　(2) $\sum\limits_{n=1}^{\infty} \dfrac{1}{n}\left(\dfrac{1}{2}\right)^{n-1}$.

(B)

1. 设 $\sum\limits_{n=0}^{\infty} a_n x^n$ 为幂级数，$x=x_0>0$ 时收敛，则(　　).

A. 当 $x<x_0$ 时，$\sum\limits_{n=0}^{\infty} a_n x^n$ 收敛　B. 当 $x>x_0$ 时，$\sum\limits_{n=0}^{\infty} a_n x^n$ 收敛

C. 当 $|x|<x_0$ 时，$\sum\limits_{n=0}^{\infty} a_n x^n$ 收敛　D. 当 $|x|\leqslant x_0$ 时，$\sum\limits_{n=0}^{\infty} a_n x^n$ 收敛

2. 级数 $\sum\limits_{n=1}^{\infty} \dfrac{x^n}{2^n\cdot n}$ 的收敛半径 $R=$(　　).

A. 1　B. 2　C. $\dfrac{1}{2}$　D. ∞

3. 级数 $\sum\limits_{n=1}^{\infty} \dfrac{2^n}{2+n}x^n$ 的收敛半径 $R=$(　　).

A. 1　B. 2　C. $\dfrac{1}{2}$　D. ∞

4. 幂级数 $\sum\limits_{n=1}^{\infty} (-1)^{n-1}\dfrac{x^n}{n}$ 的收敛域是(　　).

A. $[-1, 1]$　　B. $(-1, 1)$　　C. $[-1, 1)$　　D. $(-1, 1]$

5. $\sum_{n=1}^{\infty}\frac{(x-3)^n}{n-n^2}$ 的收敛域是(　　).

A. $[2, 4]$　　B. $(2, 4)$　　C. $[2, 4)$　　D. $(2, 4]$

6. $\sum_{n=1}^{\infty}\frac{(x-3)^n}{n\cdot 3^n}$ 的收敛域是(　　).

A. $[-3, 3]$　　B. $(-3, 3)$　　C. $[0, 6)$　　D. $[0, 6]$

7. $\sum_{n=1}^{\infty}\frac{(2x+1)^n}{n}$ 的收敛域是(　　).

A. $(-1, 1)$　　B. $(-1, 0)$　　C. $[-1, 0)$　　D. $(-1, 0]$

8. $\sum_{n=1}^{\infty}(x-3)^n$ 的收敛域是(　　).

A. $(-1, 1)$　　B. $(2, 4)$　　C. $[2, 4)$　　D. $(2, 4]$

9. 幂级数 $\sum_{n=0}^{\infty}x^n$ 在 $-1<x<1$ 内的和函数是(　　).

A. $\frac{1}{x-1}$　　B. $\frac{1}{1+x}$　　C. $\frac{1}{1-x}$　　D. $\frac{2}{1+x}$

10. 幂级数 $\sum_{n=0}^{\infty}(-1)^n x^n$ 在 $-1<x<1$ 内的和函数是(　　).

A. $\frac{1}{x-1}$　　B. $\frac{1}{1+x}$　　C. $\frac{1}{1-x}$　　D. $\frac{2}{1+x}$

7.5　函数展开成幂级数

一、初等函数的展开定理

设幂级数 $\sum_{n=0}^{\infty}a_n x^n$ 的收敛半径为 R，和函数为 $s(x)$，即

$$s(x)=\sum_{n=0}^{\infty}a_n x^n,\ x\in(-R, R).$$

上式表明：

(1) $s(x)$ 是幂级数 $\sum_{n=0}^{\infty}a_n x^n$ 的和函数；

(2) 函数 $s(x)$可以写成幂级数这样一种形式的表达式，从而可以利用这一表达式来研究函数 $s(x)$；

(3) n 次多项式

$$P_n(x)=a_0+a_1x+a_2x^2+\cdots+a_nx^n$$

是该幂级数的前 $n+1$ 项部分和，由级数收敛的概念，应有

$$\lim_{n\to\infty}P_n(x)=s(x),\ x\in(-R, R),$$

从而当 $|x|<R$ 时，有

$$s(x) \approx P_n(x).$$

这就是用多项式近似表达函数.

现在给定函数 $f(x)$，要寻求一个幂级数，使它的和函数为 $f(x)$，这一问题称为把函数 $f(x)$ 展开成幂级数. 现设存在幂级数 $\sum_{n=0}^{\infty} a_n x^n$ 在 $(-R, R)$ 内的和函数为 $f(x)$，即

$$f(x) = \sum_{n=0}^{\infty} a_n x^n,\ x \in (-R, R), \tag{7-5-1}$$

则称 $f(x)$ 在 $x=0$ 处可展开幂级数，式(7-5-1)右端的幂级数称为函数在点 $x=0$ 处的幂级数展开式.

现在我们考虑幂级数的系数 $a_n(n=1, 2, \cdots)$ 的表达式. 根据幂级数的和函数的性质可知，当式(7-5-1)成立时，在 $(-R, R)$ 内 $f(x)$ 有任意阶导数，且

$$f^{(k)}(x) = \sum_{n=k}^{\infty} n(n-1)(n-2)\cdots(n-k+1)a_n x^{n-k}.$$

于是

$$f(0)=a_0,\ f'(0)=a_1,\ \cdots,\ f^{(k)}(0)=k!\ a_k,\ \cdots,$$

即有

$$a_k = \frac{1}{k!} f^{(k)}(0),\ k=1, 2, \cdots,$$

由此可知，如果 $f(x)$ 在 $x=0$ 处可展开幂级数，那么 $f(x)$ 在 $x=0$ 的邻域内必有任意阶的导数，其展开式必是幂级数

$$f(0)+f'(0)x+\frac{1}{2!}f''(0)x^2+\cdots+\frac{1}{n!}f^{(n)}(0)x^n+\cdots, \tag{7-5-2}$$

幂级数(7-5-2)称为 $f(x)$ 的麦克劳林级数.

反之，设 $f(x)$ 在 $x=0$ 的邻域内有任意阶导数，则总可以作出 $f(x)$ 的麦克劳林级数. 那么麦克劳林级数的和函数和 $f(x)$ 有什么关系呢？我们不加证明地给出下面的定理.

定理 7.5.1(初等函数的展开定理) 设 $f(x)$ 是一个初等函数，且在 $x=0$ 的邻域内有任意阶导数，则 $f(x)$ 在 $x=0$ 处可展开幂级数，且有展开式

$$f(x)=f(0)+f'(0)x+\frac{1}{2!}f''(0)x^2+\cdots+\frac{1}{n!}f^{(n)}(0)x^n+\cdots,\ x\in(-R, R). \tag{7-5-3}$$

在端点 $x=\pm R$ 处，如果级数收敛且 $f(x)$ 也有定义，则展开式(7-5-3)在该端点处也成立.

二、函数展开成幂级数的方法

1. 直接法

例 7.5.1 求函数 $f(x)=e^x$ 的麦克劳林展开式.

解 由于 $f^{(n)}(x)=e^x(n=1, 2, \cdots)$，因此 $f^{(n)}(0)=1\ (n=1, 2, \cdots)$.

因为 $f(x)=e^x$ 为初等函数，所以

$$e^x=1+x+\frac{1}{2!}x^2+\cdots+\frac{1}{n!}x^n+\cdots.$$

再求级数的收敛半径. 由 $\rho=\lim\limits_{n\to\infty}\left|\dfrac{a_{n+1}}{a_n}\right|=\lim\limits_{n\to\infty}\dfrac{1}{n+1}=0$ 得 $R=+\infty$. 而 $f(x)=\mathrm{e}^x$ 在 $(-\infty,+\infty)$ 内有任意阶导数，所以有

$$\mathrm{e}^x=1+x+\frac{1}{2!}x^2+\cdots+\frac{1}{n!}x^n+\cdots,\quad x\in(-\infty,+\infty).\tag{7-5-4}$$

例 7.5.2　将函数 $f(x)=\sin x$ 展开成 x 的幂级数.

解　因为

$$f^{(n)}(x)=\sin\left(x+n\cdot\frac{\pi}{2}\right)\ (n=1,\ 2,\ \cdots),$$

所以 $f^{(n)}(0)$ 顺序循环地取 0，1，0，−1，⋯($n=0$，1，2，3，⋯)，于是 $f(x)$ 的麦克劳林级数为

$$\sin x=x-\frac{x^3}{3!}+\frac{x^5}{5!}-\cdots+(-1)^{n-1}\frac{x^{2n-1}}{(2n-1)!}+\cdots.$$

该级数的收敛半径 $R=+\infty$，而 $\sin x$ 在 $(-\infty,+\infty)$ 内有任意阶导数，因此有

$$\sin x=x-\frac{x^3}{3!}+\frac{x^5}{5!}-\cdots+(-1)^{n-1}\frac{x^{2n-1}}{(2n-1)!}+\cdots,\ x\in(-\infty,+\infty).\tag{7-5-5}$$

根据初等函数的展开定理，直接根据公式 $a_n=\dfrac{1}{n!}f^{(n)}(0)$ ($n=1$，2，⋯)计算幂级数的系数，求初等函数 $f(x)$ 的幂级数展开的方法，称为直接展开法.

2. 间接法

例 7.5.3　将函数 $f(x)=\cos x$ 展开成 x 的幂级数.

解　对式(7-5-5)逐项求导，得

$$\cos x=1-\frac{x^2}{2!}+\frac{x^4}{4!}-\cdots+(-1)^n\frac{x^{2n}}{(2n)!}+\cdots,\ x\in(-\infty,+\infty).\tag{7-5-6}$$

由等比级数，我们得到常用的两个函数展开公式：

$$\frac{1}{1-x}=1+x+x^2+\cdots+x^n+\cdots,\ x\in(-1,\ 1);\tag{7-5-7}$$

$$\frac{1}{1+x}=1-x+x^2-\cdots+(-1)^nx^n+\cdots,\ x\in(-1,\ 1).\tag{7-5-8}$$

例 7.5.4　将函数 $f(x)=\ln(1+x)$ 展开成 x 的幂级数.

解　对式(7-5-8)两端从 0 到 x 逐项积分，得

$$\ln(1+x)=x-\frac{x^2}{2}+\frac{x^3}{3}-\cdots+(-1)^n\frac{x^{n+1}}{n+1}+\cdots,$$

上式对 $x=1$ 也成立. 由于上式右端的幂级数当 $x=1$ 时收敛，而上式左端的函数 $\ln(1+x)$ 在 $x=1$ 处有定义且连续，因此

$$\ln(1+x)=x-\frac{x^2}{2}+\frac{x^3}{3}-\cdots+(-1)^n\frac{x^{n+1}}{n+1}+\cdots,\ x\in(-1,\ 1].\tag{7-5-9}$$

例 7.5.5　将函数 $f(x)=\arctan x$ 展开成 x 的幂级数.

解　$\arctan x=\displaystyle\int_0^x\frac{\mathrm{d}x}{1+x^2}$

$$=\int_0^x [1-x^2+x^4-\cdots+(-1)^n x^{2n}+\cdots]\mathrm{d}x$$

$$=x-\frac{1}{3}x^3+\frac{1}{5}x^5-\cdots+(-1)^n\frac{x^{2n+1}}{2n+1}+\cdots,$$

当 $x=1$ 时，级数 $\sum\limits_{n=0}^{\infty}\dfrac{(-1)^n}{2n+1}$ 收敛；当 $x=-1$ 时，级数 $\sum\limits_{n=0}^{\infty}\dfrac{(-1)^{n+1}}{2n+1}$ 收敛. 且当 $x=\pm1$ 时，函数 $\arctan x$ 连续. 所以

$$\arctan x=x-\frac{1}{3}x^3+\frac{1}{5}x^5-\cdots+(-1)^n\frac{x^{2n+1}}{2n+1}+\cdots,\ x\in[-1,\ 1]. \quad (7-5-10)$$

这种利用已知的函数展开式，通过幂级数的运算(如四则运算、逐项求导、逐项积分)及变量替换的方法，将所给函数展开成幂级数的方法称为间接展开法.

式(7－5－4)～式(7－5－10)可作为公式使用. 下面我们继续研究用间接法展开函数的幂级数.

例 7.5.6 将下列函数 $f(x)$ 展开成 x 的幂级数：

(1) $f(x)=3^{\frac{x+1}{2}}$； (2) $f(x)=\dfrac{1}{x^2-x-6}$；

(3) $f(x)=\ln(4-3x-x^2)$； (4) $f(x)=\arctan x^2$.

解 (1) $f(x)=3^{\frac{x+1}{2}}=3^{\frac{1}{2}}\cdot 3^{\frac{x}{2}}=\sqrt{3}\,\mathrm{e}^{\frac{x}{2}\ln 3}$.

利用式(7－5－4)，有

$$\mathrm{e}^{\frac{x}{2}\ln 3}=1+\frac{\ln 3}{2}x+\frac{1}{2!}\left(\frac{\ln 3}{2}\right)^2x^2+\frac{1}{3!}\left(\frac{\ln 3}{2}\right)^3x^3+\cdots,\ x\in(-\infty,+\infty).$$

故

$$f(x)=\sqrt{3}\left[1+\frac{\ln 3}{2}x+\frac{1}{2!}\left(\frac{\ln 3}{2}\right)^2x^2+\frac{1}{3!}\left(\frac{\ln 3}{2}\right)^3x^3+\cdots\right],\ x\in(-\infty,+\infty).$$

(2) $f(x)=\dfrac{1}{x^2-x-6}=\dfrac{1}{(x-3)(x+2)}=\dfrac{1}{5}\left(\dfrac{1}{x-3}-\dfrac{1}{x+2}\right)=\dfrac{1}{5}\left[\left(-\dfrac{1}{3}\right)\dfrac{1}{1-\dfrac{x}{3}}-\dfrac{1}{2}\cdot\dfrac{1}{1+\dfrac{x}{2}}\right]$.

利用式(7－5－7)和式(7－5－8)，有

$$\frac{1}{1-\dfrac{x}{3}}=\sum_{n=0}^{\infty}\frac{1}{3^n}x^n,\ x\in(-3,\ 3);$$

$$\frac{1}{1+\dfrac{x}{2}}=\sum_{n=0}^{\infty}\frac{(-1)^n}{2^n}x^n,\ x\in(-2,\ 2).$$

故

$$f(x)=-\frac{1}{5}\left[\frac{1}{3}\sum_{n=0}^{\infty}\frac{1}{3^n}x^n+\frac{1}{2}\sum_{n=0}^{\infty}\frac{(-1)^n}{2^n}x^n\right]$$

$$=-\frac{1}{5}\sum_{n=0}^{\infty}\left[\frac{1}{3^{n+1}}+\frac{(-1)^n}{2^{n+1}}\right]x^n,\ x\in(-2,\ 2).$$

(3) $f(x)=\ln(4-3x-x^2)=\ln(1-x)(4+x)=\ln(1-x)+\ln(4+x)$.

利用式(7－5－9)，有

$$\ln(1-x)=\ln[1+(-x)]=(-x)-\frac{(-x)^2}{2}+\frac{(-x)^3}{3}-\cdots,\ x\in[-1,\ 1),$$

$$\ln(4+x)=\ln 4\left(1+\frac{x}{4}\right)=\ln 4+\ln\left(1+\frac{x}{4}\right)=\ln 4+\frac{x}{4}-\frac{1}{2}\cdot\left(\frac{x}{4}\right)^2+\frac{1}{3}\cdot\left(\frac{x}{4}\right)^3-\cdots,$$

$x\in[-4,\ 4)$，

所以

$$\begin{aligned}\ln(4-3x-x^2)&=\left(-x-\frac{x^2}{2}-\frac{x^3}{3}-\cdots\right)+\ln 4+\frac{x}{4}-\frac{x^2}{2\times4^2}+\frac{x^3}{3\times4^3}-\cdots\\&=\ln 4-\frac{3}{4}x-\frac{17}{32}x^2-\frac{63}{192}x^3-\cdots,\ x\in[-1,\ 1).\end{aligned}$$

(4) 利用式(7-5-10)，有

$$f(x)=\arctan x^2=x^2-\frac{1}{3}x^6+\frac{1}{5}x^{10}-\cdots+(-1)^n\ \frac{x^{4n+2}}{2n+1}+\cdots,\ x\in[-1,\ 1].$$

掌握了函数展开成麦克劳林级数的方法后，当要把函数展开成 $x-x_0$ 的幂级数(也称在点 x_0 处的泰勒级数)时，只需把 $f(x)$转化成 $x-x_0$ 的表达式，把 $x-x_0$ 看成变量 t，展开成 t 的幂级数，即得 $x-x_0$ 的幂级数.

例 7.5.7　将下列函数 $f(x)$展开成 $x-x_0$ 的幂级数(即在点 x_0 处的泰勒级数)：

(1) $f(x)=\ln x$，$x_0=1$；　　(2) $f(x)=\sin x$，$x_0=\frac{\pi}{4}$.

解　(1)

$$\begin{aligned}f(x)=\ln x&=\ln[1+(x-1)]\\&=(x-1)-\frac{(x-1)^2}{2}+\frac{(x-1)^3}{3}-\cdots+(-1)^n\ \frac{(x-1)^{n+1}}{n+1}+\cdots,\ x\in(0,\ 2].\end{aligned}$$

(2)

$$\begin{aligned}f(x)=\sin x&=\sin\left[\frac{\pi}{4}+\left(x-\frac{\pi}{4}\right)\right]\\&=\sin\left(\frac{\pi}{4}\right)\cos\left(x-\frac{\pi}{4}\right)+\cos\left(\frac{\pi}{4}\right)\sin\left(x-\frac{\pi}{4}\right)\\&=\frac{1}{\sqrt{2}}\left[\cos\left(x-\frac{\pi}{4}\right)+\sin\left(x-\frac{\pi}{4}\right)\right]\\&=\frac{1}{\sqrt{2}}\left[1-\frac{\left(x-\frac{\pi}{4}\right)^2}{2!}+\frac{\left(x-\frac{\pi}{4}\right)^4}{4!}-\cdots+\left(x-\frac{\pi}{4}\right)-\frac{\left(x-\frac{\pi}{4}\right)^3}{3!}+\frac{\left(x-\frac{\pi}{4}\right)^5}{5!}-\cdots\right]\\&=\frac{1}{\sqrt{2}}\left[1+\left(x-\frac{\pi}{4}\right)-\frac{\left(x-\frac{\pi}{4}\right)^2}{2!}-\frac{\left(x-\frac{\pi}{4}\right)^3}{3!}+\cdots\right],\ x\in(-\infty,+\infty).\end{aligned}$$

★ 习题 7-5

(A)

1. 用直接展开法将函数 $f(x)=a^x(a>0)$展成 x 的幂级数，并求出收敛域.

2. 将下列函数展成 x 的幂级数，并求出收敛域：

(1) $\sin^2 x$；　　(2) $\dfrac{x}{\sqrt{1+x^2}}$；

(3) $(1+x)e^x$；　　(4) $\ln(1-x-2x^2)$；

(5) $\ln(a+x)\quad(a>0)$.

3. 将下列函数展成 $x-1$ 的幂级数：

(1) $f(x)=e^x$；　　(2) $f(x)=\ln x$.

4. 将 $f(x)=\dfrac{1}{x^2+3x+2}$展成 $x+4$ 的幂级数.

(B)

1. 幂级数 $\sum_{n=0}^{\infty}(-1)^n\dfrac{x^{2n+1}}{(2n+1)!}$ 在 $-\infty<x<+\infty$内的和函数是(　　).

A. e^x　　B. $\cos x$　　C. $\ln(1+x)$　　D. $\sin x$

2. 幂级数 $\sum_{n=0}^{\infty}(-1)^n\dfrac{x^n}{n!}$ 在 $-\infty<x<+\infty$内的和函数是(　　).

A. e^x　　B. $\arctan x$　　C. $\ln(1+x)$　　D. e^{-x}

3. 幂级数 $\sum_{n=0}^{\infty}(-1)^n\dfrac{x^{n+1}}{n+1}$ 在 $-1<x\leqslant 1$ 内的和函数是(　　).

A. e^x　　B. $\ln(1+x)$　　C. $(1+x)^\alpha$　　D. $\sin x$

4. 由麦克劳林公式，函数 $f(x)=\dfrac{1}{\sqrt[3]{1+x}}$的幂级数展开式的前三项是(　　).

A. $1+\dfrac{1}{3}x+\dfrac{4}{9}x^2$　　B. $1-\dfrac{1}{3}x+\dfrac{4}{9}x^2$　　C. $1-\dfrac{1}{3}x+\dfrac{2}{9}x^2$　　D. $1+\dfrac{1}{3}x+\dfrac{2}{9}x^2$

5. 由麦克劳林公式，函数 $f(x)=\sqrt{1+x}$ 的幂级数展开式的前三项是(　　).

A. $1+\dfrac{1}{2}x-\dfrac{1}{4}x^2$　　B. $1+\dfrac{1}{2}x+\dfrac{1}{4}x^2$　　C. $1+\dfrac{1}{2}x-\dfrac{1}{8}x^2$　　D. $1+\dfrac{1}{2}x+\dfrac{1}{8}x^2$

6. $a^x(a>0,a\neq 1)$展开为 x 的幂级数是(　　).

A. $\sum_{n=0}^{\infty}\dfrac{x^n}{n!}$　　B. $\sum_{n=0}^{\infty}(-1)^n\dfrac{x^n}{n!}$　　C. $\sum_{n=0}^{\infty}\dfrac{(x\ln a)^n}{n!}$　　D. $\sum_{n=0}^{\infty}\dfrac{(x\ln a)^n}{n}$

7. $\sum_{n=0}^{\infty}(-1)^n\dfrac{x^{2n}}{n!}$ 在 $-\infty<x<+\infty$内的和函数是(　　).

A. e^{x^2}　　B. $-e^{x^2}$　　C. $-e^{-x^2}$　　D. e^{-x^2}

8. 函数 $\ln(1-x^2)$展成 $x(-1<x<1)$的幂级数为(　　).

A. $x-\dfrac{x^2}{2}+\dfrac{x^3}{3}-\dfrac{x^4}{4}+\cdots$　　B. $x^2-\dfrac{x^4}{2}+\dfrac{x^6}{3}-\dfrac{x^8}{4}+\cdots$

C. $-x^2-\dfrac{x^4}{2}-\dfrac{x^6}{3}-\dfrac{x^8}{4}+\cdots$　　D. $x^2+\dfrac{x^4}{2}+\dfrac{x^6}{3}+\dfrac{x^8}{4}+\cdots$

9. 函数 $\ln(1+2x)=\sum_{n=0}^{\infty}(-1)^n\dfrac{2^{n+1}\cdot x^{n+1}}{n+1}$，此幂级数的收敛域是(　　).

A. $[-1, 1]$　　B. $\left(-\frac{1}{2}, \frac{1}{2}\right]$　　C. $(-2, 2]$　　D. $(-\infty, +\infty)$

10. 要将函数$\frac{1}{4-x}$展成x的幂级数，用间接方法可先将$\frac{1}{4-x}$变形为(　　).

A. $\frac{1}{4}\cdot\frac{1}{1-\frac{x}{4}}$　　B. $\frac{1}{1+3-x}$　　C. $\frac{1}{1-\frac{x}{4}}$　　D. $\frac{1}{2}\cdot\frac{1}{1-\frac{x-2}{2}}$

章节测试七

一、填空题：

1. 级数$\sum_{n=0}^{\infty}u_n$的部分和数列$\{s_n\}$为$\left\{\frac{2n}{n+1}\right\}$，则$u_n=$________，$\sum_{n=0}^{\infty}u_n=$________.

2. 若级数$\sum_{n=1}^{\infty}\frac{(-1)^n+a}{n}$($a$为常数)收敛，则$a$的取值为________.

3. 若级数$\sum_{n=0}^{\infty}u_n$绝对收敛，则级数$\sum_{n=0}^{\infty}u_n$必定________，若级数$\sum_{n=0}^{\infty}u_n$条件收敛，则级数$\sum_{n=0}^{\infty}|u_n|$必定________.

4. 幂级数$\sum_{n=1}^{\infty}\frac{(-1)^n x^n}{\sqrt{n}\cdot 2^n}$的收敛半径$R=$________.

5. 幂级数$\sum_{n=1}^{\infty}\frac{(x-1)^n}{n\cdot 2^n}$的收敛域为________.

二、判断下列级数的敛散性：

(1) $\sum_{n=1}^{\infty}\frac{2^n}{n!}$；　　(2) $\sum_{n=1}^{\infty}\left(\frac{n+1}{n}\right)^{n^2}$.

三、讨论下列级数的绝对收敛性与条件收敛性：

(1) $\sum_{n=1}^{\infty}(-1)^{n-1}\frac{\ln n}{n}$；　　(2) $\sum_{n=1}^{\infty}(-1)^{n-1}\frac{\sin n}{\pi^n}$.

四、求下列幂级数的和函数：

(1) $\sum_{n=0}^{\infty}(n+1)^2x^n$；　　(2) $\sum_{n=1}^{\infty}\frac{1}{n+1}x^n$.

五、将下列函数展开成x的幂级数：

(1) $f(x)=\ln(1+x+x^2)$；　　(2) $f(x)=\arctan\frac{1+x}{1-x}$.

第 8 章 微 分 方 程

函数是客观事物的内部联系在数量方面的反映，利用函数关系可以对客观事物的规律进行研究. 但在多数情况下，无法直接找到要研究的问题所需的函数关系，却比较容易建立起该函数及其导数的关系式，即微分方程. 再通过解这种方程，就可得到该函数关系. 微分方程是研究函数变化规律的有力工具，在科技、工程、生态、环境、人口、交通、经济管理等各个领域有着广泛的应用. 本章主要介绍微分方程的基本概念及几种常见类型微分方程的解法.

8.1 微分方程的基本概念

定义 8.1.1 凡含有未知函数导数或微分的方程称为微分方程. 未知函数是一元函数的微分方程称为常微分方程，未知函数是多元函数的微分方程称为偏微分方程. 本章仅讨论常微分方程，以下简称微分方程或方程.

例如，方程 $y'+y-2x=0$，$\mathrm{d}y+y\mathrm{d}x=x^2$，$y''-4=0$ 和 $y''+y'-2y=0$ 都是微分方程.

定义 8.1.2 微分方程中出现的未知函数导数(或微分)的最高阶数，称为微分方程的阶.

例如，方程 $y'-2y=x+1$ 和 $\mathrm{d}y+y\mathrm{d}x=x^2$ 都是一阶微分方程，方程 $y''-3y'+2y=\ln x$ 和 $y''-4=0$ 都是二阶微分方程，方程 $y^{(5)}=1$ 是五阶微分方程.

定义 8.1.3 如果一个函数代入微分方程后能使方程成为恒等式，则称这个函数为该微分方程的解.

例如，$y=x^2$ 和 $y=x^2+C$(C 为任意常数)都是微分方程 $y'=2x$ 的解；$y=2x^2+x$ 和 $y=2x^2+C_1x+C_2$(C_1、C_2 均为任意常数) 都是微分方程 $y''-4=0$ 的解.

由此可见，若微分方程有解，则有无穷多个解.

定义 8.1.4 微分方程的每个解都对应着平面内的一条曲线，该曲线称为微分方程的积分曲线，而这无穷多个解所对应的一族积分曲线称为微分方程的积分曲线族.

定义 8.1.5 如果微分方程的解中所含任意常数的个数等于微分方程的阶数，这样的解称为微分方程的通解；不含任意常数的解，称为微分方程的特解.

例如 $y=x^2$ 和 $y=x^2+C$ 分别是方程 $y'=2x$ 的特解和通解；$y=2x^2+x$ 和 $y=2x^2+C_1x+C_2$ 分别是方程 $y''-4=0$ 的特解和通解.

一般来说，特解是由给定的条件代入通解，确定出任意常数的特定值后得到的，这种用来确定特解的条件，称为初始条件.

设微分方程中的未知函数为 $y=y(x)$，通常一阶微分方程的初始条件为

$$y\big|_{x=x_0}=y_0,$$

即

$$y(x_0)=y_0,$$

其中 x_0、y_0 都是给定的值；二阶微分方程的初始条件为

$$y\big|_{x=x_0}=y_0,\ y'\big|_{x=x_0}=y_0',$$

即

$$y(x_0)=y_0 \text{ 与 } y'(x_0)=y_0',$$

其中 x_0、y_0 和 y_0' 都是给定的值.

例如，对于方程 $y'=2x$，它的通解是 $y=x^2+C$，由初始条件 $y\big|_{x=0}=0$ 可确定其通解中的任意常数 $C=0$，从而得到其特解 $y=x^2$.

通常，我们把求微分方程满足初始条件的特解的这类问题称为初值问题.

例如，求一阶微分方程 $y'=f(x, y)$ 满足初始条件 $y\big|_{x=x_0}=y_0$ 的特解这样一个问题，称为一阶微分方程的初值问题，记作

$$\begin{cases} y'=f(x, y), \\ y\big|_{x=x_0}=y_0. \end{cases}$$

二阶微分方程 $y''=f(x, y, y')$ 满足初始条件 $y\big|_{x=x_0}=y_0$，$y'\big|_{x=x_0}=y_0'$ 的初值问题，记作

$$\begin{cases} y''=f(x, y, y'), \\ y\big|_{x=x_0}=y_0,\ y'\big|_{x=x_0}=y_0'. \end{cases}$$

例 8.1.1　验证函数 $y=Cx^3$ 是微分方程 $xy'-3y=0$ 的通解，并求方程满足初始条件 $y\big|_{x=1}=2$ 的特解.

解　由 $y=Cx^3$，得

$$y'=3Cx^2,$$

将 y' 代入原方程左边，得

$$xy'-3y=x\cdot 3Cx^2-3Cx^3=0,$$

所以函数 $y=Cx^3$ 是微分方程 $xy'-3y=0$ 的解. 又因这个解中含有一个任意常数，因此函数 $y=Cx^3$ 是微分方程 $xy'-3y=0$ 的通解.

将初始条件 $y\big|_{x=1}=2$ 代入通解，有 $2=C\cdot 1^3$，故 $C=2$.

因此所求特解为

$$y=2x^3.$$

例 8.1.2　验证函数 $y=C_1\mathrm{e}^x+C_2\mathrm{e}^{-2x}$（$C_1$、$C_2$ 均为任意常数）为二阶微分方程 $y''+y'-2y=0$ 的通解，并求方程满足初始条件 $y\big|_{x=0}=0$，$y'\big|_{x=0}=1$ 的特解.

解　由 $y=C_1\mathrm{e}^x+C_2\mathrm{e}^{-2x}$，得

$$y'=C_1\mathrm{e}^x-2C_2\mathrm{e}^{-2x}$$

及

$$y''=C_1\mathrm{e}^x+4C_2\mathrm{e}^{-2x},$$

将 y，y'，y'' 代入原方程左边，得

$$\begin{aligned} y''+y'-2y&=C_1\mathrm{e}^x+4C_2\mathrm{e}^{-2x}+(C_1\mathrm{e}^x-2C_2\mathrm{e}^{-2x})-2(C_1\mathrm{e}^x+C_2\mathrm{e}^{-2x}) \\ &=(C_1+C_1-2C_1)\mathrm{e}^x+(4C_2-2C_2-2C_2)\mathrm{e}^{-2x}=0, \end{aligned}$$

所以函数 $y=C_1\mathrm{e}^x+C_2\mathrm{e}^{-2x}$ 是所给微分方程的解. 由于它含有两个相互独立的任意常数，

与方程的阶数相同，所以它是原方程的通解.

将初始条件 $y|_{x=0}=0$，$y'|_{x=0}=1$ 代入 y 及 y'，得 $C_1+C_2=0$ 及 $C_1-2C_2=1$，解之，得 $C_1=\frac{1}{3}$，$C_2=-\frac{1}{3}$，故所求方程的特解为

$$y=\frac{1}{3}e^x-\frac{1}{3}e^{-2x}.$$

★ 习题 8-1

(A)

1. 试说出下列各微分方程的阶数：

(1) $(y')^2-2yy'+x=0$；　(2) $x^2y'-xy'+y=0$；

(3) $xy'''+2y'+x^2y=0$；　(4) $x(y''')^2-2yy'+x=0$；

(5) $\left(\frac{dy}{dt}\right)^2=y\tan t+3t^3\sin t+1$；　(6) $(7x-6y)dx+(x+y)dy=0$.

2. 判断下列各题中的函数是否为所给微分方程的解：

(1) $xy'=2y$，$y=5x^2$；

(2) $y''-2y'+y=0$，$y=x^2e^x$；

(3) $y=xy'+f(y')$，$y=Cx+f(C)$；

(4) $(x-2y)y'=2x-y$，$x^2-xy+y^2=0$.

3. 验证 $y=Cx^3$ 是方程 $3y-xy'=0$ 的通解（C 为任意常数），并求满足初始条件 $y|_{x=1}=\frac{1}{3}$ 的特解.

4. 设函数 $y=(1+x)^2u(x)$ 是方程 $y'-\frac{2}{x+1}y=(1+x)^3$ 的通解，求 $u(x)$.

5. 消去下列各式中的任意常数 C，C_1，C_2，写出相应的微分方程.

(1) $y=Cx+C^2$；　(2) $(y-C_1)^2=C_2x$.

(B)

1. 微分方程 $xy'''-3(y')^2=x^5$ 的阶数是(　　).

A. 2　B. 3　C. 4　D. 5

2. 微分方程 $xyy''+x(y')^3-y^4y'=0$ 的阶数是(　　).

A. 3　B. 4　C. 5　D. 2

3. 微分方程 $3y^2dy+3x^2dx=0$ 的阶数是(　　).

A. 1　B. 3　C. 0　D. 2

4. 下列函数中，是微分方程 $dy-2xdx=0$ 的解的是(　　).

A. $y=2x$　B. $y=x^2$　C. $y=-2x$　D. $y=-x$

5. 下列函数中，是微分方程 $y''+y=0$ 的解的是(　　).

A. $y=1$　B. $y=e^x$　C. $y=\sin x$　D. $y=x$

6. 微分方程 $y'+y=0$ 的解是(　　).

A. e^{-x}　　B. e^{x}　　C. $e^{x}+e^{-x}$　　D. $-e^{x}$

7. 下列函数中，是微分方程 $y''-7y'+12y=0$ 的解的是(　　).

A. $y=x^2$　　B. $y=x^3$　　C. e^{3x}　　D. e^{2x}

8. 微分方程 $y''+y=0$ 的通解是(　　).

A. $y=C_1\sin x+C_2\cos x$　　B. $y=\sin x+C\cos x$

C. $y=C\sin x$　　D. $y=C\cos x$

9. 下列方程中，不是微分方程的是(　　).

A. $(y')^2+3y=0$　　B. $\mathrm{d}y-\frac{1}{x}\mathrm{d}x=2\mathrm{d}x$

C. $y''=e^{x-y}$　　D. $y^2+x^2=a^2$

10. 下列函数中，是微分方程 $S''(t)=-g$ 的解的是(　　).

A. $S=-gt$　　B. $S=-gt^2$　　C. $S=-\frac{1}{2}gt^2$　　D. $S=\frac{1}{2}gt^2$

8.2　可分离变量的微分方程

一、可分离变量的微分方程

定义 8.2.1　形如

$$\frac{\mathrm{d}y}{\mathrm{d}x}=f(x)g(y) \tag{8-2-1}$$

的微分方程，称为可分离变量的微分方程.

方程(8－2－1)可化为

$$\frac{\mathrm{d}y}{g(y)}=f(x)\mathrm{d}x\ \ (g(y)\neq 0)$$

的形式. 而此方程中的变量 x 和 y 分别各自处在方程的左右两端，即变量分离. 所以，我们称方程(8－2－1)为可分离变量的微分方程.

一般地，求解可分离变量的微分方程的步骤如下：

第一步，分离变量，得

$$\frac{\mathrm{d}y}{g(y)}=f(x)\mathrm{d}x\ \ (g(y)\neq 0),$$

第二步，两边同时积分，得

$$\int\frac{\mathrm{d}y}{g(y)}=\int f(x)\mathrm{d}x,$$

第三步，求出积分. 若 $\frac{1}{g(y)}$ 和 $f(x)$ 的原函数都存在且分别为 $G(y)$ 和 $F(x)$，则方程(8－2－1)的解为

$$G(y)=F(x)+C\ \ (C\text{ 为任意常数}).$$

我们把这种求解微分方程的方法称为分离变量法.

例 8.2.1　求微分方程 $\frac{\mathrm{d}y}{\mathrm{d}x}=2xy$.

解 这是一个可分离变量的微分方程.

当 $y\neq 0$ 时，分离变量，得

$$\frac{dy}{y}=2x\,dx,$$

两边积分，得

$$\int\frac{dy}{y}=\int 2x\,dx,$$

求积分，得

$$\ln|y|=x^2+C_1 \quad 或 \quad y=Ce^{x^2},$$

其中 $C=\pm e^{C_1}$ 是非零任意常数.

显然，$y=0$ 也是原方程的解，只要允许 $C=0$，那么此解就可以包含在 $y=Ce^{x^2}$ 中，因此原方程的通解为

$$y=Ce^{x^2}\ (C\ 为任意常数).$$

注： 由例 8.2.1 可以看出，在积分过程中，原函数出现对数函数时，真数一般可以不加绝对值，任意常数也可写为 $\ln C$，这样可使运算方便，也可简化结果.

例 8.2.2 求微分方程 $2dy=(y^2-1)dx$ 满足初始条件 $y(0)=0$ 的特解.

解 将原方程整理，得

$$\frac{2dy}{y^2-1}=dx,$$

当 $y\neq\pm 1$ 时，两边积分，得

$$\int\frac{2dy}{y^2-1}=\int dx,$$

求积分，得

$$\ln\left|\frac{y-1}{y+1}\right|=x+\ln C,$$

因此

$$\frac{y-1}{y+1}=Ce^x\ (C\neq 0).$$

故原方程的通解为

$$y=\frac{1+Ce^x}{1-Ce^x}.$$

将初始条件 $y(0)=0$ 代入通解，得 $C=-1$. 因此所求特解为

$$y=\frac{1-e^x}{1+e^x}.$$

另外，易知 $y=\pm 1$ 也是原方程的解.

例 8.2.3 求微分方程 $y-xy'=y^2+y'$ 的通解.

解 原方程化为

$$y'(x+1)=y(1-y),$$

分离变量，得

$$\frac{dy}{y(1-y)}=\frac{dx}{x+1},$$

两边积分，得

$$\int\left(\frac{1}{y}+\frac{1}{1-y}\right)\mathrm{d}y=\int\frac{\mathrm{d}x}{x+1},$$

$$\ln y-\ln(1-y)=\ln(1+x)+\ln C,$$

故所求通解为

$$\frac{y}{1-y}=C(1+x).$$

二、齐次方程

定义 8.2.2 形如

$$\frac{\mathrm{d}y}{\mathrm{d}x}=f\left(\frac{y}{x}\right) \tag{8-2-2}$$

的一阶微分方程称为齐次微分方程，简称齐次方程.

在齐次方程$\frac{\mathrm{d}y}{\mathrm{d}x}=f\left(\frac{y}{x}\right)$中，令 $u=\frac{y}{x}$，即 $y=ux$，则有

$$u+x\frac{\mathrm{d}u}{\mathrm{d}x}=f(u).$$

分离变量，得

$$\frac{\mathrm{d}u}{f(u)-u}=\frac{\mathrm{d}x}{x}.$$

两边积分，得

$$\int\frac{\mathrm{d}u}{f(u)-u}=\int\frac{\mathrm{d}x}{x}.$$

求出积分后，再用$\frac{y}{x}$代替 u，便得所给齐次方程的通解.

例 8.2.4 求微分方程$\frac{\mathrm{d}y}{\mathrm{d}x}=\frac{y}{x}+\tan\frac{y}{x}$满足初始条件$y\big|_{x=1}=\frac{\pi}{6}$的特解.

解 题设方程为齐次方程，设 $u=\frac{y}{x}$，则

$$\frac{\mathrm{d}y}{\mathrm{d}x}=u+x\frac{\mathrm{d}u}{\mathrm{d}x},$$

代入原方程，得

$$u+x\frac{\mathrm{d}u}{\mathrm{d}x}=u+\tan u,$$

分离变量，得

$$\cot u\,\mathrm{d}u=\frac{1}{x}\mathrm{d}x,$$

两边积分，得

$$\ln|\sin u|=\ln|x|+\ln|C|,$$

即

$$\sin u=Cx.$$

将 $u=\frac{y}{x}$ 代入 $\sin u=Cx$，则得到题设方程的通解为 $\sin\frac{y}{x}=Cx$.

利用初始条件 $y|_{x=1}=\frac{\pi}{6}$，得到 $C=\frac{1}{2}$.

因此所求题设方程的特解为 $\sin\frac{y}{x}=\frac{1}{2}x$.

例 8.2.5　求微分方程 $x(\ln x-\ln y)\mathrm{d}y-y\mathrm{d}x=0$ 的通解.

解　原方程变形为 $\ln\frac{y}{x}\mathrm{d}y+\frac{y}{x}\mathrm{d}x=0$，令 $u=\frac{y}{x}$，则

$$\frac{\mathrm{d}y}{\mathrm{d}x}=u+\frac{\mathrm{d}u}{\mathrm{d}x},$$

代入原方程并整理，得

$$\frac{\ln u}{u(\ln u+1)}\mathrm{d}u=-\frac{\mathrm{d}x}{x}.$$

两边积分，得

$$\ln u-\ln(\ln u+1)=-\ln x+\ln C,$$

即

$$y=C(\ln u+1).$$

变量回代得所求通解为

$$y=C\left(\ln\frac{y}{x}+1\right).$$

例 8.2.6　利用变量代换法求方程 $\frac{\mathrm{d}y}{\mathrm{d}x}=(x+y)^2$ 的通解.

解　令 $x+y=u$，则

$$\frac{\mathrm{d}y}{\mathrm{d}x}=\frac{\mathrm{d}u}{\mathrm{d}x}-1,$$

代入原方程，得

$$\frac{\mathrm{d}u}{\mathrm{d}x}=1+u^2,$$

分离变量，得

$$\frac{\mathrm{d}u}{1+u^2}=\mathrm{d}x,$$

两边积分，得

$$\arctan u=x+C,$$

变量回代，得

$$\arctan(x+y)=x+C,$$

故原方程的通解为

$$y=\tan(x+C)-x.$$

★ 习题 8-2

(A)

1. 求下列微分方程的通解：

(1) $\sqrt{1-x^2}\,y'=\sqrt{1-y^2}$；

(2) $\sec^2 x\cdot\tan y\,dx+\sec^2 y\cdot\tan x\,dy=0$；

(3) $\dfrac{dy}{dx}-3xy=xy^2$；

(4) $(2^{x+y}-2^x)dx+(2^{x+y}+2^y)dy=0$.

2. 求下列微分方程的特解：

(1) $y'=e^{2x-y}$，$y|_{x=0}=0$；

(2) $xy'+y=y^2$，$y|_{x=1}=\dfrac{1}{2}$.

3. 求下列微分方程的通解：

(1) $xy'=y\left(\ln\dfrac{y}{x}+1\right)$；

(2) $(x^3+y^3)dx-3xy^2dy=0$.

4. 求下列微分方程的特解：

(1) $\dfrac{dy}{dx}=\dfrac{xy}{x^2-y^2}$，$y|_{x=0}=1$；

(2) $(y^2-3x^2)dy+2xy\,dx=0$，$y|_{x=0}=1$.

5. 用适当的变换替换化简方程，并求解下列方程：

(1) $y'=(x+y)^2$；

(2) $xy'+y=y(\ln x+\ln y)$；

(3) $y'=\dfrac{1}{x-y}+1$；

(4) $y(xy+1)dx+x(1+xy+x^2y^2)dy=0$.

(B)

1. 下列方程中是可分离变量的微分方程是(　　).

A. $3y^2dy+3x^2dx=1$　　B. $(x^2+y^2)dx=xy\,dy$

C. $y'=e^{x+y}$　　D. $y''+y=x$

2. 微分方程 $y'=3x^2$ 满足初始条件 $y(2)=1$ 的特解是(　　).

A. $y=x^3+C$　　B. $y=x^3$　　C. $y=x^3+7$　　D. $y=x^3-7$

3. 微分方程 $\dfrac{dx}{y}+\dfrac{dy}{x}=0$ 满足 $y|_{x=3}=4$ 的特解是(　　).

A. $x^2+y^2=25$　　B. $3x+4y=C$　　C. $x^2+y^2=C$　　D. $y^2-x^2=7$

4. 微分方程 $y\,dx+x\,dy=0$ 的通解是(　　).

A. $xy=1$　　B. $xy=C$　　C. $x^2+y^2=1$　　D. $x^2+y^2=C$

5. 下列函数中，是微分方程 $\dfrac{dy}{dx}-\dfrac{1}{2(y+1)}=0$ 的解的是(　　).

A. $y=y^2+1$　　B. $y=x^2+1$　　C. $y=(x+1)^2$　　D. $x=(y+1)^2$

6. 微分方程 $\dfrac{dy}{dx}-\dfrac{y}{x}=0$ 的通解是 $y=$(　　).

A. Cx　　B. $\dfrac{C}{x}$　　C. $\dfrac{1}{x}+C$　　D. $x+C$

7. 微分方程 $y'=y$ 满足初始条件 $y(0)=1$ 的特解是 $y=($　　$)$.

A. e^x-1　　B. e^x　　C. e^x+1　　D. $2-e^x$

8. 微分方程 $2y\mathrm{d}y-\mathrm{d}x=0$ 的通解是(　　).

A. $y^2-x=C$　　B. $y-\sqrt{x}=C$　　C. $y=x+C$　　D. $y=-x+C$

9. 微分方程 $y\ln x\mathrm{d}x=x\ln y\mathrm{d}y$ 满足 $y|_{x=1}=1$ 的特解是(　　).

A. $\ln^2x+\ln^2y=0$　　B. $\ln^2x+\ln^2y=1$　　C. $\ln^2x=\ln^2y$　　D. $\ln^2x=\ln^2y+1$

10. 微分方程$\frac{\mathrm{d}y}{\mathrm{d}x}=\frac{y}{x}+\tan\frac{y}{x}$的通解是(　　).

A. $\sin\frac{y}{x}=Cx$　　B. $\sin\frac{x}{y}=Cx$　　C. $\sin\frac{y}{x}=\frac{1}{Cx}$　　D. $\sin\frac{x}{y}=\frac{1}{Cx}$

8.3　一阶线性微分方程

上节我们已介绍可分离变量的一阶微分方程$\left(\text{如}\frac{\mathrm{d}y}{\mathrm{d}x}=2xy\right)$，本节我们再介绍两种特殊类型的一阶微分方程及其解法.

定义 8.3.1　形如

$$y'+P(x)y=Q(x) \tag{8-3-1}$$

的方程，称为一阶线性微分方程. 其中 $P(x)$，$Q(x)$为已知的连续函数.

其线性的含义是指它关于未知函数 y 及其导数 y'的幂都是一次的. 它的特点是：右边是已知函数，左边的每项中仅含 y 和 y'的一次项.

若 $Q(x)=0$，则方程(8-3-1)变为

$$y'+P(x)y=0, \tag{8-3-2}$$

方程(8-3-2)称为一阶齐次线性微分方程.

若 $Q(x)\neq0$，则称方程(8-3-1)为一阶非齐次线性微分方程. 通常把方程(8-3-2)称为方程(8-3-1)所对应的齐次方程.

下面分别讨论一阶线性齐次方程和一阶线性非齐次方程的求解方法.

一、一阶齐次线性微分方程的解法

显然，一阶线性齐次方程(8-3-2)是可分离变量的方程. 分离变量，得

$$\frac{\mathrm{d}y}{y}=-P(x)\mathrm{d}x,$$

两边积分，得

$$\ln y=-\int P(x)\mathrm{d}x+\ln C,$$

即

$$y=Ce^{-\int P(x)\mathrm{d}x}. \tag{8-3-3}$$

式(8-3-3)称为一阶线性齐次方程(8-3-2)的通解公式.

注：这里的记号$\int P(x)\mathrm{d}x$ 表示 $P(x)$ 的某个确定的原函数.

例 8.3.1　求微分方程 $y'+2y=0$ 的通解.

解　此方程为一阶线性齐次方程，可以直接用分离变量法求通解，也可以代入公式(8-3-3).

将 $P(x)=2$ 代入公式(8-3-3)得通解为

$$y=Ce^{-\int 2\mathrm{d}x}=Ce^{-2x}.$$

例 8.3.2　求微分方程 $y'+\frac{y}{x^2}=0$ 的通解.

解　这是一阶线性齐次方程，并且，

$$-\int P(x)\mathrm{d}x=-\int\frac{1}{x^2}\mathrm{d}x=\frac{1}{x},$$

因此由通解公式(8-3-3)可得原方程的通解为

$$y=Ce^{\frac{1}{x}}.$$

二、一阶非齐次线性微分方程的解法

一阶线性非齐次方程可用常数变易法求解：为了求出方程(8-3-1)的通解，可先将对应的线性齐次方程的通解(8-3-3)中的任意常数 C 换成待定函数 $C(x)$，然后将其代入原方程(8-3-1)，从而确定 $C(x)$.

设方程(8-3-1)的通解为

$$y=C(x)e^{-\int P(x)\mathrm{d}x}.$$

两边求导，得

$$y'=C'(x)e^{-\int P(x)\mathrm{d}x}-C(x)P(x)e^{-\int P(x)\mathrm{d}x}.$$

将两式同时代入方程(8-3-1)，得

$$C'(x)=Q(x)e^{\int P(x)\mathrm{d}x},$$

两边积分，得

$$C(x)=\int Q(x)e^{\int P(x)\mathrm{d}x}\mathrm{d}x+C.$$

将此结果代入通解公式(8-3-3)，得

$$y=e^{-\int P(x)\mathrm{d}x}\left[\int Q(x)e^{\int P(x)\mathrm{d}x}\mathrm{d}x+C\right]. \tag{8-3-4}$$

式(8-3-4)称为非齐次线性微分方程(8-3-1)的通解公式.

例 8.3.3　求微分方程 $y'+2xy=x$ 的通解.

解　该方程是一阶线性非齐次方程，$P(x)=2x$，$Q(x)=x$，代入通解公式(8-3-4)，得

$$\begin{aligned}y&=e^{-\int 2x\mathrm{d}x}\left(\int xe^{\int 2x\mathrm{d}x}\mathrm{d}x+C\right)=e^{-x^2}\left(\int xe^{x^2}\mathrm{d}x+C\right)\\&=e^{-x^2}\left(\frac{1}{2}\int e^{x^2}\mathrm{d}(x^2)+C\right)\\&=e^{-x^2}\left(\frac{1}{2}e^{x^2}+C\right)\\&=Ce^{-x^2}+\frac{1}{2}.\end{aligned}$$

例 8.3.4 求微分方程 $xy'+2x^2y=e^{-x^2}$ 的通解.

解 这是一阶线性非齐次方程，先将其化为标准形式，得

$$y'+2xy=\frac{1}{x}e^{-x^2},$$

其中 $P(x)=2x$，$Q(x)=\frac{1}{x}e^{-x^2}$. 因为

$$\int P(x)dx=\int 2x\,dx=x^2,$$

$$\int Q(x)e^{\int P(x)dx}dx=\int\frac{1}{x}\cdot e^{-x^2}\cdot e^{x^2}dx=\int\frac{1}{x}dx=\ln x,$$

所以由通解公式(8-3-4)得原方程的通解为

$$y=e^{-x^2}(C+\ln x).$$

★ 习题 8-3

(A)

1. 求下列微分方程满足初始条件的特解：

(1) $(y+1)^2y'+x^3=0$，$y|_{x=0}=-1$；

(2) $\frac{dy}{dx}=-\frac{x(1+y^2)}{y(1+x^2)}$，$y|_{x=1}=1$.

2. 求下列微分方程的通解：

(1) $xy'-y=x\tan\frac{y}{x}$；

(2) $xy'+x+\sin(x+y)=0$.

3. 求下列微分方程的通解：

(1) $(1+x^2)y'-2xy=(1+x^2)^2$；　(2) $y'+y\tan x=\sin 2x$；

(3) $y'=\frac{1}{e^y+x}$；　(4) $2y\,dx-(y^2-6x)dy=0$.

(B)

1. 下列等式中是一阶线性微分方程的是(　　).

A. $y''+y=x$　B. $y'=ye^x+\sin x$

C. $\sin y'+e^x=1$　D. $y''+3y'+4y=0$

2. 下列方程中是一阶线性微分方程的是(　　).

A. $\frac{dy}{dx}+xy=\sin x$　B. $(y'')^2+5(y')^4+x^7=0$

C. $(y')^2+y=1$　D. $xy''+y'+y=0$

3. 一阶齐次线性微分方程 $y'+P(x)y=0$ 的通解是(　　).

A. $y=Ce^{-\int P(x)dx}$　B. $y=Ce^{\int P(x)dx}$

C. $y=C(x)e^{-\int P(x)dx}$　D. $y=C(x)e^{\int P(x)dx}$

4. 一阶线性微分方程 $y'+P(x)y=Q(x)$ 的通解是(　　).

A. $y=Ce^{-\int P(x)dx}$　　B. $y=e^{-\int P(x)dx}\left[\int Q(x)e^{\int P(x)dx}dx+C\right]$

C. $y=e^{\int P(x)dx}\left[\int Q(x)e^{-\int P(x)dx}dx+C\right]$　　D. $y=e^{\int P(x)dx}\int Q(x)e^{-\int P(x)dx}dx$

5. 微分方程 $xy'+y=3$ 的通解是(　　).

A. $y=-\dfrac{C}{x}-3$　　B. $y=\dfrac{3}{x}+C$　　C. $y=\dfrac{C}{x}+3$　　D. $y=\dfrac{C}{x}-3$

6. 微分方程 $y'''+x^2y''-x^5=1$ 的通解中应含的独立常数的个数为(　　).

A. 3　　B. 5　　C. 4　　D. 2

7. 微分方程 $y'-y=1$ 的通解是(　　).

A. $y=Ce^x$　　B. $y=Ce^x+1$　　C. $y=Ce^x-1$　　D. $y=(C+1)e^x$

8. 微分方程 $y'+\dfrac{y}{x}=\dfrac{1}{x(x^2+1)}$ 的通解是(　　).

A. $\arctan x+C$　　B. $\dfrac{1}{x}(\arctan x+C)$

C. $\dfrac{1}{x}\arctan x+C$　　D. $\arctan x+\dfrac{C}{x}$

9. 微分方程 $xy'+y=3$ 满足初始条件 $y(1)=0$ 的解是(　　).

A. $y=3\left(1-\dfrac{1}{x}\right)$　　B. $y=3(1-x)$　　C. $y=1-\dfrac{1}{x}$　　D. $y=1-x$

10. 微分方程 $(1-x^2)y-xy'=0$ 的通解是 $y=$(　　).

A. $y=C\sqrt{1-x^2}$　　B. $y=\dfrac{C}{\sqrt{1-x^2}}$　　C. $y=Cxe^{-\frac{1}{2}x^2}$　　D. $y=-\dfrac{1}{2}x^3+Cx$

8.4　二阶线性微分方程

定义 8.4.1　形如

$$y''+py'+qy=f(x) \tag{8-4-1}$$

的方程称为二阶常系数线性微分方程. 其中 p、q 均为实数，$f(x)$为已知的连续函数.

如果 $f(x)\equiv 0$，则方程(8-4-1)变成

$$y''+py'+qy=0. \tag{8-4-2}$$

我们把方程(8-4-2)叫作二阶常系数齐次线性微分方程，把方程(8-4-1)叫作二阶常系数非齐次线性微分方程. 通常把方程(8-4-2)称为方程(8-4-1)所对应的齐次方程.

一、线性微分方程解的结构

1. 函数组的线性相关、线性无关

设 $y_1, y_2, \cdots, y_n$ 为定义在区间 I 内的 n 个函数，若存在不全为零的常数 $k_1, k_2, \cdots, k_n$，使得当在该区间内有 $k_1y_1+k_2y_2+\cdots+k_ny_n\equiv 0$，则称这 n 个函数在区间 I 内线性相关，否则称线性无关.

例如 1，$\cos^2 x$，$\sin^2 x$ 在实数范围内是线性相关的，因为

$$1-\cos^2 x-\sin^2 x\equiv 0.$$

又如 1，x，x^2 在任何区间(a, b)内是线性无关的，因为在该区间内要使

$$k_1+k_2 x+k_3 x^2\equiv 0,$$

必须 $k_1=k_2=k_3=0$.

对于 y_1，y_2 两个函数，若$\dfrac{y_1}{y_2}=$常数，则 y_1，y_2 线性相关；若$\dfrac{y_1}{y_2}\neq$常数，则 y_1，y_2 线性无关.

2. 解的性质与通解结构

定理 8.4.1 如果函数 y_1 与 y_2 是方程(8-4-2)的两个解，则 $y=C_1 y_1+C_2 y_2$ 也是方程(8-4-2)的解，其中 C_1，C_2 是任意常数.

证明 因为 y_1 与 y_2 是方程(8-4-2)的解，所以有

$$y''_1+p y'_1+q y_1=0,$$
$$y''_2+p y'_2+q y_2=0,$$

将 $y=C_1 y_1+C_2 y_2$ 代入方程(8-4-2)的左边，得

$$\begin{aligned}&(C_1 y''_1+C_2 y''_2)+p(C_1 y'_1+C_2 y'_2)+q(C_1 y_1+C_2 y_2)\\&=C_1(y''_1+p y'_1+q y_1)+C_2(y''_2+p y'_2+q y_2)=0,\end{aligned}$$

所以 $y=C_1 y_1+C_2 y_2$ 是方程(8-4-2)的解.

定理 8.4.1 说明齐次线性方程的解具有叠加性. 叠加起来的解从形式看含有 C_1，C_2 两个任意常数，但它不一定是方程(8-4-2)的通解.

例 8.4.1 对于二阶线性微分方程

$$y''-3y'+2y=0,$$

验证 $y_1=e^x$，$y_2=e^{2x}$，$y_3=e^{2+x}$ 是它的解，并证明 $C_1 e^x+C_2 e^{2x}$ 是原方程的通解，而 $C_1 e^x+C_3 e^{2+x}$ 是原方程的解，但不是通解.

证明 把 $y_1=e^x$ 代入方程的左端，得

$$y''-3y'+2y=(e^x)''-3(e^x)'+2e^x=e^x-3e^x+2e^x\equiv 0,$$

故 $y_1=e^x$ 是 $y''-3y'+2y=0$ 的解.

同理，

$$y''-3y'+2y=(e^{2x})''-3(e^{2x})'+2e^{2x}=4e^{2x}-3\cdot 2e^{2x}+2e^{2x}\equiv 0,$$
$$y''-3y'+2y=(e^{2+x})''-3(e^{2+x})'+2e^{2+x}=e^{2+x}-3e^{2+x}+2e^{2+x}\equiv 0,$$

所以 $y_2=e^{2x}$，$y_3=e^{2+x}$ 也是原微分方程的解.

由定理 8.4.1 可得，$C_1 e^x+C_2 e^{2x}$ 是原方程的解. 又因为两个任意常数 C_1，C_2 不可能合并为一个任意常数，而所给的方程是二阶的，因此 $C_1 e^x+C_2 e^{2x}$ 是 $y''-3y'+2y=0$ 的通解.

而 $C_1 e^x+C_3 e^{2+x}=C_1 e^x+C_3 e^2\cdot e^x=Ce^x$(其中 $C=C_1+C_3 e^2$)是微分方程的解，但不是通解.

由例 8.4.1 可知，$\dfrac{y_1}{y_2}=\dfrac{e^x}{e^{2x}}=e^{-x}$ 不恒为常数($y_1=e^x$ 与 $y_2=e^{2x}$ 线性无关)，所以 $C_1 e^x+C_2 e^{2x}$ 是 $y''-3y'+2y=0$ 的通解. 而$\dfrac{y_3}{y_1}=\dfrac{e^{2+x}}{e^x}=e^2$ 恒为常数($y_1=e^x$ 与 $y_3=e^{2+x}$ 线性相

关)，所以 $C_1e^x+C_3e^{2+x}$ 中的常数可以合并为一个常数，从而它不能构成原方程的通解.

定理 8.4.2　如果 y_1 与 y_2 是方程(8-4-2)的两个线性无关的特解，则 $y=C_1y_1+C_2y_2$(C_1，C_2 均为任意常数)是方程(8-4-2)的通解.

例如，$y''+y=0$ 是二阶齐次线性方程，$y_1=\sin x$，$y_2=\cos x$ 是它的两个解，且 $\dfrac{y_1}{y_2}=\tan x\neq$ 常数，即 y_1，y_2 线性无关，所以 $y=C_1y_1+C_2y_2=C_1\sin x+C_2\cos x$($C_1$，$C_2$ 均为任意常数)是方程 $y''+y=0$ 的通解.

定理 8.4.3　设 y^* 是方程(8-4-1)的一个特解，Y 是方程(8-4-1)所对应的齐次方程(8-4-2)的通解，则 $y=Y+y^*$ 是方程(8-4-1)的通解.

证明　把 $y=Y+y^*$ 代入方程(8-4-1)的左端，得

$$\begin{aligned}&(Y''+y^{*\prime\prime})+p(Y'+y^{*\prime})+q(Y+y^*)\\=&(Y''+pY'+qY)+(y^{*\prime\prime}+py^{*\prime}+qy^*)\\=&0+f(x)=f(x),\end{aligned}$$

$y=Y+y^*$ 使方程(8-4-1)的两端恒等，所以 $y=Y+y^*$ 是方程(8-4-1)的解.

定理 8.4.4　设 y_1^* 与 y_2^* 分别是方程

$$y''+P(x)y'+Q(x)y=f_1(x)$$

与

$$y''+P(x)y'+Q(x)y=f_2(x)$$

的特解，则 $y_1^*+y_2^*$ 是方程

$$y''+P(x)y'+Q(x)y=f_1(x)+f_2(x)$$

的特解.

二、二阶常系数齐次线性微分方程的解法

现在我们研究二阶常系数齐次线性微分方程 $y''+py'+qy=0$ 的解法. 如何求得方程的两个线性无关的特解呢？我们知道，指数函数 $y=e^{rx}$(r 为常数)和它的各阶导数都只差一个常数因子，根据指数函数的这个特点，我们用 $y=e^{rx}$ 来试着看能否选取适当的常数 r，使 $y=e^{rx}$ 满足方程(8-4-2).

将 $y=e^{rx}$ 求导，得

$$y'=re^{rx},\ y''=r^2e^{rx},$$

把 y，y'，y''代入方程(8-4-2)，得

$$(r^2+pr+q)e^{rx}=0,$$

因为 $e^{rx}\neq 0$，所以只有

$$r^2+pr+q=0. \tag{8-4-3}$$

只要 r 满足方程(8-4-3)，$y=e^{rx}$ 就是方程(8-4-2)的解.

称方程(8-4-3)为微分方程(8-4-2)的特征方程，特征方程的根称为特征根.

特征方程(8-4-3)的两个根为 $r_{1,2}=\dfrac{-p\pm\sqrt{p^2-4q}}{2}$，因此方程(8-4-2)的通解有下列三种不同的情形.

(1) 当 $p^2-4q>0$ 时，r_1，r_2 是方程(8-4-3)的两个不相等的实根，

$$r_1=\frac{-p+\sqrt{p^2-4q}}{2},\ r_2=\frac{-p-\sqrt{p^2-4q}}{2},$$

$y_1=e^{r_1x}$，$y_2=e^{r_2x}$ 是方程(8－4－2)的两个特解，并且$\frac{y_1}{y_2}=e^{(r_1-r_2)x}\neq$常数，即 y_1 与 y_2 线性无关. 根据定理 8.4.2，得方程(8－4－2)的通解为 $y=C_1e^{r_1x}+C_2e^{r_2x}$.

(2) 当 $p^2-4q=0$ 时，r_1，r_2 是方程(8－4－3)的两个相等的实根，$r_1=r_2=-\frac{p}{2}$，这时只能得到方程(8－4－2)的一个特解 $y_1=e^{r_1x}$，还需求出另一个解 y_2，且$\frac{y_2}{y_1}\neq$常数，设$\frac{y_2}{y_1}=u(x)$，即

$$y_2=e^{r_1x}u(x),$$
$$y_2'=e^{r_1x}(u'+r_1u),$$
$$y''_2=e^{r_1x}(u''+2r_1u'+r_1^2u).$$

将 y_2，y_2'，y''_2 代入方程(8－4－2)，得

$$e^{r_1x}[(u''+2r_1u'+r_1^2u)+p(u'+r_1u)+qu]=0.$$

整理，得

$$e^{r_1x}[u''+(2r_1+p)u'+(r_1^2+pr_1+q)u]=0.$$

因为 $e^{r_1x}\neq0$，所以

$$u''+(2r_1+p)u'+(r_1^2+pr_1+q)u=0.$$

因为 r_1 是特征方程(8－4－3)的二重根，所以

$$r_1^2+pr_1+q=0,\ 2r_1+p=0,$$

从而

$$u''=0.$$

因为我们只需一个不为常数的解，不妨取 $u=x$，可得到方程(8－4－2)的另一个解

$$y_2=xe^{r_1x}.$$

那么，方程(8－4－2)的通解为

$$y=C_1e^{r_1x}+C_2xe^{r_1x},$$

即

$$y=(C_1+C_2x)e^{r_1x}.$$

(3) 当 $p^2-4q<0$ 时，特征方程(8－4－3)有一对共轭复根，

$$r_1=\alpha+i\beta,\ r_2=\alpha-i\beta(\beta\neq0),$$

于是

$$y_1=e^{(\alpha+i\beta)x},\ y_2=e^{(\alpha-i\beta)x}.$$

利用欧拉公式 $e^{ix}=\cos x+i\sin x$ 把 y_1，y_2 改写为

$$y_1=e^{(\alpha+i\beta)x}=e^{\alpha x}\cdot e^{i\beta x}=e^{\alpha x}(\cos\beta x+i\sin\beta x),$$
$$y_2=e^{(\alpha-i\beta)x}=e^{\alpha x}\cdot e^{-i\beta x}=e^{\alpha x}(\cos\beta x-i\sin\beta x).$$

y_1，y_2 之间成共轭关系，取

$$\overline{y_1}=\frac{1}{2}(y_1+y_2)=e^{\alpha x}\cos\beta x,$$

$$\overline{y_2}=\frac{1}{2\mathrm{i}}(y_1-y_2)=\mathrm{e}^{\alpha x}\sin\beta x,$$

$$\frac{\overline{y_2}}{\overline{y_1}}=\frac{\mathrm{e}^{\alpha x}\sin\beta x}{\mathrm{e}^{\alpha x}\cos\beta x}=\tan\beta x\neq 常数,$$

即 $\overline{y_1}$ 与 $\overline{y_2}$ 线性无关，所以方程(8-4-2)的通解为

$$y=\mathrm{e}^{\alpha x}(C_1\cos\beta x+C_2\sin\beta x).$$

综上所述，求二阶常系数齐次线性微分方程通解的步骤如下：

(1) 写出方程(8-4-2)的特征方程

$$r^2+pr+q=0.$$

(2) 求特征方程的两个根 r_1，r_2.

(3) 根据 r_1，r_2 的不同情形，按下表写出方程(8-4-2)的通解.

特征方程 $r^2+pr+q=0$ 的两个根 r_1，r_2	方程 $y''+py'+qy=0$ 的通解
两个不相等的实根 $r_1\neq r_2$	$y=C_1\mathrm{e}^{r_1x}+C_2\mathrm{e}^{r_2x}$
两个相等的实根 $r_1=r_2$	$y=(C_1+C_2x)\mathrm{e}^{r_1x}$
一对共轭复根 $r_{1,2}=\alpha\pm\mathrm{i}\beta$	$y=\mathrm{e}^{\alpha x}(C_1\cos\beta x+C_2\sin\beta x)$

例 8.4.2　求方程 $y''+2y'-3y=0$ 的通解.

解　所给方程的特征方程为

$$r^2+2r-3=0,$$

其根为

$$r_1=-3,\ r_2=1.$$

所以原方程的通解为

$$y=C_1\mathrm{e}^{-3x}+C_2\mathrm{e}^{x}.$$

例 8.4.3　求方程 $y''+2y'+5y=0$ 的通解.

解　所给方程的特征方程为

$$r^2+2r+5=0,$$

其根为

$$r_1=-1+2\mathrm{i},\ r_2=-1-2\mathrm{i}.$$

所以原方程的通解为

$$y=\mathrm{e}^{-x}(C_1\cos 2x+C_2\sin 2x).$$

例 8.4.4　求方程 $\frac{\mathrm{d}^2S}{\mathrm{d}t^2}+2\frac{\mathrm{d}S}{\mathrm{d}t}+S=0$ 满足初始条件 $S|_{t=0}=4$，$S'|_{t=0}=-2$ 的特解.

解　所给方程的特征方程为

$$r^2+2r+1=0,$$

其根为

$$r_1=r_2=-1,$$

故通解为

$$S=(C_1+C_2t)\mathrm{e}^{-t}.$$

将初始条件 $S|_{t=0}=4$ 代入，得 $C_1=4$，于是

$$S=(4+C_2t)e^{-t},$$

对其求导，得

$$S'=(C_2-4-C_2t)e^{-t}.$$

将初始条件$S'|_{t=0}=-2$代入，得$C_2=2$.

因此所求特解为

$$S=(4+2t)e^{-t}.$$

三、二阶常系数非齐次线性微分方程的解法

二阶常系数非齐次线性微分方程的一般形式为$y''+py'+qy=f(x)$，其中p、q均为实数，根据解的结构，其通解为$y=Y+y^*$，其中Y为对应的齐次方程式的通解，y^*是该非齐次方程的一个特解. 下面主要针对两种形式的自由项$f(x)$，用待定系数法得到y^*.

1. $f(x)=e^{\lambda x}P_m(x)$型的解法

$f(x)=e^{\lambda x}P_m(x)$，其中λ为常数，$P_m(x)$是关于x的一个m次多项式.

方程(8-4-1)的右端$f(x)$是多项式$P_m(x)$与指数函数$e^{\lambda x}$乘积的导数仍为同一类型函数，因此方程(8-4-1)的特解可能为$y^*=Q(x)e^{\lambda x}$，其中$Q(x)$是某个多项式函数.

把

$$y^*=Q(x)e^{\lambda x},$$

$$y^{*\prime}=[\lambda Q(x)+Q'(x)]e^{\lambda x},$$

$$y^{*\prime\prime}=[\lambda^2Q(x)+2\lambda Q'(x)+Q''(x)]e^{\lambda x}$$

代入方程(8-4-1)并消去$e^{\lambda x}$，得

$$Q''(x)+(2\lambda+p)Q'(x)+(\lambda^2+p\lambda+q)Q(x)=P_m(x). \tag{8-4-4}$$

以下分三种不同的情形，分别讨论函数$Q(x)$的确定方法：

(1) 若λ不是方程(8-4-2)的特征方程$r^2+pr+q=0$的根，即$\lambda^2+p\lambda+q\neq0$，要使式(8-4-4)的两端恒等，可令$Q(x)$为另一个$m$次多项式$Q_m(x)$：

$$Q_m(x)=b_0+b_1x+b_2x^2+\cdots+b_mx^m.$$

代入式(8-4-4)，并比较两端关于x同次幂的系数，就得到关于未知数b_0，b_1，…，b_m的$m+1$个方程. 联立解方程组可以确定出$b_i(i=0,1,\cdots,m)$. 从而得到所求方程的特解为

$$y^*=Q_m(x)e^{\lambda x}.$$

(2) 若λ是特征方程$r^2+pr+q=0$的单根，即$\lambda^2+p\lambda+q=0$，$2\lambda+p\neq0$，要使式(8-4-4)成立，则$Q'(x)$必须是m次多项式函数，可令

$$Q(x)=xQ_m(x),$$

用同样的方法来确定$Q_m(x)$的系数$b_i(i=0,1,\cdots,m)$.

(3) 若λ是特征方程$r^2+pr+q=0$的重根，即$\lambda^2+p\lambda+q=0$，$2\lambda+p=0$，要使式(8-4-4)成立，则$Q''(x)$必须是一个m次多项式，可令

$$Q(x)=x^2Q_m(x),$$

用同样的方法来确定$Q_m(x)$的系数.

综上所述，若方程(8-4-1)中的$f(x)=P_m(x)e^{\lambda x}$，则方程(8-4-1)的特解为

$$y^*=x^kQ_m(x)e^{\lambda x},$$

其中$Q_m(x)$是与$P_m(x)$同次多项式，k按λ不是特征方程的根、是特征方程的单根或是特

征方程的重根依次取 0、1、2.

求解二阶常系数非齐次线性微分方程通解的步骤如下：

(1) 写出特征方程，并求出特征根；

(2) 求出对应齐次方程的通解 Y；

(3) 根据 λ 与特征根的关系确定特解形式，并代入原方程后确定其中的系数，从而得到 y^*；

(4) 写成 $y=Y+y^*$.

例 8.4.5　下列方程具有什么样形式的特解？

(1) $y''+5y'+6y=e^{3x}$；

(2) $y''+5y'+6y=3xe^{-2x}$；

(3) $y''+2y'+y=-(3x^2+1)e^{-x}$.

解　(1) 因为 $\lambda=3$ 不是特征方程 $r^2+5r+6=0$ 的根，所以方程具有特解形式：

$$y^*=b_0e^{3x};$$

(2) 因为 $\lambda=-2$ 是特征方程 $r^2+5r+6=0$ 的单根，所以方程具有特解形式：

$$y^*=x(b_0x+b_1)e^{-2x};$$

(3) 因为 $\lambda=-1$ 是特征方程 $r^2+2r+1=0$ 的二重根，所以方程具有特解形式：

$$y^*=x^2(b_0x^2+b_1x+b_2)e^{-x}.$$

例 8.4.6　求方程 $y''+2y'=3e^{-2x}$ 的一个特解.

解　$f(x)$是 $P_m(x)e^{\lambda x}$ 型，且 $P_m(x)=3$，$\lambda=-2$，对应齐次方程的特征方程为 $r^2+2r=0$，特征根为 $r_1=0$，$r_2=-2$.

$\lambda=-2$ 是特征方程的单根，令

$$y^*=xb_0e^{-2x},$$

代入原方程，解得

$$b_0=-\frac{3}{2}.$$

故所求特解为

$$y^*=-\frac{3}{2}xe^{-2x}.$$

例 8.4.7　求方程 $y''-2y'-3y=3x+1$ 的一个特解.

解　题设方程右端的自由项为 $f(x)=P_m(x)e^{\lambda x}$ 型，其中 $P_m(x)=3x+1$，$\lambda=0$. 对应的齐次方程的特征方程为 $r^2-2r-3=0$，特征根为 $r_1=-1$，$r_2=3$.

因为 $\lambda=0$ 不是特征方程的根，所以设特解为 $y^*=b_0x+b_1$. 把它代入题设方程，得

$$-3b_0x-2b_0-3b_1=3x+1,$$

比较系数得 $\begin{cases}-3b_0=3,\\ -2b_0-3b_1=1,\end{cases}$ 解得 $\begin{cases}b_0=-1,\\ b_1=\dfrac{1}{3},\end{cases}$

于是所求特解为

$$y^*=-x+\frac{1}{3}.$$

例 8.4.8　求方程 $y''-2y'=(x-1)e^x$ 的通解.

解　先求对应齐次方程 $y''-2y'+y=0$ 的通解. 其特征方程为

$$r^2-2r+1=0,\ r_1=r_2=1,$$

齐次方程的通解为

$$Y=(C_1+C_2x)e^x.$$

再求所给方程的特解

$$\lambda=1,\ P_m(x)=x-1,$$

因为 $\lambda=1$ 是特征方程的二重根，所以

$$y^*=x^2(b_0x+b_1)e^x.$$

把它代入所给方程，并约去 e^x，得

$$6b_0x+2b_1=x-1.$$

比较系数，得

$$b_0=\frac{1}{6},\ b_1=-\frac{1}{2}.$$

于是

$$y^*=x^2\left(\frac{x}{6}-\frac{1}{2}\right)e^x.$$

所给方程的通解为

$$y=Y+y^*=\left(C_1+C_2x-\frac{1}{2}x^2+\frac{1}{6}x^3\right)e^x.$$

例 8.4.9　求微分方程 $y''+y=x+e^x$ 的通解.

解　特征方程为 $r^2+1=0$，特征根为 $r_1=i$，$r_2=-i$，故对应齐次方程的通解为

$$Y=C_1\cos x+C_2\sin x,$$

观察可得 $y''+y=x$ 的一个特解为 $y_1^*=x$，$y''+y=e^x$ 的一个特解为 $y_2^*=\frac{1}{2}e^x$. 因此所求方程的特解为

$$y^*=x+\frac{1}{2}e^x.$$

所给方程的通解为

$$y=Y+y^*=C_1\cos x+C_2\sin x+x+\frac{1}{2}e^x.$$

2. $f(x)=e^{\lambda x}(A\cos\omega x+B\sin\omega x)$ 型的解法

$f(x)=e^{\lambda x}(A\cos\omega x+B\sin\omega x)$，其中 A、B、ω 均为常数.

此时，方程(8-4-1)成为

$$y''+py'+q=e^{\lambda x}(A\cos\omega x+B\sin\omega x).\tag{8-4-5}$$

这种类型的三角函数的导数，仍属同一类型，因此方程(8-4-5)的特解 y^* 也应属同一类型，可以证明方程(8-4-5)的特解形式为

$$y^*=x^k e^{\lambda x}(a\cos\omega x+b\sin\omega x),$$

其中 a，b 为待定常数. k 的取法规则是：

当$\lambda \pm \omega \mathrm{i}$不是特征方程$r^2+pr+q=0$的根时，取$k=0$；

当$\lambda \pm \omega \mathrm{i}$是特征方程$r^2+pr+q=0$的根时，取$k=1$.

例 8.4.10　求方程$y''+2y'-3y=4\sin x$的一个特解.

解　$\lambda=0$，$\omega=1$，$\lambda \pm \omega \mathrm{i}=\pm \mathrm{i}$不是特征方程为$r^2+2r-3=0$的根，$k=0$，因此原方程的特解形式为

$$y^*=a\cos x+b\sin x.$$

于是

$$y^{*\prime}=-a\sin x+b\cos x,$$
$$y^{*\prime\prime}=-a\cos x-b\sin x.$$

将y^*，$y^{*\prime}$，$y^{*\prime\prime}$代入原方程，得

$$\begin{cases}-4a+2b=0,\\-2a-4b=4.\end{cases}$$

解得

$$a=-\frac{2}{5},\ b=-\frac{4}{5}.$$

故原方程的特解为

$$y^*=-\frac{2}{5}\cos x-\frac{4}{5}\sin x.$$

例 8.4.11　求方程$y''-3y'+2y=\mathrm{e}^{-x}\cos x$的一个特解.

解　$\lambda=-1$，$\omega=2$，$\lambda \pm \omega \mathrm{i}=-1\pm 2\mathrm{i}$不是特征方程$r^2+1=0$的根，$k=0$，因此原方程的特解形式为

$$y^*=\mathrm{e}^{-x}(a\cos x+b\sin x),$$

于是

$$\begin{aligned}y^{*\prime}&=-\mathrm{e}^{-x}(a\cos x+b\sin x)+\mathrm{e}^{-x}(-a\sin x+b\cos x)\\&=\mathrm{e}^{-x}[(-a+b)\cos x-(a+b)\sin x],\end{aligned}$$

$$y^{*\prime\prime}=-\mathrm{e}^{-x}[(-a+b)\cos x-(a+b)\sin x]+\mathrm{e}^{-x}[(a-b)\sin x-(a+b)\cos x].$$

将y^*，$y^{*\prime}$，$y^{*\prime\prime}$代入原方程，得

$$\begin{cases}5(a+b)=0,\\5(a-b)=1.\end{cases}$$

解得

$$a=\frac{1}{10},\ b=-\frac{1}{10}.$$

故原方程的一个特解为

$$y^*=\frac{1}{10}\mathrm{e}^{-x}(\cos x-\sin x).$$

例 8.4.12　求方程$y''-2y'-3y=\mathrm{e}^x+\sin x$的通解.

解　先求对应的齐次方程的通解Y. 对应的齐次方程的特征方程为

$$r^2-2r-3=0,$$

解得

$$r_1=-1,\ r_2=3.$$
$$Y=C_1\mathrm{e}^{-x}+C_2\mathrm{e}^{3x}.$$

再求非齐次方程的一个特解 y^*.

由于 $f(x)=\mathrm{e}^x+\sin x$，分别求出方程对应的右端项为 $f_1(x)=\mathrm{e}^x$，$f_2(x)=\sin x$ 的特解 y_1^*，y_2^*，则 $y^*=y_1^*+y_2^*$ 是原方程的一个特解.

由于 $\lambda=1$，$\lambda\pm\omega\mathrm{i}=1\pm\mathrm{i}$ 均不是特征方程的根，故特解为

$$y^*=y_1^*+y_2^*=a\mathrm{e}^x+(b\cos x+c\sin x).$$

代入原方程，得

$$-4a\mathrm{e}^x-(4b+2c)\cos x+(2b-4c)\sin x=\mathrm{e}^x\sin x.$$

比较系数，得

$$-4a=1,\ 4b+2c=0,\ 2b-4c=1.$$

解得

$$a=-\frac{1}{4},\ b=\frac{1}{10},\ c=-\frac{1}{5}.$$

于是所给方程的一个特解为

$$y^*=-\frac{1}{4}\mathrm{e}^x+\frac{1}{10}\cos x-\frac{1}{5}\sin x.$$

所以所求方程的通解为

$$y=Y+y^*=C_1\mathrm{e}^{-x}+C_2\mathrm{e}^{3x}-\frac{1}{4}\mathrm{e}^x+\frac{1}{10}\cos x-\frac{1}{5}\sin x.$$

★ 习题 8-4

(A)

1. 求下列微分方程的通解：

(1) $y''+y'-2y=0$； (2) $y''+6y'+13y=0$； (3) $y''+4y'+4y=0$.

2. 求下列微分方程的特解：

(1) $y''-4y'+3y=0$，$y|_{x=0}=6$，$y'|_{x=0}=10$；

(2) $y''+25y=0$，$y|_{x=0}=2$，$y'|_{x=0}=5$；

(3) $y''-4y'+13y=0$，$y|_{x=0}=2$，$y'|_{x=0}=3$.

3. 求下列微分方程的通解：

(1) $y''+3y'+2y=3x\mathrm{e}^{-x}$； (2) $y''+5y'+4y=3-2x$；

(3) $y''+4y'=x\cos x$； (4) $y''-y=\sin^2 x$.

4. 求下列微分方程的特解

(1) $y''-3y'+2y=5$，$y(0)=6$，$y'(0)=2$； (2) $y''+y+\sin 2x=0$，$y(\pi)=1$，$y'(\pi)=1$.

(B)

1. 下列函数组在定义域内线性相关的是(　　).

A. e^{x^2}，$x\mathrm{e}^{x^2}$　　B. e^{ax}，e^{bx}　　C. e^{x^2}，$3\mathrm{e}^{x^2}$　　D. $\sin x$，$\cos x$

2. 下列函数组在定义域内线性无关的是(　　).

A. e^x, e^{x+1}　　B. x^2, $-2x^2$　　C. 0, 1, x　　D. e^x, e^{-x}

3. 三个函数 $y_1=e^x$, $y_2=e^{x-1}$, $y_3=e^{-x}$ 都是微分方程 $y''-y=0$ 的解，这个方程的通解是(　　).

A. $y=C_1y_1+C_2y_2$　　B. $y=C_1y_1-C_2y_2+C_3y_3$

C. $y=C_2y_2+C_3y_3$　　D. $y=C_1y_1+C_2y_2+C_3y_3$

4. 微分方程 $y''+y=0$ 的通解是(　　).

A. $y=C\sin x$　　B. $y=\sin x+C\cos x$

C. $y=C_1\sin x+C_2\cos x$　　D. $y=C\cos x$

5. 微分方程 $y''+2y'-3y=0$ 的通解是(　　).

A. $y=C_1e^{-2x}+C_2e^x$　　B. $y=C_1e^{-3x}+C_2e^x$

C. $y=C_1e^{3x}+C_2e^{-x}$　　D. $y=C_1e^{2x}+C_2e^{-x}$

6. 微分方程 $y''+4y'+4y=0$ 的通解是(　　).

A. $y=(C_1+C_2x)e^{-2x}$　　B. $y=(C_1+C_2x)e^{2x}$

C. $y=(C_1+C_2x)e^x$　　D. $y=(C_1+C_2x)e^{-x}$

7. 如果 y_1, y_2, y_3 是二阶线性非齐次微分方程 $y''+py'+qy=f(x)$ 的线性无关的解，则这个方程的通解是(　　).

A. $y=C_1y_1+C_2y_2+C_3y_3$　　B. $y=C_1y_1+C_2y_2+C_3y_3+y_1$

C. $y=C_1(y_1-y_2)+C_2(y_3-y_1)$　　D. $y=C_1(y_1-y_2)+C_2(y_3-y_1)+y_1$

8. 微分方程 $y''+y'=0$ 的通解是(　　).

A. $y=C_1e^{-2x}+C_2$　　B. $y=C_1+C_2e^x$

C. $y=C_1+C_2e^{-x}$　　D. $y=C_1e^{2x}+C_2$

9. 微分方程 $y''-4y'+5y=0$ 的通解是(　　).

A. $y=(C_1\cos x+C_2\sin x)e^{2x}$　　B. $y=(C_1\cos x+C_2\sin x)e^{-2x}$

C. $y=(C_1\cos 2x+C_2\sin 2x)e^x$　　D. $y=(C_1\cos 2x+C_2\sin 2x)e^{-x}$

10. 微分方程 $y''+4y'+13y=0$ 的通解是(　　).

A. $y=(C_1\cos 3x+C_2\sin 3x)e^{2x}$　　B. $y=(C_1\cos 2x+C_2\sin 2x)e^{-3x}$

C. $y=(C_1\cos 2x+C_2\sin 2x)e^{3x}$　　D. $y=(C_1\cos 3x+C_2\sin 3x)e^{-2x}$

8.5　微分方程在经济学中的应用

经济学中的许多经济变量之间的关系及其内在规律都以微分方程(组)的形式来表现．这就需要建立某一经济函数及其导数所满足的关系式，再根据一些已知条件来确定该函数的表达式．从数学上讲，就是建立微分方程(组)并求解微分方程(组)．下面几个简单的例子体现了微分方程在经济学中的应用．

一、分析商品的市场价格与需求量之间的函数关系

例 8.5.1　某商品的需求量 Q 对价格 P 的弹性为 $3P^2$．如果该商品的最大需求量为 10 000 件(即 $P=0$ 时 $Q=10\ 000$)，试求：

(1) 需求量 Q 对价格 P 的函数关系；

(2) 当价格为 1 时，市场对该商品的需求量.

解 (1) 由弹性的定义

$$\frac{P}{Q}\cdot\frac{\mathrm{d}Q}{\mathrm{d}P}=-3P^2,$$

即

$$\frac{\mathrm{d}Q}{\mathrm{d}P}=-3PQ.$$

这是一个可分离变量的微分方程，其通解为

$$Q=C\mathrm{e}^{-\frac{3}{2}P^2}.$$

由于 $Q|_{P=0}=10\ 000$，故 $C=10\ 000$.

(2) 当 $P=1$ 时，$Q=10\ 000\mathrm{e}^{-\frac{3}{2}}\approx 2\ 231$(件).

即当价格为 1 时，市场对该商品的需求量为 2 231 件.

二、价格调整问题

例 8.5.2 某商品的需求函数与供给函数分别为

$$Q(P)=\alpha-\beta P,\ S(P)=a+bP,$$

其中 a，b，α，β 均为常数，且 $b>0$，$\beta>0$.

假设商品价格 P 为时间 t 的函数，已知初始价格 $P(0)=P_0$，且在任一时刻 t 价格 $P(t)$的变化率与超额需求量 $Q-S$ 成正比(比例常数为 $k>0$).

(1) 求供给量与需求量相等时的价 P_e(均衡价格)；

(2) 求价格 $P(t)$的表达式；

(3) 分析价格 $P(t)$随时间的变化情况.

解 (1) 当供给量与需求量相等时，可得供求平衡时的价格

$$P_e=\frac{\alpha-a}{\beta+b}.$$

(2) 由题意可知

$$\frac{\mathrm{d}P}{\mathrm{d}t}=k[Q(P)-S(P)]\ (k>0).$$

将 $S(P)=a+bP$，$Q(P)=\alpha-\beta P$ 代入上式，可得

$$\frac{\mathrm{d}P}{\mathrm{d}t}=\lambda(P_e-P),$$

其中常数 $\lambda=(b+\beta)k>0$，上述方程的通解为

$$P(t)=P_e+C\mathrm{e}^{-\lambda t}.$$

假设初始价格 $P(0)=P_0$，代入上式，得 $C=P_0-P_e$，于是上述价格调整模型的解为

$$P(t)=P_e+(P_0-P_e)\mathrm{e}^{-\lambda t}.$$

(3) 由于 $\lambda>0$ 知，$t\to+\infty$时，$P(t)\to P_e$. 说明随着时间不断推延，实际价格 $P(t)$将逐渐趋近均衡价格 P_e.

三、逻辑斯谛(Logistic)方程

例 8.5.3 假设某产品的销量为 $x(t)$是时间 t 的可导函数，如果商品的销售量对时间

的增长速率$\frac{dx}{dt}$与销售量 $x(t)$及销售量接近于饱和水平的程度 $N-x(t)$之积成正比(N 为饱和水平，比例常数为 $k>0$)，且当 $t=0$ 时，$x=\frac{1}{4}N$.

(1) 求销售量 $x(t)$；

(2) 求 $x(t)$的增长最快的时刻 T.

解 (1) 由题意可知

$$\frac{dx}{dt}=kx(N-x). \tag{8-5-1}$$

分离变量，得

$$\frac{dx}{x(N-x)}=k\,dt.$$

两边积分，得

$$x(t)=\frac{N}{1+Ce^{-kNt}}. \tag{8-5-2}$$

由 $x(0)=\frac{1}{4}N$，得 $C=3$，故

$$x(t)=\frac{N}{1+3e^{-kNt}}.$$

(2) 由于

$$\frac{dx}{dt}=\frac{3N^2ke^{-kNt}}{(1+3e^{-kNt})^2},\ \frac{d^2x}{dt^2}=\frac{-3k^2N_3e^{-kNt}(1-Ce^{-kNt})}{(1+3e^{-kNt})^2},$$

当 $t<T$ 时，$\frac{d^2x}{dt^2}>0$；当 $t>T$ 时，$\frac{d^2x}{dt^2}<0$. 故当 $T=\frac{\ln 3}{Nk}$时，$x(t)$增长最快.

微分方程(8-5-1)称为 Logistic 方程，其解曲线(8-5-2)称为 Logistic 曲线. 在生物学、经济学中，常遇到这样的量 $x(t)$，其增长率$\frac{dx}{dt}$与 $x(t)$及 $N-x(t)$之积成正比(为饱和值)，这时 $x(t)$的变化规律遵循微分方程(8-5-1)，而 $x(t)$本身按 Logistic 曲线(8-5-2)的方程而变化.

★ 习题 8-5

(A)

1. 已知某商品的需求价格弹性为$-P(\ln P+1)$，且当 $P=1$ 时，需求量 $Q=1$.

(1) 求商品对价格的需求函数；

(2) 当 $P\to+\infty$时，需求是否趋于稳定?

2. 某商品的需求函数与供给函数分别为

$$Q(P)=\frac{a}{P^2},\ S(P)=bP,$$

其中 a, b 为常数，且 $a>0$, $b>0$，价格 P 为时间 t 的函数，且满足$\frac{dP}{dt}=k[Q(P)-S(P)]$

($k>0$)，假设当 $t=0$ 时，价格为 1，试求：

(1) 需求量等于供给量的均衡价格 P_e；

(2) 价格函数 $P(t)$；

(3) $\lim\limits_{t\to+\infty}P(t)$.

3. 某池塘养鱼，最多能养 1 000 条. 鱼数 y 是时间 t 的函数，且变化速度与鱼数 y 及 $100-y$ 之积成正比. 现在已知在该池塘内养鱼 100 条，3 个月后有 250 条，求放养鱼数与时间 t 的函数关系 $y(t)$，并求放养 6 个月后有多少条鱼.

(B)

1. 某商品的需求量 Q 对价格 P 的弹性为 $-P\ln 3$. 如果该商品的最大需求量 1 200(即 $P=0$ 时 $Q=1\ 200$)，则当价格为 1 元时，市场对该商品的需求量为（　　）.

A. 200　　B. 300　　C. 400　　D. 500

2. 某类商品的产量 $y(t)$ 在时间间隔 $(t, t+\mathrm{d}t)$ 内的增量与该商品在 t 时刻的产量 $y(t)$、潜在市场容量 $N-y(t)$ 及时间段 $\mathrm{d}t$ 成正比（N 为常数，比例系数为 k）初始产量为 $y(0)=y_0$，则 $y(t)=$（　　）.

A. $\dfrac{Ny_0\mathrm{e}^{kNt}}{N-y_0\mathrm{e}^{kNt}}$　　B. $ky_0(N-y_0)$　　C. $\mathrm{e}^{k(N-y_0)}$　　D. $\dfrac{Ny_0\mathrm{e}^{kNt}}{N-y_0+y_0\mathrm{e}^{kNt}}$

3. 设某商品的需求量为 D，供给量为 S，各种对价格的弹性分别为 3 和 2，在供需平衡条件下，平衡价格 $P_e=$（　　）.

A. $\dfrac{\sqrt{D_0}}{\sqrt[3]{S_0}}$　　B. $\left(\dfrac{D_0}{S_0}\right)^{\frac{1}{5}}$　　C. $\dfrac{\sqrt[3]{S_0}}{\sqrt{D_0}}$　　D. $\left(\dfrac{S_0}{D_0}\right)^{\frac{1}{5}}$

4. 某公司年净资产有 $W(t)$ 万元，并且资产本身每年以 5% 的连续复利式速度持续增长. 同时该公司每年以 30 万元的数额支付职工工资，则描述净资产 $W(t)$ 满足的微分方程为（　　）.

A. $\dfrac{\mathrm{d}W}{\mathrm{d}t}=30\mathrm{e}^{0.05t}$　　B. $\dfrac{\mathrm{d}W}{\mathrm{d}t}=0.05W-30$

C. $\dfrac{\mathrm{d}W}{\mathrm{d}t}=0.05W+30$　　D. $\dfrac{\mathrm{d}W}{\mathrm{d}t}=-30\mathrm{e}^{0.05t}$

5. 若初始净资产为 $W(0)=W_0$，则 4 题的微分方程的解为（　　）.

A. $W=600+W_0+600\mathrm{e}^{0.05t}$　　B. $W=600-W_0+600\mathrm{e}^{0.05t}$

C. $W=600+(W_0+600)\mathrm{e}^{0.05t}$　　D. $W=600+(W_0-600)\mathrm{e}^{0.05t}$

章节测试八

一、填空题：

1. 通解为 $y=C\mathrm{e}^x+x$ 的微分方程是________.

2. 微分方程 $xyy'=1-x^2$ 的通解是________.

3. 微分方程 $y'+y\tan x=\cos x$ 的通解是________.

4. 用待定系数法求微分方程 $y''+2y'=2x^2-1$ 的一个特解时，应设特解的形式为______.

5. 微分方程 $y''-3y'-4y=0$，满足 $y|_{x=0}=0$，$y'|_{x=0}=-5$ 的特解是________.

二、求下列微分方程的通解：

1. $y'+\dfrac{e^{y^3+x}}{y^2}=0$；

2. $y'=\dfrac{y}{y-x}$；

3. $y''-3y'+2y=xe^{2x}$.

三、求下列微分方程满足所给初始条件的特解：

1. $xy\mathrm{d}y=(x^2+y^2)\mathrm{d}x$，$y|_{x=e}=2e$；

2. $y''-2y'-e^{2x}=0$，$y|_{x=0}=1$，$y'|_{x=0}=1$；

3. $y''+2y'+y=\cos x$ $y|_{x=0}=0$，$y'|_{x=0}=\dfrac{3}{2}$.

四、若方程 $y''+a^2y=0(a>0)$有满足 $y|_{x=0}=0$，$y'|_{x=1}=0$ 的非零解，求 a 的值.

五、一曲线过点(e，1)且在曲线上任一点的法线斜率为$\dfrac{-x\ln x}{x+y\ln x}$，求此曲线方程.

附　　录

附录 1　初等数学常用公式

一、代数

1. 绝对值

(1) 定义：$|a|=\begin{cases} a, & a\geqslant 0, \\ -a, & a<0. \end{cases}$

(2) 性质：$|a|=|a|$；$|ab|=|a|\cdot|b|$；$\left|\frac{a}{b}\right|=\frac{|a|}{|b|}(b\neq 0)$.

$|a|\leqslant A \Leftrightarrow -A\leqslant a\leqslant A$；$|a|\geqslant A\Leftrightarrow a\geqslant A$ 或 $a\leqslant -A$；$|a|-|b|\leqslant|a\pm b|\leqslant|a|+|b|$.

2. 指数

(1) $a^m\cdot a^n=a^{m+n}$；　(2) $\frac{a^m}{a^n}=a^{m-n}$；　(3) $(ab)^m=a^m\cdot b^m$；

(4) $a^{\frac{m}{n}}=\sqrt[n]{a^m}$；　(5) $a^{-m}=\frac{1}{a^m}$；　(6) $a^0=1\ (a\neq 0)$.

3. 对数

设 $a>0$，且 $a\neq 1$，则

(1) $\log_a 1=0$；　(2) $\log_a a=1$；　(3) $a^{\log_a N}=N$；

(4) $\log_a(MN)=\log_a M+\log_a N$；　(5) $\log_a \frac{M}{N}=\log_a M-\log_a N$；

(6) $\log_a M^n=n\log_a M$；　(7) $\log_a M=\frac{\log_b M}{\log_b a}$.

4. 二项式定理

$(a+b)^n=C_n^0a^n+C_n^1a^{n-1}b+\cdots+C_n^ra^{n-r}b^r+\cdots+C_n^nb^n$.

5. 数列

(1) $a+aq+aq^2+\cdots+aq^{n-1}=\frac{a(1-q^n)}{1-q}\quad(q\neq 1)$；

(2) $1+2+3+\cdots+n=\frac{n(n+1)}{2}$；

(3) $1+3+5+\cdots+(2n-1)=n^2$；

(4) $1^2+2^2+3^2+\cdots+n^2=\frac{n(n+1)(2n+1)}{6}$；

(5) $1^3+2^3+3^3+\cdots+n^3=\left[\dfrac{n(n+1)}{2}\right]^2$.

二、三角

1. 度与弧度

$1^\circ=\dfrac{\pi}{180}$弧度，1 弧度$=\dfrac{180^\circ}{\pi}$.

2. 三角恒等式

(1) 倒数关系：$\sin x\cdot\csc x=1$，$\cos x\cdot\sec x=1$，$\tan x\cot x=1$；

(2) 商关系：$\tan x=\dfrac{\sin x}{\cos x}$，$\cot x=\dfrac{\cos x}{\sin x}$；

(3) 平方关系：$\sin^2 x+\cos^2 x=1$，$\sec^2 x=1+\tan^2 x$，$\csc^2 x=1+\cot^2 x$.

3. 加法定理

(1) $\sin(x\pm y)=\sin x\cos y\pm\cos x\sin y$；

(2) $\cos(x\pm y)=\cos x\cos y\mp\sin x\sin y$；

(3) $\tan(x\pm y)=\dfrac{\tan x\pm\tan y}{1\mp\tan x\tan y}$.

4. 倍角公式

(1) $\sin 2x=2\sin x\cos x$；

(2) $\cos 2x=\cos^2 x-\sin^2 x=2\cos^2 x-1=1-2\sin^2 x$；

(3) $\tan 2x=\dfrac{2\tan x}{1-\tan^2 x}$.

5. 和差化积公式

(1) $\sin x+\sin y=2\sin\dfrac{x+y}{2}\cos\dfrac{x-y}{2}$；

(2) $\sin x-\sin y=2\cos\dfrac{x+y}{2}\sin\dfrac{x-y}{2}$；

(3) $\cos x+\cos y=2\cos\dfrac{x+y}{2}\cos\dfrac{x-y}{2}$；

(4) $\cos x-\cos y=-2\sin\dfrac{x+y}{2}\sin\dfrac{x-y}{2}$.

6. 积化和差公式

(1) $\sin x\cos y=\dfrac{1}{2}[\sin(x+y)+\sin(x-y)]$；

(2) $\cos x\sin y=\dfrac{1}{2}[\sin(x+y)-\sin(x-y)]$；

(3) $\cos x\cos y=\dfrac{1}{2}[\cos(x+y)+\cos(x-y)]$；

(4) $\sin x\sin y=-\frac{1}{2}[\cos(x+y)-\cos(x-y)]$.

7. 正弦定理

$\frac{a}{\sin A}=\frac{b}{\sin B}=\frac{c}{\sin C}$.

8. 余弦定理

$a^2=b^2+c^2-2bc\cos A$； $b^2=a^2+c^2-2ac\cos B$； $c^2=b^2+a^2-2ba\cos C$.

9. 三角形面积

$S=\frac{1}{2}bc\sin A=\frac{1}{2}ac\sin B=\frac{1}{2}ab\sin C$；

$S=\sqrt{p(p-a)(p-b)(p-c)}$，其中 $p=\frac{1}{2}(a+b+c)$.

三、几何

1. 圆　周长 $C=2\pi r$，面积 $S=\pi r^2$，其中 r 为圆的半径.
2. 平行四边形　面积 $S=bh$，其中 b 为底边长，h 为高.
3. 梯形　面积 $S=\frac{1}{2}(a+b)h$，其中 a，b 分别为上下底的长，h 为高.
4. 扇形　面积 $S=\frac{1}{2}\alpha r^2$，其中 α 为扇形的圆心角(弧度)，r 为圆的半径.
5. 棱柱　体积 $V=Sh$，其中 S 为底面积，h 为高.
6. 圆柱　体积 $V=\pi r^2h$，侧面积 $S=2\pi rh$，其中 r 为底面半径，h 为高.
7. 棱锥　体积 $V=\frac{1}{3}Sh$，其中 S 为底面积，h 为高.
8. 圆锥　体积 $V=\frac{1}{3}\pi r^2h$，侧面积 $S=\pi rl$，其中 r 为底面半径，l 为母线长.
9. 棱台　体积 $V=\frac{1}{3}h(S_1+\sqrt{S_1S_2}+S_2)$，其中 S_1，S_2 分别为上下底的面积，h 为高.
10. 圆台　体积 $V=\frac{1}{3}\pi h(r^2+rR+R^2)$，侧面积 $S=\pi(r+R)l$，其中 r，R 分别为上下底面半径，h 为高，l 为母线长.
11. 球　体积 $V=\frac{4}{3}\pi r^3$，表面积 $S=4\pi r^2$，其中 r 为球的半径.

四、平面解析几何

1. 距离公式

$d=\sqrt{(x_2-x_1)^2+(y_2-y_1)^2}$，其中两点是 (x_1, y_1) 和 (x_2, y_2).

2. 斜率公式

$k=\dfrac{y_2-y_1}{x_2-x_1}$，其中两点是$(x_1, y_1)$和$(x_2, y_2)$.

3. 直线方程

(1) 点斜式：$y-y_1=k(x-x_1)$，其中斜率是k，点是(x_1, y_1)；

(2) 斜截式：$y=kx+b$，其中斜率是k，纵截距是b；

(3) 两点式：$\dfrac{y-y_1}{y_2-y_1}=\dfrac{x-x_1}{x_2-x_1}$，其中两点是$(x_1, y_1)$和$(x_2, y_2)$；

(4) 截距式：$\dfrac{x}{a}+\dfrac{y}{b}=1$，其中横截距是$a$，纵截距是$b$.

4. 两直线的夹角

$\tan\theta=\dfrac{k_2-k_1}{1+k_2k_1}$，其中$k_1$，$k_2$分别是两直线的斜率，$\theta$是两直线的夹角.

5. 点到直线的距离

$d=\dfrac{|Ax_1+By_1+C|}{\sqrt{A^2+B^2}}$，其中点是$(x_1, y_1)$，直线是$Ax+By+C=0$.

6. 直角坐标及极坐标的关系

$$\begin{cases} x=\rho\cos\theta, \\ y=\rho\sin\theta, \end{cases} \qquad \begin{cases} \rho=\sqrt{x^2+y^2}, \\ \theta=\arctan\dfrac{y}{x}. \end{cases}$$

7. 圆的标准方程

$(x-a)^2+(y-b)^2=r^2$，其中圆心是(a, b)，r为半径.

8. 椭圆的标准方程

$\dfrac{x^2}{a^2}+\dfrac{y^2}{b^2}=1$，焦点在$x$轴上；$\dfrac{y^2}{a^2}+\dfrac{x^2}{b^2}=1$，焦点在$y$轴上.

9. 双曲线的标准方程

$\dfrac{x^2}{a^2}-\dfrac{y^2}{b^2}=1$，焦点在$x$轴上；$\dfrac{y^2}{a^2}-\dfrac{x^2}{b^2}=1$，焦点在$y$轴上.

10. 抛物线的标准方程

$y^2=2px$，焦点是$\left(\dfrac{p}{2}, 0\right)$，准线是$x=-\dfrac{p}{2}$；$y^2=-2px$，焦点是$\left(-\dfrac{p}{2}, 0\right)$，准线是$x=\dfrac{p}{2}$；

$x^2=2py$，焦点是$\left(0, \dfrac{p}{2}\right)$，准线是$y=-\dfrac{p}{2}$；$x^2=-2px$，焦点是$\left(0, -\dfrac{p}{2}\right)$，准线是$y=\dfrac{p}{2}$.

附录 2　平面常用曲线及其方程

1. 笛卡尔叶形线

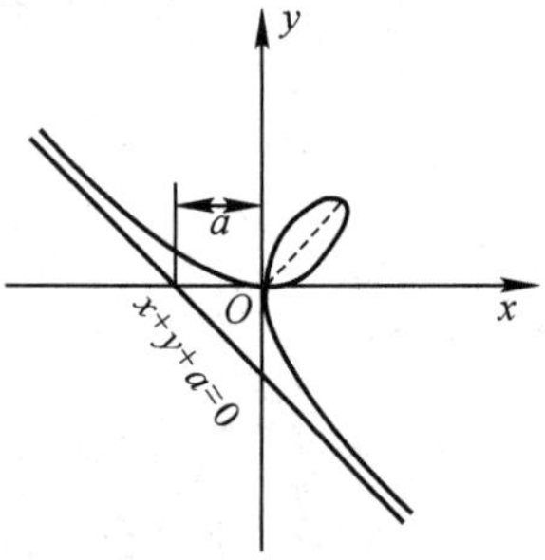

$$x^3+y^3-3axy=0$$

或 $x=\frac{3at}{1+t^3}$，$y=\frac{3at^2}{1+t^3}$

2. 抛物线

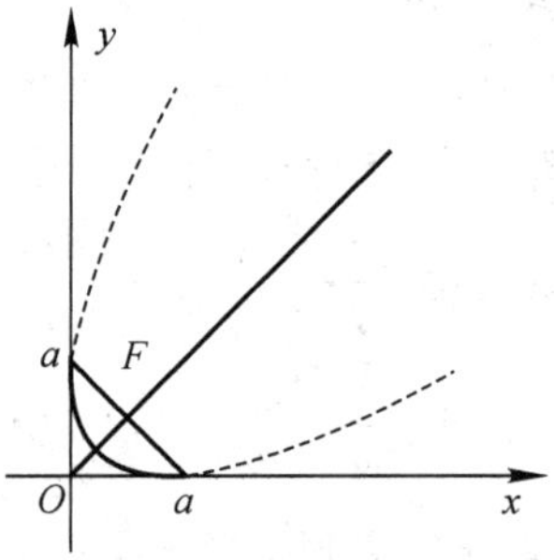

$$x^{\frac{1}{2}}+y^{\frac{1}{2}}=a^{\frac{1}{2}}$$

3. 伯努利双纽线

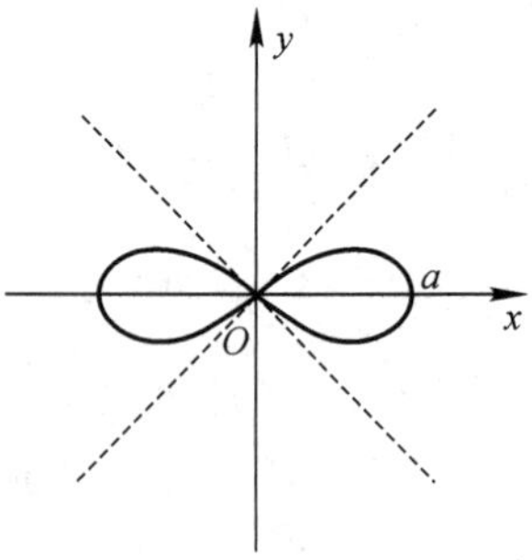

$$(x^2+y^2)^2=a^2(x^2-y^2)$$

或 $r^2=a^2\cos 2\varphi$

4. 摆线

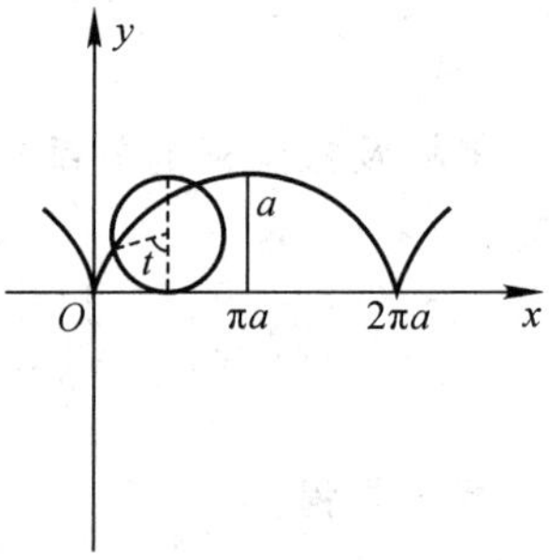

$$\begin{cases}x=a(t-\sin t)\\y=a(1-\cos t)\end{cases}$$

5. 内摆线(星形线)

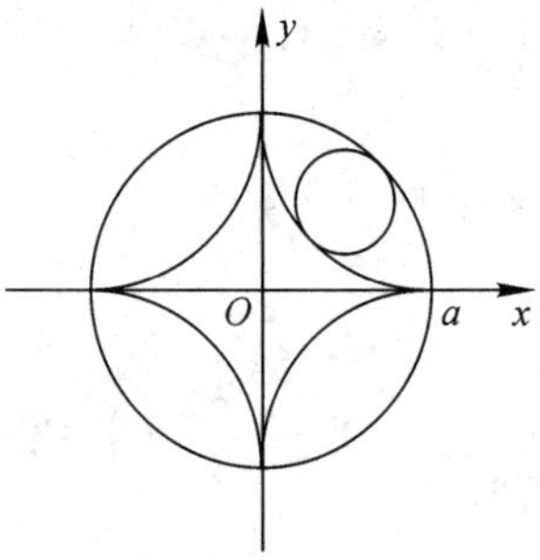

$$\begin{cases}x=a\cos^3 t\\y=a\sin^3 t\end{cases}$$

或 $x^{\frac{2}{3}}+y^{\frac{2}{3}}=a^{\frac{2}{3}}$

6. 心脏形线

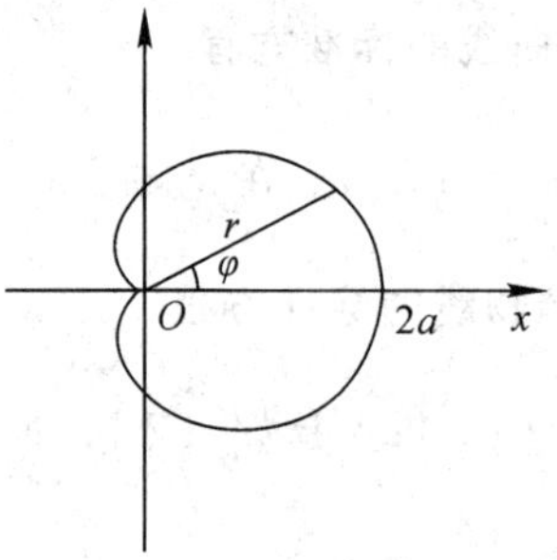

$$r=a(1+\cos\varphi)$$

7. 圆的渐伸线(渐开线)

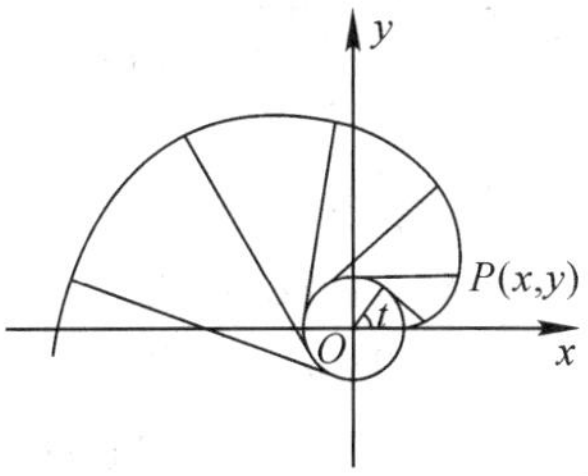

$$\begin{cases} x=a(\cos t+t\sin t) \\ y=a(\sin t-t\cos t) \end{cases}$$

8. 阿基米德螺线

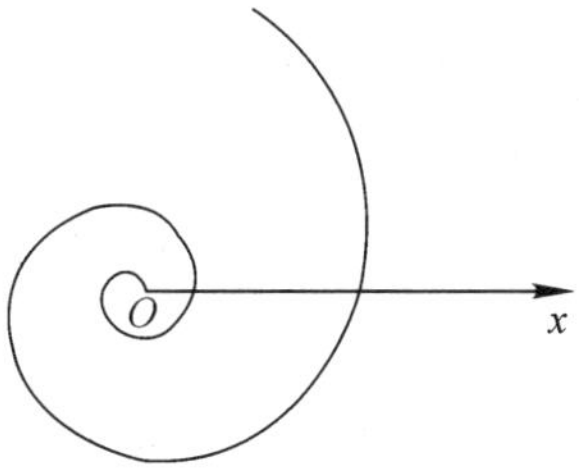

$r=a\theta \quad (r\geqslant 0)$

9. 双曲螺线

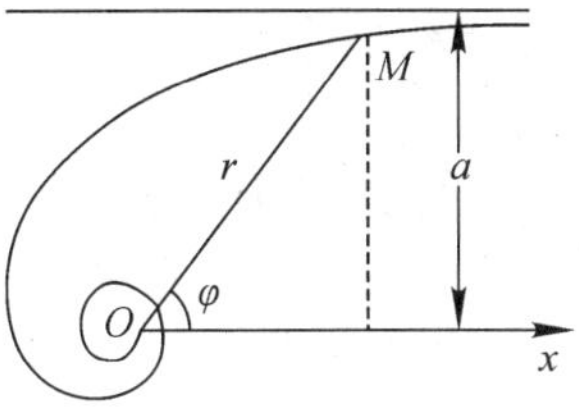

$r=\dfrac{a}{\varphi} \quad (r>0)$

10. 对数螺线

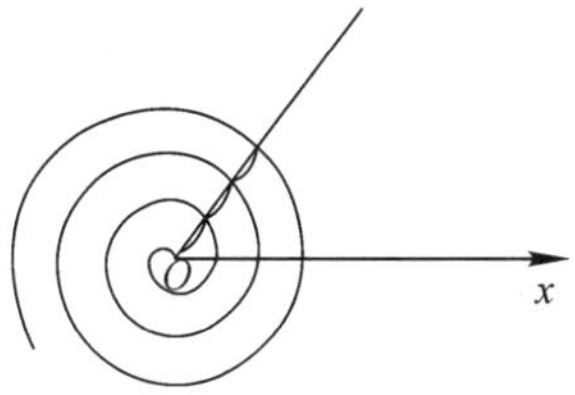

$r=e^{a\varphi}$

附录3　基本初等函数的图形及其性质

名称	表达式	定义域	图　　形	特　　性
常数函数	$y=c$	$(-\infty,+\infty)$	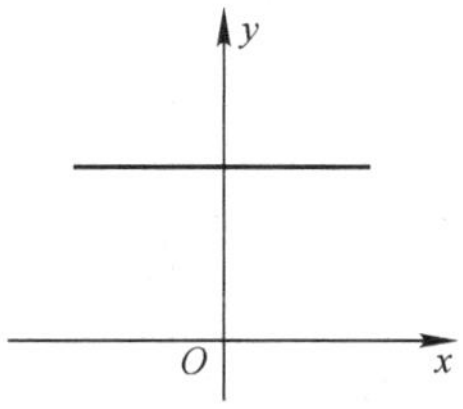	
幂函数	$y=x^{\mu}$ $(\mu\neq 0)$	随 μ 而不同，但在 $(0,+\infty)$ 中都有定义	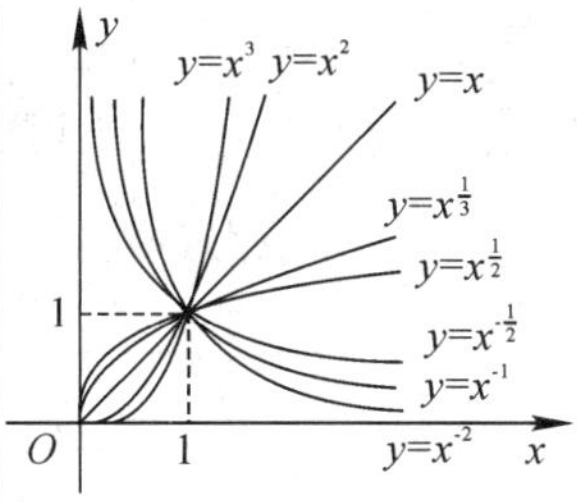	经过点(1，1)； 在第一象限内当 $\mu>0$ 时，x^{μ} 为增函数；$\mu<0$ 时，x^{μ} 为减函数
指数函数	$y=a^{x}$ $(a>0，a\neq 1)$	$(-\infty,+\infty)$	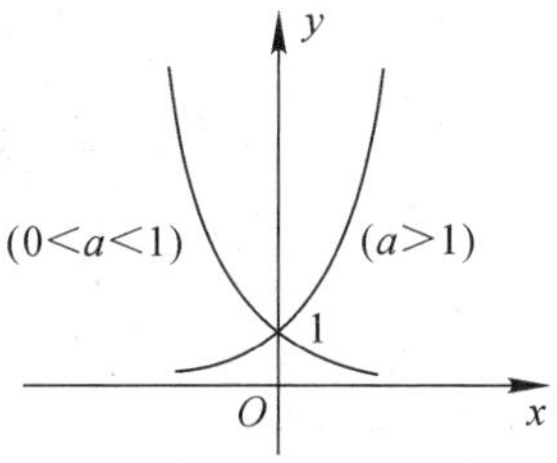	图像在 x 轴上方(因 $a^{x}>0$)，且都通过点(0，1)； 当 $0<a<1$ 时，ax 是减函数；当 $a>1$ 时，a^{x} 是增函数

续表一

名称		表达式	定义域	图　　形	特　　性
对数函数		$y=\log_a x$ $(a>0,\ a\neq 1)$	$(0,+\infty)$	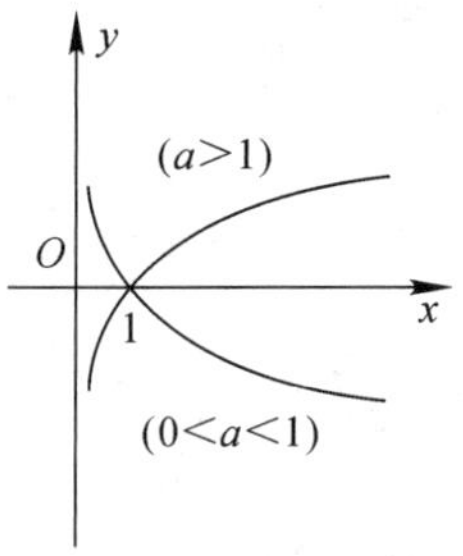	图像在 y 轴右侧(因 0 与负数都没有对数)，都通过点(1，0)； 当 $0<a<1$ 时，$\log_a x$ 是减函数； 当 $a>1$ 时，$\log_a x$ 是增函数
三角函数	正弦函数	$y=\sin x$	$(-\infty,+\infty)$	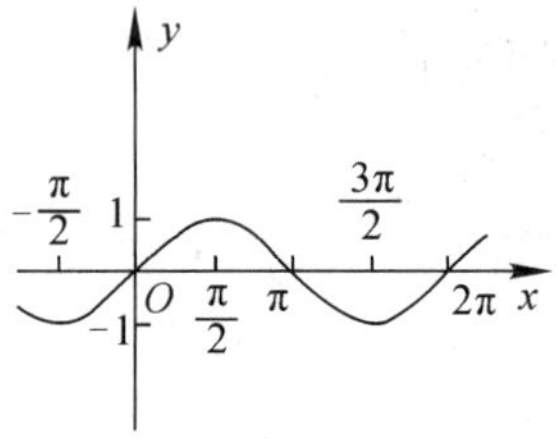	是以 2π 为周期的奇函数(图形关于原点对称)，图形在两直线 $y=1$ 与 $y=-1$ 之间，即 $\lvert\sin x\rvert\leqslant 1$
	余弦函数	$y=\cos x$	$(-\infty,+\infty)$	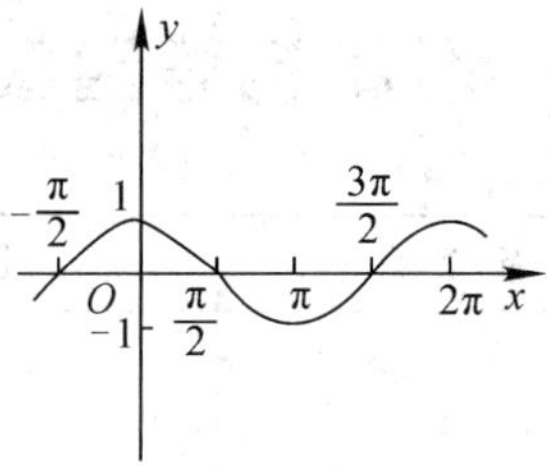	是以 2π 为周期的偶函数(图形关于 y 轴对称)，图形在两直线 $y=1$ 与 $y=-1$ 之间，即 $\lvert\cos x\rvert\leqslant 1$
	正切函数	$y=\tan x$	$x\neq(2k+1)\frac{\pi}{2}$ $(k=0,\ \pm1,\ \pm2,\ \cdots)$	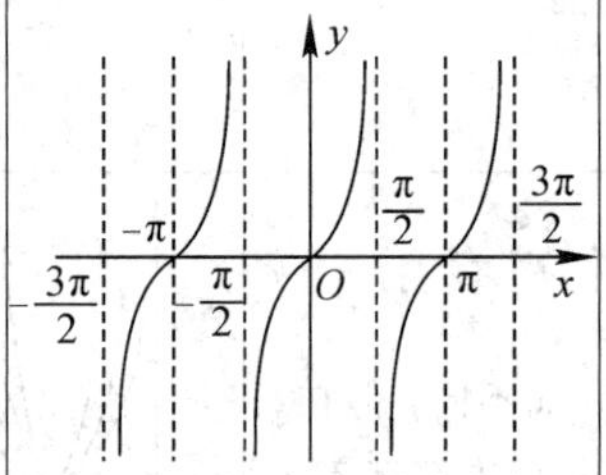	是以 π 为周期的奇函数，在 $\left(-\frac{\pi}{2},\ \frac{\pi}{2}\right)$ 内是增函数
	余切函数	$y=\cot x$	$x\neq k\pi$ $(k=0,\ \pm1,\ \pm2,\ \cdots)$	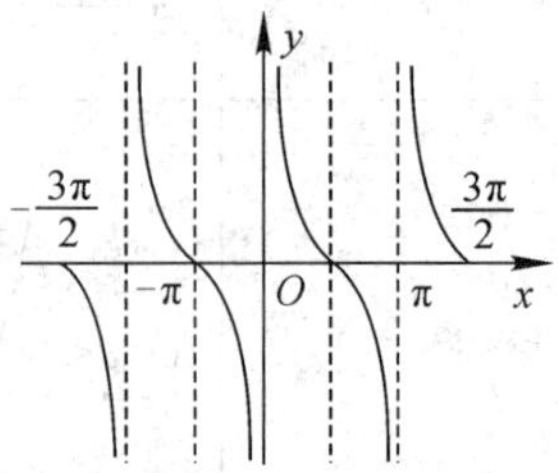	是以 π 为周期的奇函数，在 $(0,\ \pi)$ 内是减函数

续表二

名称		表达式	定义域	图　形	特　性
反三角函数	反正弦函数	$y=\arcsin x$	$[-1,1]$	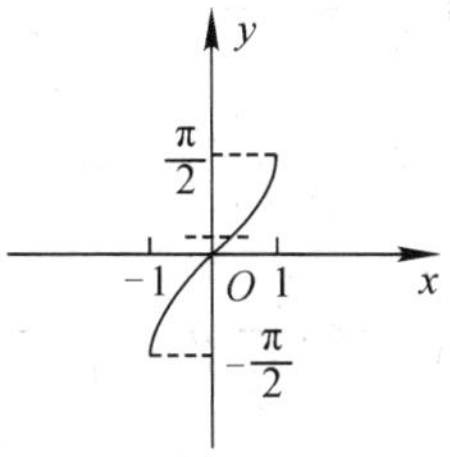	单调增加的奇函数，值域：$-\frac{\pi}{2}\leqslant y\leqslant\frac{\pi}{2}$
	反余弦函数	$y=\arccos x$	$[-1,1]$	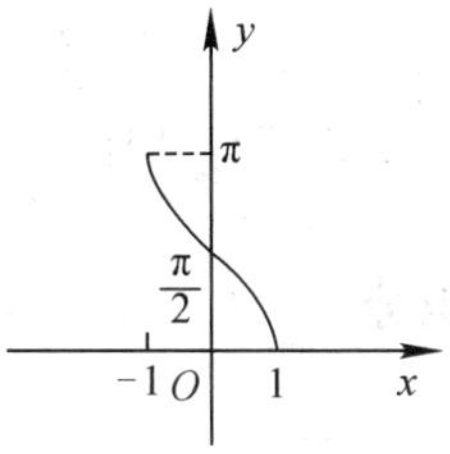	单调减少，值域：$0\leqslant y\leqslant\pi$
	反正切函数	$y=\arctan x$	$(-\infty,+\infty)$	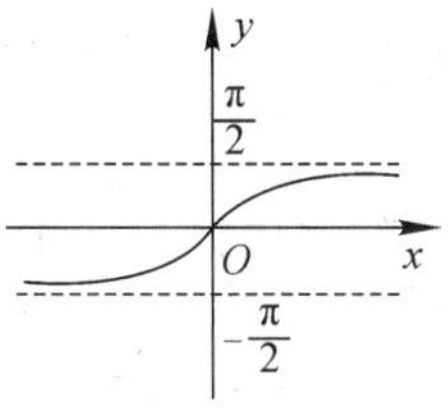	单调增加的奇函数，值域：$-\frac{\pi}{2}<y<\frac{\pi}{2}$
	反余切函数	$y=\text{arccot}\, x$	$(-\infty,\infty)$	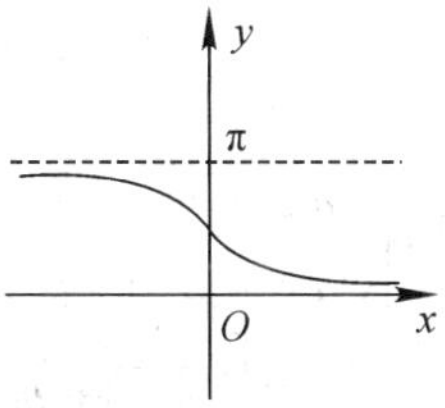	单调减少，值域：$0<y<\pi$

附录 4　积分表大全

一、含有 $ax+b$ 的积分($a\neq 0$)

1. $\int\frac{\mathrm{d}x}{ax+b}=\frac{1}{a}\ln|ax+b|+C$

2. $\int(ax+b)^{\mu}\mathrm{d}x=\frac{1}{a(\mu+1)}(ax+b)^{\mu+1}+C\quad(\mu\neq-1)$

3. $\int\frac{x}{ax+b}\mathrm{d}x=\frac{1}{a^{2}}(ax+b-b\ln|ax+b|)+C$

4. $\int \frac{x^2}{ax+b}\mathrm{d}x = \frac{1}{a^3}\left[\frac{1}{2}(ax+b)^2 - 2b(ax+b) + b^2\ln|ax+b|\right] + C$

5. $\int \frac{\mathrm{d}x}{x(ax+b)} = -\frac{1}{b}\ln\left|\frac{ax+b}{x}\right| + C$

6. $\int \frac{\mathrm{d}x}{x^2(ax+b)} = -\frac{1}{bx} + \frac{a}{b^2}\ln\left|\frac{ax+b}{x}\right| + C$

7. $\int \frac{x}{(ax+b)^2}\mathrm{d}x = \frac{1}{a^2}\left(\ln|ax+b| + \frac{b}{ax+b}\right) + C$

8. $\int \frac{x^2}{(ax+b)^2}\mathrm{d}x = \frac{1}{a^3}\left(ax+b-2b\ln|ax+b| - \frac{b^2}{ax+b}\right) + C$

9. $\int \frac{\mathrm{d}x}{x(ax+b)^2} = \frac{1}{b(ax+b)} - \frac{1}{b^2}\ln\left|\frac{ax+b}{x}\right| + C$

二、含有$\sqrt{ax+b}$的积分

10. $\int \sqrt{ax+b}\,\mathrm{d}x = \frac{2}{3a}\sqrt{(ax+b)^3} + C$

11. $\int x\sqrt{ax+b}\,\mathrm{d}x = \frac{2}{15a^2}(3ax-2b)\sqrt{(ax+b)^3} + C$

12. $\int x^2\sqrt{ax+b}\,\mathrm{d}x = \frac{2}{105a^3}(15a^2x^2 - 12abx + 8b^2)\sqrt{(ax+b)^3} + C$

13. $\int \frac{x}{\sqrt{ax+b}}\mathrm{d}x = \frac{2}{3a^2}(ax-2b)\sqrt{ax+b} + C$

14. $\int \frac{x^2}{\sqrt{ax+b}}\mathrm{d}x = \frac{2}{15a^3}(3a^2x^2 - 4abx + 8b^2)\sqrt{ax+b} + C$

15. $\int \frac{\mathrm{d}x}{x\sqrt{ax+b}} = \begin{cases} \frac{1}{\sqrt{b}}\ln\left|\frac{\sqrt{ax+b}-\sqrt{b}}{\sqrt{ax+b}+\sqrt{b}}\right| + C & (b>0) \\ \frac{2}{\sqrt{-b}}\arctan\sqrt{\frac{ax+b}{-b}} + C & (b<0) \end{cases}$

16. $\int \frac{\mathrm{d}x}{x^2\sqrt{ax+b}} = -\frac{\sqrt{ax+b}}{bx} - \frac{a}{2b}\int \frac{\mathrm{d}x}{x\sqrt{ax+b}}$

17. $\int \frac{\sqrt{ax+b}}{x}\mathrm{d}x = 2\sqrt{ax+b} + b\int \frac{\mathrm{d}x}{x\sqrt{ax+b}}$

18. $\int \frac{\sqrt{ax+b}}{x^2}\mathrm{d}x = -\frac{\sqrt{ax+b}}{x} + \frac{a}{2}\int \frac{\mathrm{d}x}{x\sqrt{ax+b}}$

三、含有 $x^2 \pm a^2$ 的积分

19. $\int \frac{\mathrm{d}x}{x^2+a^2} = \frac{1}{a}\arctan\frac{x}{a} + C$

20. $\int \frac{dx}{x^2-a^2}=\frac{1}{2a}\ln\left|\frac{x-a}{x+a}\right|+C$

21. $\int \frac{dx}{(x^2+a^2)^n}=\frac{x}{2(n-1)a^2(x^2+a^2)^{n-1}}+\frac{2n-3}{2(n-1)a^2}\int \frac{dx}{(x^2+a^2)^{n-1}}$

四、含有 $ax^2+b(a>0)$ 的积分

22. $\int \frac{dx}{ax^2+b}=\begin{cases}\frac{1}{\sqrt{ab}}\arctan\sqrt{\frac{a}{b}}x+C & (b>0)\\ \frac{1}{2\sqrt{-ab}}\ln\left|\frac{\sqrt{a}x-\sqrt{-b}}{\sqrt{a}x+\sqrt{-b}}\right|+C & (b<0)\end{cases}$

23. $\int \frac{x}{ax^2+b}dx=\frac{1}{2a}\ln|ax^2+b|+C$

24. $\int \frac{x^2}{ax^2+b}dx=\frac{x}{a}-\frac{b}{a}\int \frac{dx}{ax^2+b}$

25. $\int \frac{dx}{x(ax^2+b)}=\frac{1}{2b}\ln\frac{x^2}{|ax^2+b|}+C$

26. $\int \frac{dx}{x^2(ax^2+b)}=-\frac{1}{bx}-\frac{a}{b}\int \frac{dx}{ax^2+b}$

27. $\int \frac{dx}{x^3(ax^2+b)}=\frac{a}{2b^2}\ln\frac{|ax^2+b|}{x^2}-\frac{1}{2bx^2}+C$

28. $\int \frac{dx}{(ax^2+b)^2}=\frac{x}{2b(ax^2+b)}+\frac{1}{2b}\int \frac{dx}{ax^2+b}$

五、含有 $ax^2+bx+c(a>0)$ 的积分

29. $\int \frac{dx}{ax^2+bx+c}=\begin{cases}\frac{2}{\sqrt{4ac-b^2}}\arctan\frac{2ax+b}{\sqrt{4ac-b^2}}+C & (b^2<4ac)\\ \frac{1}{\sqrt{b^2-4ac}}\ln\left|\frac{2ax+b-\sqrt{b^2-4ac}}{2ax+b+\sqrt{b^2-4ac}}\right|+C & (b^2>4ac)\end{cases}$

30. $\int \frac{x}{ax^2+bx+c}dx=\frac{1}{2a}\ln|ax^2+bx+c|-\frac{b}{2a}\int \frac{dx}{ax^2+bx+c}$

六、含有 $\sqrt{x^2+a^2}(a>0)$ 的积分

31. $\int \frac{dx}{\sqrt{x^2+a^2}}=\operatorname{arsh}\frac{x}{a}+C_1=\ln(x+\sqrt{x^2+a^2})+C$

32. $\int \frac{dx}{\sqrt{(x^2+a^2)^3}}=\frac{x}{a^2\sqrt{x^2+a^2}}+C$

33. $\int \frac{x}{\sqrt{x^2+a^2}}\mathrm{d}x = \sqrt{x^2+a^2} + C$

34. $\int \frac{x}{\sqrt{(x^2+a^2)^3}}\mathrm{d}x = -\frac{1}{\sqrt{x^2+a^2}} + C$

35. $\int \frac{x^2}{\sqrt{x^2+a^2}}\mathrm{d}x = \frac{x}{2}\sqrt{x^2+a^2} - \frac{a^2}{2}\ln(x+\sqrt{x^2+a^2}) + C$

36. $\int \frac{x^2}{\sqrt{(x^2+a^2)^3}}\mathrm{d}x = -\frac{x}{\sqrt{x^2+a^2}} + \ln(x+\sqrt{x^2+a^2}) + C$

37. $\int \frac{\mathrm{d}x}{x\sqrt{x^2+a^2}} = \frac{1}{a}\ln\frac{\sqrt{x^2+a^2}-a}{|x|} + C$

38. $\int \frac{\mathrm{d}x}{x^2\sqrt{x^2+a^2}} = -\frac{\sqrt{x^2+a^2}}{a^2x} + C$

39. $\int \sqrt{x^2+a^2}\,\mathrm{d}x = \frac{x}{2}\sqrt{x^2+a^2} + \frac{a^2}{2}\ln(x+\sqrt{x^2+a^2}) + C$

40. $\int \sqrt{(x^2+a^2)^3}\,\mathrm{d}x = \frac{x}{8}(2x^2+5a^2)\sqrt{x^2+a^2} + \frac{3}{8}a^4\ln(x+\sqrt{x^2+a^2}) + C$

41. $\int x\sqrt{x^2+a^2}\,\mathrm{d}x = \frac{1}{3}\sqrt{(x^2+a^2)^3} + C$

42. $\int x^2\sqrt{x^2+a^2}\,\mathrm{d}x = \frac{x}{8}(2x^2+a^2)\sqrt{x^2+a^2} - \frac{a^4}{8}\ln(x+\sqrt{x^2+a^2}) + C$

43. $\int \frac{\sqrt{x^2+a^2}}{x}\mathrm{d}x = \sqrt{x^2+a^2} + a\ln\frac{\sqrt{x^2+a^2}-a}{|x|} + C$

44. $\int \frac{\sqrt{x^2+a^2}}{x^2}\mathrm{d}x = -\frac{\sqrt{x^2+a^2}}{x} + \ln(x+\sqrt{x^2+a^2}) + C$

七、含有$\sqrt{x^2-a^2}$$(a>0)$的积分

45. $\int \frac{\mathrm{d}x}{\sqrt{x^2-a^2}} = \frac{x}{|x|}\operatorname{arch}\frac{|x|}{a} + C_1 = \ln\left|x+\sqrt{x^2-a^2}\right| + C$

46. $\int \frac{\mathrm{d}x}{\sqrt{(x^2-a^2)^3}} = -\frac{x}{a^2\sqrt{x^2-a^2}} + C$

47. $\int \frac{x}{\sqrt{x^2-a^2}}\mathrm{d}x = \sqrt{x^2-a^2} + C$

48. $\int \frac{x}{\sqrt{(x^2-a^2)^3}}\mathrm{d}x = -\frac{1}{\sqrt{x^2-a^2}} + C$

49. $\int \frac{x^2}{\sqrt{x^2-a^2}}\mathrm{d}x = \frac{x}{2}\sqrt{x^2-a^2} + \frac{a^2}{2}\ln\left|x+\sqrt{x^2-a^2}\right| + C$

50. $\int \frac{x^2}{\sqrt{(x^2-a^2)^3}}\mathrm{d}x = -\frac{x}{\sqrt{x^2-a^2}} + \ln\left|x+\sqrt{x^2-a^2}\right| + C$

51. $\int \frac{\mathrm{d}x}{x\sqrt{x^2-a^2}} = \frac{1}{a}\arccos\frac{a}{|x|} + C$

52. $\int \frac{\mathrm{d}x}{x^2\sqrt{x^2-a^2}} = \frac{\sqrt{x^2-a^2}}{a^2x} + C$

53. $\int \sqrt{x^2-a^2}\,\mathrm{d}x = \frac{x}{2}\sqrt{x^2-a^2} - \frac{a^2}{2}\ln\left|x+\sqrt{x^2-a^2}\right| + C$

54. $\int \sqrt{(x^2-a^2)^3}\,\mathrm{d}x = \frac{x}{8}(2x^2-5a^2)\sqrt{x^2-a^2} + \frac{3}{8}a^4\ln\left|x+\sqrt{x^2-a^2}\right| + C$

55. $\int x\sqrt{x^2-a^2}\,\mathrm{d}x = \frac{1}{3}\sqrt{(x^2-a^2)^3} + C$

56. $\int x^2\sqrt{x^2-a^2}\,\mathrm{d}x = \frac{x}{8}(2x^2-a^2)\sqrt{x^2-a^2} - \frac{a^4}{8}\ln\left|x+\sqrt{x^2-a^2}\right| + C$

57. $\int \frac{\sqrt{x^2-a^2}}{x}\mathrm{d}x = \sqrt{x^2-a^2} - a\arccos\frac{a}{|x|} + C$

58. $\int \frac{\sqrt{x^2-a^2}}{x^2}\mathrm{d}x = -\frac{\sqrt{x^2-a^2}}{x} + \ln\left|x+\sqrt{x^2-a^2}\right| + C$

八、含有$\sqrt{a^2-x^2}\ (a>0)$的积分

59. $\int \frac{\mathrm{d}x}{\sqrt{a^2-x^2}} = \arcsin\frac{x}{a} + C$

60. $\int \frac{\mathrm{d}x}{\sqrt{(a^2-x^2)^3}} = \frac{x}{a^2\sqrt{a^2-x^2}} + C$

61. $\int \frac{x}{\sqrt{a^2-x^2}}\mathrm{d}x = -\sqrt{a^2-x^2} + C$

62. $\int \frac{x}{\sqrt{(a^2-x^2)^3}}\mathrm{d}x = \frac{1}{\sqrt{a^2-x^2}} + C$

63. $\int \frac{x^2}{\sqrt{a^2-x^2}}\mathrm{d}x = -\frac{x}{2}\sqrt{a^2-x^2} + \frac{a^2}{2}\arcsin\frac{x}{a} + C$

64. $\int \frac{x^2}{\sqrt{(a^2-x^2)^3}}\mathrm{d}x = \frac{x}{\sqrt{a^2-x^2}} - \arcsin\frac{x}{a} + C$

65. $\int \frac{\mathrm{d}x}{x\sqrt{a^2-x^2}} = \frac{1}{a}\ln\frac{a-\sqrt{a^2-x^2}}{|x|} + C$

66. $\int \frac{\mathrm{d}x}{x^2\sqrt{a^2-x^2}} = -\frac{\sqrt{a^2-x^2}}{a^2x} + C$

67. $\int \sqrt{a^2 - x^2}\,dx = \frac{x}{2}\sqrt{a^2 - x^2} + \frac{a^2}{2}\arcsin\frac{x}{a} + C$

68. $\int \sqrt{(a^2 - x^2)^3}\,dx = \frac{x}{8}(5a^2 - 2x^2)\sqrt{a^2 - x^2} + \frac{3}{8}a^4\arcsin\frac{x}{a} + C$

69. $\int x\sqrt{a^2 - x^2}\,dx = -\frac{1}{3}\sqrt{(a^2 - x^2)^3} + C$

70. $\int x^2\sqrt{a^2 - x^2}\,dx = \frac{x}{8}(2x^2 - a^2)\sqrt{a^2 - x^2} + \frac{a^4}{8}\arcsin\frac{x}{a} + C$

71. $\int \frac{\sqrt{a^2 - x^2}}{x}\,dx = \sqrt{a^2 - x^2} + a\ln\frac{a - \sqrt{a^2 - x^2}}{|x|} + C$

72. $\int \frac{\sqrt{a^2 - x^2}}{x^2}\,dx = -\frac{\sqrt{a^2 - x^2}}{x} - \arcsin\frac{x}{a} + C$

九、含有$\sqrt{\pm ax^2 + bx + c}$ $(a>0)$的积分

73. $\int \frac{dx}{\sqrt{ax^2 + bx + c}} = \frac{1}{\sqrt{a}}\ln\left|2ax + b + 2\sqrt{a}\sqrt{ax^2 + bx + c}\right| + C$

74. $\int \sqrt{ax^2 + bx + c}\,dx = \frac{2ax + b}{4a}\sqrt{ax^2 + bx + c}$

$+\frac{4ac - b^2}{8\sqrt{a^3}}\ln\left|2ax + b + 2\sqrt{a}\sqrt{ax^2 + bx + c}\right| + C$

75. $\int \frac{x}{\sqrt{ax^2 + bx + c}}\,dx = \frac{1}{a}\sqrt{ax^2 + bx + c}$

$-\frac{b}{2\sqrt{a^3}}\ln\left|2ax + b + 2\sqrt{a}\sqrt{ax^2 + bx + c}\right| + C$

76. $\int \frac{dx}{\sqrt{c + bx - ax^2}} = -\frac{1}{\sqrt{a}}\arcsin\frac{2ax - b}{\sqrt{b^2 + 4ac}} + C$

77. $\int \sqrt{c + bx - ax^2}\,dx = \frac{2ax - b}{4a}\sqrt{c + bx - ax^2} + \frac{b^2 + 4ac}{8\sqrt{a^3}}\arcsin\frac{2ax - b}{\sqrt{b^2 + 4ac}} + C$

78. $\int \frac{x}{\sqrt{c + bx - ax^2}}\,dx = -\frac{1}{a}\sqrt{c + bx - ax^2} + \frac{b}{2\sqrt{a^3}}\arcsin\frac{2ax - b}{\sqrt{b^2 + 4ac}} + C$

十、含有$\sqrt{\pm\frac{x-a}{x-b}}$或$\sqrt{(x-a)(b-x)}$的积分

79. $\int \sqrt{\frac{x - a}{x - b}}\,dx = (x - b)\sqrt{\frac{x - a}{x - b}} + (b - a)\ln\left(\sqrt{|x - a|} + \sqrt{|x - b|}\right) + C$

80. $\int \sqrt{\frac{x - a}{b - x}}\,dx = (x - b)\sqrt{\frac{x - a}{b - x}} + (b - a)\arcsin\sqrt{\frac{x - a}{b - x}} + C$

81. $\int \frac{\mathrm{d}x}{\sqrt{(x-a)(b-x)}} = 2\arcsin\sqrt{\frac{x-a}{b-x}} + C \quad (a < b)$

82. $\int \sqrt{(x-a)(b-x)}\,\mathrm{d}x = \frac{2x-a-b}{4}\sqrt{(x-a)(b-x)} + \frac{(b-a)^2}{4}\arcsin\sqrt{\frac{x-a}{b-x}} + C \quad (a < b)$

十一、含有三角函数的积分

83. $\int \sin x\,\mathrm{d}x = -\cos x + C$

84. $\int \cos x\,\mathrm{d}x = \sin x + C$

85. $\int \tan x\,\mathrm{d}x = -\ln|\cos x| + C$

86. $\int \cot x\,\mathrm{d}x = \ln|\sin x| + C$

87. $\int \sec x\,\mathrm{d}x = \ln\left|\tan\left(\frac{\pi}{4} + \frac{x}{2}\right)\right| + C = \ln|\sec x + \tan x| + C$

88. $\int \csc x\,\mathrm{d}x = \ln\left|\tan\frac{x}{2}\right| + C = \ln|\csc x - \cot x| + C$

89. $\int \sec^2 x\,\mathrm{d}x = \tan x + C$

90. $\int \csc^2 x\,\mathrm{d}x = -\cot x + C$

91. $\int \sec x \tan x\,\mathrm{d}x = \sec x + C$

92. $\int \csc x \cot x\,\mathrm{d}x = -\csc x + C$

93. $\int \sin^2 x\,\mathrm{d}x = \frac{x}{2} - \frac{1}{4}\sin 2x + C$

94. $\int \cos^2 x\,\mathrm{d}x = \frac{x}{2} + \frac{1}{4}\sin 2x + C$

95. $\int \sin^n x\,\mathrm{d}x = -\frac{1}{n}\sin^{n-1} x \cos x + \frac{n-1}{n}\int \sin^{n-2} x\,\mathrm{d}x$

96. $\int \cos^n x\,\mathrm{d}x = \frac{1}{n}\cos^{n-1} x \sin x + \frac{n-1}{n}\int \cos^{n-2} x\,\mathrm{d}x$

97. $\int \frac{\mathrm{d}x}{\sin^n x} = -\frac{1}{n-1} \cdot \frac{\cos x}{\sin^{n-1} x} + \frac{n-2}{n-1}\int \frac{\mathrm{d}x}{\sin^{n-2} x}$

98. $\int \frac{\mathrm{d}x}{\cos^n x} = \frac{1}{n-1} \cdot \frac{\sin x}{\cos^{n-1} x} + \frac{n-2}{n-1}\int \frac{\mathrm{d}x}{\cos^{n-2} x}$

99. $\int \cos^m x \sin^n x \, dx = \frac{1}{m+n}\cos^{m-1} x \sin^{n+1} x + \frac{m-1}{m+n}\int \cos^{m-2} x \sin^n x \, dx$

$= -\frac{1}{m+n}\cos^{m+1} x \sin^{n-1} x + \frac{n-1}{m+n}\int \cos^m x \sin^{n-2} x \, dx$

100. $\int \sin ax \cos bx \, dx = -\frac{1}{2(a+b)}\cos(a+b)x - \frac{1}{2(a-b)}\cos(a-b)x + C$

101. $\int \sin ax \sin bx \, dx = -\frac{1}{2(a+b)}\sin(a+b)x + \frac{1}{2(a-b)}\sin(a-b)x + C$

102. $\int \cos ax \cos bx \, dx = \frac{1}{2(a+b)}\sin(a+b)x + \frac{1}{2(a-b)}\sin(a-b)x + C$

103. $\int \frac{dx}{a + b\sin x} = \frac{2}{\sqrt{a^2 - b^2}}\arctan \frac{a\tan\frac{x}{2} + b}{\sqrt{a^2 - b^2}} + C \quad (a^2 > b^2)$

104. $\int \frac{dx}{a + b\sin x} = \frac{1}{\sqrt{b^2 - a^2}}\ln\left|\frac{a\tan\frac{x}{2} + b - \sqrt{b^2 - a^2}}{a\tan\frac{x}{2} + b + \sqrt{b^2 - a^2}}\right| + C \quad (a^2 < b^2)$

105. $\int \frac{dx}{a + b\cos x} = \frac{2}{a+b}\sqrt{\frac{a+b}{a-b}}\arctan\left(\sqrt{\frac{a-b}{a+b}}\tan\frac{x}{2}\right) + C \quad (a^2 > b^2)$

106. $\int \frac{dx}{a + b\cos x} = \frac{1}{a+b}\sqrt{\frac{a+b}{b-a}}\ln\left|\frac{\tan\frac{x}{2} + \sqrt{\frac{a+b}{b-a}}}{\tan\frac{x}{2} - \sqrt{\frac{a+b}{b-a}}}\right| + C \quad (a^2 < b^2)$

107. $\int \frac{dx}{a^2\cos^2 x + b^2\sin^2 x} = \frac{1}{ab}\arctan\left(\frac{b}{a}\tan x\right) + C$

108. $\int \frac{dx}{a^2\cos^2 x - b^2\sin^2 x} = \frac{1}{2ab}\ln\left|\frac{b\tan x + a}{b\tan x - a}\right| + C$

109. $\int x\sin ax \, dx = \frac{1}{a^2}\sin ax - \frac{1}{a}x\cos ax + C$

110. $\int x^2\sin ax \, dx = -\frac{1}{a}x^2\cos ax + \frac{2}{a^2}x\sin ax + \frac{2}{a^3}\cos ax + C$

111. $\int x\cos ax \, dx = \frac{1}{a^2}\cos ax + \frac{1}{a}x\sin ax + C$

112. $\int x^2\cos ax \, dx = \frac{1}{a}x^2\sin ax + \frac{2}{a^2}x\cos ax - \frac{2}{a^3}\sin ax + C$

十二、含有反三角函数的积分(其中 $a>0$)

113. $\int \arcsin\frac{x}{a} \, dx = x\arcsin\frac{x}{a} + \sqrt{a^2 - x^2} + C$

114. $\int x\arcsin\frac{x}{a}\mathrm{d}x=\left(\frac{x^2}{2}-\frac{a^2}{4}\right)\arcsin\frac{x}{a}+\frac{x}{4}\sqrt{a^2-x^2}+C$

115. $\int x^2\arcsin\frac{x}{a}\mathrm{d}x=\frac{x^3}{3}\arcsin\frac{x}{a}+\frac{1}{9}(x^2+2a^2)\sqrt{a^2-x^2}+C$

116. $\int\arccos\frac{x}{a}\mathrm{d}x=x\arccos\frac{x}{a}-\sqrt{a^2-x^2}+C$

117. $\int x\arccos\frac{x}{a}\mathrm{d}x=\left(\frac{x^2}{2}-\frac{a^2}{4}\right)\arccos\frac{x}{a}-\frac{x}{4}\sqrt{a^2-x^2}+C$

118. $\int x^2\arccos\frac{x}{a}\mathrm{d}x=\frac{x^3}{3}\arccos\frac{x}{a}-\frac{1}{9}(x^2+2a^2)\sqrt{a^2-x^2}+C$

119. $\int\arctan\frac{x}{a}\mathrm{d}x=x\arctan\frac{x}{a}-\frac{a}{2}\ln(a^2+x^2)+C$

120. $\int x\arctan\frac{x}{a}\mathrm{d}x=\frac{1}{2}(a^2+x^2)\arctan\frac{x}{a}-\frac{a}{2}x+C$

121. $\int x^2\arctan\frac{x}{a}\mathrm{d}x=\frac{x^3}{3}\arctan\frac{x}{a}-\frac{a}{6}x^2+\frac{a^3}{6}\ln(a^2+x^2)+C$

十三、含有指数函数的积分

122. $\int a^x\mathrm{d}x=\frac{1}{\ln a}a^x+C$

123. $\int \mathrm{e}^{ax}\mathrm{d}x=\frac{1}{a}\mathrm{e}^{ax}+C$

124. $\int x\mathrm{e}^{ax}\mathrm{d}x=\frac{1}{a^2}(ax-1)\mathrm{e}^{ax}+C$

125. $\int x^n\mathrm{e}^{ax}\mathrm{d}x=\frac{1}{a}x^n\mathrm{e}^{ax}-\frac{n}{a}\int x^{n-1}\mathrm{e}^{ax}\mathrm{d}x$

126. $\int xa^x\mathrm{d}x=\frac{x}{\ln a}a^x-\frac{1}{(\ln a)^2}a^x+C$

127. $\int x^na^x\mathrm{d}x=\frac{1}{\ln a}x^na^x-\frac{n}{\ln a}\int x^{n-1}a^x\mathrm{d}x$

128. $\int \mathrm{e}^{ax}\sin bx\,\mathrm{d}x=\frac{1}{a^2+b^2}\mathrm{e}^{ax}(a\sin bx-b\cos bx)+C$

129. $\int \mathrm{e}^{ax}\cos bx\,\mathrm{d}x=\frac{1}{a^2+b^2}\mathrm{e}^{ax}(b\sin bx+a\cos bx)+C$

130. $\int \mathrm{e}^{ax}\sin^n bx\,\mathrm{d}x=\frac{1}{a^2+b^2n^2}\mathrm{e}^{ax}\sin^{n-1}bx(a\sin bx-nb\cos bx)$

$$+\frac{n(n-1)b^2}{a^2+b^2n^2}\int \mathrm{e}^{ax}\sin^{n-2}bx\,\mathrm{d}x$$

131. $\int e^{ax}\cos^n bx\,dx = \frac{1}{a^2+b^2n^2}e^{ax}\cos^{n-1}bx(a\cos bx + nb\sin bx)$

$$+\frac{n(n-1)b^2}{a^2+b^2n^2}\int e^{ax}\cos^{n-2}bx\,dx$$

十四、含有对数函数的积分

132. $\int \ln x\,dx = x\ln x - x + C$

133. $\int \frac{dx}{x\ln x} = \ln|\ln x| + C$

134. $\int x^n \ln x\,dx = \frac{1}{n+1}x^{n+1}\left(\ln x - \frac{1}{n+1}\right) + C$

135. $\int (\ln x)^n dx = x(\ln x)^n - n\int (\ln x)^{n-1}dx$

136. $\int x^m(\ln x)^n dx = \frac{1}{m+1}x^{m+1}(\ln x)^n - \frac{n}{m+1}\int x^m(\ln x)^{n-1}dx$

附录5　参考答案

第1章

★ 习题1-1

(A)

1. (1) 不相同；(2) 不相同；(3) 相同；(4) 不相同.

2. (1) $\left\{x \mid x \neq k\pi + \frac{\pi-2}{2},\ k\in\mathbf{Z}\right\}$；(2) $\{x \mid -1<x<2\}$；

(3) $\{x \mid 2\leqslant x\leqslant 4\}$；(4) $\{x \mid -1\leqslant x<3,\ x\neq 0\}$.

3. (1) $-\frac{\pi}{2}$，0，$\frac{\pi}{2}$；(2) -1，3，2.

4. (1) 偶函数；(2) 非奇非偶函数；(3) 奇函数；(4) 偶函数.

5. (1) $y=u^2$，$u=\sin v$，$v=2x+1$；

(2) $y=e^u$，$u=v^2$，$v=\sin w$，$w=1-x$；

(3) $y=u^2$，$u=\cos v$，$v=\ln w$，$w=2+\sqrt{h}$，$h=1+x^2$；

(4) $y=\sqrt{u}$，$u=\ln v$，$v=w^2$，$w=\sin x$.

6. (1) $y=\ln(x-2)$；(2) $y=x^2-1\ (x\leqslant 0)$；(3) $y=\frac{1-x}{1+x}$；

(4) $y=-\frac{x}{(1+x)^2}$.

7. $f(x)=x^2-2$.

8. $f[f(x)]=1$.

9. $f[f(x)]=\dfrac{x}{1-2x}$，　$f\{f[f(x)]\}=\dfrac{x}{1-3x}$.

10. 略.

(B)

1. C　2. D　3. B　4. B　5. D　6. C　7. B　8. A　9. A　10. D

★ 习题 1－2

(A)

1. (1) 图略；　(2) $\lim\limits_{x\to 0^+} f(x)=0$，$\lim\limits_{x\to 0^-} f(x)=1$；　(3) $\lim\limits_{x\to 0} f(x)$不存在.

2. $\lim\limits_{x\to x_0^+} f(x)=1$，$\lim\limits_{x\to x_0^-} f(x)=1$，$\lim\limits_{x\to x_0} f(x)=1$；

$\lim\limits_{x\to x_0^+} g(x)=1$，$\lim\limits_{x\to x_0^-} g(x)=-1$，$\lim\limits_{x\to x_0} f(x)$不存在.

3. $\lim\limits_{x\to 0^+} f(x)=+\infty$，$\lim\limits_{x\to 0^-} f(x)=0$，所以$\lim\limits_{x\to 0} f(x)$不存在；$\lim\limits_{x\to \infty} f(x)=1$.

4. (1) 当 $x\to -2$ 时，$\dfrac{x+2}{x-1}$为无穷小；当 $x\to 1$ 时，$\dfrac{x+2}{x-1}$为无穷大；

(2) 当 $x\to 1$ 时，$\lg x$ 为无穷小；当 $x\to 0$ 或 $x\to +\infty$时，$\lg x$ 为无穷大；

(3) 当 $x\to -2$ 或 $x\to \infty$时，$\dfrac{x+2}{x^2}$为无穷小；当 $x\to 0$ 时，$\dfrac{x+2}{x^2}$为无穷大.

5. (1) 0；　(2) 0；　(3) 0.

(B)

1. D　2. B　3. C　4. D　5. A　6. B　7. C　8. D　9. C　10. A

★ 习题 1－3

(A)

1. (1) 不正确；不符合极限的乘法运算法则；

(2) 不正确；不符合极限的除法运算法则.

2. (1) $\dfrac{2^{20}\times 3^{30}}{5^{50}}$；　(2) 3；　(3) $3x^2$；　(4) $-\dfrac{1}{2}$；　(5) -1；　(6) $\dfrac{1}{4}$；　(7) $\dfrac{4}{3}$；

(8) $-\dfrac{1}{2}$；　(9) 1；　(10) 0；　(11) $\dfrac{1}{3}$；　(12) 0；　(13) $\dfrac{5}{2}$；　(14) 2；　(15) 12；

(16) $\dfrac{m}{n}$；　(17) 0；　(18) $\dfrac{1}{2}$；　(19) $\dfrac{1}{4}$；　(20) -2；　(21) $-\dfrac{1}{a^2}$；　(22) $\dfrac{1}{2}$.

(B)

1. C　2. B　3. A　4. A　5. C　6. D　7. B　8. C　9. D　10. C

★ 习题 1－4

(A)

1. (1) πR^2； (2) 1； (3) $\frac{5}{3}$； (4) $\sqrt{2}$； (5) 8； (6) 0； (7) 1； (8) 1；

(9) 1； (10) 1.

2. (1) $\frac{1}{e}$； (2) $\frac{1}{e}$； (3) e； (4) e^3； (5) $\frac{1}{e^2}$； (6) $\frac{1}{e}$； (7) e； (8) 1； (9) e^2；

(10) $e^{\frac{15}{2}}$.

3. $a=\ln 2$.

4. 略.

5. $\lim\limits_{n\to\infty} x_n=2$.

(B)

1. D 2. C 3. D 4. C 5. C 6. A 7. B 8. B 9. A 10. C

★ 习题 1－5

(A)

1. (1) $\tan^2 x$ 比 x 高阶； (2) $\sin\sqrt{x}$ 比 x 低阶；

(3) $\frac{x-1}{x}$和 x^2-1 同阶； (4) $\frac{1}{4}(x-4)$和$\sqrt{x}-2$ 等价.

2. (1) x； (2) x^2； (3) x； (4) x^2.

3. (1) $\frac{3}{2}$； (2) 2； (3) 4； (4) 2； (5) $\frac{1}{2}$； (6) $\frac{1}{2}$.

(B)

1. C 2. B 3. D 4. D 5. B 6. A 7. D 8. A 9. B 10. D

★ 习题 1－6

(A)

1. (1) $x=1$，可去间断点，$x=2$，无穷间断点； (2) $x=0$，可去间断点；

(3) $x=0$，无穷间断点； (4) $x=0$，跳跃间断点.

2. (1) $a=8$； (2) $a=1$.

3. 略.

4. $f(0)=\frac{3}{2}$.

5. 当 $\alpha>0$，$\beta=-1$ 时，$f(x)$在点 $x=0$ 处连续.

6. 略.

7. 略.

(B)

1. B　2. D　3. C　4. B　5. B　6. D　7. D　8. A　9. B　10. D

★ 习题 1-7

(A)

1. $C=4+0.9\sqrt{Q}$.

2. $R=2x^2+5x$.

3. (1) $C=12\ 000+10Q$；　(2) $R=30Q$；　(3) $L=20Q-12\ 000$.

4. (1) $L(x)=-\frac{1}{5}x^2+190x-400$；　(2) $\bar{L}(x)=-\frac{1}{5}x+190-\frac{400}{x}$.

5. (1) $Q_d=80\ 000-1\ 000P$；　(2) $Q_s=3\ 000+100P$；　(3) $P_0=70$，$Q_0=10\ 000$.

(B)

1. A　2. B　3. D　4. C　5. D

■ 章节测试一

一、1. -3；　2. e^2；　3. 无穷，跳跃；　4. 1；　5. 2，2.

二、(1) $\frac{3}{2}$；　(2) 3；　(3) $\frac{3}{2}$；　(4) $-\frac{3}{2}$；　(5) $\frac{1-q}{1-p}$；　(6) 0；　(7) $\frac{3}{4}$；

(8) $\frac{1}{2}$；　(9) e^{2a}；　(10) 1.

三、(1) 当 $a=1$ 时，$x=0$ 是 $f(x)$的连续点；

(2) 当 $a\neq 1$ 时，$x=0$ 是 $f(x)$的间断点，是跳跃间断点；

(3) $(-\infty,0)\cup(0,+\infty)$.

四、略.

五、4 927.75 元，4 878.84 元.

第 2 章

★ 习题 2-1

(A)

1. (1) $-\frac{2}{3}$；　(2) $\frac{2}{3}$；　(3) -4.

2. $f'(a)$.

3. 1.

4. (1) 切线方程：$x-2y+1=0$，法线方程：$2x+y-3=0$；

(2) 切线方程：$x-ey=0$，法线方程：$ex+y-1-e^2=0$.

5. $a=4$, $b=-4$.

6. 略.

(B)

1. D　2. A　3. C　4. B　5. C　6. A　7. C　8. A　9. D　10. C

★ 习题 2-2

(A)

1. (1) $y'=8x+3$;　(2) $y'=\frac{1}{2}\left(3\sqrt{x}+\frac{3}{\sqrt{x}}-\frac{1}{\sqrt{x^3}}\right)$;

(3) $y'=3\sec^2 x-\frac{1}{\sqrt{1-x^2}}-3^x\ln 3$;　(4) $y'=2e^x(\sin x+\cos x)$;

(5) $y'=\frac{\sin x-\cos x+1}{(1+\sin x)^2}$;　(6) $y'=\frac{1}{x}\left(1-\frac{1}{\ln 10}+\frac{1}{\ln 2}\right)$;

(7) $y'=\frac{7}{8}x^{-\frac{1}{8}}$;　(8) $y'=\frac{2x-x^2\ln 2}{2^x}$;

(9) $y'=(x-2)(x-3)+(x-1)(x-3)+(x-1)(x-2)$.

2. (1) $y'=-3\sin 6x$;　(2) $y'=\frac{1}{2\sqrt{x+\sqrt{x}}}\left(1+\frac{1}{2\sqrt{x}}\right)$;　(3) $y'=\frac{1}{\sqrt{1+x^2}}$;

(4) $y'=e^{2x}[2\cos 3x-3\sin 3x]$;　(5) $y'=\frac{1}{\ln\ln x}\cdot\frac{1}{\ln x}\cdot\frac{1}{x}$;　(6) $y'=\sec x$;

(7) $y'=-6xe^{-3x^2}$;　(8) $y'=\csc x$;　(9) $y'=\sqrt{a^2-x^2}$.

3. (1) $y'=3x^2f'(x^3)$;　(2) $y'=\sin 2x[f'(\sin^2 x)+f'(\cos^2 x)]$.

4. $f'(x)=\begin{cases}2, & 0<x\leqslant 1,\\ 2x, & 1<x<2.\end{cases}$

(B)

1. D　2. C　3. A　4. B　5. C　6. D　7. A　8. B　9. C　10. A

★ 习题 2-3

(A)

1. $s'(0)=2$;　$s''(0)=0$.

2. (1) $\frac{2(1-x^2)}{(1+x^2)^2}$;　(2) $\frac{1}{x}$;　(3) $2\arctan x+\frac{2x}{1+x^2}$;　(4) $2xe^{x^2}(3+2x^2)$.

3. (1) $f''(0)=0$;　(2) $f'''(0)=720$.

4. (1) $2^{n-1}\sin\left[2x+(n-1)\frac{\pi}{2}\right]$;　(2) $(-1)^n n!\,(1+x)^{-(n+1)}$;　(3) $a^n e^{ax}$;

(4) $(-1)^n(n-2)!\,x^{-(n-1)}$.

(B)

1. A　2. C　3. D　4. C　5. A　6. B　7. D　8. C　9. C　10. D

★ 习题 2－4

(A)

1. (1) $\frac{dy}{dx}=\frac{y}{y-x}$；　(2) $\frac{dy}{dx}=\frac{-e^y}{1+xe^y}$；　(3) $\frac{dy}{dx}=\frac{y-e^{x+y}}{e^{x+y}-x}$；

(4) $\frac{dy}{dx}=-\frac{2x\sin(x^2+y)+1}{\sin(x^2+y)}$.

2. (1) $y'=(\tan x)^x\left(\ln\tan x+\frac{x\sec^2 x}{\tan x}\right)$；

(2) $y'=\frac{\sqrt{x+2}(3-x)^4}{(x+1)^5}\left[\frac{1}{2(x+2)}-\frac{4}{3-x}-\frac{5}{x+1}\right]$；

(3) $y'=\frac{\ln\cos y-y\cot x}{x\tan y+\ln\sin x}$；　(4) $y'=\left(\frac{1}{x}\right)^x\left(\ln\frac{1}{x}-1\right)+x^{\frac{1}{x}}\left(-\frac{1}{x^2}\ln x+\frac{1}{x^2}\right)$.

3. $\frac{dy}{dx}=\frac{\sin t}{1-\cos t}$；$\frac{d^2y}{dx^2}=-\frac{1}{a(1-\cos t)^2}$.

4. (1) $f''(0)=e^{-2}$；　(2) $y'\Big|_{\substack{x=2\\y=-1}}=\frac{5}{4}$，$y''\Big|_{\substack{x=2\\y=-1}}=\frac{21}{32}$.

(B)

1. D　2. B　3. B　4. C　5. B　6. D　7. C　8. A　9. D　10. A

★ 习题 2－5

(A)

1. $\Delta y=0.0404$，$dy=0.04$.

2. (1) $dy=\left(-\frac{1}{x^2}+\frac{1}{\sqrt{x}}\right)dx$；　(2) $dy=e^x(\sin^2 x+\sin 2x)dx$；

(3) $dy=\frac{2\ln(1-x)}{x-1}dx$；　(4) $dy=\frac{2-\ln x}{2x\sqrt{x}}dx$.

3. (1) $\ln|x|+C$；　(2) -1.　(3) $\tan x+C$；　(4) $-e^{-x}+C$.

4. (1) 0.01；　(2) 0.03；　(3) 1.005；　(4) 0.99.

(B)

1. B　2. D　3. D　4. B　5. B　6. C　7. C　8. C　9. B　10. C

★ 习题 2－6

(A)

1. 边际值为 20，弹性值为 2.

2. $C(900)=1\,775$，　$\bar{C}(100)=1.97$，　$C'(900)=1.5$.

3. $R(15)=255$，　$\bar{R}(15)=17$，　$R'(15)=14$，　$\Delta R=13$.

4. $L'(20)=50$，　$L'(30)=-50$．经济意义：当每天生产 20 吨时，每增加 1 吨，利润将增加 50 元；当每天生产 30 吨时，每增加 1 吨，利润将减少 50 元.

5. (1) $Q'(4)=-8$；经济意义：当 $P=4$ 时，价格上涨(下降)1 个单位，需求减少(增加)8 个单位；

(2) $\eta(4)\approx 0.54$；　经济意义：当 $P=4$ 时，价格上涨(下降)1%，需求减少(上升)0.54%；

(3) $\left.\frac{ER}{EP}\right|_{P=4}\approx 0.46$；　经济意义：当 $P=4$ 时，若价格提高 1%，总收益将增加 0.46%；

(4) $\left.\frac{ER}{EP}\right|_{P=6}\approx -0.85$；经济意义：当 $P=6$ 时，若价格提高 1%，总收益将减少 0.85%；

(5) $P=5$ 时，总收益最大，最大总收益 $R(5)=250$.

(B)

1. A　2. D　3. B　4. C　5. B

■ 章节测试二

一、1. -1；　2. 0.02；　3. $(2t+1)e^{2t}$；　4. $\frac{1}{x(1+\ln y)}$；

5. $2y-x-2=0$，$y+2x-1=0$.

二、1. 错误；　2. 正确；　3. 错误；　4. 错误.

三、1. $f(x)$在 $x=0$ 处连续，但不可导；　2. $f'(x)=\begin{cases}\frac{1}{x}, & x>1,\\ 1, & x\leqslant 1.\end{cases}$

3. $a=4$，$b=-4$.

四、1. $\frac{7}{8}x^{-\frac{1}{8}}$；　2. $\frac{1}{\sqrt{x^2+1}}$；　3. $(\ln x)^x\left[\ln(\ln x)+\frac{1}{\ln x}\right]$；

4. $\frac{1}{2\sqrt{x+\sqrt{x+\sqrt{x}}}}\left[1+\frac{1}{2\sqrt{x+\sqrt{x}}}\left(1+\frac{1}{2\sqrt{x}}\right)\right]$；　5. $y=\ln\frac{a}{b}+\frac{b-a}{x}$；

6. $2^{\frac{x}{\ln x}}\cdot\ln 2\left(\frac{\ln x-1}{\ln^2 x}\right)$；　7. 0；　8. $\frac{1}{\pi}$.

五、1. $dy=-\frac{1+y^2}{y^2}dx$；　2. $dy=-\frac{1}{\sin^2(x+y)}dx$；

3. $dy=\sqrt{a^2-x^2}\,dx$；　4. $dy=\frac{1}{\sqrt{x}\sin 2\sqrt{x}}dx$.

六、(1) $Q'(6)=-24$，经济意义：在 $P=6$ 时，价格上涨一个单位，需求减少 24 个单位.

(2) $\eta(6)=-1.85$，经济意义：在 $P=6$ 时，价格上涨 1%，需求减少 1.85%.

(3) 当 $P=6$ 时，若价格下降 2%，总收益将增加 1.7%.

第 3 章

★ 习题 3－1

(A)

1. (1) $\xi=\frac{1}{4}$；　(2) $\xi=2$.

2. $f'(x)=0$ 有 3 个实根，分别为 $\xi_1\in(1,2)$，$\xi_2\in(2,3)$，$\xi_3\in(3,4)$.　3. 略.

4. $\xi=\sqrt[3]{\frac{15}{4}}\in(1,2)$.　5. $\xi=\frac{14}{9}\in(1,2)$.　6. 略.　7. 略.　8. 略.　9. 略.　10. 略.

(B)

1. A　2. C　3. D　4. B　5. C　6. B　7. D　8. B　9. C　10. D

★ 习题 3－2

(A)

1. (1) 2；　(2) $\cos a$；　(3) $-\frac{1}{8}$；　(4) 1；　(5) 1；　(6) $\frac{4}{e}$；　(7) 2；

(8) $\frac{1}{2}$；　(9) $+\infty$；　(10) 1；　(11) $\frac{1}{2}$；　(12) $\frac{1}{2}$；　(13) e^a；　(14) 1；

(15) 1；　(16) $-\frac{1}{2}$；　(17) e；　(18) 1；　(19) 1；　(20) $e^{\frac{1}{3}}$.

2. 略.

(B)

1. C　2. D　3. B　4. C　5. C　6. A　7. B　8. B　9. D　10. C

★ 习题 3－3

(A)

1. (1) 单调增区间 $(-\infty,-1]$，$[1,+\infty)$，单调减区间 $[-1,1]$，极大值 $f(-1)=\frac{2}{15}$，极小值 $f(1)=-\frac{2}{15}$；

(2) 单调增区间 $\left[\frac{1}{2},+\infty\right)$，单调减区间 $\left(0,\frac{1}{2}\right]$，极小值 $f\left(\frac{1}{2}\right)=\frac{1}{2}+\ln 2$.

2. $a=\frac{1}{6}$，$b=-\frac{3}{4}$.

3. 略.

4. (1) 凹区间$(-\infty, -1]$, $[1, +\infty)$, 凸区间$[-1, 1]$, 拐点$(\pm 1, 1)$;

(2) 凹区间$(-\infty, +\infty)$, 无拐点.

5. $a=3$, $b=-9$, $c=8$.

(B)

1. D　2. D　3. B　4. A　5. C　6. C　7. A　8. B　9. D　10. A

★ 习题 3-4

(A)

1. (1) 水平渐近线为 $y=1$, 铅直渐近线为 $x=0$;

(2) 水平渐近线为 $y=0$, 铅直渐近线为 $x=-1$;

(3) 斜渐近线为 $y=x$;

(4) 铅直渐近线为 $x=-1$, 斜渐近线为 $y=x-1$.

2. 略.

(B)

1. B　2. D　3. A　4. C　5. C

★ 习题 3-5

(A)

1. (1) 最大值 6, 最小值 0;　(2) 最大值 $-\frac{149}{27}$, 最小值 -87.

2. $r=\sqrt[3]{\frac{V}{2\pi}}$, $h=2\sqrt[3]{\frac{V}{2\pi}}$.

3. 长 18 米, 宽 12 米.

4. 300 吨, 36 元/吨.

5. 30, 340.

6. 250, 850 万元.

7. 1 000 件, 5 批.

8. 25.

(B)

1. B　2. B　3. D　4. C　5. D

■ 章节测试三

一、1. $y=1$, $x=1$;　2. $a=-\frac{3}{2}$, $b=\frac{9}{2}$;　3. 增加;　4. 2;　5. $\left(-\frac{\sqrt{2}}{2}, \frac{\sqrt{2}}{2}\right)$.

二、1. $-\frac{1}{2}$;　2. $\frac{3}{2}$;　3. $e^{-\frac{2}{\pi}}$;　4. e.

三、$a=3$，$b=-9$，$c=8$.

四、(1) 单调增加区间为$(-\infty,1)\cup(3,+\infty)$，单调减少区间为$(1,3)$，极小值为$f(3)=\frac{27}{4}$.

(2) 凸区间为$(-\infty,0)$，凹区间为$(0,1)\cup(1,+\infty)$，拐点为$(0,0)$.

五、略.

六、半径为 2 米，高为 8 米.

第 4 章

★ 习题 4－1

(A)

1. (1) x^3-e^x+C；　(2) $e^x+\cos x$；　(3) $\cos x+C$；　(4) $\cos x$；　(5) $\sin x$.

2. $y=e^x+2$.

3. (1) $2\ln|x|+\frac{x^2}{6}+C$；　(2) $\frac{1}{2}x^2-x+C$；　(3) $\arcsin x+C$；　(4) $\arctan x-\frac{1}{x}+C$；

(5) $\frac{1}{2}(\tan x+x)+C$；　(6) $-\cot x-\tan x+C$；　(7) $\frac{1}{2}\tan x+C$；　(8) $2\arcsin x+C$；

(9) $\frac{4}{7}x^{\frac{7}{4}}+4x^{-\frac{1}{4}}+C$；　(10) $2x-\frac{5\left(\frac{2}{3}\right)^x}{\ln\left(\frac{2}{3}\right)}+C$.

(B)

1. D　2. A　3. B　4. B　5. C　6. D　7. B　8. D　9. B　10. C

★ 习题 4－2

(A)

(1) $\frac{1}{2(3-2x)}+C$；　(2) $-\frac{2}{3}\sqrt{2-3x}+C$；　(3) $-\frac{1}{2}e^{-x^2}+C$；

(4) $-\frac{1}{3}\cos x^3+C$；　(5) $\frac{2}{3}[4+\ln(1+x)]^{\frac{3}{2}}+C$；　(6) $\frac{1}{2}\ln|1+2\ln x|+C$；

(7) $\arcsin e^x+C$；　(8) $\sec x+C$；　(9) $\frac{1}{2}(\arctan x)^2+C$；

(10) $\ln|\arcsin x|+C$；　(11) $\arctan(x+1)+C$；　(12) $\ln\left|\frac{x-2}{x-1}\right|+C$；

(13) $2x-\frac{4}{3}\ln|3x+2|+C$；　(14) $\frac{1}{3}\arctan\frac{3x}{2}+C$；　(15) $\arctan e^x+C$；

(16) $-\ln|e^{-x}-1|+C$；　(17) $\frac{1}{3}\arcsin\frac{3x}{4}+C$；　(18) $\arcsin x-\sqrt{1-x^2}+C$；

(19) $(\arctan\sqrt{x})^2+C$；　(20) $\frac{1}{2}(\ln\tan x)^2+C$；　(21) $-2\cos\sqrt{x}+C$；

(22) $\frac{1}{3}\arctan\frac{x-4}{3}+C$；　(23) $\frac{2}{3}[\ln(x+\sqrt{1+x^2})]^{\frac{3}{2}}+C$；

(24) $-\frac{1}{97}\cdot\frac{1}{(x-1)^{97}}-\frac{1}{49}\cdot\frac{1}{(x-1)^{98}}-\frac{1}{99}\cdot\frac{1}{(x-1)^{99}}+C$.

(B)

1. C　2. A　3. D　4. C　5. A　6. B　7. A　8. B　9. C　10. A

★ 习题 4-3

(A)

1. 略.

2. (1) $2\ln(\sqrt{x}+1)+C$；　(2) $-\sqrt{2x+1}-\ln\left|1-\sqrt{2x+1}\right|+C$；

(3) $-\frac{\sqrt{1-x^2}}{x}-\arcsin x+C$；　(4) $\sqrt{x^2-1}-\arccos\frac{1}{x}+C$；

(5) $\ln|\sqrt{1+x^2}-1|-\ln|x|+C$；　(6) $-\frac{1}{6}\ln\left|1+\frac{1}{x^6}\right|+C$.

(B)

1. A　2. B　3. C　4. C　5. D　6. B　7. A　8. C　9. C　10. D

★ 习题 4-4

(A)

1. (1) $-x\cos x+\sin x+C$；　(2) $\frac{1}{2}x^2\ln x-\frac{1}{4}x^2+C$；

(3) $x\arccos x-\sqrt{1-x^2}+C$；　(4) $\frac{1}{5}e^x(\sin 2x-2\cos 2x)+C$；

(5) $\frac{x}{2}[\cos(\ln x)+\sin(\ln x)]+C$；　(6) $-xe^{-x}-e^{-x}+C$；

(7) $\frac{1}{3}x^3\arctan x-\frac{1}{6}x^2+\frac{1}{6}\ln(1+x^2)+C$；　(8) $x\ln^2 x-2x\ln x+2x+C$；

(9) $\frac{1}{6}x^3+\frac{1}{2}x^2\sin x+x\cos x-\sin x+C$；　(10) $(\ln\ln x-1)\ln x+C$；

(11) $2e^{\sqrt{x}}(\sqrt{x}-1)+C$.

2. $\cos x-\frac{2\sin x}{x}+C$.

3. $\left(1-\frac{2}{x}\right)e^x+C$.

(B)

1. A　2. C　3. B　4. B　5. C　6. A　7. C　8. D　9. A　10. D

■ 章节测试四

一、1. $\dfrac{2}{x^3}$；　2. $\dfrac{-4+3\ln x}{x^2}+C$；　3. $-\sec x-\cos x+C$；　4. $-\dfrac{2}{x}+C$；　5. e.

二、$f'(x)=(4x^2-2)e^{-x^2}$，$\int xf'(x)dx=-(2x^2+1)e^{-x^2}+C$.

三、(1) $x\sqrt[4]{x}\left(\dfrac{1}{9}x-\dfrac{1}{5}\right)+C$；　(2) $\dfrac{1}{2}\arctan x^2-\dfrac{1}{4}\ln(1+x^4)+C$；

(3) $\tan x-\sec x+\ln|1+\sin x|+C$；　(4) $-\dfrac{1}{\arcsin x}+C$；

(5) $\sqrt{2}\ln\left|\csc\dfrac{x}{2}-\cot\dfrac{x}{2}\right|+C\left(\cos\dfrac{x}{2}>0\right)$；　(6) $\ln|\csc x-\cot x|+\cos x+C$；

(7) $-\dfrac{1}{\sqrt{x^2-1}}+C$；　(8) $-\dfrac{1}{1+x}[\ln(1+x)+1]+C$；

(9) $-\cos x\ln(\tan x)+\ln|\csc x-\cot x|+C$；　(10) $xf'(x)-f(x)+C$.

四、(1) $v(1)=-\dfrac{b}{1+b^2}$；　(2) $s(t)=t\arctan bt-\dfrac{1}{2b}\ln(1+b^2t^2)+C$.

五、$f(x)=x^3-3x+2$.

第 5 章

★ 习题 5－1

(A)

1. (1) 1；　(2) 0；　(3) $\dfrac{1}{4}\pi a^2$.

2. $A=\int_{-1}^{2}(x^2+1)dx$.　3. 105.　4. (1) $<$；　(2) $>$.

5. (1) $1\leqslant\int_0^1 e^x dx\leqslant e$；　(2) $6\leqslant\int_1^4(x^2+1)dx\leqslant 51$.

(B)

1. D　2. C　3. B　4. D　5. C　6. B　7. D　8. D　9. B　10. A

★ 习题 5－2

(A)

1. $\int_a^x f(t)dt$ 与 $\int_x^b f(u)du$ 是 x 的函数，它们的导数存在，

$\left[\int_a^x f(t)dt\right]'=f(x)$，$\left[\int_x^b f(u)du\right]'=-f(x)$.

2. (1) $\Phi'(x)=x\cos x$； (2) $\Phi'(x)=\frac{1}{1+x^2}$.

3. (1) 1； (2) $\frac{1}{2}$.

4. (1) $1+\frac{\pi}{4}$； (2) $e-1$； (3) 2； (4) $\frac{13}{4}$； (5) $\sqrt{3}-1$；

(6) 94； (7) $\frac{11}{2}$； (8) $1-\frac{\pi}{4}$； (9) $1-\frac{\pi}{4}$； (10) 0.

5. $\sqrt{e}-\frac{1}{e}$.

(B)

1. A 2. D 3. B 4. D 5. B 6. D 7. A 8. C 9. A 10. B

★ 习题 5-3

(A)

1. 略.

2. (1) $\frac{19}{3}$； (2) $\frac{\sqrt{3}-1}{2}$； (3) $\frac{1}{2}$； (4) $\frac{\pi}{4}$； (5) $2(2-\ln 3)$；

(6) $\frac{1}{6}$； (7) $\frac{3}{2}$； (8) $\frac{4}{3}$； (9) $\ln\frac{3}{2}$.

3. (1) $\frac{\pi^3}{324}$； (2) 0； (3) 0； (4) $\frac{1}{2}$.　4. 略.

5. (1) $\frac{\pi}{4}-\frac{1}{2}$； (2) $\frac{1}{2}$； (3) $2\ln 2-\frac{3}{4}$； (4) -2；

(5) 1； (6) $\frac{\pi}{12}+\frac{\sqrt{3}}{2}-1$； (7) $2(2e^3-e^2)$； (8) $4(\ln 4-1)$.

6. 8.

(B)

1. C 2. A 3. B 4. B 5. A 6. D 7. C 8. C 9. A 10. D

★ 习题 5-4

(A)

1. 略.

2. (1) 发散； (2) 1； (3) 发散； (4) 发散； (5) 发散；

(6) $\frac{\pi}{2}$； (7) $-\frac{1}{2}$； (8) 发散； (9) π； (10) $1-\ln 2$.

(B)

1. C 2. A 3. D 4. C 5. B 6. A 7. B 8. B 9. C 10. B

★ 习题 5－5

(A)

1. 3.　2. $4-\ln 3$.　3. $b-a$.　4. $\frac{1}{2}+\ln 4$.　5. $e+e^{-1}-2$.

6. $V_x=18\frac{2}{7}\pi$, $V_y=12\frac{4}{5}\pi$.　7. $V_x=7\frac{1}{2}\pi$, $V_y=24\frac{4}{5}\pi$.　8. $V_x=\frac{1}{4}\pi^2$, $V_y=2\pi$.

9. $a=0$, $b=A$.　10. $\ln\frac{3}{2}+\frac{5}{12}$.

(B)

1. C　2. A　3. D　4. A　5. B　6. D　7. B　8. C　9. A　10. B

★ 习题 5－6

(A)

1. (1) $C(x)=-\frac{x^2}{2}+2x+100$, $R(x)=20x-2x^2$；　(2) $x=6$；　(3) 24 万元.

2. (1) $C(Q)=15Q-0.1Q^2+12.5$, $R(Q)=20Q-0.2Q^2$；　(2) 15(元/件).

3. 650(件).

4. 现值为 $5\times10^5(1-e^{-0.9})$；将来值为 $5\times10^5(e^{0.9}-1)$.

5. (1) $\frac{10}{1-e^{-1}}$；　(2) $100-200e^{-1}$.

(B)

1. B　2. C　3. D　4. A　5. B

■ 章节测试五

一、1. $\frac{1}{12}$；　2. $\frac{\pi}{3}$；　3. $\frac{4}{\pi}-1$；　4. 2；　5. $\frac{\pi}{4e}$.

二、1. $\frac{1}{3}(e-e^{-1})$；　2. $2(\sqrt{2}-1)$；　3. $2(1-e^{-1})$；　4. $\frac{\sqrt{3}}{2}+\ln(2-\sqrt{3})$.

三、$-\frac{1}{2}$.　四、$\begin{cases}\frac{\pi}{2}+\arctan x & x\leqslant 0\\ \frac{\pi}{2}+2\arctan\sqrt{x} & x>0\end{cases}$.　五、$\frac{8}{3}$; $V_x=\frac{16}{3}\pi$; $V_y=\pi$.　六、略.

第 6 章

★ 习题 6－1

(A)

1. (1) $f(x-y,\sqrt{xy})=(x-y)^2+(\sqrt{xy})^2=x^2-xy+y^2$；

(2) $f(x, y)=x^2+2y^2$.

2. (1) 定义域为 $D=\{(x, y) \mid x^2+y^2 \neq 1\}$，表示 xOy 平面上不包含圆周的区域；

(2) 定义域为 $D=\{(x, y) \mid -1 \leqslant x \leqslant 1$ 且 $y \geqslant 1$ 或 $y \leqslant -1\}$，表示两条带形闭域；

(3) 定义域为 $D=\{(x, y) \mid x \leqslant 1$ 且 $y<x\}$，表示 xOy 平面上直线 $y=x$ 以下且横坐标 $x \leqslant 1$ 的部分；

(4) 定义域为 $D=\{(x, y) \mid 2 \leqslant x^2+y^2 \leqslant 4$ 且 $y^2<x\}$.

3. (1) 函数 $f(x, y)$ 在 $(0, 0)$ 处的极限不存在；

(2) 函数 $f(x, y)$ 在 $(0, 0)$ 处的极限不存在.

4. (1) 2；　(2) 3；　(3) 0；　(4) $\frac{1}{4}$.

5. (1) $f(x, y)$ 在 $(0, 0)$ 处连续；　(2) $f(x, y)$ 在 $(0, 0)$ 处不连续.

(B)

1. C　2. A　3. D　4. C　5. B　6. C　7. D　8. D　9. B　10. D

★ 习题 6-2

(A)

1. (1) $\frac{\partial z}{\partial x}=3x^2+3y$, $\frac{\partial z}{\partial y}=3x+3y^2$；　(2) $\frac{\partial z}{\partial x}=-\frac{\sin y^2}{x^2}$, $\frac{\partial z}{\partial y}=\frac{1}{x}\cos y^2 \cdot 2y$；

(3) $\frac{\partial z}{\partial x}=\frac{1}{x-3y}$, $\frac{\partial z}{\partial y}=\frac{-3}{x-3y}$；　(4) $\frac{\partial z}{\partial x}=yx^{y-1}+\frac{1}{x}$, $\frac{\partial z}{\partial y}=x^y \ln x+\frac{1}{y}$；

(5) $\frac{\partial u}{\partial x}=\frac{z}{y}x^{\frac{z}{y}-1}$, $\frac{\partial u}{\partial y}=x^{\frac{z}{y}}\ln x \cdot \left(-\frac{z}{y^2}\right) \cdot \frac{\partial u}{\partial z}=x^{\frac{z}{y}}\ln x \cdot \left(\frac{1}{y}\right)$；

(6) $\frac{\partial u}{\partial x}=-\sin(x^2-y^2+e^{-z}) \cdot 2x$,

$\frac{\partial u}{\partial y}=-\sin(x^2-y^2+e^{-z}) \cdot (-2y)=2y\sin(x^2-y^2+e^{-z})$,

$\frac{\partial u}{\partial z}=-\sin(x^2-y^2+e^{-z}) \cdot (-e^{-z})=e^{-z}\sin(x^2-y^2+e^{-z})$.

2. (1) $f'_x(1, 2)=0$, $f'_y(1, 2)=3$；　(2) $f'_x(1, 0)=\frac{1}{2}$；

(3) $f'_x(1, 2)=\frac{1}{5}+2e^{\arctan(1+\sqrt{5})}$；

(4) $f'_x(2, 0, 1)=\frac{1}{2}$, $f'_y(2, 0, 1)=-\frac{1}{2}$, $f'_z(2, 0, 1)=0$.

3. (1) $\frac{\partial z}{\partial x}=12x^2+6xy-3y^2-1$, $\frac{\partial^2 z}{\partial x^2}=24x+6y$, $\frac{\partial z}{\partial y}=3x^2-6xy+1$, $\frac{\partial^2 z}{\partial y^2}=-6x$；

(2) $\frac{\partial z}{\partial x}=\ln(x+y)+x\frac{1}{x+y}$, $\frac{\partial^2 z}{\partial x^2}=\frac{1}{x+y}+\frac{x+y-x}{(x+y)^2}=\frac{x+2y}{(x+y)^2}$,

$\frac{\partial z}{\partial y}=\frac{x}{x+y}$，$\frac{\partial^2 z}{\partial y^2}=-\frac{x}{(x+y)^2}$.

4.（1）$dz=2y^3(2+5xy^3)dx+6xy^2(2+5xy^3)dy$；

（2）$dz=\frac{-x}{\sqrt{1-x^2-y^2}}dx+\frac{-y}{\sqrt{1-x^2-y^2}}dy$；

（3）$du=\frac{1}{x-yz}dx+\frac{-z}{x-yz}dy+\frac{-y}{x-yz}dz$；

（4）$du=dx+\left(\frac{1}{2}\cos\frac{y}{2}+ze^{yz}\right)dy+ye^{yz}dz$.

5. $dz|_{(3,1)}=dx+3\ln 3dy$.

6. $\Delta z\approx\frac{\partial z}{\partial x}\bigg|_{(2,3)}\Delta x+\frac{\partial z}{\partial x}\bigg|_{(2,3)}\Delta y=0.3+0.4=0.7$，$dz|_{(2,3)}=3dx+2dy$.

（B）

1. B　2. B　3. D　4. B　5. C　6. C　7. A　8. D　9. C　10. D

★ 习题 6-3

（A）

1.（1）$\frac{dz}{dt}=6te^{3t^2+2\cos t}-2\sin te^{3t^2+2\cos t}$；　（2）$\frac{dz}{dx}=\frac{3}{1+(3x-4x^3)^2}\cdot(1-4x^2)$；

（3）$\frac{dz}{dt}=\cos t\cdot e^t-e^t\sin t+\cos t$.

2.（1）$\frac{\partial z}{\partial x}=(x^2\sin 2y-x^2\cos^2 y)\sin y+(x^2\sin^2 y-x^2\sin 2y)\cos y$，

$\frac{\partial z}{\partial y}=(x^2\sin 2y-x^2\cos^2 y)\cos y+(x^2\sin^2 y-x^2\sin 2y)x\sin y$；

（2）$\frac{\partial u}{\partial x}=e^{x+2y+3z}(1+6x\cos y)$，$\frac{\partial u}{\partial y}=e^{x+2y+3z}(2-3x^2\sin y)$；

（3）$\frac{\partial w}{\partial x}=f_1'+2xyf_2'+y^2zf_3'$，$\frac{\partial w}{\partial y}=x^2f_2'+2xyzf_3'$，$\frac{\partial w}{\partial z}=xy^2f_3'$.

3.（1）$\frac{\partial z}{\partial x}=\frac{z}{x+z}$，　$\frac{\partial z}{\partial y}=\frac{z^2}{y(x+z)}$；　（2）$\frac{\partial z}{\partial x}=\frac{yz}{z^2-xy}$，$\frac{\partial z}{\partial y}=\frac{xz}{z^2-xy}$；

4. $\frac{\partial^2 z}{\partial x^2}=-\frac{e^z}{(e^z-1)^3}$，$\frac{\partial^2 z}{\partial x\partial y}=-\frac{1}{(e^z-1)^2}$，$\frac{\partial^2 z}{\partial y^2}=-\frac{e^z}{(e^z-1)^3}$.

（B）

1. D　2. B　3. A　4. B　5. C　6. B　7. C　8. C　9. A　10. C

★ 习题 6-4

（A）

1.（1）极小值 $f(6,5)=-90$；（2）极大值 $f(1,1)=2$.

2. 最大值 $f(3, 0)=9$，最小值 $f(0, 0)=0$.

3. (1) 当电视广告费为 1.5 万元，报纸广告费为 1 万元时，广告策略最佳；

(2) 当电视广告费为 0.75 万元，报纸广告费为 1.25 万元时，广告策略最佳.

4. 当 $x=y=z=\dfrac{2\sqrt{3}}{3}a$ 时体积最大，最大体积 $V=\dfrac{8\sqrt{3}}{9}a^3$.

(B)

1. A 2. D 3. B 4. B 5. D 6. D 7. A 8. C 9. B 10. C

★ 习题 6-5

(A)

1. $I_1=4I_2$.

2. (1) $I_2<I_1$； (2) $I_1<I_2$.

3. (1) $0\leqslant I\leqslant\pi^2$； (2) $2\leqslant I\leqslant 8$.

(B)

1. C 2. D 3. C 4. A 5. C

★ 习题 6-6

(A)

1. (1) $\dfrac{8}{3}$； (2) $\dfrac{1}{4}(e^{b^2}-e^{a^2})(e^{d^2}-e^{c^2})$； (3) $\dfrac{20}{3}$； (4) $-\dfrac{3}{2}\pi$.

2. (1) $\dfrac{6}{55}$； (2) $\dfrac{9}{4}$； (3) $\dfrac{19}{6}$； (4) $e-\dfrac{1}{e}$.

3. (1) $\int_0^{2\pi}d\theta\int_0^R f(r\cos\theta, r\sin\theta)r\,dr$； (2) $\int_0^{2\pi}d\theta\int_a^b f(r\cos\theta, r\sin\theta)r\,dr$；

(3) $\int_0^{\pi}d\theta\int_0^{2\sin\theta} f(r\cos\theta, r\sin\theta)r\,dr$.

4. (1) $\dfrac{1}{3}R^3\left(\pi-\dfrac{4}{3}\right)$； (2) $\dfrac{\pi}{4}(2\ln 2-1)$； (3) $\dfrac{3\pi}{2}$； (4) $\dfrac{15\pi}{4}$.

5. (1) $\dfrac{9}{8}$； (2) $\sqrt{2}-1$； (3) $\dfrac{3\pi^2}{32}$； (4) $\dfrac{1}{12}$.

(B)

1. B 2. B 3. B 4. A 5. D 6. D 7. A 8. A 9. C 10. A

■ 章节测试六

一、1. $\{(x, y)\mid y^2\leqslant 4x, 0<x^2+y^2<1\}$； 2. 1； 3. $\dfrac{1}{2}(1-e^{-4})$；

4. $\dfrac{dz}{dt}=\dfrac{2t-1}{t^2-t}+\sec^2 t$； 5. (x_0, y_0)为驻点，$AC-B^2>0$，$A<0$.

二、1. $dz|_{(2,4)}=\frac{4}{21}dx+\frac{8}{21}dy$；

2. $\frac{\partial z}{\partial x}=\frac{2x}{e^z-2z}$，$\frac{\partial z}{\partial y}=\frac{2y}{e^z-2z}$；

3. $\frac{\partial u}{\partial x}=\frac{1}{y}f'_1$，$\frac{\partial u}{\partial y}=\left(-\frac{x}{y^2}\right)f'_1+\frac{1}{z}f'_2$，$\frac{\partial u}{\partial z}=\left(-\frac{y}{z^2}\right)f'_2$.

三、1. 14；　2. $15\times\left(\frac{\pi}{2}-\sqrt{3}\right)$.

四、略.

五、极小值$\frac{11}{2}$，无极大值.

六、$V=\frac{8abc}{3\sqrt{3}}$.

第7章

★ 习题 7－1

(A)

1.（1）$u_n=\frac{(-1)^{n-1}}{2n-1}$或$u_n=\frac{(-1)^{n+1}}{2n-1}$；（2）$u_n=\frac{2n-1}{n^2}$；

（3）$u_n=(-1)^n\frac{x^{\frac{n}{2}}}{2^n\cdot n!}$；（4）$u_n=\frac{2^{n-1}}{(3n-2)(3n+1)}$.

2.（1）发散；（2）发散；（3）收敛；（4）发散；（5）收敛；（6）发散.

3. 当$|q|=\left|\frac{a-1}{3}\right|<1$，即$-2<a<4$时，级数$\sum_{n=1}^{\infty}\frac{(a-1)^n}{3^n}$收敛；

当$|q|\geqslant 1$，即$a\geqslant 4$或$a\leqslant -2$时，级数$\sum_{n=1}^{\infty}\frac{(a-1)^n}{3^n}$发散.

4.（1）$\frac{4}{9}$；（2）$3a$；（3）$\frac{3}{2}$；（4）$1-\sqrt{2}$.

(B)

1. B　2. B　3. C　4. D　5. A　6. B　7. A　8. B　9. A　10. D

★ 习题 7－2

(A)

1.（1）收敛；（2）发散；（3）收敛；（4）发散.

2.（1）发散；（2）发散；（3）发散；（4）收敛；（5）发散；（6）收敛.

(B)

1. C　2. A　3. A　4. A　5. D　6. D　7. A　8. A　9. C　10. A

★ 习题 7－3

(A)

1. (1) 条件收敛；(2) 绝对收敛；(3) 条件收敛；(4) 绝对收敛；(5) 绝对收敛；(6) 绝对收敛.

2. $a=0$.

3. 8.

(B)

1. D　2. D　3. C　4. D　5. C　6. C　7. A　8. C　9. A　10. C

★ 习题 7－4

(A)

1. (1) $(-1, 1)$；(2) $x=0$；(3) $(-2, 2]$；(4) $\left[-\frac{1}{2}, \frac{1}{2}\right]$；

(5) $\left(-\frac{2}{3}, \frac{2}{3}\right)$；(6) $(-\infty, +\infty)$；(7) $[-1, 1]$；(8) $[2, 4]$.

2. (1) 和函数为 $s(x)=-\ln(1-x)$，收敛域是 $[-1, 1)$.

(2) 和函数为 $s(x)=\frac{1}{4}\ln\left(\frac{1+x}{1-x}\right)+\frac{1}{2}\arctan x-x$，收敛域是 $(-1, 1)$.

3. (1) $\sum_{n=1}^{\infty}\int_0^{\frac{\pi}{4}}\sin^n x\cos x\,\mathrm{d}x=\sum_{n=1}^{\infty}\frac{1}{n+1}\left(\frac{\sqrt{2}}{2}\right)^{n+1}=s\left(\frac{\sqrt{2}}{2}\right)=-\ln\left(1-\frac{\sqrt{2}}{2}\right)$；

(2) $\sum_{n=1}^{\infty}\frac{1}{n}\left(\frac{1}{2}\right)^{n-1}=\frac{-\ln\left(1-\frac{1}{2}\right)}{\frac{1}{2}}=2\ln 2$.

(B)

1. C　2. B　3. C　4. D　5. A　6. C　7. C　8. B　9. C　10. B

★ 习题 7－5

(A)

1. 展成 x 的幂级数为

$$f(x)=a^x=\sum_{n=1}^{\infty}\frac{f^{(n)}(0)x^n}{n!}=1+x\ln a+\frac{\ln^2 a}{2!}x^2+\frac{\ln^3 a}{3!}x^3+\cdots+\frac{\ln^n a}{n!}x^n+\cdots,$$

收敛域为 $(-\infty, +\infty)$.

2. (1) $\sin^2 x=\sum_{n=1}^{\infty}(-1)^{n+1}\frac{2^{2n}x^{2n}}{2(2n)!}$，收敛域为 $(-\infty, +\infty)$；

(2) $\frac{x}{\sqrt{1+x^2}}=x+\sum_{n=1}^{\infty}\frac{(-1)^n(2n)!}{2^n(n!)^2}x^{2n+1}$，收敛域为 $[-1, 1]$；

(3) $(1+x)e^x=1+\sum_{n=1}^{\infty}\left[\frac{1}{(n-1)!}+\frac{1}{n!}\right]x^n$，收敛域为$(-\infty,+\infty)$；

(4) $\ln(1-x-2x^2)=\sum_{n=1}^{\infty}\frac{(-1)^{n+1}-2^n}{n}x^n$，收敛域为$\left[-\frac{1}{2},\frac{1}{2}\right]$；

(5) $\ln(a+x)=\ln a+\sum_{n=0}^{\infty}\frac{(-1)^n}{n+1}\left(\frac{x}{a}\right)^{n+1}$，收敛域为$(-a,a]$.

3. (1) $e^x=e\cdot e^{x-1}=e\sum_{n=0}^{\infty}\frac{(x-1)^n}{n!}$ $(-\infty<x<+\infty)$；

(2) $f(x)=\ln x=\sum_{n=1}^{\infty}(-1)^{n-1}\frac{(x-1)^n}{n}$ $(0<x\leqslant 2)$.

4. $f(x)=\sum_{n=0}^{\infty}\left(\frac{1}{2^{n+1}}-\frac{1}{3^{n+1}}\right)(x+4)^n$，收敛域为$(-6,-2)$.

(B)

1. D　2. D　3. B　4. C　5. C　6. C　7. D　8. C　9. B　10. A

■ 章节测试七

一、1. $\frac{2}{n(n+1)}$，2；　2. 0；　3. 收敛，发散；　4. 2；　5. $[-1,3)$.

二、(1) 收敛；(2) 发散.

三、(1) 条件收敛；(2) 绝对收敛.

四、(1) $s(x)=\frac{1+x}{(1-x)^3}$ $(-1<x<1)$；

(2) $s(x)=\begin{cases}-1-\frac{\ln(1-x)}{x}, & x\in(-1,1)\text{且}x\neq 0,\\ 0, & x=0.\end{cases}$

五、(1) $\ln(1+x+x^2)=\sum_{n=1}^{\infty}\frac{x^n}{n}-\sum_{n=1}^{\infty}\frac{x^{3n}}{n}$ $(-1\leqslant x<1)$；

(2) $\arctan\frac{1+x}{1-x}=\frac{\pi}{4}+\sum_{n=0}^{\infty}\frac{(-1)^n}{2n+1}x^{2n+1}$ $(-1\leqslant x<1)$.

第 8 章

★ 习题 8-1

(A)

1. (1) 一阶；(2) 一阶；(3) 三阶；(4) 三阶；(5) 一阶；(6) 一阶.

2. (1) 是；(2) 不是；(3) 是；(4) 是.

3. 略.　4. $u(x)=\frac{x^2}{2}+x+C$.　5. (1) $(y')^2+xy'=y$；(2) $2xy''+y'=0$.

(B)

1. B　2. D　3. A　4. B　5. C　6. A　7. C　8. A　9. D　10. C

★ 习题 8－2

(A)

1. (1) $\arcsin y=\arcsin x+C$；　(2) $\tan x\tan y=C$，其中 $C=\pm e^{C_1}$；

(3) $\dfrac{y}{y+3}=Ce^{\frac{3}{2}x^2}$，其中 $C=\pm e^{3C_1}$；　(4) $(2^y-1)(2^x+1)=C$，其中 $C=\pm e^{C_1}$.

2. (1) $e^y=\dfrac{1}{2}(e^{2x}+1)$；　(2) $y=1-xy$.

3. (1) $\ln\dfrac{y}{x}=Cx$，其中 $C=\pm e^{C_1}$；　(2) $x^3-2y^3=Cx$，其中 $C=\pm e^{C_1}$.

4. (1) $e^{-\frac{1}{2}\cdot\left(\frac{x}{y}\right)^2}=y$；　(2) $y^3=y^2-x^2$.

5. (1) $\arctan(x+y)=x+C$；　(2) $\ln u=Cx$，其中 $C=\pm e^{C_1}$；

(3) $-\dfrac{(x-y)^2}{2}=x+C$；　(4) $2x^2y^3=C(1+2xy)$，其中 $C=\pm e^{C_1}$.

(B)

1. C　2. D　3. A　4. B　5. D　6. A　7. B　8. A　9. C　10. A

★ 习题 8－3

(A)

1. (1) $3x^4+4(y+1)^3=0$；　(2) $(1+x^2)(1+y^2)=4$.

2. (1) $\sin\dfrac{y}{x}=Cx$；　(2) $\cot\dfrac{x+y}{2}=Cx$.

3. (1) $y=(1+x^2)(x+C)$；　(2) $y=C\cos x-2\cos^2 x$；

(3) $y=e^y(y+C)$；　(4) $y=\dfrac{1}{2}y^2+Cy^3$.

(B)

1. B　2. A　3. A　4. B　5. C　6. A　7. C　8. B　9. A　10. C

★ 习题 8－4

(A)

1. (1) $y=C_1e^{-2x}+C_2e^x$；　(2) $y=e^{-3x}(C_1\cos 2x+C_2\sin 2x)$；

(3) $y=(C_1+C_2x)e^{-2x}$.

2. (1) $y=4e^x+2e^{3x}$；　(2) $y=2\cos 5x+\sin 5x$；　(3) $y=e^{2x}\left(2\cos 3x-\dfrac{1}{3}\sin 3x\right)$.

3. (1) $y=C_1e^{-2x}+C_2e^{-x}+xe^{-x}\left(\dfrac{3}{2}x-3\right)$；

(2) $y=C_1e^{-x}+C_2e^{-4x}-\frac{1}{2}x+\frac{11}{8}$;

(3) $y=C_1+C_2e^{-4x}-\frac{1}{17}x\cos x+\frac{76}{289}\cos x+\frac{4}{17}x\sin x+\frac{2}{289}\sin x$;

(4) $y=C_1e^{x}+C_2e^{-x}+\frac{1}{10}\cos 2x-\frac{1}{2}$.

4. (1) $y=-\frac{3}{2}e^{x}+5e^{2x}+\frac{5}{2}$;

(2) $y=-\cos x-\frac{1}{3}\sin x+\frac{1}{3}\sin 2x$.

(B)

1. C　2. D　3. C　4. C　5. B　6. A　7. D　8. C　9. A　10. D

★ 习题 8－5

(A)

1. (1) $Q=P^{-P}$;　(2) $\lim\limits_{P\to+\infty}Q=0$.

2. (1) $P_e=\left(\frac{a}{b}\right)^{\frac{1}{3}}$;　(2) $P(t)=[P_e^3+(1-P_e^3)e^{-3kbt}]^{\frac{1}{3}}$;　(3) $\lim\limits_{t\to+\infty}P(t)=P_e$.

3. $y(t)=\frac{1\,000\cdot 3^{\frac{t}{3}}}{9+3^{\frac{t}{3}}}$, $y(6)=500$(条).

(B)

1. C　2. D　3. B　4. B　5. D

■ 章节测试八

一、1. $y'=y-x+1$;　2. $y^2=\ln x^2-x^2+C$;　3. $y=(x+C)\cos x$;
4. $y=x(b_0x^2+b_1x+b_2)$;　5. $y=e^{-x}-e^{4x}$.

二、1. $-\frac{1}{3}e^{-y^3}=-e^{x}+C$;　2. $2xy-y^2=C$;　3. $y=C_1e^{x}+C_2e^{2x}+x\left(\frac{1}{2}x-1\right)e^{2x}$.

三、1. $y^2=2x^2(\ln x+1)$;　2. $y=\frac{3}{4}+\frac{1}{4}(1+2x)e^{2x}$;　3. $y=xe^{-x}+\frac{1}{2}\sin x$.

四、$a=\frac{\pi}{2}+k\pi$, $k=0, 1, 2, \cdots$

五、$y=x\left(\ln\ln x+\frac{1}{e}\right)$.

参考文献

[1] 吴赣昌. 微积分. 5 版. 北京：中国人民大学出版社，2017.

[2] 王国政. 高等数学. 上海：复旦大学出版社，2014.

[3] 同济大学数学系. 高等数学. 7 版. 北京：高等教育出版社，2014.

[4] 同济大学数学系. 高等数学. 北京：人民邮电出版社，2016.

[5] 刘浩荣. 高等数学. 5 版. 上海：同济大学出版社，2013.

[6] 吴传生. 经济数学：微积分. 北京：高等教育出版社，2003.

[7] 孙毅. 微积分. 北京：清华大学出版社，2005.